西方法哲学探究

谷春德　编著

Western Philosophy of Law Exploration

中国人民大学出版社
· 北京 ·

西方法哲学名著解析篇

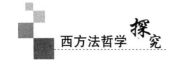

西方法哲学专题探究文述篇

导言

一、西方法律思想史学科的创建和发展历程

西方法律思想史学科作为法学基础学科，既属于理论法学的范畴，也属于历史法学的范畴。它在我国经历了初创—发展—成型的曲折过程。

在国外，一般没有法律思想史学，更没有西方法律思想史学，只有国别法律思想史学或部门法律思想史学、政治思想史学或政治学说史学。在我国，国民党统治时期曾有一批学者研究西方政治学说和法律思想，并有一些著述发表；在大学政治和法律系（科）普遍开设了政治学说史课程。20 世纪 50 年代，随着社会主义制度和法学的建立，我国一些高等学校的政治和法律系（科）按照苏联"政治学说史"的模式，开设了"政治学说史"课程，并以凯切江、费季金主编的《政治学说史》为基本教材。20世纪 50 年代后期，由于重中国轻外国、重政治轻法律思潮的影响，政治学说史课程停开了，直到 60 年代初期才恢复。1962 年，中国人民大学法律系第一次开设了"世界国家与法权学说史"课程。1966 年至 1976 年"文化大革命"期间，政法院系几乎全部停办，法学课程全部停开，"世界国家与法权学说史"也被扼杀在摇篮里。

1978 年党的十一届三中全会以后，在党的发展社会主义民主、健全社会主义法制基本方针的指引下，法学界迎来了春天。经过"拨乱反正"，法律院校得到恢复和重建，法学课程得到恢复和重建。正是在这一大背景下，为了适应改革开放和民主法制建设的需要，我国首次创建了西方法律思想史独立学科。1979 年，国家教委在武汉召开的全国文科教学会议上确定了法律院系开设西方法律思想史课程。1981 年，国务院学位委员会将西方法律思想史确定为二级学科，并确定为硕士、博士授予点。1998 年，在精减学科的名义下，国务院学位委员会将西方法律思想史连同中国法律思想史、中国法制史一起合并为"中国法律史"。虽然这一决定带来了一些负面影响，如有些人误认为西方法律思想史学科被取消了，有的院系停招了研究生，甚至连西方法律思想史课程也停开了，西方法律思想史研究会也停止了活动，陷入沉寂状态，但从总体来看，由于我国改革开放和现代化建设的需要，由于我国民主法制建设和依法治国建设社会主义法治国家以及司法体制改革的需要，在广大学者竭力争取下，西方法律思想史学科终于被坚持下来，并继续向前发展，日趋走向成型。当前，对西方法律思想史的研究已经走出低谷，呈现明显的趋势和特点：在对西方法律思想史的研究中，政治思想研究明显减少，法律思想研究逐渐增多；对外文资料的利用和引用明显增加，特别是

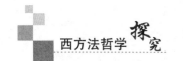

对原著的利用日益增多；由年代、人物研究法向专题研究法、学派研究法发展；对马克思、恩格斯等马克思主义经典作家的法律思想和现代西方法哲学的研究取得了较大进展；专题研究逐步展开，并取得一定成果；比较法文化研究已经起步，并取得一定进展；西方法律思想史学科理论体系已经基本形成。所有这一切都标志着西方法律思想史学科已经基本成型。

二、西方法律思想史学科建设取得的进展和成就

经过几十年专家学者的辛勤耕耘和奋斗探索，西方法律思想史学科的建设取得了进展和成就。

一是编写了一批教材，且质量逐步提高。王哲编著的《西方政治法律学说史》、吕世伦和谷春德编著的《西方政治法律思想史》（增订本）、徐爱国等著的《西方法律思想史》、严存生主编的《西方法律思想史》、谷春德和史彤彪主编的《西方法律思想史》的影响较大，适应了目前教学的需要。

二是出版了一批专著。沈宗灵的《现代西方法律哲学》、张文显的《当代西方法哲学》、吕世伦的《西方法律思潮源流论》和《黑格尔法哲学研究》、张乃根的《当代西方法哲学主要流派》、谷春德的《人权的理论与实践》等，具有一定影响，对教学有一定的参考价值。

三是翻译出版了一批西方法学名著。古代的、近代的和现代的西方法学名著都分批成套翻译出版，为教学与研究提供了大量原著性理论素材。

四是专题研究逐步深入。对西方法治理论、西方人权思想、自然法和社会契约理论、西方宪政理论与实践等问题都有较为深入的研究，并有相应的论著问世，如王仁博和程燎原的《法治论》、王哲的《论西方法治理论的历史发展》、张彩凤的《论西方法治传统的思想渊源和观念基础》、谷春德的《人权的理论与实践》、夏勇的《人权概念起源》、杜钢建等的《西方人权思想史》、陆沉的《公平正义：人类永恒的难题——对"自然法"观念的意义分析》、严存生的《自然法、规则法、活的法——西方法观念变迁的三个里程碑》、周叶中等的《论古典自然法对近现代宪法与宪政的影响》、苏力的《从契约理论到社会契约理论——一种国家学说的知识考古学》、王振东的《当代马克思主义与法律契约论不矛盾》等。

五是培养了一批硕士、博士。1981年北京大学和中国社会科学院设立了第一批法律思想史硕士点，1984年中国人民大学和吉林大学设立了法律思想史硕士点，1986年中国政法大学和西南政法大学设立了法律思想史硕士点，1986年北京大学设立了法律思想史博士点，1999年中山大学设立了法律思想史硕士点。目前，教育部所属的重点院校大部分都设立了法律思想史硕士点或博士点，招收和培养硕士生、博士生。在已经毕业的硕士、博士中，有些已成为实际工作中的骨干，有些已成为教授、博导，活跃在教学与研究第一线，如杜钢建、徐爱国、史彤彪等。

六是建设了一支可观的教学与研究队伍，人员数量不断增加，质量和素质逐步提

高，而且大有扩充的趋势，将那些对法律思想史感兴趣的其他学科（特别是法学理论和法制史学科）的人吸收进来，一起研究和探讨法律思想史问题，推动法律思想史学科的发展。另外，我们还高兴地看到，这支队伍中，有数名"海归派"加入，他们在语言与专业方面的优势十分明显，在教学与研究中发挥着越来越大的作用。

七是学会健全，活动正规化、经常化。西方法律思想史研究会是1987年成立的，时任会长是已故的王哲教授，副会长是吕世伦教授。学会成立后，活动较少，仅开过两次会。2003年学会恢复了活动，在汕头大学召开了学术研讨会，研讨拉德布鲁赫的实证主义法律思想。2004年在湖南师范大学开年会，进行换届和学术研讨。在吴玉章会长、徐爱国和史彤彪副会长的主持下，学会的组织日益健全，活动也日趋正规和经常，每次年会都有明确的主题，将西方法律思想与我国民主法制建设结合起来，进行深入研讨。学者在年会中发表了富有新意的独到见解，并将其编辑成册，为教学，为依法治国基本方略的全面贯彻落实，为尊重和保障人权基本国策的贯彻落实，提供了大量的宝贵的可资借鉴的理论、思想素材。

三、西方法律思想史教学与研究的主要体会

如前所述，西方法律思想史是笔者教学与研究的主要方向及工作，笔者为她的创建和发展倾注了全部心血。几十年来，笔者始终坚持在教学第一线，为笔者所在学院的本科生、研究生、进修生讲授"西方法律思想史""古代和中世纪西方法律思想史""西方法学名著选读""现代西方法学流派述评"等课程；笔者还应邀赴中国人民公安大学、汕头大学、深圳大学、中国政法大学、中华女子学院等院校，给本科生讲授"西方法律思想史""西方法学流派述评"等课程；笔者还应邀到日本立命馆大学、我国香港树仁大学讲授"西方法律思想史在中国的创建和发展""中国法律制度"等课程。

笔者是西方法律思想史硕士授予点创建人之一。几十年来，笔者培养和指导了几十名研究生，有些已经成为处级、局级干部，有些已成为教授、博导、律师，活跃在教学与研究第一线及法律实务中，如杜钢建、徐爱国、史彤彪及杨少南、武建设、李法宝、沈凯、郑东、曹红美等。

西方法律思想史的教材及科研项目建设也取得了一些成果。20世纪80年，笔者与吕世伦合编了《西方政治法律思想史》，与张宏生共同主编了《西方法律思想史》（全国高等教育自学考试教材），与史彤彪共同主编了《西方法律思想史》（21世纪法学系列教材，已出5版），与王振东合编了《西方法律思想史自学考试指导与题解》等。多年来，笔者承担了多项国家社科重点项目，著有《人权的理论与实践》《中国特色人权理论与实践》，主编《人权新论》《人权史话》《马克思主义人权理论与实践》《当代中国人权理论与实践》等，其中有六本书获省部级奖。笔者还在国内主要报刊上发表了有关人权、民主、法治问题的文章百余篇。

笔者深知西方法律思想史时间长、人物多、著作繁、问题广、理论深，要将其真

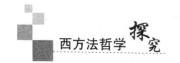
正学懂弄通，实非易事，不下功夫是不行的。笔者有如下体会。

一是要坚持范围与体系的统一。

笔者认为，西方法律思想史的研究范围应该包括西欧和北美奴隶制社会、封建制社会及资本主义社会中各个阶级、各个学派、各个思想家的法律思想（其中包括马克思、恩格斯的法律思想），而法律思想包括法哲学思想和部门法思想两部分。与此相适应，西方法律思想史学科又可以分为西方法哲学史和西方部门法思想史，其中，前者包括法哲学史和法律技术（如立法技术、司法技术等）科学史两部分，后者可再细分为宪法思想史、民法思想史、刑法思想史、诉讼法思想史和国际法思想史等分支学科。应当以此来建立西方法律思想史学科理论体系。如此，西方法律思想史学科的研究范围与西方法律思想史学科的理论体系是统一的。

二是要坚持政治与法律的统一。

政治与法律都是阶级社会特有的社会现象，它们的关系最为密切。政治的核心是国家政权，而法律的实质是一种政治措施，是一种手段和政策。因此，古往今来，所有的研究者无不是将政治问题与法律问题放在一起研究。无论是马克思主义经典作家，还是西方法律思想家，在他们的相关著作中，都是既讲政治问题，特别是国家问题，又讲法律问题的。所有这些都说明，政治思想与法律思想是密不可分的，应当将其结合在一起进行研究。实践表明，离开政治思想孤立地研究法律思想，或者离开法律思想孤立地研究政治思想，都是很难研究清楚的。有鉴于此，我们开始创建西方法律思想史学科时就明确定位：该学科由两大部分内容构成。第一部分是政治思想，主要是：国家的起源，国家的本质和职能，社会契约论，政体及其分类，政体活动原则，政体的腐败及更替，主权的概念，君主主权和人民主权，公民及其同国家权力的关系，国际关系，战争与和平，革命，分权与制衡，民主，自由，人权等理论问题。第二部分是法律思想，主要是：法律的起源、概念、分类，权利与义务，自然法和制定法，法的功能与作用，立法，司法，法治，民法，刑法，诉讼法，国际法，斯多葛学派，伊壁鸠鲁学派，注释法学派，评论法学派，功利主义法学，历史法学，自由主义法学，自然法学，实证法学，规范法学，社会学法学，现实主义法学，新康德主义法学，哲理法学，分析法学，存在主义法学，综合法学，批判法学，经济分析法学，西方马克思主义法学，新黑格尔主义法学，相对主义法学，新自然法学，新分析法学，制度法学，目的法学，利益法学，新自由主义法学、种族批判法学、女权主义法学以及行为主义法学等理论和学派问题。这两部分内容是密切联系、相互渗透、相互交叉的。

如此说来，政治思想与法律思想是否就不可以分开来进行研究呢？政治思想史与法律思想史两个学科是否就没有必要独立存在呢？笔者认为不是这样的。恰恰相反，政治思想与法律思想完全可以分开进行研究，政治思想史与法律思想史两个学科确有独立存在的必要和价值。随着人类文明的进步，学科的分类势必越来越细。但是必须明确，政治思想史的主要研究对象是政治思想、理论、学说，辅助研究对象法律思想理论、学说，而法律思想史的主要研究对象是法律思想、理论、学派，辅助研究对象政治思想、理论、学说。两者各有主次，不能颠倒；两者互为补充，相辅相成。

三是要坚持评述与借鉴的统一。

法律文化、法律思想是无国界的。西方法律思想是人类共同的宝贵文化财富，是法学中的基础理论，是完全可以继承和借鉴的。为此，首先必须正确评述（而不是单纯地批判），揭示其产生和发展过程，肯定其影响和作用，指出其局限性和非科学性。西方法律思想中法律的起源、概念、分类，权利与义务，自然法和制定法的功能与作用，立法技术和原则，司法制度，法治，国家的起源、本质和职能，社会契约论，政体的分类、政体原则、政体的腐败及更替，主权的概念，君主主权和人民主权，国际关系，战争与和平，革命，分权与制衡，民主，自由，人权等思想和学说，不但为整个资产阶级法学的产生和发展提供了思想、观点和学说，打下了理论基础，而且为马克思主义法学的产生和发展提供了思想、理论、观点和学说，推动了马克思主义法学的发展。同时必须承认西方法律思想具有继承性和可借鉴性。繁荣发展中国的马克思主义法学，不但要坚持马克思主义法学基本原理原则，总结中国民主法制建设和依法治国的经验，而且还要借鉴和吸收西方法律思想、理论、观点和学说。只有这样，才能够创立并发展中国特色社会主义法学。

我国在推进民主法制建设和依法治国的时候，不但应当，而且有必要借鉴西方的民主法治人权理论、制度和经验。当然，借鉴必须结合我国国情和实际，绝对不能照抄照搬。

四是要坚持阶级与历史的统一。

列宁曾说过："思想史就是思想的更替史，因此，也就是思想的斗争史。"[①] 西方法律思想是以理论的形式反映着社会各个阶级（主要是剥削阶级）和阶层的利益、要求及它们相互的斗争的。这就决定了西方法律思想必然具有很强的阶级性，因此，研究西方法律思想不能只是单纯地客观介绍，而要以马克思主义法学基本理论为指导进行必要的分析评论。也就是说，必须运用阶级分析的方法，揭示西方法律思想、理论、观点和学说的阶级实质。同时，西方法律思想又是在一定历史时期产生、存在和发展的，因此，研究西方法律思想必须运用历史分析的方法，联系这些思想、理论、观点和学说产生、存在和发展当时的社会背景与历史条件来考察、分析和探索。总之，只有将阶级分析与历史分析统一起来，将阶级观点与历史观点统一起来，才能正确揭示西方法律思想产生和发展的规律性及实质，才能正确评价西方法律思想的作用及价值，才能科学地继承并发展这一人类法律文化瑰宝。

四、本书的结构、体系和内容

本书共分为 3 篇 19 章，前两篇原是笔者给本科生、研究生讲授"西方法学名著选读"和"现代西方法学流派评述"课程的讲稿，经过整理、加工、修订而成。第一篇共 7 章，主要是对《利维坦》、《政府论》（下篇）、《论法的精神》、《社会契约论》、《法

---

① 列宁全集：第25卷.2版.北京：人民出版社，2017：117.

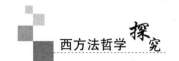

的形而上学原理》、《法哲学原理》、《法学导论》等西方法哲学名著的解析。第二篇共 7 章，主要是对西方法哲学的概述，对现代自然法学、现代分析法学、社会学法学、逻辑实证主义法学、经济分析法学、西方马克思主义法学的评述。第三篇共 5 章，主要是论述现代西方法哲学的产生和发展趋势、古希腊罗马自然法思想、西方政治法律思想史中的和谐社会观、罗尔斯的公平正义论及其在中国的传播和影响、西方法律思想史学科建设与创新综述。

全书以马克思主义法哲学思想为指导，较为系统地探究了近现代西方法哲学的产生和发展，阐释了笔者的一些肤浅理解和体会，因此将书名定为《西方法哲学探究》，以示此书的编著本意。

西方法哲学名著解析篇

第一章　霍布斯的《利维坦》

一、写作背景（英国资产阶级革命过程）

17世纪爆发的英国资产阶级革命、18世纪爆发的法国资产阶级革命是人类历史上的两次伟大革命，受到马克思的高度评价。他说，"1648年的革命和1789年的革命，并不是英国的革命和法国的革命，这是欧洲的革命。它们不是社会中某一阶级对旧政治制度的胜利；它们宣告了欧洲新社会的政治制度"[1]。他还说，"这两次革命不仅反映了发生革命的地区即英法两国的要求，而且在更大程度上反映了当时整个世界的要求"[2]。

英国资产阶级革命是英国社会矛盾激化的产物。当时英国社会的基本矛盾表现为资产阶级、资产阶级化了的新贵族与以斯图亚特（查理）王朝为代表的封建专制势力（世袭的旧贵族）的矛盾；新兴资产阶级宗教异端与英国封建国家的正统的官方教会的矛盾两个方面。这两个方面的矛盾和斗争，既是政治斗争，又是思想（意识形态）的斗争。

上述英国社会的基本矛盾和斗争同当时英国的经济情况发生的变化有着直接关系。

世界近代史告诉我们，16世纪末以前的英国是一个农业国，实行封建专制统治。在尼德兰资产阶级革命和资本主义经济发展的影响下，在16世纪末到17世纪初，英国的政治、经济情况开始有了变化。城市制呢工业的发展，羊毛销路的增加，都直接影响了农业经济的发展。为了增加羊毛的生产，发展资本主义经济，加紧资本的原始积累，地主在农村中掀起了大规模的圈地运动。圈地运动和资本主义经济的发展造成大批农民破产，于是农民同地主对抗，统治阶级内部的矛盾也增加了。一些新贵族集团从封建贵族集团内部分离出来，从事经商活动，同资产阶级接近。所有这些矛盾激化的结果是，终于在1640年爆发了资产阶级革命。这次革命的主要力量除了农民和城市平民外，还有新兴贵族。这次革命的领导者是资产阶级。这次革命前后历经数十年，如以1648年算起，到1688年，就达40年之久。这次革命中间有过多次反复，大体过程是：（1）为筹措军费，1640年国王查理一世迫于形势，宣布召开停了12年的新国会。资产阶级和新贵族就以国会为中心同以国王为代表的封建势力进行斗争，迫使国王作了一些让步，革命获得初步胜利。（2）以国王为代表的封建势力不甘心于自己的失败，于1642年和1649年发动两次内战，讨伐国会，企图阻止革命、维护封建统治。

---

[1] 马克思恩格斯选集：第1卷.3版.北京：人民出版社，2012：442.
[2] 马克思恩格斯选集：第1卷.3版.北京：人民出版社，2012：442.

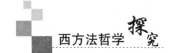

以克伦威尔为代表的资产阶级和新贵族势力，在克伦威尔领导下组织新军（即"铁军"）同国王的政府作战，并取得胜利：1649年5月处死了查理一世，并宣布成立"英吉利共和国"。但是，政权落在独立派手里，农民的土地问题未解决。（3）1653年—1660年是克伦威尔（自称"护国主"）的军事独裁时期，解散了议会，废除了共和国。（4）1660年—1688年是斯图亚特王朝复辟时期。逃亡国外的查理一世的儿子乘克伦威尔死后国内政局混乱之机，策动王党叛乱并于1660年复辟。

1685年查理一世之弟查理二世继位，他企图借助法国势力恢复天主教和封建专制。1688年6月30日，国会中代表资产阶级和新贵族的辉格党人便和代表国教僧侣及封建贵族的托利党人联合起来，进行了这次革命。1688年11月5日，荷兰执政者奥伦治率领荷兰海军在英国登陆，讨伐国王。于是，查理二世逃往法国。1689年奥伦治宣誓遵守国会通过的《权利法案》（英国宪法性法律文件）后，被英国国会宣布为国王。《权利法案》杜绝了天主教恢复统治的可能，并且限制了国王权利，提高了国会的地位（法案规定，此后英国国王必须是新教徒，国王必须按照国会的意志行事，未得下议院同意不能征收新税、不能废止法律、不得在平时招募和维护常备军，臣民有权向国王请愿，议员的言论不受弹核和质问，经常召开国会等）。这意味着资产阶级新贵族和封建贵族一样，成了英国的统治阶级，英国变成了资产阶级和封建贵族联合统治的国家。

在英国资产阶级革命过程中，革命营垒内部出现了代表不同阶级利益要求的政治派别：（1）主要代表大资产阶级和新贵族上层利益的长老会派。它是革命阵营内部中的右派。辉格党就是由长老组成的。辉格党于19世纪成为自由党。这一派主张应由选举产生长老，地方教会会议和中央教会会议应由长老组成。它在国会中拥有多数席位，领导军队，富有极大的动摇性，惧怕革命。一般可以认为，霍布斯就是这一派的思想代表。（2）代表中等资产阶级和中层新贵族利益的独立派。这一派主要成员是宗教自由拥护者，主张宗教团体应独立于国家政权之外、教徒可以对圣经自由解释、公民享有宗教信仰上的独立自由的权利，反对封建特权，要求建立资产阶级共和国。一般可以认为，弥尔顿（诗人政论家，著有《论出版自由》《为英国人民声辩》《论建设自由共和国的简易办法》）是这一派的思想代表。（3）代表农民和手工业者利益的平等派。它以自然法、社会契约论作为武器，要求实行普选制度和取缔贵族院，主张言论出版信仰自由，但是反对财产平等和消灭私有制。一般可以认为，李耳本是这一派的思想代表。（4）代表农民和其他贫苦人民的利益的拙地派（或称真正的平等派）。这一派认为封建土地所有制度是违反人类理性的，主张废除土地私有制、实行土地公有和财产平等。1649年4月，他们在伦敦附近圣乔治山的荒地上掘地耕种、共同劳动、吃饭。这一派的代表人物是温斯坦莱。一般可以认为，他们是早期的空想社会主义者。1651年，该派被克伦威尔的军队镇压下去。

总之，这些阶级、阶层和集团从各自政治、经济利益出发，提出各种不同的法律主张。这些思想和主张深深地打上了阶级和时代的烙印，深刻反映了英国革命的历史特点。在这个时期也涌现出一些思想家，其中霍布斯和洛克的法律思想影响大一些。他们比较系统地论述了天赋人权、社会契约、自然法和民约法、政府的起源及解体、分权、法治等理论，对后来资产阶级法学的发展产生了较大的影响。

二、霍布斯的生平和著作

托马斯·霍布斯（Thomas Hobbes，1588—1679）是著名的机械唯物主义哲学家。恩格斯称他是"第一个近代唯物主义者（18世纪意义上的）"①。他是君主专制制度的拥护者，古典自然法的代表人物之一。他出生于1588年，此时与英国1688年革命整整相差100年。他历经英国革命的全过程。他出生于英国南部马尔麦斯堡镇一个乡村牧师家庭，家境贫困，主要靠伯父抚养。他自幼聪颖，熟读古典著作，14岁通晓希腊文和拉丁文，15岁入牛津大学，学习逻辑学和古典哲学。他于1607年毕业，取得学士学位，并留校开始讲授逻辑学。1610年，22岁的霍布斯做了威廉·卡文狄稀伯爵（又称哈德威克勋爵，是当时英国很有权势的家族）的家庭教师，两次伴随贵族子弟周游欧洲大陆，由此认识了伽利略等科学家，接受他们的自然科学思想。他还给培根当过秘书，深受培根经验主义哲学的影响。1640年英国爆发资产阶级革命，他曾写了保卫国王大权的文章，引起国会的不满。于是他随查理二世逃亡法国，结识了笛卡儿，交往甚密。1646年至1648年，他担任查理二世的数学教师。1653年至1660年克伦威尔执政时期，他回到英国，拒绝出任行政大臣的邀请，1651年写作并出版了代表性的著作《利维坦》，献给查理二世，但被拒绝。1660年至1668年为斯图亚特王朝复辟时期。1665年，由于受到王党、教会的迫害，他的《利维坦》被禁止出售和讲授。1665年至1666年，当时在伦敦发生了鼠疫、火灾，统治者硬说是一种邪恶学说和自由思想造成的，于是对传播这种思想的书进行查禁，《利维坦》也在被查禁之列。同时，霍布斯受到神学家、反动哲学家的攻击。1679年12月4日霍布斯病逝，享年91岁。霍布斯在《法律的要素》《论公民》《利维坦》这三本书中系统阐述了他的道德及政治法律哲学，而《利维坦》的体系最完备、内容最充实、论证最严密、学术价值最高、影响最大。其目的有二：一是第一次把道德、政治、法律、哲学置于科学基础上，二是致力于公民之间和平、和睦友爱的建立。霍氏认为，柏拉图、亚里士多德以来的政治法律哲学失败的原因在于他们把目标定得太高、过于理想化，为空想国家制定空想的法律（培根）。而霍氏把目标降低了。现实主义成了他的目标，自然法则决定了文明社会的目标。

三、《利维坦》的结构和体系

《利维坦》是1651年霍布斯流亡法国时写的。他为什么用这个名字呢？"利维坦"实质上是人间有生命的上帝，仅次于永生的上帝，是人类生存与和平的保障。这是从圣经《约伯记》第四十一章末尾的两节中转引而来的。上帝谈到"利维坦"时称之为

①　马克思恩格斯全集：第37卷. 北京：人民出版社，1971：489.

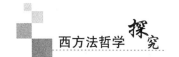

骄傲之王，认为它的伟大无与伦比，万物皆在其下。

《利维坦》一书是献给查理二世的，但被查理二世拒绝，后来又献给克伦威尔，在克伦威尔统治期间出版后名声大振。它集中表现了霍布斯对国家、法律、宗教等的观点，与克伦威尔政权的主张很相近，从理论上论证了克伦威尔专制的合理性。霍布斯一方面反对以僧侣为代表的贵族势力，另一方面又反对城市平民、农民的民主倾向，为大资产阶级辩护。

《利维坦》一书共 47 章，分引言和正文四部分。引言写的是编写此书的目的：利维坦是"艺术造成的，它是人造的人"。他就是要论述这个"人造人的本质"，包括它的制造材料和创造者，它是怎样和用什么盟约组成的，什么是统治者的"权利"，保存它和瓦解它的原因。第一部分"论人类"，共计 16 章，论述了霍布斯的唯物主义自然观和一般哲学观点。他声称宇宙由物质的微粒构成，物体是独立的客观存在。物质永恒存在，既非人能创造，也非人能消灭。人的生命不过是人的四肢的运动。人的自然本性是求自保、求生存，故人是自私、自利、恐惧、残暴、敌对、征战不休的，人与人的关系是一种"狼与狼"的关系。第一部分还论述了自然法的内容和要求。第二部分"论国家"，共计 4 章，描述了自然状态中人的不幸生活，认为人们享有生而平等的自然权利，渴望过和平与安全的生活，于是，出于理性，人们相互同意放弃各自的自然权利并转让给一个人或会议，成立国家，从而诞生了伟大的"利维坦"。他认为君主政体最优，并对法律作了分类，集中论述了自然法、民约法（国法制定法）、刑法等。第三部分"论基督教国家"，共计 12 章，否认自成一统的教会，抨击教皇掌握超越世俗政权的大权。他认为《圣经》是荒谬的，主张臣民应服从俗权而不是教权。第四部分"论黑暗王国"共计 4 章，将主要攻击矛头指向罗马教会，揭发罗马教会腐化贪婪、剥削黑暗，主张教会撤出大学。最后是综述和结论，强调他不引用成语而是讲事实。因为前人著作自相矛盾，"不足为凭"，古人之说"未必可靠"，所以他在书中不是注重引证古人之作，而是以现实材料为基础进行推理，得出他要得出的结论。

四、哲学观点

霍布斯反对封建神学和经院哲学，他的哲学思想受培根的影响较大，继承其经验主义，创立机械唯物论哲学体系。他认为所有的事物的本质是它的客观实在性，即物质性运动性（位置改变），"宇宙的各个部分是物质的，非物质的东西不是宇宙的部分"。他认为世界上存在着自然物体和人造物体两类物体，国家就属于人造物体。根据这样的基本观点，他把他的哲学概括为自然哲学和公民哲学。自然哲学主要论述对自然界的基本思想观念。主要包括唯物论、机械论和认识论。

（一）自然哲学

1. 唯物论

霍布斯认为哲学的唯一对象是物体，客观的物体是不依赖于人的思想而存在的，它占有一定的空间，是一种物质的东西。也就是说，物体是不依赖于人的思想而客观存在的、占有一定空间的一种物质的东西。物体永远不会消逝，物体一旦处于运动之中，除非受到他物阻挡，就将永远运动。不论什么东西阻挡它，总不能立即完全消失它的运动，而运动只能逐步地慢慢地完全消失。① 物体是客观存在的物质实体，是永恒不灭的。广延性是物体的根本性质。"物体是不依赖于我们思想的东西，与空间某个部分相合或具有同样的广延。""物体没有广延和形状的偶像性是不可想象的。"② 整个世界及其各个部分都是由物体构成的，客观世界就是由物体构成的。总之，物体具有三种特性，即客观性、永恒性、广延性。这就是霍布斯的唯物论。

2. 机械论

霍布斯的机械论表现在，他认为物体、客观的事物本身的运动是一切事物的原因，即从事物本身的运动来说明事物的性质和变化。但他不能对运动作出科学的论述和全面的了解，视运动仅是物体的机械的运动，是物体的简单位移，是一物体对另一物体的推动以及物体内部的粒子机械运动。也就是说，物体内部的运动也类似于简单的机械运动，人的生命现象也是一种肢体的机械运动。所以他说，正因为这样，我们就把运动定义为"不断放弃一空间，取得另一空间"③。

3. 认识论

一方面，他继承了培根提出的知识与观念起源于感性世界这一基本原则，克服了培根所谓二重的真理性，强调感性、理性都是本质的认识，前者认识的是现象，后者认识的是本质。另一方面，他批判了神学唯心主义宣扬的"知识来自上帝的启示"，指出人的认识对象不是任何超自然的东西，而是客观存在物体和它的偶性，人们对外部对象的感觉就是认识的开端和认识的原则，一切认识都是从感觉开始的，所以他对笛卡尔的"天赋观念"（人的认识来自天赋）也进行了批判。他指出，任何观念都不是天赋的，所有的观念都来自外部的对象，即人对世界的感觉，既不是天赋的，也不是神为的，更不是超自然的。这就是他的认识论的反映，反映了客观世界的外部存在。

（二）公民哲学

霍布斯的公民哲学就是他关于国家、社会、法律、宗教等的观点及解释。他的自然观和认识论中对神学唯心主义的批判，为其社会政治学说开辟道路，使他在解释社会现象时能有力地排除神学观，而用"人"和"自然"的观点说明问题。他把国家看成一种"人造物体"，认为人也是一种"自然物体"，国家权力不是基于"神授"，而是基于"人授"，同样，主权也不是"神授"的，不是上帝给予的，而是人给予的，是人通过缔结契约转让的。尽管他主张君主主权、加强君主专制，但他认为主权来自人的自然权利转让。不过，他讲的"人"和"自然"是脱离社会的物质生活条件的抽象的

---

① 霍布斯. 利维坦. 北京：商务印书馆，1986：6-7.
② 梯利. 西方哲学史：下册. 北京：商务印书馆，1979：29.
③ 梯利. 西方哲学史：下册. 北京：商务印书馆，1979：29.

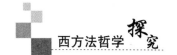
"人"和"自然",这样来分析社会和国家法律并不能够真正地揭示社会发展规律性。他的哲学观是唯物的,社会政治观却是唯心的。我们讲他的社会政治观点是唯心主义,是从哲学意义上说的,而非说他是神学论者,因为他讲的物体、人、国家、法律,都是脱离社会的物质生活条件的抽象的"人""国家""法律""权力"。

对其公民哲学的进一步剖析就能揭示他的政治法律观。

五、自然状态和自然权利理论

霍布斯以前的思想家,从亚里士多德到格老秀斯,都认为人类最早处于自然状态,而自然状态是历史的、真实的存在,到了中世纪将其纳入神的意志之中。霍氏则不同,他从人的本性、目的、动机出发,重新解释自然状态。霍布斯不把这些看作是神的意志的体现,也不认为自然权利、自然法是自然界本身所固有的,而将它们看作是人类理性的体现,是人类本性的必然结果。他注重的不是这些东西在历史上是否存在,而是注重人类的行为是否受其约束、支配,以其为尺度。他强调这些东西是人类行为的基础。正是因为如此,我们才称他为古典自然法学说的主要代表、理性自然法的重要代表。他的自然状态和自然权利思想的确有许多令人深思的内容。

(一)自然状态

首先,霍布斯认为人是生而平等自由的,人类的自然状态是完全平等、绝对自由的状态。霍布斯认为,自然人在身心两方面的能力都十分相等。这里所说的"相等",至少包括以下意思:一是心理和体力上相等。二是在相等的时间内人可以从同样从事的活动中获得相等的经验和智慧。三是能力平等就产生达到目的、希望的平等。四是任何两个人想取得同一东西而不能同时享有时,彼此必然会成为仇敌。他的中心意思是强调人在身体才干和头脑方面都是平等的,所有的人都有相等的能力,都可以单独或联合攻击另一个人,从而取得财产、维持生命。

其次,霍布斯认为人天生是恶的,人的本性是自私自利的,每个人都希望自己的欲望得到满足,但人在体力、智力、生理、教育和经验上是有差别的,所以每个人的欲望不可能一样,不过这种差别不会大到一些人的欲望得到充分满足,而另一些人得不到基本的生活条件。即使是体力最差的人,如果他们联合起来,也能杀死最强的人。所以,在自然状态下,人与人的关系就像"狼与狼"的关系,相互是仇人,经常处于战争状态。造成战争的主要原因有三个:(1)竞争存在,使人为了求利益而相互侵犯争斗;(2)猜疑,即唯恐别人对自己造成危害,必然为了自身安全而侵略他人;(3)荣誉,人们为了追求荣耀而相互侵犯。

再次,霍布斯认为,自然状态有三个特点:(1)无是非区别,人们做事都出自内心的感情;(2)无正义与非正义的区别,因为自然状态下无人人服从的权利、无作为正义表现的法律;(3)无所谓私有财产的存在,世界是个大家庭,问题是谁先取得财产。人人对外部都有同等的权利和同样的关系。霍布斯的结论是:在没有一种共同的权力使大家慑服的时候，人们便处在所谓的战争状态之下，这是每个人对每个人的战争。在这种状态下，什么土地的开垦、航海业和商业的发展和应用、科学艺术的繁荣，统统不可能，人类生活是孤独的、贫穷的、龌龊的、凶残的、短寿的。

最后，霍布斯从两个方面论证了这种状态和关系的存在。一方面，人的自私本性决定了它必然存在；另一方面，在美洲有的野兽民族完全处在野蛮状态，也证明了这种状态和关系的存在。前者如人外出时要带上武器或结伴而行，就寝时把门插上，在屋内也要把箱子、抽屉锁上，原因就是怕受到别人的侵犯，就是为了保障自己的生命、财产安全。这是由人的自私本性决定的。后者讲的是美洲野蛮民族的历史事实。

（二）自然权利

霍布斯在《利维坦》中给自然权利下了明确的定义，他说自然权利就是"每一个人按照自己所愿意的方式运行自己的力量保全自己的天性——也就是保全自己的生命——的自由"①。这里关键是对"自由"如何解释。按照霍布斯的说法，"自由一词就其本义说来，指的是没有阻碍的状况，我所谓的阻碍，指的是运动的外界障碍对无理性与无生命的造物和对有理性的造物同样可以适用"②。按照霍布斯关于自然权利定义的分析，自然权利的主要内容应是人人平等自由权利和生命保存权利。

霍布斯在自由问题上的另一个观点就是天赋自由可以被剥夺和限制。他说："人们的天赋自由则可以由民法加以剥夺和限制"，甚至可以说，制定法律的目的就是要限制这种自由，否则就不可能有任何平等存在。世界之所以要有法律不是为了别的，就只是要以一种方式限制个人的天赋自由，使他们不互相伤害而互相协助，并联合起来防御共同敌人。③

自然权利主要包括以下权利。

（1）平等权。人生来是平等的，自我保存欲望是平等的，实现欲望的能力也是平等的，也就是说，谁都会有能力实现自己的欲望，谁都有按照自己愿意的方式保存自己的生命的自由。

在法律上人人是平等的，不仅指司法领域的平等，还包括公平的争讼和纳税的平等，不依赖于财富而由于所受的国家保护而平等地负债、平等地纳税。

（2）自由权。臣民都有在法律无规定的范围内，根据自己的判断决定做或不做的自由，有选择饮食、选择住所、寻求职业、选择教育子女方式、买卖上的自由，有不控告自己的自由，有拒绝亲自服兵役杀敌的自由，有恢复天赋权利的自由。

（3）生命保存权。人们在订约建国时产生主权，人们转让出的权利是大部分的，比如，将安全权、惩罚权都委托给主权者，让君主保卫人们的自由。但是权利并非全部转让，人们必须为自己的生命保存一定的权利。支配自己的身体，利用空气、水和道路，拥有缺少就不可生活或生活不好的东西，这些都是维持生命不可缺少的权利。

---

① 霍布斯.利维坦.北京：商务印书馆，1986：162.
② 霍布斯.利维坦.北京：商务印书馆，1986：162.
③ 霍布斯.利维坦.北京：商务印书馆，1986：208.

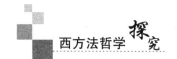

六、社会契约理论

霍布斯是社会契约论的创始人之一，他认为国家是基于契约产生的。霍布斯对契约有明确界定，他说："权力的互相转让就是人们所谓的契约"[①]。这里要着重解释的是"转让"。霍布斯认为，"某物的权利的转让和该物本身的转让即交付是有所不同的，因为后者可以像现金交易、物物交换或土地交换一样，随权利转移一起交付，但也可以过一些时候再交付"[②]。

一个人转让他的权利或放弃他的权利时总是会考虑对方的回报或可以得到什么好处，所以契约都是自愿缔结的。转让权利可以有两种方式：单纯的放弃和转让。无论以哪种方式转让权利，都是义务或受约束，而不得妨碍受让人享受该项权益。如果权利的转让不是相互的，而是一方转让，目的是希望因此获得友人的服务或博得慈善之名，那么这样的转让就不是契约，而是赠与。其实，"赠与"也是契约，是赠与人将自己的财产无偿给予受赠人，受赠人表示接受。而且，契约的表示有些是明确的，有些是推测的。契约之所以有约束力，不是由于契约本身，而是由于人们畏惧毁约产生的不利后果。人们转让、放弃权利都是为了得到好处，否则就不会这样做，而且人们转让权利时是把权利范围内享受权利的手段转让了。霍布斯就是运用这一契约理论来解释国家的产生和本质的。霍布斯进一步指出，国家也是人们相互转让权利、订立契约的结果。他说："如果要建立一种能抵御外来侵略和制止相互侵害的共同权力，以便保障大家能通过自己的辛劳和土地的丰产为生并生活得很满意，那就只有一条道路：把大家所有的权力和力量托付给某一个人或某一个能通过多数的意见把大家的意志化为一个意志的多人组成的集体。"[③]"像这样统一在一个人格之中的一群人就称为国家，在拉丁文中称为城邦，这就是伟大的利维坦的诞生。"[④] 这就是说，国家是在人们转让权利、订立契约的基础上产生的，目的是对外相互帮助、抗御外敌，对内谋求和平。

由此出发，霍布斯对国家的本质又作了明确界定。他说，国家"就像一大群人相互订立信约，每个人都对它的行为授权，以便使它能按其认为有利于大家的和平与共同防卫的方式运用全体力量和手段的一个人格"[⑤]，承当这一人格的人就称为主权者，并被说成具有主权，其余的每一个人都是他的臣民。

霍布斯还提出，取得主权、建立国家的方式有两种：一种方式是通过世袭的自然获得。例如一个人使其子孙服从其统治就是这样，拒绝服从就处死。还有就是通过暴力的战争使敌人服从自己的意志，并以此为条件赦免他们的生命。另一种方式是人们相互达成协议，自愿服从一个人或一个集体，相信他（它）可以保护自己、抵抗所有

---

① 霍布斯. 利维坦. 北京：商务印刷馆，1986：100.
② 霍布斯. 利维坦. 北京：商务印刷馆，1986：100.
③ 霍布斯. 利维坦. 北京：商务印书馆，1986：131.
④ 霍布斯. 利维坦. 北京：商务印书馆，1986：132.
⑤ 霍布斯. 利维坦. 北京：商务印书馆，1986：132.

其他人。通过这种方式获得主权即按契约建立的国家，也叫政治国家。霍布斯是这样来说明的："当一群人确实达成协议，并且每个人都与每个其他人订立信约，不论大多数人把代表全体的人格的权利授予任何个人或一群人组成的集体（即使之成为其代表者时），赞成和反对的每一个人都将以同一个方式对这人或这一集体为了在自己之间过和平生活并防御外人的目的所作出的一切行为和裁断授权，就像是自己的行为和裁断一样。这时国家就称为按约建立了。"①

霍布斯的契约论有三点值得特别注意：（1）立约各方的权利相互转让是指自然人的权利相互转让，不是一群人的集体权利转让，也不是整个人类的权利转让，也非个人同主权者之间的权利转让。契约是在个人之间订立的，不是在臣民与主权者之间订立的。主权者不是立约人或契约的参加者，主权者是在人们相互转让权利的基础上通过契约形式产生的。（2）人们在订立契约转让权利时是把"所有的权利"转让给统治者，统治者产生后，公民就丧失掉一切权利，人们只有服从统治者统治的义务，没有反抗的权利。公民无论是否同意都要服从。（3）人们建立契约、成立国家的目的是人的自我保全，具体表现在对内维护治安、对外抵抗侵略。这既是契约条款的内容之一，也是契约产生的前提条件，离开这一点，契约则不能产生。

总之，他以个人自然权利相互转让为基础，提出公民权利和国家学说，并且用这一观点表述国家的含义与本质，论证主权权力是"人授"的而非神授的。鉴于所有这些方面，可以说霍布斯奠定了近代资产阶级国家理论的基本格局。

七、君主主权理论

既然国家是由人们订立契约产生的，则人们将自然权利毫无保留地让与主权者；既然要保障人们的生命，则主权者的权力应是无限的。霍布斯把主权者看作是给国家这个有机体以生命和运动的灵魂。既然主权者是按契约产生的，那么立约这一方不能随意废除契约，更不能废除主权者。既然主权者的权力是契约授予的，主权者不是订立契约的一方，不存在违反契约的问题，那么主权者不可被推翻。主权具有以下属性和特点：第一，主权至高无上。这表现在主权不受任何权力约束，主权者可以杀死无辜平民，人民对主权者绝对服从，不能有任何抵抗，主权者不受法律约束，可以废止法律。第二，主权权力无限。人们想象它有多大就有多大。这主要表现为：（1）主权者有权决定哪些学说和意见有害于或有益于和平，即主权者有权控制人们的思想，有权决定哪些著作可以出版、哪些不可出版。（2）主权者有权制定规章，使人们知道哪些财产可以拥有、哪些行为可以去做。这个"规章"就是法律。（3）主权者有权听诉和裁决一切世俗争议。（4）主权者有与他国宣战及媾和的权力。（5）主权者对平时和战时的一切参与人员、大臣、地方长官和官吏有甄选权。（6）主权者有根据他事先制定的法律对每一臣民颁赐爵禄以及实施体罚、罚金与名誉刑之权。除此之外，像铸币

---

① 霍布斯．利维坦．北京：商务印书馆，1986：132.

权、处理未成年继承人的财产权与人身权、市场上的先购权，以及其他足以维护统治的权力，尤其是军队统辖权，都归主权者所有。但是有两个例外：一是人们自我保全的权利是绝对的、不能转让的。如果主权者命令某人自我毁灭，该人可以不服从。二是如果主权者无能力保护他的人民，那么他的人民对主权者便没有义务了，如战俘为了自保可以不服从主权者。第三，主权权力不可分割、不可转让。霍布斯反对分权，认为"权分则国分，国分则不国"。他主张立法权、行政权和司法权集中于国王（君主）一身，不能转让，君主如果没有审判权，法律便不能执行；如果没有统治权，立法、审判、决定战争的权力就无法行使；如果没有对学说、书刊的检查权，谬论就会蛊惑人心，引起叛乱。任何一项权力的丧失都会导致全部权力的丧失。

总之，霍布斯的主权论是君主主权论、君主专制主权论。

八、政体理论

霍布斯同前人在政体问题上的观点有相同之处，即主张按掌握统治权的人数的多少划分政体。他说："国家的区别在于主权者的不同，也就是在于代表全体群众和其中每一个人的人有差别。""当代表者只有一个人的时候，国家就会是君主国。如果集在一起全部人的会议时便是民主国家或平民国家。如果只是一部分人组成会议，便称为贵族国家。此外就不可能有其他的国家了。"① 他不承认混合政体的存在，认为僭主政体、寡头政体是由于人们对君主政体和贵族政体不满而产生的称呼。在民主政体下，不满的人称之为无政府状态，任何人都不会相信没有政府也算是一种新的政府。"根据这同一理由，人们也不应当在他们喜欢某种政府时便认为它是某种政府，而在不喜欢或受到统治者压迫的时候又认为它是另一种政府。"② 划分政体的唯一标准是主权者人数的多寡。上述三种政体都是为了人类和平，无优劣之分。

霍布斯与别人的不同之处是推崇君主专制，这是贯穿其政治法律思想的一条主线。他认为一个君主身上有两种人格：一是自然人格，要求私利，二是政治人格，要求公共利益。在公私利益结合得最紧密的地方，公共利益所得到的推进也最大。在君主制中，私人利益和公共利益是一回事。实行君主制有三种好处：（1）君主的私利与国家公利是一致的，君主即国家，国家即君主，国家的富强即君主的富强。（2）政策是一贯的、稳定的，不会出现经常的变更。一个人思想矛盾所产生的弊病比许多人思想矛盾产生的弊病要少。（3）权力和财产在君主专制下同属一人，比其他政体下要公平。当然，他也认识到王位的继承是一困难问题，但又认为其他政体下统治权力的基础也是混乱的。主权继承问题（王位问题）在完整的政府形式中都由现任的主权者掌管，否则，"如果不由任何个人掌管，而要重新进行选举的话，国家就会解体，权利也就会归于可以夺到手的人。这样便违背了永久而不是暂时安全建立国家的人们的宗旨"③。

---

① 霍布斯. 利维坦. 北京：商务印书馆，1986：142.

② 霍布斯. 利维坦. 北京：商务印书馆，1986：143.

③ 霍布斯. 利维坦. 北京：商务印书馆，1986：149.

在没有遗嘱或明确的话语的地方要遵从代表意志的其他自然表示，其中之一是习惯。在事先无遗嘱和习惯的地方，就应认为该君主的意愿是让其子或其他血缘较近的人继承王位，以保持君主政体的政府。

君主专制国家解体的情形有：（1）当人人有决断善意之权时，君主专制国家解体；（2）当人人有财产的绝对之权时君主专制国家解体；（3）当统治者实行分权时君主专制国家解体；（4）当神权与国权并存或高于国权时，君主专制国家解体。

如何避免君主专制国家的解体？条件有很多，归纳起来即加强君主专制，强化统治权力。加强主权代表者的以下职责：（1）保护好主权权力，教育人民维护主权；（2）根据平等的原则和良好的法律施政；（3）正确地惩罚，惩罚的目的不是报复而是纠正违法者；（4）甄选良好的参政人员，协助主权者行使主权；（5）不要尊敬主权会议以外的会议；（6）对主权代表者不能加以非议、议论或抗拒，而是要坚决服从。

九、自然法理论

（一）自然法的概念

霍布斯在论述自然法的含义时说："自然律是理性所发现的戒条或一般法则。这种戒条或一般法则禁止人们去做损毁自己生命和剥夺保全生命的手段的事情，并禁止人们不去做最有利于生命保全的事情。""理性的戒条和一般法则"指每个人只要有获得和平希望时就应获得和平，不能时就利用战争和一切有利条件求得保存。所谓"律"即约束、义务，是一种戒条、准则、规矩，所以，自然法讲的是一种义务，即决定或约束人们是去做还是不去做某种行为的义务。

（二）自然法的基本内容

霍布斯罗列的自然法的内容相当广泛，有15条之多，但他强调的是第一条、第二条自然法，认为这是最基本的自然法。（1）第一条是最基本的自然法，就是"寻求和平，信守和平"。（2）第二条自然法是对自然权利的概括，即利用一切可能的办法来保卫自己。霍布斯说：为了和平和自卫的目的认为必要时，会自愿放弃这种对一切事务的权利，而在对他人自由权方面满足于相对于相当自己让他人对自己所具有的自由权利。也就是你愿意别人怎样待你们，你们也要怎样待人，即《福音书》"己所不欲，勿施于人"。（3）人人实践他的契约，为契约而努力；否则，契约就会无用，徒具虚文。（4）对施恩的人要感谢，不许忘恩。"接受他人单纯根据恩惠施与的利益时，应努力使施惠者没有合理的原因对自己的善意感到后悔。"（5）应当合群，人要和顺、互相谦让、善于社交，不能顽固、偏执、怪癖，每个人都应当使自己适应其余的人；都要"合群""和顺"。（6）应当实行恕宥，对悔罪的人要赦免。当悔过的人保证将来不再重犯并要求宽恕时，就应该恕宥他们过去的罪恶，因为宽恕就是取和。（7）禁止单纯的报复。在报复中，也就是以怨报怨的过程中，人们所应当看到的不是过去的恶大，而是将来的益处多。这一自然法规定，除了为使触犯者改过自新和对其他人起昭示警诫的作用之外，禁止以其他任何目的施加惩罚。（8）禁止侮辱他人，禁止以行为、语言、姿态、表情表现仇恨或藐视他人。"违反这一自然法的人一般称为侮辱"。（9）禁止自傲。每个人都应承认他人与自己生而平等，违反这一准则就是自傲。本性上的平等即求得欲望满足的权利和能力、自我保存的权利和能力平等。（10）禁止骄纵。进入和平状态时，任何人都应该要求为自己保留任何他不赞成其余每一个人都要为自己保留的权利，即不具有为所欲为的自由。当然，人为了自己的生命也要保留某些权利，如享受空气和水的权利。（11）公正司法。一个人如受人信托、在人与人之间进行裁断时，自然法要求他秉公处理，讲公德、不偏袒。（12）不能分割之物如能共享就应共享，数量允许时不加限制，否则就应当根据有权分享的人按比例分享，因为不这样分配就不会平均，就会与公道相违。（13）有些东西既不能分割又不能共享，规定公道之理的自然法便要求全部权利以抽签方式决定，要不然就轮流使用，第一次占有的权利以抽签方式决定。抽签的方式分人意决断的和自然的两种，前者是竞争者，后者要么根据嫡长子继承权决定，要么以原始占有权决定。（14）凡斡旋和平的人都应该给予安全通行的保证。（15）社会争议各方面应将权利交付公断人裁判。以上各项中，（4）～（10）是有利于和平和生命保全的道德信条，（11）～（15）是和平解决社会冲突的自然法内容。所有这些自然法可以被精简为一条简易的总则，就是："己所不欲，勿施于人"。这条总则说明，"认识自然法时所要办到的只是以下一点：当一个人把他人的行为和自己的行为放在天平里加以权衡，发现他人的行为总显得太重时，就要把他人的行为换到另一边，再把自己的行为换到他人行为的位置上去，以便自己的激情与自重感不在里面增加重量，这时前述的自然法就没有一条在他看来不是十分合理的了"①。

（三）自然法的特征

自然法具有以下特征：（1）自然法在人的内心范畴中具有约束力，但在人的行为中不是永远地有约束力。自然法表现为个人的自我强制和他人的自我强制的统一。（2）自然法是永恒不变的，不义、忘恩、骄纵、自傲、不公道、偏袒等等都绝不可能合乎自然法，只有正义、报恩、节制、谦虚、公道、秉公处理等才是合乎自然法的，这些是永恒不变的。（3）自然法所要求的只是努力，努力履行这些自然法规则的人就是实现了正义。（4）自然法是真正的道德哲学、道德规范。自然法通过国家表现出来的就是法律，就是制定法。也有国外学者将霍布斯自然法的特点归结为：（1）摆脱了神学的影响，扩大了自然法的理论范畴；（2）自然法原则上是功利主义的，人们为了互利，为了趋乐避苦才遵守自然法；（3）自然法的基本点是让人们过和平而群居的生活，反对战争；（4）自然法在人类进入文明社会后仍起法的作用，是人们遵守的最高道德原则；（5）自然法强调人们之间的自然平等、法律面前平等的原则。

---

① 霍布斯．利维坦．北京：商务印书馆，1986；120.

（四）自然法与民约法的异同

霍布斯认为自然法与民约法的原则、目的是一样的，都是为了维护和平，为了人民自我保全，都有同样的约束力；都是一种行为规则。它们的不同点在于：（1）来源不同。自然法源于人类的理性，民约法源于主权者的意志。（2）表现形式不同。自然法一般表现为道德规则，存在于人们内心之中；民约法用书面文字表达。自然法没有用明文或其他方式在人们可以看到的地方加以公布。（3）实施方式不同。自然法凭人类的理智保证执行，而民约法基于国家权力保证实施，法官对民约法的实施有特殊意义和作用。尽管如此，自然法与民约法的内容还是相互联系、相互渗透的：自然法是民约法的组成部分，民约法也是自然法的组成部分。因为无论是自然法还是民约法都要求公道、正义、道德、履行信约的法律义务，所以，在这些方面，自然法与民约法是一致的。

十、法的概念及特点

霍布斯对法的概念有明确界定："法律，普遍说来都不是建议，而是命令，也不是任何一个人对任何另一个人的命令，而是专对原先有义务服从的人发布那种人的命令；至于国法则是加上了发布命令的人名称"。"约法对每一个臣民说来，就是国家语言、文字或其他充分的意志表示命令他用来区别是非的法规，也就是用来区别哪些事物与法规相合、哪些事情与法规相违的法规。"① 这一定义包括以下四层含义：（1）法律的对象是普遍的，法律是对全体臣民发布的；（2）法律是区分正义和不正义的标准与规则，（3）法律是由国家制定的，是主权者的命令，而不是其他任何人的命令；（4）法律必须以适当方式表达出来，以便人们知道和遵守。霍布斯根据上述法律的定义，推论出以下结论，即法的特点：（1）法律是主权者制定的，主权者是唯一的立法者。（2）国家主权者无论是个人还是会议，它发布命令、制定法律，但却不服从法律，甚至可以废除法律。（3）习惯必须得到主权者的默认才能成为法律，而默许就是表示同意。（4）自然法和民约法互相包容而范围相同。"在平民的纠纷中要宣布什么是公道、什么是正义、什么是道德，并使它们具有约束力，就必须有主权者的命令，并规定对违反者施加什么惩罚，这种法令就是国法的构成部分。因为这样自然法也是国法的组成部分，因为公德正义、道德、履行信约、服从国法，都是自然的要求。世界所以要有法律不是为了别的，就是以一种方式限制个人的天赋自由，使他们不互相伤害而互相协助，并联合起来防御共同敌人。"② （5）原先的成文法被战胜国所用并继承，此时它已不是原来国家的法而是战胜国的法。这是强调法律不在于谁来制定而在于谁有权力执行。（6）成文法和不成文法的权威与效果都是来自国家的意志和主权代表者的意

---

① 霍布斯．利维坦．北京：商务印书馆，1986：205-206．

② 霍布斯．利维坦．北京：商务印书馆，1986：208．

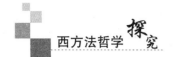

志。（7）法不能够违反理性，要符合立法者的意向、意图。（8）法律是命令，而命令需通过语言、文字以及其他方式来表达和宣布，而且要有明显的证据说明这一法律源于主权者的意志。（9）法律具有强制性，因为法律是主权者的命令，而不是建议。命令是以"得如何""不得如何"陈述的。人们有义务服从命令，违反者就要受到惩罚。（10）法律必须公开。法律必须用充分的方式表达出来，要用明文方式并在人们可以看到的地方公布。（11）法律的效力。法律对了解它的人有约束力，对白痴、儿童、疯子没有约束力。

十一、法律解释、法律渊源、法律分类

（一）法律解释

霍布斯多次强调民约法、自然法都需要解释。对自然法的解释就是法官的判决词。对成文法律的解释不是根据伦理哲学书籍，而是要根据主权者下的判决、尺度，而且对民约法的解释要对法律的文字、文义加以解释。他提出，解释法律要依据判决词由法官解释。法律解释只能由主权者指派的人来解释，以保证与立法原意相合。成为"良好的法律解释者"、良好的法官的条件有：（1）对自然法的公平性的正确理解。这不在于多读别人的书，而在于自己的天赋理性。（2）具有藐视身外赘物即利禄的精神。（3）审判中能够超脱一切爱恶、惧怒、同情等感情。（4）听审时要耐心，精力要集中，并且要有记忆力记住、消化并运用自己所听到的一切。

（二）法律渊源

霍布斯采用比较研究方法，借用古罗马查士丁尼皇帝的分类法，把罗马法与当时的英国法进行对照，说明英国法的渊源。（1）罗马帝国皇帝的谕令和敕令同英王的布告相类似。这就是说英国法的第一渊源是英王的布告。（2）英国议会的法案，类似罗马全体人民的命令，由元老院提出。（3）英国下院的命令，类似罗马平民的命令，由保卫官提出。（4）英国枢密院的法案类似罗马元老院的法令。（5）英格兰首席法官的布告类似罗马执政官和营造官的布告。（6）英国审判案例类似罗马法律家的答案。（7）不成文的习惯，经过国王默许即为法律。

（三）法律分类

1. 人为法

人为法首先从法律形式上分为自然法（不成文法）和制定法（成文法）。（1）制定法即民约法，指要成为一个国家的成员就要有义务服从法律，而不是成为某一个国家的成员后才有义务服从那种法律。（2）自然法自宇宙洪荒以来一直是法律，这种法律不但可以叫自然法，也可称道德法律、道德规则。这种法律是由信义、公道等品德以及一切有益于和平与仁爱的思想习惯组成的。制定法不是洪荒以来就有的，而是根据

主权者的命令、意志制定的。"民约法和自然法并不是不同种类的法律，而是法律的不同部分，其中以文字载明的部分称为民约法，而没有以文字载明的部分则称为自然法。"① 自然法是主权者的道德指南，民约法才是主权者的命令。制定法又分为人定的法律和神定的法律，人定的法律又分为分配法和惩罚法。（1）分配法：是规定一切权利、义务的法律（如取得和确保私有财产、土地、财物的所有权）。对一般公民而言，它与民法相似。（2）惩戒法。刑法规定对违反法律应该怎样惩罚，这是对法官而言的。它宣布对违法者怎样实行和给予什么样的惩罚，与刑法、刑诉法相似。

2. 神的定律

上帝的戒律，包括自然法。因自然法是永恒的、普遍的，所以自然法也是神的法律。它不是自古成立的，也不是针对所有人的，而是上帝授权的人向一个民族或一些人宣布的法律。

从法律效力上自然法可分为基本法和非基本法。

（1）基本法，即宪法。这种法被取消，国家就会被毁，就会解体，因此，臣民必须支持赋予主权者（国王）的一切权力，以防止国家的解体。

（2）非基本法，即其被废除之后不会使国家解体的法律，例如有关臣民争诉的法律。

另外，霍布斯还谈到了法律与权利、法律与特许状的区别。

（1）法律与权利的区别。

霍布斯认为民法与民约权利是不同的，不能浑然不分。权利就是自由，即民约法留给我们的自由；民法则是一种义务，它取消了自然法赋予我们的自由。权利与法律的不同正如义务与自由的区别。

（2）法律与特许状的区别。

霍布斯认为物体是主权者赐予的东西，它不是法律，而是法律的豁免。法律的术语是"兹命""兹令"，而特许状的表述是"兹赐""兹给"：前者的对象是特定的，后者的对象则是普遍的，也就是说，前者是对部分人或一个人的，后者是对全体臣民的。若全体臣民在随便哪件事上都有自由的话，那么就必须制定法律了，因为法律要限制自由。

十二、犯罪与刑罚

（一）罪恶与罪行

1. 罪恶

罪恶不但指违反法律的事情，而且包括对立法者的任何藐视，因为这种藐视是一举将所有的法律破坏无余。这样说来，罪恶便不仅在于为法律之所禁为，言法律之所

---

① 霍布斯. 利维坦. 北京：商务印书馆，1986：208.

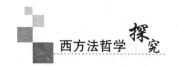

禁言，或不为法律之所令为，而且在于意图和企图犯法。罪恶属于道德范畴，罪行属于法律概念。每一种罪行都是一种罪恶，但不能说，每一种罪恶都是一种罪行。单纯的空想或梦想别人死去，或者只有偷盗的意图，这都是罪恶，唯有决心实行这方面的某种行为才是罪行。

2. 罪行

罪行是一种罪恶，在于以言行犯法律之所禁，或不为法律之所令。或者说，罪行仅仅是指可以在法官面前明确指控的罪恶。从罪恶和罪行与民约法的关系中，霍氏推出以下结论：（1）没有法的地方便没有罪。但由于自然法是永恒存在的法，所以，破坏信约、忘恩负义、傲慢骄纵和一切违背任何道德法的事实不可能不是罪恶。所以他指的"没有法"是指"没有成文法"。（2）没有民约法的地方就没有罪行，因为这种地方没有其他法，只有自然法，而违反自然法是无法控诉的，只能受自己良心的控诉，所以它是一种罪恶，但不是罪。（3）没有主权的地方就没有罪行。因为没有这种权力的地方就不可能从法律方面得到保障，每个人都可以用自己的力量保卫自己，因此谈不到罪行。

（二）犯罪原因

霍布斯认为一切罪行都源于理解上的某些缺陷、推理上的某些错误或某种感情爆发。（1）理解上的缺陷，又称为无知，即不知法、不知主权者或不知刑律。（2）推理上的错误，又称为谬见，包括三方面：1）运用谬误的原则。2）听信异端倡导者。3）从正确的原则中作出谬误的推论。4）人的情欲爆发。如虚荣、过高估计自己的身价（包括智慧、财富、出身等等）、仇恨、淫欲、野心和贪婪等激情易引起犯罪，在所有的激情中，最不易使人犯罪的是恐惧（但在许多情形下，却又可由于畏惧而犯罪）。

（三）公罪和私罪

霍布斯把犯罪分为公罪和私罪：以国家名义起诉的犯罪，控告者为主权者的，就是公罪。私罪是以私人名义起诉的犯罪。相应提出的诉讼，称为公诉或自诉。

（四）刑罚

刑罚就是公共当局认为某人做或不做某事是违法行为，并为了使人们因此更好地服从起见而施加的痛苦。[①] 刑罚具有以下特征：（1）惩罚的权力来自公共当局，私人报复和侵害不是刑罚。（2）在来自公家的优惠中被忽视或未优先授予，不是刑罚。（3）事先未经公开定罪而施加痛苦是一种敌视行为，不是刑罚。（4）篡权的权力当局和没有以主权者的权力为根据的法官所施加的痛苦不是刑罚。（5）不是为了使罪犯服从法律或使其他人通过罪犯的事例服从法律的目的或者没有这种可能性时，所施加的一切痛苦都不是刑罚。（6）有些行为可能自然地（如自然灾害）连带发生各种造成损害的后果，这非刑罚，而是一种天罚。如杀人自己受伤、违法者得病都是天罚。（7）所施加的损害比

---

① 霍布斯. 利维坦. 北京：商务印书馆，1986：241.

犯罪后自然产生的利益或满足为小时便不是刑罚，是罪行的代价报酬或补偿。（8）逾量（超过法律规定而过重）之罚便不是刑罚，而是敌视行为。"量"由法律文明规定。（9）对禁令制定前所犯行为施加的痛苦不是刑罚而是敌视行为，因为刑罚不能惩罚禁令前的行为，即法律没有溯及力。（10）施加于主权者（国家代表者）身上的损害不是刑罚，而是敌对的行为。（11）对公敌所施加的损害不属于刑罚范围，而是敌对的行为，因为他们从未服从法律。

惩罚可分为神的惩罚和人的惩罚。人的惩罚是根据人的命令所施加的惩罚，分为身体刑、财产刑、名誉刑、监禁、放逐等，或是它们的混合。身体刑有极刑，有的轻于极刑。财产刑是指剥夺一定数量的金钱，包括剥夺土地及其他财物，它有时是对所受损害的一种赔偿，但最终是一种对罪行的惩罚。名誉刑是施加某种使之成为不名誉的损害。监禁就是一个人被公共当局剥夺自由的情形。放逐是一个人为了一种罪行而被判处离开一个国家的领土或其中的某一个部分，并永远或在规定的时期内不得返回的办法。对无辜者的一切惩罚，不论大小轻重，都是违反自然法的。

可以完全恕宥一种行为、取消其罪行性质的东西，只能是同时解除法律约束力的东西。具体说来有五种：（1）缺乏获知法律的方法。（2）当一个人被俘虏或处在敌人的权力掌握之下，而这又不是他自己的过失造成的时，他对法律的义务就终止了。（3）当一个人是由于对眼前丧生的恐惧而被迫作出违法的事情时，任何法律都不能约束一个人放弃自我保全。（4）一个人缺乏食物或其他生活必需品，除了犯法没有其他任何办法保全自己。（5）根据另一个人的授权所做的违法行为。对授权者而言，这一委托即可使代行人获得恕宥，因为任何人都不敢控告自己存在于另一个仅为其工具的人身上的行为。

加重惩罚的情况主要有：（1）犯罪行为损害人多者比损害人少者为重。一种行为损害所及不止于当时，还延及将来的话，就比仅限于当时为重。专业法律人员的犯罪比其他人的犯罪为重。损害国家比损害个人者为重。损害公共财物比损害私财为重。与国家现况相敌对的行为比针对私人的行为罪恶为大。（2）从犯罪动机看，对恃强恃富、依仗亲友、知法故犯要从重。（3）从地点、时间、对象看，杀害父母比伤害他人为重，抢劫穷人又比抢劫富人为重，在指定敬神的时间、地点犯罪比平时在他地犯罪为重，因为这些犯罪都表现出对法律的巨大藐视。长期预谋比感情一时冲动而犯罪为重。

此外还有，在公罪中：（1）劫夺和贪污公共财富和税收，比抢劫和诈骗私人财物罪恶更大。（2）冒充公共当局、伪造公章或公共货币比冒充私人或伪造私章的罪恶更大。使判决失效的罪行比对一人或少数人的侵害罪恶大。贪赃枉法或受贿作假证比收受同样数目的钱罪恶大。在私罪中：（1）违法杀人比其他伤害罪恶大。（2）虐杀比单纯杀人罪恶大。（3）残害肢体比劫夺财物罪恶大。（4）以死亡或伤害相威胁夺取财物比隐秘盗窃罪恶大。（5）秘密盗窃比诈骗罪恶大。（6）强奸比诱奸罪恶大。（7）奸污已婚妇女比奸污未婚妇女罪恶大。

区别轻重的原则有四个方面：第一是犯罪根源或原因所含有的恶意，第二是坏事的影响，第三是后果的危害性，第四是时间、地点和人物等条件混合造成的情形。

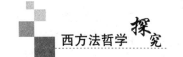

第二章 洛克的《政府论》(下篇)

一、洛克的生平著作与写作背景

约翰·洛克(John Locke,1632—1704)生活于英国资产阶级革命后期。他于1680年完成《政府论》上篇,1689年完成下篇。他是英国革命后期的资产阶级思想家、自由主义的奠基人、欧洲资产阶级启蒙运动的先驱、古典自然法学派的杰出代表之一。

洛克出生于一个律师家庭。他的父亲是个清教徒。1652年,20岁的洛克进入牛津大学基督教会学院,学习哲学、物理、化学和医学。此间,他结识了著名科学家波义耳和牛顿。洛克完成了波义耳未完之书《空气的历史》。他对牛顿的万有引力定律也非常推崇。后来洛克又研究培根、笛卡尔、霍布斯的著作,1655年获文学学士学位,3年后获文学硕士学位。1655—1665年间洛克在牛津大学教授希腊修辞学、哲学。1668年洛克当选为英国皇家学会会员。1671年其开始哲学著作《人类理智论》的写作,并于1690年完成。1666年洛克结识辉格党领袖安东尼·爱西利(后改名沙夫茨伯里伯爵),担任其医学顾问(秘书)和家庭教师长达15年,受其政治思想的影响较深。1677年爱西利出任英国大法官,洛克担任其宗教事务秘书,后改任贸易和殖民委员会秘书。1681年斯图亚特王朝复辟,洛克由于受爱西利的牵连而遭迫害。1684年他随爱西利逃往荷兰,成为被要求引渡的24名罪犯之一。1688年"光荣革命"后洛克获得自由,他同玛丽二世国王乘一条船返回英国。在新的政权中,洛克先后担任了上诉法院院长、贸易殖民部部长,其政治方面的代表著作是《政府论》(上、下篇),哲学方面的是《人类理智论》。《政府论》(上篇)的主要内容是集中批判罗伯特·费尔麦(Sir Robert Filmer)的《论父权制和国王的自然权利》(又称《先祖论》,此书为封建统治和"君权神授"作辩护)。费尔麦以《圣经》中关于亚当和夏娃的创世论为基点,在《先祖论》中指出,"亚当创生,就是由于上帝的选任而成为世界的君主";"不独是亚当,就连后继的先祖们,依据作为父亲的权利,对他们的子孙也享有王权";"君主们,根据亲权继承对最高权力的行使"。就是说,在费尔麦看来,君主的权力是神授的、世袭的,而且是非限制性的。《政府论》(下篇)的主要内容是正面叙述其政治法律观点,包括自然状态、自然法、自然权利、契约论、政体论、分权论、法治论、私有财产权等内容。这个时期,在英国,为君权辩护的有三本书。其一是1588年詹姆士一世的《自由王国的真正法律》,其主要观点是"君权神授"、统治臣民合理合法、君主只对上帝负责。其二是霍布斯的《利维坦》,其主张君主专制政体、主权在君、君权民授。其三是费尔麦的《先祖论》，其反对人民主权和人民革命。洛克生活于英国资产阶级革命后期，他在反对君权神授的同时对霍布斯的观点（君主专制、君权无限且至高无上）也持否定态度。他尽管也主张"君权民授"，主张契约建国、人民主权，但论点不同，提出政体的形式也不同，尤其是他的分权思想、法治思想不同。但是洛克的反封建是不彻底的，在政治上、理论上都是如此。在政治上他不彻底否定王权，主张对王权进行限制；在理论上他没有明确提出建立资产阶级民主共和国。他心目中的共和国不是激进的民主共和国，他主张君主立宪政体。为什么这样？这与其所处的时代和其代表的阶级是有联系的。洛克的思想是 1688 年阶级妥协的产物，表现了资产阶级的软弱。洛克作为资产阶级的代言人不可能毫无阶级痕迹。洛克的政治法律思想有其特色：资产阶级的个人主义、自由主义。如果说霍布斯倡导的是理性主义为基础的专制主义，那么洛克倡导的是理性主义为基础的自由主义。

对于所谓"理性"，哲学家有许多不同的解释。18 世纪的哲学一般都认为合乎自然与人性即为理性。古希腊斯多葛学派认为，合乎神的属性和人的本质即为理性。黑格尔认为理性是指与知性（感性）相对应的理性认识。

二、《政府论》（下篇）的体系和结构

全书 151 页，内容、结构、体系也比较简单，是按照章来安排的，共 19 章。其内容分六个方面（部分）。

（1）第一章是序论性质的，主要内容包括三方面：1）把上篇所论述的观点、结论列出来，集中到一点：君权神授不可能。现在的情形是，世界上的统治者要想从以亚当的个人管辖权和父权为一些权力的根源的说法中得到任何好处，或从中取得丝毫权威，不可能了。[①] 2）说明写下篇的直接目的，即必须在罗伯特·费尔麦爵士的说法之外，寻求另一种关于政府的产生、关于政治权力的起源和关于安排与明确谁享有这种权力的方法的说法。当然，要找到理论不可能脱离资产阶级的实际，只能根据资产阶级革命过程、经验加以概括和总结，从古希腊、罗马的材料中概括抽象出理论来。3）明确界定何为政治权力（统治权力）。这非常明确：政治权力就是为了规定和保护财产而制定法律的权力，判处死刑和一切较轻处分的权力，以及使用共同体的力量来执行这些法律和保卫国家不受外来侵害的权力，而这一切都只是为了公众福利。[②] 它和父亲对子女、丈夫对妻子、主人对仆人的权力是有区别的，它是官长对臣民的权力。

（2）第二到第六章，主要内容是关于自然状态、自然法、自然权利问题的论述。关于私有财产神圣不可侵犯、自由和法律的关系是洛克在这部分论证的重点。这方面的思想上有所突破，洛克在资产阶级政治思想史上第一次提出私有财产不可侵犯、法

---

① 洛克．政府论：下篇．北京：商务印书馆，1964：3.
② 洛克．政府论：下篇．北京：商务印书馆，1964：4.

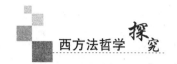

律要保护自由的思想。

（3）第七到第九章，主要讲国家、政府的起源和目的，即洛克的契约论思想。他在第九章说明统治权力、政府目的时特别指出自然状态的三个缺点，进一步论证了建立国家、法律和统治权力的必要性，也就是他主张分权的最初起因。

（4）第十章主要讲政体即国家形式问题。

（5）第十一章到第十五章，主要讲国家权力。正是在这一部分，洛克第一次明确提出分权论，把国家权力划分为立法权、行政权（执行权）、对外权三部分。

（6）第十六到第十九章，主要批驳霍布斯主张的武力征服的国家起源论，批判其所谓的篡夺主张，论述政府解体的原因，分析防止政府解体的办法。

三、哲学观点

洛克在哲学上发展了培根所开创的经验论，并在此基础上形成了一个典型的经验主义认识论思想体系。其哲学总的趋向是反对神学唯心主义，维护科学。但正像其政治观点一样，他的哲学观点也是不彻底的：对神学唯心主义有让步的地方；虽然维护科学，但对科学又有所怀疑。其自然观、认识论、方法论主要趋向是唯物主义，但也有比较明显的唯心主义和不可知论的表现。洛克批判了笛卡尔的天赋观念。笛卡尔认为宗教、道德中的观念是人们普遍同意的，是上帝给予的，上帝赋予人性。洛克驳斥了笛卡尔的天赋观念，肯定了认识源于经验。洛克认为人的观念不是生来就有或上帝给予的，根本不存在人们普遍同意的原则，天赋之说更是不能成立的。无论儿童还是白痴，都不知道数学、道德、逻辑是什么东西，儿童要知道这些是什么，首先要经过一番学习过程，若不经学习过程，儿童是不可能认识这些事物和有关这些事物的有关的观点。至于'"上帝赋予人性"更站不住脚。他举例说有些国家和民族不信上帝、不信宗教，那里不存在上帝本身的观念，那么这种情况下人们的观念怎么可能是上帝赋予的呢？因此洛克十分明确肯定人的知识不是先天的，也不是上帝赋予的，是后天才有的，源于经验和学习。

我们的全部知识是建立在经验基础上的，知识归根到底都是源于经验的。什么是经验？他认为有两类：第一类经验是对外部世界的感觉，即外部经验，也就是说外部的对象作用于人而引起人的感觉，正是由于这样，人们获得了红、黄、白、冷、热、软、硬的观念。他说这是大部分观念巨大的源泉。第二类经验就是对心灵内部的反省。他说这种内部的经验是直觉、思维、怀疑、信仰这些心灵行为的来源。但洛克把外部的经验和内部的经验分离开，认为两者没有什么关系和联系，而且进一步肯定脱离外部经验的自我精神的存在；我们的理性就是我们知道这个思想而确定的真理：就是有一位悠久的全能的全知主宰存在。这个主宰就是上帝（洛克在这里全面让步了——笔者注）。内部观念可脱离外部经验自我存在。自我精神的存在是上帝赋予的。

关于观念，他断定一切的观念都来自对外部的感觉和内省，都来自经验。这一点又是唯物的。他把观念分为三种。一是复杂的观念，即把若干个简单的观念结合成一个复杂的观念。这种观念用来表示客观事物的性质、数量，比如一打是表示数量的观念。二是关系观念，即把简单观念与复合观念并列考虑而形成的观念因果关系，比如蜡块是一简单观念，当蜡块被加热融化后产生流动性也都是简单观念，即热、流动与蜡块都同样是简单观念。但为什么加热后蜡块产生流动性？这里有因果关系。这种因果关系的观念就是这样来的。三是一般观念，即把一些观念和其他观念同时存在的东西分割出来而形成的观念。当机体、生命、营养被除掉后，构成一个复杂的观念，就用一个生物的名词称呼它，这个"生物"就是一般观念。

洛克根据以上论述认为一切观念都是以简单观念作为基础的，一切的知识、一切的观念都源于经验。但他又断言简单的观念不可以再分，认为简单观念是构成知识的固定不变的最单纯要素。此外，他否认有人的认识从感性认识上升到理性认识的飞跃过程。这表明了其认识论、经验论的形而上学性。

洛克的法律思想都是建立在他的经验论和人性论的基础上的。虽然洛克在哲学上、认识论上有唯物主义倾向，但在政治法律思想上从资产阶级人性论出发认识问题，更多表现出的是唯心主义而非唯物主义，更非历史唯物主义。洛克的思想是英国资产阶级革命的总结，在理论上论证资产阶级革命及其妥协，论证君主宪政提出的合理合法性，从而为英国资本主义制度辩护。

四、自然状态、自然权利论

洛克自信对费尔麦的批判是有力的，认为把他所有的论据都一一驳倒了，并宣布："现在世界上的统治者要想从以亚当的个人统辖权和父权为一切权力的根源的说法中得到任何好处，或从中取得丝毫权威，成为不可能了。"① 洛克在《政府论》（下篇）中讲了要了解和追溯政治权力的起源，必须考察自然状态。他关于自然状态、自然权利的观点，与霍布斯的观点有很大不同。他不认为自然状态下人们互相残杀，人与人之间是一种狼与狼的关系、时刻处于战争状态。洛克在讲到什么是自然状态时说，"人们按照理性而生活在一起，不存在拥有对他们进行裁判的权力的人世间的共同尊长"，"所有的人自然而然地所处的状态"。洛克在谈到自然状态的特点时又说，"那是一种完备无缺的自由状态，他们在自然法的范围内，按照他们认为合适的办法，决定他们的行动和处理他们的财产和人身，而无须得到任何人的认可或听命于任何人的意志"。洛克还认为，"自然状态也是一种平等的状态，在这种状态中，一切权力和管辖权都是相互的，没有一个人享有多于别人的权利。极为明显，同种和同等的人们的确毫无差别地生来就享有自然的一切同样的有利条件，能够运用相同的身心能力，从而就应该人人平等，不存在从属或受制关系"②。他的意思无非是：自然状态不是一种战争状态，而是一种自由和平等的状态。自然状态不是放任状态，是有规则可循的状态。自然法调

---

① 洛克．政府论：下篇．北京：商务印书馆，1964：3.
② 洛克．政府论：下篇．北京：商务印书馆，1964：5.

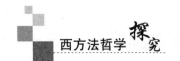

整和处理人们的关系和财产。有一种为人人所应遵守的自然法对自然状态起着支配的作用；而理性，也就是自然法，教导着有意遵从理性的全人类。既然人们都是平等和独立的，任何人就不得侵害他人的生命、健康、自由或财产。[①]这个自然法交给每个人去执行，人人有惩罚违反自然法的人的权利。在自然状态下，人与人相互平等，平等是人类权利的基本所在。洛克认为不能像霍布斯那样把自然状态与战争状态相混同，它们是有区别的：正像和平、善意、互助和安全的状态与敌对、恶意、暴力和互相残杀的状态之间存在区别那样迥然不相同。那种和平、善意、互助和安全的状态就是洛克所说的自然状态，而霍布斯认为自然状态是敌对、恶意、暴力和互相残杀，主要特征是以强力加诸于人。洛克认为自然状态下没有强力加之于人，脱离战争损伤状态是人类组成社会脱离自然状态的一个重要原因。

他主张的自然状态有三个缺点：（1）这种状态下只有自然法，但没有一种确定了的规定了的众所周知的标准作为区分是非的规则。（2）每个人都有惩罚违反自然法行为的权利。缺乏一个有权依照既定的法律来裁制一切争执的公民行为的知名的公正的裁判者。（3）缺少权力即政治权力来支持正确的裁决，使它得到应有的执行。由于这三个缺点，在自然状态下，人们的生命、自由、健康、财产权利实际上得不到保障。要有明确的法律、法官，首先就要有国家权力、政治权力，这样才能保障自由。人类从无国家到有国家，从自然状态过渡到政治社会是必需的、必然的。洛克根据他的自然状态说，进一步推断人人享有自然权利，即生命、自由和财产、反抗。这是最古典的天赋人权中的四种权利，后来法国的人权宣言和美国的独立宣言规定的基本就是洛克讲的这四种权利。

（1）生命权。一般可以理解为，这是指人的生命不受故意杀害与重大威胁之权（包括人的尊严权）。也有人认为，生命权是指人的生命不受非法侵害的权利。至于生命，是指人始于出生、终于死亡的过程。实际上、生存权与生命权不可能简单等同，生存权是指社会确认和保障人们生命延续的条件、资格和能力，或者说，由人的生命生存标准提出而靠国家或是物质条件保障的权利。生存权的范围大于生命权的范围，生命权是生存权中一个很重要的内容。洛克当时讲生存权主要讲的是个人权利。我们现在讲的生存权，不仅是个人权利、个人生命延续的条件和资格，而且包括民族的生存、国家的独立，是集体的权利。

（2）自由权。有人在研究洛克的自由权时把洛克说的四种权利统称为自由。这四种权利中说的"自由"是小的自由（政治自由），即个人言论、思想、行为等的自由。因为自然状态是自由的状态，所以把洛克的四种权利统称为"自由"有其道理。洛克通常讲自由主义就是他讲的四大权利，贯彻其思想核心的是自由，所以说洛克是自由主义思想的奠基人。他说的自由是在自然状态下除受自然法的约束外不受其他因素的约束，这与霍布斯所论的自由不同。霍布斯所谓的自由是指统治者不过问的、法律不禁止的范围，如选择职业、教育子女的方式的权利。洛克的自由同法律联系起来，范

① 洛克.政府论：下篇.北京：商务印书馆，1964：6.

围也广。洛克把自由分为两种：人的自然自由和人的社会自由。前者指不受人间的任何人的权力的约束，不处在人们的意志和立法权之下，只以自然法作为其行为准绳；后者指除了受经人的同意建立的国家立法权的支配外，不受其他任何立法权的支配。费尔麦认为自由就是各人乐意怎样做就怎样做、高兴怎样生活就怎样生活，不受任何法律的束缚。洛克驳斥了这种说法，强调处于政府之下的人们的自由应有长期有效的规则作为生活准绳，这种规则为社会一切成员所共同遵守，并为社会所建立的立法机关所制定。① 也即社会中的自由要受制定法的约束和限制。

（3）财产权是洛克自然权利说的核心内容。他说，他写的《政府论》自始至终围绕保护私有财产做文章。他说，"不论我们就自然理性来说，人类一出生即享有生存权利，因而可以享用肉食和饮料以及自然所供应的维持他们的生存的其他物品。或者就上帝的启示来说，上帝如何把世界上的东西给予亚当，给娜亚和他的儿子的，这都很明显，亦如大卫王所说，上帝把他给了世人，给人类共有"②。每个人对自己的身体享有所有权，他的身体所从事的劳动和他的双手所从事的工作，我们可以说是正当属于他的，所以只要他使任何东西脱离自然所提供的那个东西所处的状态，他就已经掺进他的劳动，在这上面掺进他自己所有的某些东西，因而使它成为他的财产。③ 正因为财产是这样原始取得的，所以财产是神圣不可侵犯的。例如人从树上摘下苹果，一个人在土地上耕耘、栽培，这些土地的产品就是他的财产。"在未把土地划归私用之前，谁尽其所能尽多采集野生果实，尽多杀死、捕捉或驯养野兽，谁以劳动对这些自然的天然的产品花费力量来改变自然使他们所处的状态，谁就因此取得了对它们的所有权。"④私有财产要么是上帝给予亚当的，要么掺进了人的劳动，所以不能侵犯。什么是私有财产权？洛克认为，就是个人对维持生计所必需的外界物资所作的控制。土地和一切低等动物为一切人所共有，只有在两种情况下才成为私有财产（即上帝给的、掺进了劳动）。洛克在这里特别强调了劳动的意义和作用。劳动使私有财产同公共的东西有所区别，劳动使人在自然所已完成的作业上加上一些东西，这样它们就成为个人的私有财产了。

（4）反抗权、同意权。这两项权利是从上述权利中引申出来的。反抗权就是反对暴政、反对封建专制之权；同意权是指人们转让权利、订立契约，同意建立政治社会和政治国家之权。

五、社会契约论

《政府论》（下篇）概括了洛克的政治社会的起源论。"任何人放弃其自然自由并受制于公民社会的种种限制的唯一的方法，是同其他的人协议联合组成为一个共同体，

---

① 洛克．政府论：下篇．北京：商务印书馆，1964：16.
② 洛克．政府论：下篇．北京：商务印书馆，1964：18.
③ 洛克．政府论：下篇．北京：商务印书馆，1964：19.
④ 洛克．政府论：下篇．北京：商务印书馆，1964：25.

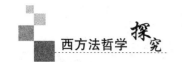

以谋他们彼此间的舒适、安全和和平的生活，以便安稳地享受他们的财产并且有更大的保障来防止共同体以外任何人的侵犯。"① 这段话说明共同体（国家）起源于人们的协议即契约，人们协议订约建立共同体的目的是保障生命、健康、自由、财产的天赋权利，防止其受到侵犯，抵抗本社会内或本社会外对自由的侵犯和危害。正是基于这样的需要、考虑和目的，人们在自愿的基础上放弃了自然权利，放弃单独执行自然法的权利，通过协议，建立共同体。"他们的政治社会都起源于自愿的结合和人们的自由地选择他们的统治者和政府形式的相互协议。"② "这就是立法和行政权力的原始权利和这两者之间已产生的缘由，政府和社会本身的起源在于此。"③ 洛克的契约论与霍布斯的契约论的不同点主要有：（1）洛克认为人们订约建国放弃的只是部分权利，即执行自然法、单独处罚违反自然法的行为权利，而其他权利（生命、健康、自由）尤其是财产权利是不能放弃的。"最高权力未经本人同意不能取去任何人的财产的任何部分。"④ 可见，洛克是理论上私有财产神圣不可侵犯的奠基者（后来法国人权宣言第一次明文宣布此权）。（2）洛克讲的是转让权利。订立契约指将权利转让给整个社会，不是转让给一个人或一部分人组成的会议。只有社会（共同体、国家）才可以决定谁违反了自然法并对其进行惩罚。据此可得出两点结论：一是由社会委托立法机关或专门人员来行使这种权利，二是每个人必须贡献自己的力量来实现契约。（3）洛克认为君主、国王也是社会契约的参加者，也应受契约的约束。如果国王违反自然法，侵犯人权特别是财产权，人们有权利包括用武力推翻他。这是洛克的反抗权思想、革命权思想的体现。霍布斯则认为君主不是契约参加者，他拥有无限主权，他的命令就是法律。洛克认为订立契约组成共同体是历史事实而非虚构，更非推论。以往的作者论证契约建国时没举出哪些国家或地区是由人们订立契约而成立的。洛克认为如果没有这一事实便不能理解也不能承认国家是由缔结契约建立的。他论证古罗马、威尼斯、斯巴达、美洲印第安人的共同体是由订约而建的。契约建国有两种方式，一是表示，二是默认，但他又认为通过默认的方式进入共同体的成员，可以断绝关系、脱离这一共同体。

《政府论》下篇第十六章～第十九章所谈内容，驳斥了霍布斯的国家产生于武力的征服论。洛克虽然并未点霍布斯的名，但却说："有许多人就把武力误认为人民的同意，认为征服是政府的起源之一。但是，征服并不等于建立任何政府，正如拆毁房屋并不等于在原处重建新屋一样。"⑤ 他的意思是说：政府也好，社会也好，都因人民同意而建立。一个侵略者的行为是侵犯，没经人民同意，不能成立政府。国家、公共权力、政府、共同体的起源，只能是人们的协议。（1）如果胜利是属于正义的一方，那么战争的征服者对被征服地也无支配权，被征服者也应同以前一样地自由。（2）征服者不因他的征服而得到支配那些同他一起进行征服的人的权利，他只有权支配那些实

① 洛克. 政府论：下篇. 北京：商务印书馆，1964：19.
② 洛克. 政府论：下篇. 北京：商务印书馆，1964：63.
③ 洛克. 政府论：下篇. 北京：商务印书馆，1964：78.
④ 洛克. 政府论：下篇. 北京：商务印书馆，1964：63.
⑤ 洛克. 政府论：下篇. 北京：商务印书馆，1964：107.

际上曾帮助、赞同或同意那用来攻击他的不义武力的人们。（3）征服者在正义战争中对被他打败的人所取得的支配权是完全专制的，后者由于使自己处于战争状态而放弃了自己的生命权，因此征服者对他们的生命享有一种绝对的权，但他也并不因此对他们的财产享有一种权利，征服者不能支配被征服者的财产，更不能占有他的妻儿老小。财产权是人们的自由权，不可剥夺和转让，而建国的目的正是要保护私有财产。国家也只有当人们享有处理私有财产的权利时才存在，否则国家就不存在。说到底，洛克还是为资产阶级的财产权辩护，认为资产阶级的权益不可侵犯。

六、政体论

这是第十章所谈的内容。下篇通常用国家的形式、政府的形式来说明政体。该书中认为政体是以立法权的隶属关系来确立的，自始至终强调立法权。"制定法律的权归谁这一点就决定国家是什么形式。"[①] 根据立法权归属，洛克把政体划分为四种：（1）民主制。立法权归全民，人民有权立法，委任官吏执行法律。（2）寡头制。人民在订立契约的时候约定把立法权交给少数精选的人以及他们的嗣世子和继承人行使。（3）君主制。人民把立法权赋予一个人。君主制又分两种：一是世袭君主制。君权（立法权）可交给嗣子。二是选举君主制。君权（立法权）仅由君主本人享有，后继者的权利由大多数人选举决定。（4）混合制（复合制）。洛克认为英国光荣革命后建立的立宪君主制即为此。应该强调的是，洛克坚决反对君主专制，这一点又与霍布斯的观点完全对立。洛克认为君主专制的绝对管辖权与公民社会格格不入。他从自然权利和契约论出发讲解这点，理由有三：（1）专制制度不是一种由自然赋予的权利，"人们并未赋予于一个人或一小撮人任意侵害大部分人的权利"。（2）专制制度所拥有的不是契约所给的权利，根据理性的要求，一个人不能随意处理自己，也不能把这个权利转给另外一个人，所以生命、健康、自由、财产权不可转让。（3）专制与公民社会的目的不符。国家的目的是保护生命、健康、自由、财产，其建立只是为了人民的和平安全和公众福利；而专制之下一切都属于国家，谈不上对人的上述这几种自然权利的保护。

洛克在谈国家形式分类时闭口不谈资产阶级共和国，也没有直接谈到君主立宪制。这是有其意图的。他笼统地提出国家形式分四种，他的民主制实际上和英国资产阶级革命后建立的君主立宪制有某些一致。有人认为洛克没明显提出建立资产阶级民主共和国，与英国资产阶级革命不彻底、资产阶级与贵族妥协有关系。他不可能提出一个民主共和国的主张，这是由他所处的时代和英国资产阶级革命的性质决定的。

特别应提出的是，洛克区分政体种类时把立法权归属作为标志，承认立法权是最高权，但有四种情况限制立法权：（1）对人民的生命和财产不可专断；（2）最高权力机关不能独揽立法权；（3）最高权力机关未经本人同意不能取走任何人的财产的任何部分；（4）最高权力机关不能把立法权转让他人。总之，洛克为君主权力留有一定余

---

① 洛克．政府论：下篇．北京：商务印书馆，1964：81.

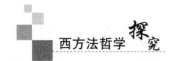

地，最高权力机关不能杜撰的其他权利中首先就是王权。这也表明其妥协性。

他的书于1690年发表，此时英国资产阶级革命已经胜利，建立了君主立宪制国家。他的书只能是，实际上也正是这样为已建立的君主立宪政体作理论辩护。

与政体联系的是政体解体原因，洛克在下篇19章中认为，主要原因是外界武力的入侵，而内部的原因主要有三个：（1）立法机关变更；（2）有最高执行权的人玩忽职守，违背成立国家建立共同体的目的；（3）立法机关和君主某一方在行为上违背了人民对他的委托，违背了契约。如何防止政体的解体呢？洛克主张：（1）把统治权力交给最初订约的人们；（2）人民建立新的立法机关；（3）推翻旧政府、建立新政府。

七、分权论

这是《政府论》（下篇）第十二章～第十五章所谈的内容。柏拉图的《理想国》、亚里士多德的《政治学》、西塞罗的《共和国》中都有分权思想。古罗马其他法学家如波利比阿的著作中也有分权的思想。但将其作为一种分权理论系统提出来的，还是洛克。洛克把国家权力分为立法权、行政权和对外权。（1）"立法权指享有权利来指导如何运用国家的力量以保障这个社会及其成员的权力"[1]，也就是制定法律的权力。（2）行政权指执行法律的权利，也叫执行权。"由于那些一时和在短期内制定的法律，具有经常持续的效力，并且需要经常加以执行和注意，因此就需要有一个经常存在的权利，负责执行被制定和继续有效的法律，所以立法权和执行权往往是分立的。"[2]（3）对外权是指"包括战争与和平、联合与联盟以及同国外的一切人士和社会进行一切事务的权力"[3]。他的三权实际上是两权，因行政权和对外权都是执行权。现在有些西方学者认为三权是不科学的，应分为两权。这就又回归到洛克的理论。但也有学者主张四权。洛克认为：担任立法工作的人和执行立法工作的人不一样，前者可在短期内完成工作而后者的工作是长期的。这两种权力要分开，由不同的机关行使。如果立法者也是法律的执行者，就会产生弊端，如可以自己不服从法律，立法时使法律服从私意。这样，个人与社会对立，违背建国的目的。行政权与对外权是不同的，应由不同机关不同人行使。他也不得不承认实际的情况是这两者往往不易分开，因为这些权利都以武力作后盾，而军队的指挥权是不可分的，还是统一由国王行使。

洛克不认为三权是平行的，而认为立法权是最高的，其他权力从属于立法权，受其支配。不论是属于一个人还是属于较多的人，不论是经常还是定期存在，立法权是每一个国家中的最高权力[4]，但是立法权也要受限制：（1）立法权要受人民订立契约之委托目的的限制，即以公共福利为限；（2）立法机关不能以临时命令进行统治，必须依正式公布的法律进行统治；（3）立法机关未经本人同意不能取得任何人的财产的任

① 洛克.政府论：下篇.北京：商务印书馆，1964：89.
② 洛克.政府论：下篇.北京：商务印书馆，1964：90.
③ 洛克.政府论：下篇.北京：商务印书馆，1964：90.
④ 洛克.政府论：下篇.北京：商务印书馆，1964：83.

何部分;(4)立法机关不能把制定法律的权力转让给他人;(5)立法权不是最终极性的权力,社会始终保留着一种最高权力。

立法机关与行政机关的关系是:当时英国将立法权交给议会,立法要符合公意,行政权与对外权由君主根据议会的决定行使。洛克的三权中立法权最高,后两者都要服从于它。把立法权抬高和其基本思路是一致的:国家、政府、共同体是人们通过协议、契约来建立的,与自然权利相联系。立法权最能反映通过协议建立共同体、国家权力来自人民的协议。立法权最高,议会是最高的权力机关,可以左右国王和政府。这是在为资产阶级争权,同资产阶级在议会中,特别是下议院中占多数有关。至于他的三权的执行机关,即议会、国王、政府内阁,如何相互平衡、牵制、监督,洛克的分权理论中有所阐释,但并不明确、系统。这些问题留给美国独立战争后的汉密尔顿及孟德斯鸠来解决。

对洛克关于分权的看法是有争论的,如日本立命馆大学教授认为洛克当时的意思与后来发展的三权分立是不一样的。

八、自由与法律论

马克思谈到法国的自由思想时指出,法国革命的自由思想"正是从英国输入法国的。洛克是这种自由思想之父"[1]。下篇第四章"论奴役"当中,洛克讲了自由思想与法律是紧密联系的。其主要思想有:(1)自由须以法律的规定为约束,而不是随意怎样干都行。"处在社会中的人的自由,就是除经人们的同意在国家那所建立的立法权以外,不受其他任何立法权的支配;除了立法权机关根据对他们的委托所制定的法律以外,不受任何意志的统辖或任何法律的约束。"[2](2)"人的自然自由就是不受人间任何上级权力的约束,不处在人们的意志或立法权之下,只以自然法作为他的准绳。"[3] 他批判费尔麦的自由论,后者主张自由是"各人乐意怎样做就怎样做,高兴怎样生活就怎样生活,而不受任何法律束缚"。洛克认为,如果把自由理解为不受任何人限制的为所欲为,那就无自由可言,因为每个人只顾自己、不管别人,可任意支配、处置他人的生命、自由和财产,必定会相互争斗,处于一个战争状态。在这种情况下,怎样会有自由呢?(3)法律是自由的保障而非自由的限制。法律是包括每个人自由意志在内的共同意志,是包括每个人的利益在内的公益,因而没有必要把自己与法律对立。恰恰相反,"法律按其真正的含义而言,与其说是限制,还不如说是指导一个自由而智慧的人追求他的正当利益,它并不在受这种法律约束的人们的已取得福利范围之外作出规定。假如没有法律他们会更快乐的话,那么法律作为一件无用之物自己就会消失,而单单为了使我们不致坠下泥坑和悬崖而作的防范,就不应称为限制。所以不管会引起人们怎样的误解,法律的目的不是废除或限制自由,而是保护和扩大自由。这是因

---

① 马克思恩格斯全集:第10卷.2版.北京:人民出版社,1998:63.
② 洛克.政府论:下篇.北京:商务印书馆,1964:16.
③ 洛克.政府论:下篇.北京:商务印书馆,1964:16.

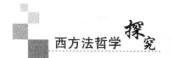

为在一切能够接受法律支配人类的状态中，哪里没有法律，哪里就没有自由"①。洛克多次讲过："人类天生是自由的，我们是生而自由的"，也是生而有理性的。这就是说自由、法律同理性是一致的，并以理性为基础，理性教导人们理解法律、遵守法律。一个人抛开理性、追求无限自由就等于把人降到兽类。人的自由和依照自己的意志来行动的自由，是以他具有理性为基础的。理性教育他要了解他用以支配自己行动的法律，并使他知道他对自己的自由意志听从到什么程度。② 同时，洛克还认为一个人的自由程度，取决于他对法律的理解和遵守程度。"如果由于超出自然常规而可能发生某些缺陷，以致有人并未达到可被认为能够了解法律，从而遵守它的规则而生活的那种理性的程度，他就绝不能成为一个自由人。也绝不能让他按照自己的意志行事。"③ 因此，精神病人和白痴是无自由而言的，因为他们不知道自己的意志应有限制，不具有悟性。

总之，在洛克看来，自由意味着不受他人束缚和强暴，是在他所受的约束许可的范围内随心所欲地处置或安排他的人身、行动、财富和他的全部财产的那种自由，在这个范围内他不受另一个人的自由意志的支配，而是可以自由地遵循他自己的意志。④ 自由是以理性为基础的，是受理性的指导的。

九、自然法思想

洛克是一个坚定的自然法理论代表。他把上帝法、自然法、理性法三者融为一体，认为"自然法也就是上帝意志的一种宣告"，是自然的法律。他更多地强调自然法是理性法，自然法是不成文的，在人们的意识之外无处可找。这种理性主义的自然法理论同古希腊罗马自然主义的自然法理论、中世纪神学主义的自然法理论相比较是进步的理论。

对于自然法是否存在，洛克作了肯定的回答。正像他承认人们定约建国是一历史事实，人们之前自然状态是历史事实一样，他认为自然法也是存在的，自然法不仅存在，并且是浅显易理解的。

自然法的基本内容和要求可以归结为人们应当尽量保护自己和保护人类，凡是与自然法相违背的人类制裁都不会正确或有效。洛克比霍布斯前进了一步；他不但提出个人的自我保存，而且还提出要保护整个人类。

关于自然法的制裁形式，洛克指出自然状态下的自然法交给每一个人去执行，使每个人都具有惩罚违反自然法的人的权利。而这种状态下判别是否违反自然法的依据只能是冷静的理性和良心的指示。在社会状态中，依照人类法规定的刑罚来保障人类自由。自然法是永恒的最高行为规范，自由人受自然法的约束。

① 洛克．政府论：下篇．北京：商务印书馆，1964：35-36.
② 洛克．政府论：下篇．北京：商务印书馆，1964：39.
③ 洛克．政府论：下篇．北京：商务印书馆，1964：38.
④ 洛克．政府论：下篇．北京：商务印书馆，1964：36.

十、法治论

洛克在《政府论》中讲到了法治思想。洛克可以说是近代资产阶级法治原则的主要倡导者之一。洛克讲的法治内容主要有：（1）他断言，国家必须依正式的法律统治，而这一法律必须经正式公布并被普遍接受，它不是一时的专断和命令。他反对以临时命令和未定的决议来统治，强调立法权最高。（2）强调法律的执行。有法律而得不到执行等于无法律。政府专制是违反契约的，也就是违反法律的。（3）提出法律面前人人平等。法律一经制定，任何人不能凭他自己的权威逃避法律的制裁，也不能以地位优越为借口，放任自己和任何下属胡作非为，而要求免受法律的制裁。公民社会中任何人都是不能免受它的法律的制裁的。总之，法律对贫富、权贵和庄稼人一视同仁，并不因特殊情况而有出入。每一个人平等地受制于立法机关所制定的法律。（4）·法治原则不排除个别场合执法的灵活性。洛克认为立法者不可能预见并用法律规定社会中的一切事情，因此，法律执行者对于那些法无规定的情况，应当根据自然法的精神自由裁处，直到有关的成文法加以规定为止。这也是为公共福利所必不可少的，同专横是完全不同的两码事。这也反映了洛克的妥协性。（5）他一再强调法治与暴政势不两立，对于暴政人们有权推翻它。统治者以自己的意志产生法律、代替公意，违背法律都是暴政，就应被推翻，

十一、刑法思想

（1）洛克认为，公民社会的刑事法规是从自然状态下惩罚自然法破坏者的权力转化而来的。自然状态下人人都是自然法的执行者，都有权惩罚违背自然法的人。人们订约建国后把这种权利转让给国家，由国家依据人定法惩罚犯罪、保障自由。

（2）洛克主张惩罚要平等。无论任何人惩罚，对同样的犯罪都要同样对待，如果有不同的话，那就是这些罪行如出自权大位高的人就应加重处罚。他强调统治者守法。

（3）洛克提出法无明文规定不为罪。国家当局只有根据法律才能确定一个公民的行为是否合法、是犯罪与否。由法律尺度确定是否给一行为以刑罚，给予任何刑罚同样要有法律规定。

虽然洛克没有提及罪刑法定这个概念，但洛克关于以固定规则作为生活的准绳和是非恶善的尺度的思想，无疑蕴含着罪刑法定的精神。洛克还把分权看作是罪刑法定原则的理论基础。洛克认为使人同时拥有制定和执行法律的权力，就会使人掠取权力，就会使人谋取私利。

（4）罪行相应，反对严刑峻罚。强调刑罚的警诫和改造作用，认为刑罚的目的是使犯罪者悔悟，警示别人。洛克主张轻刑，除非万不得已，不得用重刑和毒刑。这体现了资产阶级人道主义精神。

（5）正当防卫。洛克提出受害者具备下述两个条件时，可以正当杀死正在犯罪的

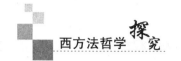

人：1）自己的生命直接受到威胁。2）当自己来不及起诉时，当小偷偷取财物的时候先不能将他杀死，而当强盗用手枪逼自己交出马和衣服时，却可以杀死他。洛克的刑法思想是资产阶级革命后早期的古典型刑法学，是对贝卡利亚和老费尔巴哈的古典刑法学的继承和发挥。

　　总之，洛克的政治法律思想是很系统而全面的，他的思想自始至终宣扬自由，他是自由主义的奠基者。自由是其《政府论》（下篇）的主题，体现了以理性为基础的自由主义。比如，他认为自然法就是理性，自然状态就是以理性为指导的自由状态；国家的目的是保障各种自由，法律不是限制和废除自由，而是保护保障自由；人们有权推翻违法的政府；政府经人民同意而建立。他主张分权和法治，反对专制，认为国家是理性的产物。洛克的思想在光荣革命后的英国产生了巨大影响；英国的《权利法案》中宣布国王停止法律的执行是非法的行为。洛克的思想还对美国、法国产生深刻影响，《独立宣言》《人权宣言》中都有洛克的思想的体现，孟德斯鸠和卢梭也受到了洛克的思想相当的影响。

第三章　孟德斯鸠的《论法的精神》

一、写作的历史背景

孟德斯鸠于 1748 年发表《论法的精神》。18 世纪上半叶的法国是一个农业封建专制国家，人口 2 300 多万，90％为农民，封建土地采邑制占统治地位，90％以上的土地在 10％的贵族与僧侣手中，他们凭借土地剥削农民。农民收入的 1/4 被地主剥削去，1/10 被僧侣剥削去。农民另外还要负担土地税、财产税、盐税、内地货运等税收和超经济剥削，人身也依附于贵族和寺院。另外法国东、北部的一部分地主仿效英国的办法，从农村赶走农民，建立资本主义式的农场，加紧资本的原始积累。这也是对农民的掠夺。

当时法国工业处于工场手工业阶段，小生产者占优势，拥有 2～10 个工人的小企业占绝大多数，机械化程度很低，几百个工人的工厂极少，纺织业机械化程度几乎为零。在企业发展中，家庭加工形式相当普遍。许多企业的工人在工场工作的很少，而是将原料领回家中加工。即使是在工商业城市巴黎，也与其他地方一样，是由小作坊、小店铺、小手工业经营珠宝、地毯、纺织品等物，拥有二三百人的工场很少。

商业贸易有一定的发展。路易十四统治时期的贸易发展迅速，特别是呢绒大量出口。马赛港每年开出 1 500 只船。波尔多从 1717 年的 1 200 法郎贸易额发展到 1741 年的 7 500 万法郎的贸易额。但就整个商业而言，其受着封建生产关系，特别是封建专卖权的阻碍与束缚。

总之，一方面，封建生产关系占统治地位，严重阻碍了法国经济发展；另一方面，资本主义经济在法国有一定程度的发展，手工工场数量增加较快，工人数量已达 60 多万。商业发展客观上要求冲破束缚发展资本主义的封建生产关系。

政治上存在着三个等级，也是法律规定的三个大的社会集团。第一等级是僧侣及部分宫廷贵族，大约 13 万人。第二等级是贵族，其中包括司法官吏，共 10 万到 14 万人（有的说 40 多万人）。其中 15 000 贵族占据宫廷最高职位，领取巨额俸禄。第三等级为资产者、农民、手工业者、商人、手工工场工人，占人口的 90％左右，约为 2 300 万人，其中农民占多数。僧侣和贵族就是第一、二等级，构成统治阶级，占有生产资料，享受政治经济特权，利用教会和国家机构牢固统治着法国。第三等级为被统治者集团，成分复杂，情况不一：资产者属于这一等级，但受的压迫小些。农民受的压迫最重。无论是农民、手工业者，还是资产者，在政治上均无权利。正是这一点使他们有可能结成联盟，共同反对封建专制的统治。

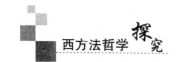
西方法哲学 探究

当时法国是君主专制政体，封建统治阶级掌握政权，维护封建剥削制度。虽然国家在一定程度上保护工商业发展，但在总体上、在更大的程度上是阻碍了资本主义发展的。行会制度，关卡林立，国库空虚，财政赤字都构成障碍。封建专制政体下阶级矛盾首先表现为封建主阶级同整个第三等级间的对立，统治阶级拥有不到10％的人口，掌握国家政权，生活奢侈、糜烂，挥霍国家资财。法王路易十五宫廷有"民族坟墓"之称，国王官吏和警察可对第三等级，尤其是工人、农民进行任意逮捕，投入监狱。这就引起第三等级的不满并反抗。资产者虽有一定经济实力，但在政治上却处于无权地位。对此，他们极为不满，要求改变，要求政治上得到统治权力。其次，第三等级内部矛盾错综复杂，农民、工人同资产者的要求有较大差别：农民要求得到土地并废除赋税，手工工人要求改善物质生活状况，资产者要求政治地位。但在反对封建专制这一点上，第三等级有共同的要求，故能作为一个整体联合起来。

列宁说，法国1789年的问题是推翻专制制度和贵族的问题。资产阶级在当时经济和政治的发展阶段上，不担心自己统治的巩固性，因而同农民结成了联盟，这个联盟保证了革命的彻底胜利。第三等级先后进行了各种形式的反抗斗争，大约100年间农民遭受了30多次饥荒，这激起了农民的反抗，1788年的饥荒更加激化了这一矛盾。工人不断罢工，反抗封建统治和资本剥削。1724年多菲奈造纸工人罢工，1774年里昂纺织工人罢工。直到18世纪下半叶，反对封建统治、反对资本剥削的斗争连续不断，许多地方（如第戎、普罗旺斯）农民起义并与军队交锋，进攻庄园，烧教堂。特别是1788年法国严重的农业饥荒，使农民同封建专制的矛盾迅速激化，直到第二年爆发了公开的革命。

继16世纪文艺复兴运动后，法国思想界在18世纪发生启蒙运动。如果说17世纪前的思想运动中心在法国的话，到17世纪，该中心一度转向英国，不仅因为培根、洛克、牛顿、霍布斯等人的出现和其著作的影响，而且因为欧洲著名思想家如伏尔泰、孟德斯鸠等先后到英国留学考察。英国资产阶级革命的胜利使其政治经济发展，吸引力强。到了18世纪，中心又转向法国。启蒙运动是从法国开始的，这时的人物之多、著作之多、内容之丰富都是空前的，它为资产阶级革命做了思想准备。狄德罗把法国18世纪的精神概括为"自由"，他说："每一个世纪都有他的特别精神，我们这个世纪的特别精神似乎就是'自由'，第一个最猛烈攻击就是反对迷信。"（参见其于1771年4月3日给大斯各夫的信）思想运动的提倡者、组织领导者有伏尔泰、孟德斯鸠和卢梭，这些人是资产阶级意识形态的启蒙代表，洛克哲学是启蒙运动的思想基础，英国政治制度是法国自由主义的基调。这次思想运动的主要内容有：（1）用理性主义代替封建神学主义，为资本主义经济关系辩护。因为这种关系最合适人的自然本性，体现为自由、平等、博爱。封建专制的各教会的禁锢正是违背理性和自然的，应进行改变。（2）思想家们的政治法律思想一般采取自然状态、自然法、契约论、主权在民等观点，解释说明人类社会的原始状况及社会转变、国家产生与目的的问题。他们在此基础上提出人人在法律面前平等、有私有财产权，为反对封建特权和统治，大造舆论。（3）揭露封建专制的种种罪恶、黑暗，明确提出自己政治纲领——建立理性王国即资产阶级民主共和国。当然，各个思想家代表的阶层不一样，所处的时代各异，对具体的国家形式主张也不同。伏尔泰与孟德斯鸠主张君主立宪制，卢梭作为小资产阶级民主主义者的左翼代表则较激进，反封建比较彻底，主张建立日内瓦型的资产阶级共和国。（4）在哲学上一般都趋向唯物主义、无神论。同16世纪的荷兰、17世纪的英国不同的是，18世纪法国的思想家以更大的勇敢精神、公开用人的理性观点反对教会和封建禁锢，把矛头对准封建的精神支柱——宗教。这与当时法国的社会条件是分不开的。当时天主教势力大，占领上层建筑，教会对人民的压榨不亚于贵族对人民的压榨，反封建必须扫清教会障碍，所以他们必然把攻击的矛头指向教会，揭露教会的种种谎言，诸如等级不平等是神决定的、科学应从属教会。他们要努力证明封建教会与世俗统治力量勾结、狼狈为奸，都必须被反对。但这并不是说这些思想家都是唯物主义者，只有梅叶、伏尔泰是彻底反对教会的。伏尔泰说：罗马教会是败类，应被消灭。宗教源于人们的无知和狂热，天主教是建立在最卑鄙的混蛋所作出的最卑贱的欺骗之上的，圣经不是上帝口述的，而是疯狂病的无知者在一个最坏的地方写成的，内容本不可信。伏尔泰于1762年为新教徒卡拉案件庇护。（5）这些思想家由于出身不同，代表的阶级利益不同。早期以伏尔泰、孟德斯鸠为代表的温和派代表大资产阶级和贵族的利益，有妥协的幻想，反封建不彻底。后期以卢梭为代表的激进派，代表小资产阶级的利益，反封建坚决、彻底。狄德罗、爱尔维修、霍尔巴赫则是唯物主义者，是百科全书派、启蒙运动的哲学代表。梅叶、马布里、摩莱里是空想社会主义者，代表无产者和半无产者的利益。梅叶的"遗书"、马布里的《选集》用法律形式论证未来社会制度，提出系统法制体系。摩莱里的《自然法典》也提出了未来的社会制度蓝图和人权要求，认为私有制是罪恶之源，要求消灭私有制。在他的法律体系中第一次提出"经济法"的内容。

二、孟德斯鸠的生平和著作

查理·路易·孟德斯鸠（Charles Louis Montesquieu，1689—1755），法国启蒙运动前期代表人物之一，近代资产阶级国家与法的理论的主要奠基者。他出生在法国西南部波尔多附近的拉勃烈德城，其祖父曾担任波尔多法院院长，后来其伯父继承此职位，其父在军队服务。他11岁到16岁时在巴黎附近的一个修道院学习拉丁文和希腊语，为其日后著书立说打下基础。1706年孟德斯鸠在波尔多攻读法律，1708年获法学学士学位并担任议会律师，1709年迁居巴黎，1714年满25岁，按照当时法国法律的规定他可以担任公职了。于是他担任波尔多议会议员（顾问）。1716年其伯父约翰·巴伯蒂斯特·色贡达·孟德斯鸠男爵去世，由其继承波尔多法院副院长职位并按遗嘱取得男爵孟德斯鸠称号。他本人对此毫无兴趣，经常利用业余时间从事科学研究和写作。他在波尔多学院研究地质、生物和物理学，最早发表了《论重力》等多篇科学论文。由于这方面的学说建树，他加入了波尔多科学院。到1721年，他化名"彼尔·马多"发表第一本著作《波斯人信札》，通过两个波斯商人的信件往来的写作方式揭露抨击法

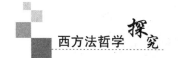

国国王路易十四治理下的封建社会的罪恶，讽刺法国上层人物的丑恶嘴脸，诸如荒淫无耻的教士、夸夸其谈的沙龙绅士、傲慢无知的名人权贵，特别对"太阳王"路易十四表达了强烈的憎恨。他认为，最好的政体是能以最近似人们性情的方式进行领导的体制。他评论霍布斯"自然状态"理论，比较伊斯兰教与天主教，讽刺天主教教义。由于《波斯人信札》的出版和影响，他一跃成为法国著名人物。当时路易十四不满此书，于 1721 年一度拒绝批准孟德斯鸠波尔多学院院士的职位。1726 年他出卖波尔多世袭法院副院长的职位，得到巨款，迁居巴黎并埋头写作、出入上层社会。1722 年他到巴黎，借助贝力里克公爵进入宫廷后，结识郎贝尔夫人并在其支持下于 1728 年进入法兰西科学院，获院士荣誉。为了扩大视野、增加学识，他开始漫游欧洲各国，先后到达奥地利、匈牙利、意大利、荷兰等国，并在英国住了两年多，结识了哲学家休谟，研究了洛克的著作，洛克的分权理论对其影响最深；参观了英国议会，听取了托利党与辉格党议员间的辩论，深入研究英国政治法律制度。1730 年孟德斯鸠被选为英国皇家学会会员。1731 年他回法国专心著书，1734 年写成《罗马盛衰原因论》，此书虽没《波斯人信札》那样轰动，但也是他的一部重要著作，与后来《论法的精神》有很大联系。此书利用罗马的历史材料阐明其政治主张，认为一个国家的兴衰由其政治制度和风俗的优劣决定。罗马共和国的法律制度健全、民风朴实、思想自由，所以它就兴盛；反之，在罗马帝国时期君主制下，侵略掠夺、民风败坏、思想窒息，罗马就趋向衰落。所以他在其《论法的精神》中阐明了地理环境和民俗对政治（政体）的影响。1746 年孟德斯鸠被选为柏林皇家科学院院士。时隔两年，也就是 1748 年，他发表《论法的精神》。这是其钻研 20 年、写作 17 年的著作，是其一生思想的总结，是一本独具风格的百科全书式的著作。这本书一问世就引起科学界的轰动，两年间先后印了 22 版。该书的各部分联系并不紧密，第一章到第十章的随笔同第十一章关于英国的政治结构的叙述就无多大联系。第十一章关于罗马政治结构的论述同以前的说法也不一致。但学术界对此的评价还是很高的。伏尔泰称之为"理性和自由的法典"。休谟认为该书将世代受到颂扬。它奠定了资产阶级法学理论的基础，后来的法学家对它的评价也很高，将它与《政治学》《理想国》相媲美。该书许多地方引用了柏拉图、亚里士多德的观点，列举运用古希腊罗马的史实资料。另外，该书对霍布斯的主张有所保留，甚至公开反对。霍布斯主张君主专制，孟氏主张君主立宪，二者就是在自然状态等问题上的观点也有很大的差异。该书受到封建势力的诋毁、指责，1751 年被列为禁书。

总之，孟德斯鸠的《论法的精神》把政治学、法学、哲学、经济学、社会学融合在一起，是一部百科全书式的著作。

三、《论法的精神》的结构和体系

此书上册共三卷、19 章、318 节，内容宽泛，思想丰富，就法律而言几乎论及法的各分支学科：法理、宪法、刑法、民法、婚姻法、继承法、诉讼法、国际法等。同时又把法学与政体、自然条件、风俗联系起来，其注意的中心是法律与政体的关系。

所以说，他首先注意的是政体，其次注意的是法律。这一点上他同亚里士多德是一致的。第一卷共 8 章、105 节，主要论述一般的法的概念、法的分类、政体性质和原则、政体同法律的关系、政体腐化的原因。第二卷共 5 章、97 节，主要论述法律与防御力量的关系、法律与攻击力量的关系、政治自由与法律和政制的关系、政治自由的法律与公民的关系、赋税国库收入的多寡与自由的关系等等。第三卷共 6 章、116 节，主要论述法律与气候的性质的关系、民事奴隶制的法律与气候性质的关系，奴役权力的起源、奴隶制种类、家庭奴隶制的法律与气候性质的关系，婚姻法包括休婚和离婚、政治奴役的法律和气候性质的关系，法律与土壤和民族精神风俗习惯的关系等等。孟德斯鸠于 1750 年匿名发表了《为〈论法的精神〉辩护与解释》，回击了对《论法的精神》的各种指责。

下册共 3 卷（即第四、五、六卷）、12 章、287 节。第四卷共 4 章、97 节，主要论述法律对贸易的关系（贸易、贸易的精神、专有性的贸易、贸易的自由、贸易法规、商事裁判等）、世界贸易的变革、古今贸易的主要差异（迦太基人的贸易、罗马人的贸易、欧洲人的贸易等）、法律与使用货币的关系（货币的性质、想象的货币、金银的数量、兑换率、罗马关于货币的措施、公债和公债的清偿等）、法律和人口的关系（人口的繁殖、希腊和罗马的人口、人口与工艺的关系、婚姻、子女的身份、家庭法妻子、私生子、遗弃子女、罗马的人口繁殖的法律、法国人的人口繁殖的法律等）。

第五卷共 3 章、66 节，主要论述宗教和法律的关系（一般的宗教、基督教、伊斯兰教、道德法规和宗教法规及其协调、宗教怎样影响法律等）、法律和宗教的建立及对外政策的关系（信奉不同宗教的不同动机、庙宇、教僧、修道院、宗教自由、宗教的传布等）、法律和它所规定的事物程序的关系（神为法和人为法、民法和自然法的抵触、继承法、婚姻法、政治法、国际法等）。

第六卷共 5 章、124 节，主要论述罗马继承法的起源和变革、法国民法的起源和变革（撒利克法、西哥特法、勃艮第法、海边法兰克法、河畔法兰克法、诉讼法、罗马法的复活、法兰西的习惯等）、制定法律的方式（立法者的精神、立法方式、立法者、制定法律应注意的事情等）、法兰克人的封建法律理论和君主国的建立（封建法律的资料、封臣制度的起源、分割土地的不同方式、赋税、贡赋、领主司法权、属地司法权、法国的贵族等）、法兰克人的封建法律理论和对他们君主国的革命的关系（官职、采地的变更、民政是怎样改革的、宰相制度、教会的财产、僧侣的财富、查理曼王、路易王等）。

我们重点学习、研究上册中的问题，对下册中的问题也要了解，尤其要了解下册中第五卷和第六卷有关法律思想的论述。

四、法学方法论

孟氏对法学的巨大贡献包含他在法学方法论上的创造。孟氏在法学方法论上的主要贡献是历史的方法和比较的方法。

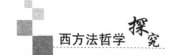

（一）历史的方法

历史的方法始于柏拉图、亚里士多德，后经波利比乌斯以及博丹，有了一定的发展，到了孟氏的《罗马盛衰原因论》和《论法的精神》的问世，它进入了完善的阶段。

历史的研究方法是指以历史的观点和以历史材料为依据而进行法学研究的方法。

孟氏的《罗马盛衰原因论》是历史法学的专著之一。它的中心思想不是一般地描述罗马国家盛衰的历史，而是历史地考察罗马国家的政治法律制度盛衰的原因及教训。在《论法的精神》中，他进一步对具体政治制度和具体法律制度（包括部门法）作了历史研究，比如第五卷第二十四章，从宗教史上考察各国所建立的宗教与法律的关系；第六卷第二十七章考察罗马继承法的起源和繁荣，进而在第二十八章研究罗马继承法怎样通过法兰克王国而逐渐形成现今法国民法；第三十章和第三十一章则集中从法律理论上考察在法兰克王国基础上建立现今法国极端绝对君主制的过程，揭示法兰西君主制的发展规律。

（二）比较的方法

比较的方法，指对不同国家的法律体系或法律制度进行对比研究的方法。孟氏在《论法的精神》中的每一章都对世界上一些主要国家，从历史上和现实上，反复地进行比较研究。其中除了比较政治制度和法律制度外，还广泛比较经济、教育、宗教、贸易、人口、战争、国际关系等方面。比如，在第二十九章中关于制定法律的方式，孟氏得出了一系列比较研究的结论：与立法者意图好像背驰的法律，都常常和这些意图相符合；有些法律和立法者本身意图相违背；相似的法律，未必出自相同的动机；看来相反的法律，有时是从相同的精神出发，而看来相同的法律实际上是不相同的。孟氏的结论是："要判断这些法律中哪些最合乎理性，就不应当逐条逐条地比较，而应当把它们作为一个整体来看，进行整体的比较。"① 所谓整体的比较，就是要结合各国的自然条件、历史状况、人情风俗等，从它们的整体法律体系即法的精神上进行比较。孟氏认为，只有整体的比较才算是实质的比较，才能掌握各具体法律制度或法律规范的真实要旨。相反，逐条的比较则是形式主义的比较或者文字上的比较，得不出什么实质性的结论。比如说，古往今来，各国法律都有禁止随意杀人、盗窃等的规定，如果不掌握它们的历史背景、政治制度、经济状况、立法目的、该法规在整个法律体系中的地位等，就不可能对它们分别认识，统一地进行比较，从而得出是非好坏的结论。

孟氏可以被认为是历史法学和比较法学的先驱，因为他明确提出历史地建构法学和比较地分析法律制度，但是他的观点不同于 19 世纪历史法学派和当今的比较法学的观点。

---

① 孟德斯鸠. 论法的精神：下册. 北京：商务印书馆，1963：293.

五、法的一般理论

（一）法的一般概念

在孟德斯鸠以前，关于法的说法有：（1）法是正义的体现和理智的指示，代表人物柏拉图等。（2）法是人们行动的行动准则或尺度，代表人物阿奎那等。（3）法是主权者的命令，代表人物霍布斯。这些说法更多的是讲人为法。这些观点都没像孟德斯鸠的观点那样将法界定为"由事物性质产生出来的必然关系"。这在当时法理学界是一种新的观点，引起很大的争论。这是广义的法、一般的法。

按照他的说法，世间一切事物都有自己的法，无论其有无生命、是人还是动物。神有神法，兽有兽法，人有人法，物有物法，上帝有上帝法。他是把事物发展的规律、因果关系看成是法："从最广泛的意义来说，法是由事物的性质产生出来的必然关系。"他还说，"一切存在物都有一个根本理性存在着"①，而根本理性是指不同事物性质必然产生不同的关系及其相适应的法。"法就是这个根本理性和各种存在物之间的关系，同时也是存在物彼此之间的关系。"② 他把法与理性，尤其与规律相混淆。这并不科学。实际上，法可以反映规律，但法本身绝不等于规律，法律是上层建筑，是历史的阶级的现象，不是规律。孟德斯鸠的法的概念是广义的法的概念，虽标新立异，但不科学。其贡献在于给法以固定的含义。凡事物存在，必有因果关系，这一规律可左右社会、政治和人的命运。这里所说的"法"含有事物存在的根据和法则。用这一概念来说明法的含义，很多事情就可得到解释。他还从社会关系的角度运用比较的方法，这在前科学时期也是一次很大的尝试。他从神学理论中解脱出来，从事物发展的规律和因果关系上研究"法"这一现象。这是很大、很重要的进步和贡献。

（二）法的分类

（1）自然法。

孟德斯鸠与霍布斯不同，他认为在自然状态下人是胆小怕事的动物，整日逃避周围一切危险。自然法是人类无意识的冲动，渊源于人类理性——人类社会存在前的规律。

"在所有这些规律之先存在着的，就是自然法。所以称为自然法，是因为它们是单纯渊源于我们生命的本质。如果要很好地认识自然法，就应该考察社会建立以前的人类。自然法就是人类在这样一种状态之下所接受的规律。"③ 他认为，人为法之先就已有公道关系存在，表现为这几个方面：人类有了社会的时候遵守法律是对的，受恩泽

---

① 孟德斯鸠．论法的精神：上册．北京：商务印书馆，1978：1.
② 孟德斯鸠．论法的精神：上册．北京：商务印书馆，1978：1.
③ 孟德斯鸠．论法的精神：上册．北京：商务印书馆，1978：4.

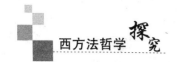

应有感谢之心；被创造的存在物应保持对创造物的依附关系；损害他人之物要遭同样的损害，公道关系就是自然法。智能存在物就是人。人为法是智能的产物，自然法是人的感官的产物，无论人或其他动物只要有感官就受自然法的支配。启蒙思想家都把自然法看作人的理性，但得出的结论不同。霍布斯主张主权在君，卢梭主张主权在民，孟德斯鸠则介于二者之间。孟氏没明讲自然权利，只讲自然法的原则，主要有：1）在自然状况下，每个人都有自卑感，几乎没有平等的感觉。因此，他们并不想互相攻打。和平应当是自然法的第一条。2）寻找食物为第二条。3）相互之间经常存在着自然的爱慕，应当是自然法的第三条。4）愿意过社会生活，成为自然法的第四条。自然法是在人类不具备理性知识的情况下，纯粹由物组成的存在，是由物这一自然本性所决定而接受的自然法则。第四条愿意过社会生活是人类在获得最初知识后所接受的自然法则，所以自然法的产生是基于人类生来就愿意过社会生活，它决定人类必然从自然状态发展到社会状态。自然法的最重要的一条是把"造物主"这一观念印入人的头脑里，诱导人们归向他。人类一旦有了社会，便立即失掉自身软弱的感觉；而且，存在于他们之间的平等消失了，于是战争的状态开始。国与国之间、人与人之间的战争状态致使人与人之间的法律建立起来。

（2）人为法。

战争状态导致法律建立。这里说的是狭义的法。作为地球的居民，人类在不同国籍的人民之间的关系上是有法律的，这就是国际法（也可以看作是世界的民法）。国际法调节国与国之间的关系，它的原则是：各国在和平的时候应当尽量谋求彼此福利的增进；在战争的时候应在不损害自己真正利益的范围内，尽量减少破坏。国际法第二项基本原则是：战争的目的是胜利，胜利的目的是征服，征服的目的是保全。一切国家都有国际法，甚至吃战俘的易洛魁人也有自己的国际法，他们也要派遣和接受使节，战时和平时都有自己的权利。征服法是建立在一个民族想要、能够或应该以暴力对待另一个民族这种事实基础上的。

政治法即社会应该维持的，作为社会的生活者的人类在统治者与被统治者的关系上的法律。一个社会如果没有政府是不能存在的。一切个人的力量的联合就形成我们所谓的"政治的国家"。整体的力量可放在一个人或几个人手里，父权制本身不能说明任何东西，政治的权力必须是几个"家庭"的联合。此外，人类在一切公民间的关系上也有法律，这就是民法（即一般的人为法）。根据这种法律，一个公民可以保卫他的财产和生命，使其不受任何其他公民的侵害。民法中的另一个部分是家庭法。因为社会分为许多家庭，需要管理，所以必须制定家庭法。

孟德斯鸠正是根据以上的分析，对法律的含义作了明确的界定。他说，"一般地说，法律在它支配着地球上所有人民的场合，就是人类的理性；每个国家的政治法规和民事法规应该把这种人类的理性适用于个别的情况"[①]。"法律是立法者创立的特殊的和精密的制度。"孟德斯鸠并由此得出结论：一国有一国适合的法律，"为某一国人民

---

① 孟德斯鸠．论法的精神．上册．北京：商务印书馆，1978：6.

而制定的法律，应该是非常适合于该国人民的，所以如果一个国家的法律竟能适合于另外一个国家的话，那只是非常凑巧的事"①。他强调法与环境、历史、文化等背景的影响关系。

（3）神法。

神法即宗教的法律，包括教会法或寺院法，是教会行政法规。孟德斯鸠强调宗教的法律是固定的、永远不会改变的且是"最好"的，因为宗教是固定的、永远不会改变的且是最好的，同时宗教的法律的力量源于人们对它的信仰。

孟德斯鸠对法的分类不科学：并未明确回答法的实质是什么；把人为法说成是建立在人类理性的基础上、渊源于人类理性的，这掩盖了法是由社会物质生活条件决定的历史的阶级的产物的本质。

（三）法的精神

孟德斯鸠认为法律应该同已建立或者将要建立的政体性质和原则有关系："法律应该和国家的自然状态有关系；和寒、热、温的气候有关系；和土地的质量形势与面积有关系；和农猎牧各种人民的生活方式有关系；法律应该和政制所能容忍的自由程度有关系；和居民的宗教、性癖、财富、人口、贸易、风俗、习惯相适应；最后，法律和法律之间也有关系，法律和它们的渊源，和立法者的目的，以及和作为法律建立的基础的事物的秩序也有关系。"② 孟德斯鸠强调要从这些关系中考察法，特别强调法律同政体、同自由、同自然条件之间的关系，认为法的精神存在于这些关系之中，这些关系的综合即是法的精神。

（1）法律是从政体的性质之中直接引申出来的，也就是说法律同政体性质有关系。在民主政体下，人民在某些方面是君主，在某些方面是臣民。只有通过选举，人民才能当君主，因为选举表现了人民的意志。在民主政体下，实际规定投票权利的法律就是基本法律。这一法律规定应怎样、应由谁、应为谁、应在什么事情上投票，投票方式是公开的还是秘密的、是抽签还是选择。民主政治的另一基本特征，就是只有人民可以制定法律。贵族政治最高权力掌握在少部分人手中，这些人制定并执行法律。其余的人民和这些人的关系，即统治和被统治的关系。这里看不到抽签、选举，参议会处理贵族团体的事务，在议会中是贵族政治，而人民则什么都不是。参议会议员由监察官任命而不是由前任决定。规定参议会成员、资格、职权的法律就是贵族政体的基本法律。一个公民的权力一般不应该过高；一切官职，如果权力大，任期就应该短，以资补救。最好的贵族政治是参加国家权力的那些人少而穷，这样，占支配地位的那部分人就没兴趣去压迫他们，因此，贵族政治越是近于民主政治，便越是完善；越是接近于君主政体，便越不完善。君主政体指的是由一个人依照法律治理国家的那种政体，君主政体的构成要素是：第一，君主是一切政治的与民事的权

---

① 孟德斯鸠. 论法的精神. 上册. 北京：商务印书馆，1978：6.
② 孟德斯鸠. 论法的精神. 上册. 北京：商务印书馆，1978：7.

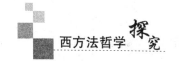

力的泉源。第二，贵族是这个国家"中间的""附属的"权力，贵族是依法行使权力的。第三，要有保障特权阶级地位，尤其是贵族的地位的法律，还要建立法律的保卫机构。君主政体的基本准则是：没有君主就没有贵族，没有贵族就没有君主。没有贵族的君主国，君主将成为暴君。专制的国家无任何基本法律，也没有法律的保卫机构。君主就是一切，别人什么也不是。宗教或习惯在这里很有力量。君主凭自己的意志独断专行，经常委托一个宰相处理政事，自己却懒惰、愚昧、沉于逸乐。在专制政体中设置一个宰相就是一条基本法律。法律不仅同政体性质有关系，而且与政体的原则（使政体行动的东西）有关系。在实行民主政治的国家里政体的原则是品德，执行法律的人觉得本身也要服从法律并负担责任。如果执行法律被停止，这只能是由于共和国的腐化而产生的。品德的力量是唯一支持民主政治的力量，人们因法律而获得自由。如果品德消逝，贪婪则进入一切人的心里，这样，人们为了要求自由就去反抗法律。贵族政治不像民主政治那样绝对地需要品德。贵族团体依据特权为着私人的利益抑制人民，所以只是有法律并且在这一方面获得执行就够了。但是贵族团体抑制自己却很困难。这样的团队有两种抑制自己的方法：一个是以高尚的品德，使贵族和人民多少平等些。由此可能形成一个大的共和国。另一个是以较小的品德，也就是说以某种程度的节制，使贵族们，至少在贵族之间是平等的，这样，他们就能够存在下去。因此，"节制是贵族政治的灵魂"，这里是指那种以品德为基础的节制，也就是对私欲的管制，而不是那种出自精神上的畏缩和怠惰的节制。在实行君主政体的国家，政体的原则是荣誉：当每个人以为是奔向个人利益时，就是走向了公共利益。法律代替了一切品德的地位，人们对品德是无任何需要的，法律和国家也不要求。一个行为，只要是不声不响地去做的话，多多少少是没有人追究的。虽然一切犯罪都是公罪，但是人们必然要把真正的公罪和私罪分开。之所以叫作私罪，是因为它们对私人的侵犯多于对整个社会的侵犯。君主国与共和国正好相反的是，公罪有较强的私罪性质，意思是说，它们触犯私人的幸福多于触犯国家的政制本身。专制政体的原则是恐怖：专制国家里人人都是奴隶，他们不知道什么是荣誉。君主把大权交给他所委托的人们。那些有强烈自尊心的人们有可能在那里进行革命，所以要用恐怖去压制人们的一切勇气，去窒息一切野心。于是恐怖构成专制政体的原则。这里没有法律，也不可能像宽和政体那样放松它的原则而不致发生危险。当君主有一瞬间没有举起他的手臂的时候，当他对那些举手要地位的人们能够消灭就立即消灭的时候，一切都完了。在这里，老百姓受法律的裁判，而权贵受君主一时的意欲裁判。君主的约定和誓言即法，但君主自己丝毫不受法律限制。只有这样，才能保持专制政体的动力——恐怖——的存在。

（2）法律要受自然条件的影响，法律同气候、大地、面积、生活方式有关系。从事商贸的民族比从事农牧的民族更需要法律，从事农业的民族又比从事畜牧的民族更需要法律，从事畜牧民族比从事狩猎的民族更需要法律，热带地区比寒带地区更需要法律。

（3）法律也受政制所能容忍的自由程度的影响，和居民的宗教、性癖、财富、人口相适应。

（4）教育的法律应与政体的原则相适应，即教育的法律在各种政体下不相同。"君主国里教育的法律的目的应该是'荣誉'，当一个人进入社会的时候，教育才在某种程度上开始，那里就是教给我们所谓荣誉的学校。""人们看见并且经常听说三件东西：品德，应该高尚些；处世，应该坦率些；举止，应该礼貌些。"① 在君主国里，法律、宗教和荣誉所训示的，莫过于对君主意志的服从。但是这个荣誉告谕人们，君主绝不应该命令人做不荣誉的事，因为这种行为使人不能够为君主服务。荣誉是最高的法律，由它产生的献殷勤、狡诈、坦率、礼貌、矫饰、好战、引退等都是高尚的。与此相反，专制国家的教育的目的应该是恐怖，教育所求的是降低人们的心志。专制国家的教育就必须是奴隶性的。甚至对于处在指挥地位的人们而言，奴隶性的教育也是有好处的，因为在那里没有当暴君而同时不当奴隶的。那里的教育主要是教人怎样相处，所以范围是狭窄的；它只是把恐怖置于人们的心里，把一些极简单的宗教原则的知识置于人们的精神里而已。在那里，知识招致危险，竞争足以惹祸，至于品德，没有什么品德是属于奴隶的。在这种国家里，教育从某些方面来说，是等于零的。它不能不先剥夺人们的一切，然后再给人们一点点的东西；不能不由培养坏臣民开始，以便培养好奴隶。共和国的教育目的是品德，热爱人民与祖国。以公共利益为重，导致风俗纯良，又导致对共和国的热爱。爱国、爱平等、爱俭朴，每人有同样平等的利益和希望。在民主政治下要保护平等就要使法律与之相适应。

（四）法律与法律之间的关系

法律与它的历史渊源，与立法者的目的，与领邦的法律之间都有关系。

总之，孟德斯鸠认为，上述这些法律关系的综合即他所谓的法的精神，他就是讨论法的精神的，而不是讨论精神本身的。在往后的对部门法的论述中贯彻了这种精神。对他这种法律幻想的错误，马克思进行了批判，指出其错误在于：（1）夸大法律的作用，把一切东西囊括在法律中。（2）颠倒了法律与经济基础的关系，认为生产关系是法律的产物。（3）夸大了地理条件的作用。地理条件虽然是影响法律的一个因素，但不是主要的，更不是决定性的因素，根本条件（因素）应是物质生活条件。虽然孟德斯鸠"法的精神"理论有这些错误，但他的观点在当时还是具有进步意义的，表现在：（1）摆脱了传统的神学观，把法律建立在人的理性和事物的规律关系基础上，鼓吹法学世界观。（2）企图揭示法的发展规律，看到法的发展不是在社会的外部而是在社会的内部，在各关系之间找法的发展原因，法律是由许多原因造成的。（3）肯定法律在治国中的作用。（4）强调君主要在国内进行重大改革的话，就应该用法律改革法律规定的东西、用习惯改革习惯确定的东西，坚决反对用法律改革习惯确定的东西，提出法律是用来确定改变了的习惯的思想。

---

① 孟德斯鸠.论法的精神：上册.北京：商务印书馆，1978：29.

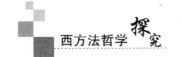

六、国家法思想

(一) 孟德斯鸠在国家结构上主张联邦制

通过几个小邦的联合建立一个更大的国家,每个人都同意作它的成员。联邦共和国即几个社会联合产生的新社会,对内谋求政治幸福稳定,对外由于有了联合的力量,就比君主国的力量更大、更优越。如果其中一个成员国发生叛乱,其他成员国共同平叛,这样联邦就稳固安全。

(二) 政体的种类、原则

1. 种类

孟氏的政体理论源于亚里士多德,是其政体理论的沿袭。有人说孟氏是根据政府实施原则的方式对政体进行分类的。其实,这是按掌握最高权力的人数的多少和对法律的态度把政体划分为三种。孟氏在《论法的精神》第二章第一节开始就说:"政体有三种:共和政体、君主政体、专制政体。我假定了三个定义,或毋宁说是三个事实:共和政体是全体人民或仅仅一部分人民握有最高的权力的政体;君主政体是由单独一个人执政,不过遵照固定的和确立了的法律;专制政体是既无法律又无规章,由单独一个人按照一己的意志与反复无常的性情领导一切。"[①]

(1) 共和政体,又分为民主政体和贵族政体。民主政体中最高权力归全体人民,实行民主政治;贵族政体中最高权力属于部分人,即贵族。(把贵族政体纳入共和政体是其政体理论的特色。)

(2) 君主政体。主权属于君主,君主一人依据法律进行统治。它由"中间的""依赖的""附属的"权力构成,实际上就是由贵族的权力构成。

(3) 专制政体。最高权力属于一人,君主不按法律而是根据自己的意志来统治,君主本身不受法律的约束。

他的政体分类与历史上的思想家的政体分类差不多。如果说他在政体问题上有所贡献与发展,恐怕是在各种政体的不同原则及政体与气候、土壤等的关系上有发展。

2. 各种政体的原则、目的

孟德斯鸠从一国臣民的性格中找出一种动机的力量作为政体产生的由来和存在、发挥作用的出发点。

孟德斯鸠把政体的性质和原则区别开来,认为:政体的性质是构成政体的东西,即政体本身的构造。政体的原则就是使政体行动的东西,即使政体运动的人类感情、精神。他据此分析了各种政体的原则。

---

① 孟德斯鸠. 论法的精神:上册. 北京:商务印书馆,1978:7-8.

（1）共和政体的原则是"品德"。"品德"并非指道德意义上的品德，也非指基督教意义上的品德，而是指公民的品德、政治的品德，即建立对"法律和祖国"的热爱。爱共和国的具体内容有：一是爱共和国就是爱民主政体，也就是爱平等；二是尽管民主国家的国民相互有差异，但他们应该全部以平等地位为国家服务；三是民主国家里一切名望都应坚持由平等原则产生；四是民主国家里俭朴限制了占有欲，人人只求家庭的必需，如有剩余则归国家；五是共和国里，中庸占主导地位。具体地说，民主政体下这种品德应得到无限的发挥；贵族政体下这一品德的发挥就要受到一定限制，需要节制，即对私欲进行某种限制。因为贵族政体下统治者考虑的是本阶级的利益，对人民的利益考虑较少，故品德带有温和的性质。贵族政体下限制品德发挥的有两种东西：一是贵族与人民之间应该是平等的，二是在贵族内部是平等的。爱祖国，爱平等，在这一点上都是一样的，只是程度上有所限制而不能过度。由这种限制自然推导出"节制是贵族政体的灵魂"，人人之间的平等是相对的。

（2）君主政体的原则是"荣誉"，就是不同阶级的人们的某种成见和对社会价值的评估，实际是君主的荣誉感、面子。孟氏说："荣誉就是每个人和每个阶层的成见"，即个人的名誉、私欲和野心，也就是高人一等的感觉，是追求特权，追求有益于自己的东西。"有君主政体就要有优越地位、品级，甚至高贵的出身。荣誉的性质要求优遇和高名显爵。就是因为这个缘故，荣誉便在这类政体中获得地位。"[1] 在君主国，在荣誉的启发下，"野心却会产生良好的效果：野心使君主政体活跃而有生命"[2]。荣誉推动了君主政体的行动。

（3）专制政体的原则是"恐怖"。"共和国需要品德，君主国需要荣誉，而专制政体则需要恐怖。对于专制政体，品德是绝不需要的，而荣誉则是危险的东西。"[3] "在专制政体之下，君主把大权全部交给他所委任的人们。那些有强烈自尊心的人们，就有可能在那里进行革命，所以就要用恐怖去压制人们的一切勇气，去窒息一切野心。"[4] 除暴力恐怖外，还有宗教恐怖。君主生杀予夺，一切事情以其意志和权力为转移。君主的意志一旦发出，便应确实发生效力。在专制国，绝无所谓的调节、限制、和解、条件、等值、商谈、谏诤这些东西；完全没有相等的或更好的东西可以向人建议；人就是一个生物服从另一个发生意志的生物罢了。[5]

专制政体与共和政体在形式上看是平等的，差别在于：共和政体下每个人什么都是（既是君主又是臣民）；专制政体下每个人什么都不是（既不是君主，也不是臣民，而都是奴隶）。

3. 各种政体的目的

孟氏认为：君主的欢乐是专制国的目的，君主与国家的光荣是一切君主国的目的，

---

① 孟德斯鸠. 论法的精神：上册. 北京：商务印书馆，1978：25.
② 孟德斯鸠. 论法的精神：上册. 北京：商务印书馆，1978：25.
③ 孟德斯鸠. 论法的精神：上册. 北京：商务印书馆，1978：26.
④ 孟德斯鸠. 论法的精神：上册. 北京：商务印书馆，1978：26.
⑤ 孟德斯鸠. 论法的精神：上册. 北京：商务印书馆，1978：27.

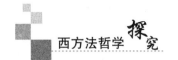

而一切国家共同的目的是自我保全。世界上并不存在统一的绝对好的或绝对坏的政体，政体的好坏都是相对的，主要看它是否适合这一国家、社会的政治、地理环境的需要。

政体须适应多种多样的环境。孟德斯鸠的论述材料源于查丁著《新闻录》。此书认为，炎热气候产生懒惰，需要强迫劳动，故专制政体最适合，寒冷气候产生刚毅、勇敢、活泼、热爱劳动，故共和政体最适合。孟氏心中最好的政体是英国的君主立宪政体，他认为只有在君主立宪政体下才能保障政治自由。他的反封建是不彻底的。他代表大资产阶级大贵族的利益，不主张废除君主，也不主张完全取消君主的权力，而主张适当限制君主的权力。这与他生活在封建专制的路易十四、路易十五时代是分不开的。

4. 政体原则腐化、政体转变更替的原因

孟氏认为：没有永恒不变、统一绝对的政体，政体的好坏都是相对的。每种政体存在的时间完全取决于政体的原则是否变化，各种政体的腐化几乎总是由原则变化开始的。

（1）民主政治原则腐化时，人们丧失平等的精神，不能容忍他们所委托给人的权力，无论什么事情都想自己去做。

统治阶级失去温和的精神。在贵族政体下，贵族对人民的平等、贵族内部的平等超出一定限度，意味着贵族政体的原则开始变化，贵族政体失去存在的理由。在贵族政体下，国家有两种主要的致乱原因：一是统治者与被统治者过度平等或不平等，破坏统治关系；二是统治阶级内部成员间过度平等或不平等。两者都可造成贵族政治的混乱，是发生怨恨嫉妒的根源。这表现为显要人物特权的加大，如不纳税、少纳税、根据权力侵夺公款、把臣民视为附庸。法律应想办法预防、限制贵族这一要求，禁止贵族经商，正确对待人民，废长子继承权，废弃立承嗣制度。

（2）如果统治阶级不重视荣誉则意味着君主政体的腐化，君主政体也就不可能存在下去。把全国的事情集中于首都，把首都的事情集中于朝廷，把朝廷的事情集中于君主一身时，专制的因素就滋生了。"当头等的品爵只是头等奴役的标志的时候，当大人物丧失了人民的尊敬，成为专横权力的卑鄙工具的时候，君主政体的原则就已经腐化了。"[1]

（3）专制政体本来就是不稳的、不断腐化的，但它的变化也要从原则开始。"专制政体的灭亡则是由于自己内在的缺点。某些偶然的原因是不能防止它的原则腐化的。所以专制政体，只有气候、宗教、形势或是人民的才智等等所形成的环境强迫它遵守一定秩序、承认一定规则的时候，才能够维持。这些东西可能对专制政体的性质产生强有力的影响，但是不能改变专制政体的性质，专制政体的凶残性格仍然存在，这种性格只能暂时地被制服。"[2] 所以，政体更替不取决于革命而取决于政体原则的腐化。平等消灭，民主政体就为贵族政体或君主政体所取代；平等过度，则产生无政府状态或专制政治。当贵族为了自身利益不服从法律时，贵族政治为寡头制所取代。当贵族

① 孟德斯鸠. 论法的精神：上册. 北京：商务印书馆，1978：117.
② 孟德斯鸠. 论法的精神：上册. 北京：商务印书馆，1978：119.

不能维护自身利益，牺牲自己的独立性时，君主制就可能被专制所取代。专制政体的灭亡则由内在因素决定，专制政体总是暂时的。如何防止法律原则的腐化？如何使政体原则得到维持，不致变更呢？孟氏认为最主要的是领土的大小要与政治形式相适应。共和政体适合于小国，领土狭小，能长久存在；而大的共和国财富庞大，缺乏节制。君主政体适于中等大小的国家，过小则成为共和，过大则成为专制。专制政体则适合大国，这种政体下，君主有专制权，决定能迅速发出，法律出自一人。历史上许多事件都能证明政体变更与领土变更之间的关系，领土的扩大与缩小都会引起政体的变化。在这点上，孟氏同马基雅维利不一样。马氏认为，无论何种政体，不扩张就不能存在；孟氏认为，无限扩张只对专制有利，对共和政体、君主政体是不利的，这必然导致品德和荣誉的丧失、恐怖滋生、专制来临。

5. 对孟氏政体理论的评价

（1）他考察政体，有时从历史上找材料，有时从亚里士多德那寻找理论依据；另外，他对各国政治制度的考察对其政体理论的形成也有影响。这些理论包含着客观的依据和主观的推测、分析、设想，这同其作为大资产阶级贵族的代表是分不开的。（2）他的理论把个别现象当成一般原理、把事物的表面现象当成内在本质。他不懂得事物的多样性以及其更替的根本原因，看不到阶级力量对比在起作用，过分强调地理环境、自然条件、人们心理对政体的影响。笔者认为，地理环境对一国政制有作用，但政体的变化根本上是由国家的性质决定的。（3）马克思对孟氏的政体理论，特别是对孟氏把君主政体与专制政体相区别进行了批评，认为这只是不同的叫法而已，实质都是一样的："君主政体的原则总的说来就是轻视人，蔑视人，使人不成其为人，而孟德斯鸠认为君主政体的原则是荣誉，他完全错了。他竭力在君主政体、专制制度和暴政三者之间找区别，力图逃出困境；但是这一切都是同一概念的不同说法，它们至多只能指出在同一原则下习惯上有所不同罢了。"[①]（4）也应承认孟氏的政体理论在一定程度上同其反对封建专制有关，他主张与法国封建专制对抗，对于反封建斗争还是有作用的，对于人们了解法国路易十四、路易十五时代统治的黑暗也有帮助。

孟氏既反对专制政体，也反对君主政体而主张共和政体，认为它的优点是：第一，公民可以担任公职；第二，公职人员能上能下，能够牺牲自己；第三，公职人员可以文武兼职；第四，设立监察官，监督法律正确执行。

（三）自由理论

自由思想贯穿了《论法的精神》一书，其中第十一、十五、十六、十七章集中阐明了孟氏的自由理论。

1. 自由的含义

他首先指出人们对"自由"一词理解的多样性：能够轻易地废除他们曾赋予专制

---

①　马克思恩格斯全集：第1卷．北京：人民出版社，1956：411.

权力的人就是自由；选举他们应该服从的人的权利就是自由；携带武器和实施暴力的权利就是自由；受一个本民族的人统治的特权就是自由，或者按照自己的法律受统治的特权就是自由；留长胡子的习惯就是自由；喜欢某种政体而非其他政体就是自由；愿意做什么就做什么就是自由。接着他说明这些对自由的理解都是不正确的。这样来理解自由未免过于简单化、庸俗化，其错误在于"把人民的权利和人民的自由相混淆起来"。他说："政治自由并不是愿意做什么就做什么。在一个国家里，也就是说，在一个有法律的社会里，自由仅仅是：一个人能够做他应该做的事情，而不被强迫去做他不应该做的事情。"① 问题是"应该做"和"不应该做"又怎样界定呢？这恐怕要由法律来规定。实行民主政治和贵族政治的国家，在性质上，并不是自由的国家，因为其法律限制贵族及特权的存在。政治自由只在宽和政府（似指法治国家、君主立宪国家）中存在。②

由此看来，孟氏把自由看作是一种权利，即"法律所许可人们做的事情的权利，即一个人能够做他应该做的事情，而不被强迫去做他不应该做的事情"③。此外，他把自由同法律紧紧联系起来："自由是做法律所许可的一切事情的权利；如果一个公民能够做法律所禁止的事情，他就不再自由了，因为其他的人也同样会有这个权利。"④ 他认为一切国家都有自我保全的目的，但每个国家都有其独特的目的，共和国的独特目的是政治自由，即"爱祖国、爱法律"。

2. 自由的分类

孟德斯鸠把自由区分为哲学意义的自由和政治意义的自由两种。哲学意义的自由是指要能够行使自己的意志或者至少相信是在行使自己的意志。政治意义的自由是指要有安全或至少自己相信有安全。⑤ 政治自由又分为同政制相关联的自由和同公民相关联的自由。同政制相关联的自由是指一个人按照自己的愿望做各种行为的权利，这种权利并非漫无边际，而是要受法律的限制。他说："一个公民的政治自由是一种心境的平安状况。这种心境的平安是从人人都认为他本身是安全的这个看法产生的。"这种安全感只在建立政府和法制的国家里才有。同公民相关联的自由是指风俗、规矩、惯例都能产生的自由。民事法规也有利于自由，但他认为这种自由主要依靠良好的刑法，而刑法又不是在一刹那间就可达到完善的境地。

从两种自由出发，孟氏认为自由同奴隶制是相对立的，因而他反对奴隶制。在他看来，"奴隶制就是建立一个人对另外一个人的支配权利，使他成为后者的生命与财产的绝对主人"⑥。他认为奴隶制在性质上就不是好制度。这种制度既不利于奴隶，也不利于奴隶主。奴隶没有自由，不能发展自己的个性，不可能出自品德高尚的动机而作

① 孟德斯鸠. 论法的精神：上册. 北京：商务印书馆，1978：154.
② 孟德斯鸠. 论法的精神：上册. 北京：商务印书馆，1978：154.
③ 孟德斯鸠. 论法的精神：上册. 北京：商务印书馆，1978：154.
④ 孟德斯鸠. 论法的精神：上册. 北京：商务印书馆，1978：154.
⑤ 孟德斯鸠. 论法的精神：上册. 北京：商务印书馆，1978：188.
⑥ 孟德斯鸠. 论法的精神：上册. 北京：商务印书馆，1978：241.

出任何好事。奴隶主由于对他人的奴役而变得残忍，丧失了品德，个性急躁、高傲、易怒，甚至荒淫无耻。

维护奴隶制的理由更是不足一驳的，比如，说战争准许杀戮是荒谬的（罗马万民法规定为防止俘虏被杀，准许用战俘做奴隶），战胜者在道德上没有权利把战败者杀死或变为奴隶；说一个自由人可以卖身，这也是荒谬的，买卖人口也不能成为维护奴隶制的理由，因为买卖得有价钱交换，一个人不能把自己的一切连同身份卖掉，这不符合等价交换原则；生而为奴的说法也不能成立，因为一个人不能把自己卖掉，也不能把没有出生的婴儿卖掉。按自然法来说，人生而是平等的，不存在奴隶、主人之分。那么，奴隶制为什么产生并存在呢？孟德斯鸠认为，这纯是出于政治上、社会上的原因，比如，战胜者把战败者论为奴隶，信教者把不信教者论为奴隶。他的基本观点是：任何国家都没有实行奴隶制的理由，应坚决废除奴隶制；法律不但不能规定奴隶制，相反，应规定对被视为奴隶者在其生病、年老时给予照顾，病好后给予自由；法律应规定主人无权剥夺奴隶的生命，主人只是主人而非法官。孟氏的这些主张和理论，是对奴隶的同情、对奴隶制的否定。这在当时奴隶制盛行时期显然是进步的。

3. 自由同地理环境的关系

孟德斯鸠把自由与地理环境联系起来，认为气候寒暖干湿同人的性格有关，同自由有关。在热带易生懒惰，在寒带易生刚毅；在热带人们喜欢出门，在寒带人们习惯酗酒；在热带产生专制、没有自由，在寒带产生共和，在自由就多些。平原地带不易防守，产生专制政制，没有自由；山地易守，产生共和，自由多些。

孟氏关于自由的观点在当时是为大资产阶级服务的。其政治自由的精髓是不受制于个人的淫威，任何人都要服从法律；要依法律进行统治。这里要特别提到，孟氏说："一切有权力的人都容易滥用权力，这是万古不易的一条经验。""从事物的性质来说，要防止滥用权力，就必须以权力约束权力。"① 因此必须分权，必须实行法治。以权力制约权力，防止专断，保护自由，反对路易的封建专制。这显然有进步意义。

（四）分权学说

1. 分权学说的演变图及说明

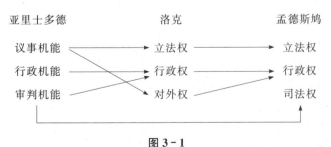

图 3-1

---

① 孟德斯鸠. 论法的精神：上册. 北京：商务印书馆，1978：154.

图 3-1 说明：（1）孟德斯鸠的三权说是对亚里士多德的三种机能说和洛克的三权说的继承和发展。在政治统治权的分类中，他们三人各具特色。亚里士多德的行政机能被洛克、孟氏继承，他们无论谁对行政权都是重视的。（2）洛克的立法权被孟氏继承。（3）亚里士多德的审判机能被孟氏继承为司法权，说明孟氏比洛克的高明之处在于把司法权独立出来，而洛克将它放在行政权中。（4）他们各自对三权的概念有不同的理解。亚里士多德的议事机能被洛克分为立法权和对外权，而审判机能被洛克归结在行政权中。洛克的行政权、对外权被孟德斯鸠归结为行政权。（5）他们都重视法律在治理国家中的作用。亚里士多德、洛克、孟氏都是法治主义者，他们划分三权都围绕着法律。（6）孟德斯鸠的立法权指创制法律权，属议会；他的行政权指宣战、媾和、派遣使者、颁布敕令、维护安全、防御侵略等等权力；他的司法权指惩罚犯罪或裁决私人讼争的权力。

2. 孟德斯鸠的 "三权分立" 学说

正如前文所说，孟德斯鸠的分权理论直接源于洛克并且追溯至亚里士多德，还来自英国政制体制实践，由英国自然神论者博林布鲁克在《论政党》一书中提出：正是由于君主权力、贵族权力和民主权力加以混合，组成一个系统，并且让这三大等级相互平衡，才使我们的自由宪制的政体得以受长期保护、神圣不受侵犯。

孟德斯鸠是分权理论的集大成者，这标志着资产阶级分权学说的成熟。理由如下：（1）如何划分国家机构、如何分权、怎样分权都在理论上得到了系统的阐明。（2）此时，"三权分立"已经定型，成为资产阶级创立政体的理论基础和原则，为资产阶级宪法的确立打下基础，是资产阶级国家建立政制体制的根本原则。

孟德斯鸠认为，一个国家有三种权力：（1）立法权力，即制定、修正或废止法律的权力，代表国家的一般意志。（2）行政权力，即有关国际法中事项的和或宣战，派遣或接受使节，维护公共安全，防御侵略的权力。（3）司法权力，即有关民政法规事项的行政权力，也就是惩罚犯罪或裁决私人讼争的权力。[①]

孟氏主张三权应分立，由三个不同的国家机关来行使，立法权由议会行使，议会设贵族和平民两院。

孟氏特别强调贵族院的作用，因为他们的出身、财富、荣誉，大多数决议将对他们不利，所以他们必须有反对权。

两院制的进步性在于为资产阶级参政找到途径，可以防止立法机关滥用权力，便于互相牵制，多设一道防线，防止不利于资产阶级的法律的通过。两院设立经常会议便于立法，如果行政机关立法将导致专制；立法权应属于人民，但人民不宜直接立法，立法权应由人民选出的代表行使，地位卑微的人没有投票权。立法机关长期不集会，自由便不存在，因为会发生立法机关无决议，国家陷于无政府状态，决议由行政机关作出，行政权将变成专制。但立法机关时时集会也不必要，因为那样不但让代表感到不便，对行政者也不利，会占用他们更多的时间。

① 孟德斯鸠. 论法的精神：上册. 北京：商务印书馆，1978：155.

行政权由国王或政府行使，政府几乎时时需要急速地行动，所以由一人管理比由几个人管理好些。反之，立法权力涉及的事项由许多人处理比由一人处理要好些。

司法权由法院和陪审团行使。在英美国家确认案情事实，也就是犯罪还是不犯罪，陪审团作用很大，在法庭上，法官几乎一言不发，而由检察官、律师和陪审团唱主角，相互辩论，最后由法官适用法律进行判决。

孟德斯鸠强调，不但三权不能合一，就是任何两权也不能由同一机关行使。孟氏认为：当立法权与行政权集于一个人或同一个机关之手时，自由便不复存在了。人们将要害怕国王或议会制定暴虐的法律并暴虐地执行法律。如果司法权不同立法权和行政权分立，同一机关既司法又立法，行政自由也就不存在了。如果司法权同立法权合二为一，将导致对公民的生命和自由施行的专断权力，因为法官就是立法者时，他将对法律擅自修改、解释、甚至放纵违法的活动。如果司法权与行政权合二为一，法官便又握有压迫者的力量，司法专横将不可避免，这将损害以至钳制自由。如果同一个人或同一个机关行使这三种权力，则一切便都完了。"如果同一个人或是由重要人物贵族或平民组成的同一个机关行使这三种权力，即制定法律权、执行公共决议权和裁判私人犯罪或争讼权，则一切便都完了。"① 比如，在土耳其，三权集于苏丹一人，暴政统治一切。就是在意大利各共和国，因三权合并在一起，自由比君主国的还要少，这些机关像土耳其的机关那样采取残暴手段。在威尼斯，立法权属于大议会，行政权属于常务会，司法权属于40人会议，但这里也没有什么自由，因为这些机关都由同一阶层官吏组成，几乎形成同一的权力。

三权既已分立，又怎样制衡呢？孟氏主张三权不是绝对分立，相互之间要制衡。

（1）行政机关根据它所了解的情况决定议会的召集时间和期限。行政首脑保留对立法的否决权，这是行政权对立法权的牵制。行政权制止立法机关的越权行为，不要使立法机关行使特别审判权而变成专制。这些是行政权对立法权的牵制。但立法权力不应对等地有牵制行政权的权力，因为行政权在本质上有一定范围，所以不用对它加上什么限制，而且行政权总是以需要迅速处理的事情为对象，不应该受限制。但立法机关有权审查它所制定的法律实施的情况。立法机关不应有权审讯行政者本身，并因而审讯他的行为，因为行政者本身应是神圣不可侵犯的。这对于防止立法机关专制来说是必需的。一旦行政者被控告或审讯，自由便完了。

（2）法官是法律的代言人，既不能缓和法律的威力，也不能缓和法律的严峻。从缓和法律的严峻来说，必须由贵族院来审，以处较轻刑罚。

（3）公民侵犯了人民的权利，犯了普通法官不愿惩罚的罪行的，由众议院向贵族院提出控告。此外，虽然一般说来司法权不应同立法权的任何部分结合，但有例外。

孟德斯鸠强调，"每一个国家的权力有它独自的分法，依据这分法，三权都或多或少地接近于政治自由。要不这样的话，君主政体便蜕化为专制政体"②。孟氏对于英国

---

① 孟德斯鸠. 论法的精神：上册. 北京：商务印书馆，1978：156.

② 孟德斯鸠. 论法的精神：上册. 北京：商务印书馆，1978：166.

君主的否决权，议会的弹劾权、阁员责任、一年一度的预算，尤其是行政权和立法权的分立是倍加赞赏的。他认为制度固然重要，但健全法律更是重要。

孟德斯鸠提出"三权分立"的目的是防止滥用权力，以权力制约权力，保护自由。具体讲：（1）通过分权限制君权，防止君权过多；（2）通过分权排斥专制国对资产阶级的障碍；（3）确保司法独立，使资产阶级的人身、财产受到保护，使民主自由得到实施。

总之，孟德斯鸠的"三权分立"说是法国大革命酝酿时期的产物。他的"三权分立"思想标志着民主自由的发展。马克思、恩格斯对其分权说的实质进行了评价，指出了"三权分立"说的进步性、局限性和不科学性。

七、刑法思想

（一）犯罪的概念及分类

1. 犯罪的概念

孟氏认为犯罪是指犯罪人通过身体的外部动作积极实施的刑法所禁止的危害行为。所以，犯罪，在客观上必然通过一定的身体外部动作表现出来，必然通过各种方式实施，因而具有有形性。根据这一特点，单纯的思想不能构成犯罪。但是，在古代及中世纪，有追究思想倾向的犯罪立法。如中国封建社会的腹诽罪就如此。所谓腹诽是指对法令有不同看法而心怀不满。《史记·魏其武安侯列传》载"魏其、灌夫日夜招聚天下豪杰壮士与论议，腹诽而心谤"。《汉书·食货志》说：御史大夫张汤与大农令颜异郁崇，张汤称颜异"见会不便，不入言而腹诽，论死。自是之后，有腹诽之法"。欧洲中世纪也有这种惩罚思想的案例。孟德斯鸠在《论法的精神》中举了这样一个例子：马尔西其斯梦见他割断了狄欧尼西乌斯的咽喉，狄氏因此将马氏处死，说马氏如果白天不这样想夜里就不会做这样的梦。孟氏指出，"这是大暴政，因为即使他曾经这样想，他并没有实际行动过，法律的责任只是惩罚外部的行动"[①]。所以，孟氏一再强调犯罪是危害他人的自由、人身和财产的行为。

既然思想没有外部显现的身体动作不能构成犯罪，那么，言词与文字是否属于有形的身体动作呢？对此，孟氏指出：言语并不构成"罪体"，它们仅仅栖息在思想里。在大多数场合，它们本身并没有什么意思，人们是通过说话的口气表达意思的。通常，相同的一些话语意思却不同，它们的意思是依据它们和其他事物的联系来确定的。有时候沉默不言比一切言语表示的意义还要多，没有比这一切更含混不清的了。那么，怎能把它当作大逆罪呢？无论什么地方制定这么一项法律，不但不再有自由可言，即连自由的影子也看不见了。孟氏认为，言语要和行为结合起来才能具有该行为的性质。因此，一个人到公共场所鼓动人们造反即犯大逆罪，因为这时言语已经和行为连接在

---

① 孟德斯鸠. 论法的精神：上册. 北京：商务印书馆，1978：197.

一起，并且此人参与了行为。言语只有在准备犯罪行为、伴随犯罪行为或追从犯罪行为时，才构成犯罪。至于文字，孟氏认为，文字包含某种较语言有恒久性的东西，但是文字不是为大逆罪做准备而写出的话，则不能作为犯大逆罪的理由。①

2. 犯罪的种类

孟德斯鸠将犯罪分为四种：危害宗教罪、危害风俗罪、危害公民安宁罪、危害公民安全罪。他主张应按各类犯罪的性质规定刑罚。

（1）危害宗教罪是指直接侵犯宗教的行为，如亵渎神。扰乱宗教奉行的犯罪属第三或第四种犯罪。对于犯了危害宗教罪的，应该剥夺罪犯宗教所给予的一切利益，包括驱逐出庙宇，禁止与信徒来往，甚至用唾弃、厌恶、诅咒等方式来惩罚。

（2）危害风俗罪是指破坏公众有关男女道德的禁例或个人的贞操，也即破坏有关如何享受感官使用的快乐与两性结合的快乐的体制。对这类犯罪应按其性质剥夺罪犯享受的社会所给予遵守纯洁风俗的人们的好处，科以罚金，给以羞辱，强迫他藏匿，公开剥夺他的公权，驱逐他出城或使他与社会隔绝，以及一切属于轻罪裁判的刑罚。这些处罚已足以消除两性间的鲁莽。

（3）危害公民安宁罪实际指扰乱社会秩序。对此应科以监禁、放逐、矫正惩罚及其他刑罚，使那些不安分子回头，重新回到既定的秩序里来。

（4）危害公民安全罪是指危害别人的人身安全和财产安全的犯罪。对这一类犯罪的刑罚就是真正的所谓刑，是一种"报复刑"，即社会对一个剥夺或企图剥夺他人人身安全到了使人丧失生命的程度或企图剥夺别人的生命的人，应该处死。侵犯财产的也有理由被处以极刑，但以丧失财产（即没收财产、退赔之类）作为刑罚更好些，也更适合这种犯罪的性质。

除上述四类犯罪和相应的惩罚外，孟氏还谈到两种犯罪。一是男色罪，即把两性一方的弱点给予另一方，以可耻的幼年去为不名誉的老年做准备，这是一种宗教、道德和政治同样不断谴责的犯罪。这种犯罪具有隐秘性，对它也最易产生诬告，惩罚时要慎重。二是大逆罪。孟氏说的大逆罪含义不清，他举了一些例子来说明。中国的法律规定对皇帝不敬，如在皇帝朱批上写几个字就为大逆罪，要处死刑。另外，有的国家规定伪造货币为大逆罪，有的规定熔化皇帝的雕像为大逆罪，有的国家认为预言国家死亡为大逆罪。大逆罪对无辜的人永远是恐怖的。孟德斯鸠认为对大逆罪定死刑易生专制，因此他反对滥用大逆罪，不然的话就无自由可言。

另外，他也和霍布斯一样作了公罪、私罪的划分。公罪是指与众人有关的罪行；私罪是指与众人无关，只侵犯私人的犯罪或者说对私人的侵犯多于对社会的侵犯的犯罪。

（二）如何定罪

孟氏认为犯罪是危害他人的自由、人身和财产的行为。他强调以行为定罪而不以

① 孟德斯鸠. 论法的精神：上册. 北京：商务印书馆，1978：198-199.

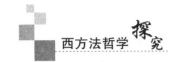

语言定罪。他说"语言并不构成罪体，它们仅仅栖息在思想里。在大多数场合，它们本身并没有什么意思，而是通过说话的口气表达意思的"[1]；"语言可以作出许多不同的解释。不慎和恶意二者之间存在着极大的区别。而二者所使用的词句则区别极小。因此法律几乎不可能因语言而处人们死刑，除非法律明确规定是哪些语言应处此刑"[2]。无论何地，如果以语言定罪，就无自由可言。所以，定罪时要把语言和行动结合起来考虑，如在公共场合煽动造反是大逆罪，此时刑罚处罚的不是语言而是行为，虽然行为中人们使用了一定语言。语言只在准备、伴随、追随犯罪行为时才构成犯罪，若不以行为而仅以语言定罪，必将造成混乱。

至于文字，虽比语言具有永久性，但文字不是为犯大逆罪而写的话（反动标语、反动刊物煽动造反恐怕就不一样了）也不能定大逆罪吗？总之，刑罚惩罚的只是行为而非思想语言或单纯文字。

（三）不同政体下刑法繁简不同，审判方式不同

孟德斯鸠认为共和政体即宽和国家的刑法繁而多，因为这样的国家里一个人即使地位最卑微，他的生命也应受到尊重，荣誉和财产非经长期审查不能剥夺，个人生命除受国家控诉外不受他人控诉，即使国家控诉也要给以辩护权。在君主政体和专制政体下，因为权力掌握在君主手中，君主对公民的人身、财产等等自由是不尊重的、不关怀的，君主仅考虑怎样对其统治有利，所以不需要更多的刑法。孟氏又区别了君主、专制两种政体，认为在君主政体下，在诉讼程序上与共和政体一样有刑法，法条明确的依法条（包括实体和程序），法条不明确的依法意；而在专制政体下，法官以自己的意思武断判处，不需要刑法和刑诉法。

孟德斯鸠进一步分析了不同政体下审判方式的不同。君主政体下法官采取公断的方式，共同商议，少数服从多数。专制政体下法官有时由君主亲自担任，无所谓合议问题，任何审判程序都不必要，君主是集原告、公诉人、法官于一体的，完全以君主的决断为准。事实上也不尽然，在君主政体下仍然有一定的诉讼程序。中国封建社会就如此，但不如资本主义国家那样完备而已。

（四）不同政体下刑罚轻重不同

孟德斯鸠认为严刑峻法较适合以恐怖为原则的专制政体而不适合以品德、荣誉为原则的共和政体与君主政体。共和政体下"爱祖国、爱人民"都是约束的力量，对犯罪最大的惩罚是定它为犯罪，民事惩罚就可纠正这种行为而不必用刑罚；立法者考虑预防犯罪比考虑惩罚要多，激励良好风俗的法律比报复刑要多。专制政体下，人们恐惧、愚昧、胆怯、悲惨，人们畏惧死亡甚于爱惜生活，因此刑罚更为严酷。人民的生命得不到保障，君主残忍，集国家、法律于一身；法律仅是君主的意志，君主只按其

---

① 孟德斯鸠.论法的精神：上册.北京：商务印书馆，1978：198.
② 孟德斯鸠.论法的精神：上册.北京：商务印书馆，1978：197.

惯行或经常让别人代替他表达意思。这里他是影射路易十四、路易十五时代肉刑、报复刑大量存在的情况。他还说，专制政体下无论对哪位上级都要送礼，对君主也不例外。他引用柏拉图的话批判了这种现象，柏拉图主张行使职务而收礼要被处死刑，无论其是好事还是坏事。

在刑罚问题上，孟氏基本上反对严刑峻罚，认为治理人类不要用极端的方法，对自然给予人们引导人类的手段应谨慎使用，应把名誉转化为最重要的刑罚。他特别反对株刑、连坐、肉刑，认为惩罚犯罪应该总是以恢复秩序为目的的，不应有报复刑。报复刑是对人格的侮辱，是违反理性的，应该废除掉。他强调过分的刑罚甚至导致腐化专制，还举了日本国的例子。他主张刑罚同奖赏一样应当适度；主张通过道德、哲学、宗教、荣誉、幸福的享受来教育人民；需要用刑罚的时候要用默哀的做法；对刑罚要在不知不觉中改进，可宽则宽，减轻刑罚。刑罚过于严酷就会阻碍法律的实施。

孟德斯鸠讲了君主政体下刑罚的三种情况：对待国家的重要人物要宽和，对待品级较低的要严峻点，对待卑微者要最为严酷。但他本人主张罪刑相应，刑罚轻重应与罪的大小相协调。他认为对行劫与行劫又杀人判处同一刑罚是错误的，主张为公共安全起见在刑罚上一定要有区别，如果刑罚没有区别，那么在赦免上也应有区别。他主张谨慎适用赦免会产生良好效果。他认为，"防止犯罪的手段就是刑罚"，但是"一切不是由于必要而施用的刑罚都是暴虐的。法律不是一种纯粹的'权力作用'，在性质上无关紧要的东西就不属于法律的范围"①。

（五）关于罪刑法定问题

孟氏虽然在这方面没有下过明确的定义，但是论述和精神还是有的。如他曾指出："专制国家是无所谓法律的。法官本身就是法律。君主国本身是有法律的；法律明确时，法官遵守法律；法律不明确时，法官则探求法律精神。在共和国里，政制的性质要求法官以法律的文字为依据，否则在有关一个公民的财产、荣誉或生命的案件中，就有可能对法律作有害于该公民的解释了。"②

孟氏的"三权分立"说是罪刑法定的理论基础。"三权分立"说之所以是罪刑法定的理论基础，是因为罪刑法定是以"三权分立"为前提的。在实行专制的社会，君主大权独揽，集立法、司法和行政三权于一身，实行的是罪刑擅断，当然无所谓罪刑法定。

（六）关于罪刑相适应

孟氏也是极力倡导罪刑相适应的。他说过："惩罚应有程度之分，按罪大小，定惩罚轻重"（《波斯人信札》，141 页）。在《论法的精神》中，孟氏进一步提出刑罚的轻重要与犯罪相协调的思想。他说："刑罚的轻重要有协调，这是很重要的，因为我们防止

①　孟德斯鸠.论法的精神：上册.北京：商务印书馆，1978：311.
②　孟德斯鸠.论法的精神：上册.北京：商务印书馆，1978：76.

大罪应该多于防止小罪，防止破坏社会的犯罪应该多于防止对社会危害较小的犯罪。"① 他举了这样一个例子：一个骗子自称是君士坦丁·杜甲斯，在君士坦丁堡煽起了一个大叛变，被判鞭笞刑。而这个人告发一些有名人物时，却被当作诬告而被处火烧刑，孟氏指出，对叛国罪和诬告罪这样量刑太奇怪了。他还说："在我们国家里，如果对一个在大道上行劫的人和一个行动而又杀人的人，叛处同样的刑罚的话，那便是很大的错误。为着公共安全起见，刑罚一定要有区别，这是显而易见的。"② 在中国封建社会抢劫又杀人者处凌迟，对其他抢劫就不这样，所以在中国抢劫的人不常杀人。而在俄国不一样，抢劫和杀人的刑罚是一样的，所以抢劫者经常杀人，他们说："死人是什么也不说的。"孟氏就是强调刑罚一定要有区别，即使在判处时未能区别，那么在赦免时也应区别。

总之，孟德斯鸠的整个刑法思想始终贯穿了轻刑、人道、教育、罪刑法定和罪刑相适应的精神，因而它是一种进步的刑法理论，对后世刑法理论的发展产生了相当的影响。

八、民法思想

（1）孟氏讲的民法指调整财产关系及婚姻家庭关系的法律规范，而不包括调整人身非财产关系的法律规范（如债权、知识产权）。不同政体下民法的多少是不一样的。君主政体下的民法比专制政体下的多，因为君主政体下人们建立了等级门第身份关系，对这些关系应该区别对待，由于这些区别产生了财产性质的差异，财产关系更为复杂，调整它的民法也应更复杂。他列举了君主政体下财产关系的情况，认为个人财产、夫妻共有、夫妻私有、共同取得和继承、资产和受赠品、父系遗产与母系遗产、各种不动产等等都需民法明确地规定和调整。这些关系都需要遵从民法，故民法应尽可能详细。身份不同，财产权利也不同，调整它的民法也应有差别，这包括对不同身份的人的财产及发生纠纷时在何种法院诉讼都应作出规定。专制政体下的财产关系简单，所有土地都属于君主，君主有继承一切财产的权利并且独揽贸易；人们通常与女奴结婚，女奴几乎没有食产，故无须保护妻子利益的法规；道德上的行为由丈夫、主人确认而不需要民法规定。

（2）孟德斯鸠还谈到继承的问题，并以撒利克法为根据进行了分析。他主张一个人死而无嗣时，由父母作继承人，无父母时，由兄弟姊妹作继承人，无兄弟姊妹时由母或父的兄弟姐妹作继承人，但土地不能传给女性而只能给男性。总之，两性平等，除土地问题外，不偏袒任何一方，特殊情况例外。

没有结婚的人不得从没有亲属关系的人的遗嘱那里接受任何利益，结了婚而没有子女的人只可接受一半。夫妻之间通过遗嘱给予对方利益，在法律上是有限制的：如

① 孟德斯鸠. 论法的精神：上册. 北京：商务印书馆，1978：91.
② 孟德斯鸠. 论法的精神：上册. 北京：商务印书馆，1978：92.

果他们育有子女的话，一方是可以把财产的全部都遗留给对方的；如果没有子女的话，一方可根据婚姻关系继承对方财产的 1/10。

（3）婚姻问题在第十六章中专讲。他认为：气候和政体不一样，婚姻制度就不一样，寒冷的国家产生一夫一妻制，热带国家产生一夫多妻制。不同气候下妇女的地位也不一样，共和政体下男女平等，对妇女的威权行不通；专制政体下君主滥用权力，妇女受专制政治与夫权的统治，没有任何地位，一切都受丈夫支配。气候炎热使人早熟与过早衰老，婚龄就小，一般 8～10 岁就结婚。（印第安人的法律规定，结婚年龄为男 14 岁、女 13 岁，父亲为子女主婚；欧洲实行一夫一妻制；亚洲实行一夫多妻制。）温和地带婚龄就大些。离婚与休婚是有区别的。前者指双方感情不和经双方同意成立，后者指出一方（男方）的意愿而成立。离婚只有双方同意，才合乎人性。如果离婚由第三人去决定，那是违背人性的。封建制下休婚权掌握在丈夫手中，法律偏袒男子，至于有的法律规定男女平等，那只是形式而已。允许妇女休婚实质上是妇女可行使的一种悲惨的补救手段，因为这时妇女的容颜已经衰老，要找第二个丈夫对她来说是有困难的。在古罗马，法律给予鳏夫和寡妇两年的期限，给予离婚的人一年半的期限，来重新结婚。如果父母不愿给予子女嫁资的话，法律将强制执行。如果两人两年以后才结婚，就不得订婚。

九、诉讼法思想

《论法的精神》（上册）讲到君主国必须有法院，把法院的判决保存下来学习研究，才能不至于对同样的情形作出和以往不同的判决。看来，孟氏受到英国判例法的影响是很深的。

在君主政体下，财产、人身甚至荣誉纠纷都依赖于判决，所以判决要审慎。法官的权利大，责任也大，应更加仔细。君主政体下法院多，法官的裁判多，判例中相互矛盾之处也就多，因为：（1）各个法官的想法不同；（2）维护的好坏标准不一；（3）经手办的案子不一。立法者应尽量研究判例，纠正矛盾；如果不消除这种矛盾，就与政治宽和国家的精神相违。

（1）孟德斯鸠认为，不同政体下审判方式不同。君主政体下法官采取公断的方式，共同商议，少数服从多数；专制政体下法官有时由君主亲自担任，无所谓合议，任何审判程序都不必要，君主自己独断。

孟德斯鸠还强调，无论是君主政体下还是共和政体下都需较多的诉讼法律，因为财富、荣誉、自由越受重视，法律程序就越多，法官就越应按明文规定断案。专制政体下无法律程序，法官随意处理和判决。

孟氏对英国的审判方式，尤其是陪审团制度，赞赏有加。他还对比了君主国及古希腊、古罗马的裁判方式。他认为英国枢密院（终审法院）的人员数量应该减少，而普通法院的人员数量应增加。

（2）关于证据问题。他认为处罚犯罪时，有两个证人就够了，法官应该相信。一

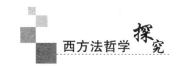

人作证就处人死刑是违反理性的，侵犯了自由。

十、国际法思想

国际法即国家与国家相互关系的政治性法律。显然，国际法的主体是国家（国际组织也是国际法主体，个人能否成为国际法主体有争议），国际法调整的对象是国家间的相互关系。

国家的生命与人的生命一样，人自卫时可以杀人，国家为了生存也可进行自卫战争。公民进行自卫必然是受到正在进行的侵犯而来不及诉诸法律（正当防卫），国家自卫的唯一方式是战争，战争权利是必要的。小的社会、小的国家更有为保障生存而进行自卫战争的权利。

战争权利产生征服权利，征服者对被征服者所具有的权利应以四种法律为准绳：（1）自然法，万物都力求保存同类。（2）自然理智法（人对自然的认识能力），要求人怎样待我，我怎样待人。（3）政治社会构成的法。（4）从征服中推演出的精神，即保存和使用精神。征服的国家对被征服的国家有四种统治方式，即：（1）按照被征服国原有的法律继续治理其国家，而征服国仅仅行使政治及民事方面的统治权；（2）在被征服国建立崭新的政治和民事的治理机构；（3）毁灭这个国家而把它的成员分散到其他的国家里去；（4）把它的公民全体灭绝。孟氏认为第一种统治方式符合国际法的要求；第四种符合罗马人的观念和做法，但是他不赞成。他主张征服国可以对被征服国进行奴役、统治、治理，但不能灭绝。他认为鞭挞的统治方法最好，即各省的军队中满汉人员各半，法院中满汉人员各半。这样，民族间的妒忌心得到约束，可产生良好效果：一是各民族间互相钳制，二是都保有军事民政权力，三是可应付战争。如果不采取这种办法，征服者就会败亡。

他的国际法思想主要讲战争、征服。对于如何治理战败国的问题，他还讲到狩猎、牲畜、捕鱼的民族及农业民族也都需要国际法，因为这些民族和国家也有对外的交往和联系，有时也会发生战争。

十一、法治思想

依法治国是孟氏的基本思想，贯穿于他的书的始终。

（1）如何建立法治国？这与气候条件有关系。亚洲的奴役、欧洲的自由都是自然原因造成的；此外的一点原因是有无法治。欧洲天然划分成大小不同的国家，有法治利于保国，无法治则趋于腐化、堕落。

（2）加强法治的思路。1）加强立法。法律是立法者创立的特殊的精密制度，非君主之成见或一人之制。（虽然没有明说法律代表了谁的意志，但他本人代表着大资产阶级贵族的利益）。2）法律一经制定，就要维护，不能朝令夕改。变法废律必须考虑是否与法律的尊严配得上，法律不是轻易能改变的。3）司法上必须按法律程序办事，专横、受贿、拖延、暴力、索贿都应除掉。4）把法治看作是实现自由的手段和表现自由的方式，强调要法律保证言论、出版的自由。不能压制思想、语言，不能惩罚思想，只能惩罚行为。自由同法律法治紧紧相连，只有守法才有自由，超出法律范围则无自由可言。

十二、立法技术与立法原则

孟氏认为，立法技术，也就是立法方式或叫立法原则，实际上就是制定法律时应当注意的事情。他说："那些有足够的天才，可以为自己的国家或他人的国家制定法律的人，应当对制定法律的方式予以一定的注意。"① 为此，他在《论法的精神》第二十五章专门探讨了这个问题。他认为立法时应注意以下技术和原则。

（1）法律的体裁要精简。《十二铜表法》是精简谨严的典型，连小孩都能背诵出来。

（2）法律的体裁要质朴平易，直接的说法总是要比深沉迂远的词句更容易懂些。如果法律体裁臃肿，人们就会把它当作一部浮夸的著作。

（3）法律的用语，对每一个人要能够唤起同样的观念。

（4）法律要有所规定时，应该尽量避免用银钱作规定。

（5）在法律已经把各种观点很明确地加以规定之后，就不应该回头使用含糊笼统的措辞。

（6）法律的推理应当从真实到真实，而不应当从真实到象征或从象征到真实。

（7）法律不要精微玄奥，它是为具有一般理解力的人们而制定的。它不是一种逻辑学的艺术，而是像一个家庭中的父亲的简单平易的推理。

（8）当法律不需要例外、限制条件、制约语句的时候，还是不放进这些东西为妙。

（9）如果没有充足的理由，就不需要改法律。

（10）当立法者喜欢用一项法律说明立法的理由的时候，他所提出的理由就应当和法律的尊严配得上。

（11）从推定的方面说，法律的推定要比人的推定好得多。

（12）每条法律都应当发生效力，也不应当容许它因为特别的条款而被违背。

（13）要特别注意法律应如何构想，以免法律与事物的性质相违背。

（14）法律应该有一定的坦率性。

只有遵循上述技术或原则，才能制定出好的而不是恶劣的法律。

总之，孟德斯鸠的《论法的精神》是一部百科全书式的著作。也正因为如此，他本人成为资产阶级法理学、政治学的奠基人。

---

① 孟德斯鸠．论法的精神：上册．北京：商务印书馆，1978：296.

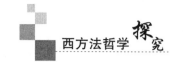

第四章　卢梭的《社会契约论》

一、卢梭的生平和著作

让·雅克·卢梭（J. J. Rousseau，1712—1778）是法国启蒙运动后期领袖，激进的民主主义者，古典自然法学派主要代表。他自己不承认自己是政治家、学者、政论家，并以此自傲。实际上他多才多艺，在政治和法律思想史上占据重要地位，作出了杰出的贡献。他是18世纪把个性解放的号角吹得最响亮的思想家，对后来的法国大革命发挥重要的作用。

他生活在法国大革命前夕，比孟德斯鸠小23岁，比孟德斯鸠先死23年，死后11年，法国资产阶级革命就爆发了。他所处的时代是在路易十六的统治下，与法国大革命更接近。当时法国阶级矛盾激化，灾荒连年，生产减产，人民贫穷，政治黑暗而落后。许多启蒙思想家著书立说，对法王路易十四、路易十五、路易十六的统治造成的贫穷、黑暗、落后及腐败进行攻击，其中以狄德罗、爱尔维修和霍尔巴赫为主要代表的唯物主义哲学家在批判的理论上更深刻彻底。在所有的启蒙思想家中，卢梭更激进一些。

在自然状态、自然权利、自然法、社会契约论等方面，卢梭之前的欧洲各国许多思想家都有论述，卢梭的论述同前人既有联系又有发展，并且可以说他的发展是较新颖、较系统的。此外，他对人类不平等的起源、私有制的产生与灾祸、人民主权、人民共和国、法律思想的阐述都要比前人的深刻具体。他在政治上反对专制、在意识形态上反对神意和封建意识也比他人更为坚决、彻底。以前的思想家也反对封建专制，但总的讲对封建制度和意识形态的反对不彻底，整体上主张君主立宪。卢梭则毫不妥协，他不是要改良君主立宪，而是要彻底改造国家、政府和社会控制，目标是建立资产阶级共和国。可以说，卢梭的思想在西方政治法律思想中是精华。西方的政治思想家讲他是"民主主义的第一个代表""近代政治法律思想的总代表"，是自亚里士多德以来自然法理论的集大成者。另外从作用上看，他的思想对法国资产阶级革命产生了直接的影响。罗伯斯庇尔基本上与卢梭同期，他拜访过卢梭，其思想受卢梭的影响较大、较深、较直接，罗伯斯庇尔从事政治法律活动前熟读《社会契约论》。可以说，雅各宾派专政的建立，建立共和国、制定宪法，在一定程度上实现了卢梭的思想和政治主张。当时许多人对卢梭的评价很高，但也有人抨击他。拿破仑说："没有卢梭，就没有法国革命。"马拉说："卢梭是真理和自由的创造者，恶劣习俗的讨伐者，人道主义的保卫者和人民神圣权力的复兴者。"卢梭的作用范围不限于法国，他对整个欧洲和全世界也都起着鼓舞作用。另外，也有些学者抓住卢梭思想中的短处不放，言辞激烈地攻击、诽谤他是"疯子""精神病"，"个性怪癖""反复无常""心里善变"。从卢梭本人的《忏悔录》可以看出，他个性确实有些怪：自负、任性，不能忍受一切制裁和纪律的约束，很少和人交往，特别是不与上层社会人物交往。他爱自由，爱共和，但"不肯受束缚和奴役"。根据《忏悔录》，他做了华伦夫人三十年的秘书和情人，华伦夫人的财力对其学说发展起了很大作用。他几乎和别人没什么交往，有些人想同他建立友谊，终因其古怪性格而放弃。卢梭更注重情感，狄德罗更注重理性。卢梭曾与狄德罗有一定联系（长达 15 年），后来二人意见产生分歧。卢梭的个性特点是有棱角而自由散漫，别人对他的攻击中有些符合其性格、有些夸大其词，但这些都不影响卢梭的伟大形象，也不能抹杀其在思想发展史上的重要地位和作用。在世界范围内人们广泛研究他的才华、知识，研究成果不下几百本著作。马克思、恩格斯对卢梭也非常重视，研究分析批判他的思想并给以很高的评价。一直到当代，研究他的人仍源源不断。我国的理论界对卢梭著作的研究和翻译不多见，北京师范大学于凤梧写了一本《卢梭思想概论》。有苏联学者写了一本《卢梭的社会政治哲学》。他们从不同目的出发，得出的结论也是不一样的。

卢梭出生在日内瓦一个钟表匠家庭，祖籍法国，刚出生几天母亲就去世了。"母亲是为我而死的"，"我的出生使母亲付出了生命"。卢梭靠父亲与姑母养育长大，一生贫穷艰苦，长期生活在日内瓦共和国，是日内瓦共和国的终身公民。他 10 岁左右开始寄人篱下、漂泊不定的生活，到过许多国家。幼年他被迫给一个雕刻匠当学徒，由于不堪忍受师父虐待而逃走。后来随着年龄增长，他从事过许多下层职业，如仆人、家教、秘书、乐谱、抄写员、流浪卖艺人、音乐演奏手等。他处在封建社会的下层，对法国封建专制王权、特权很愤慨，认为这不公平。他一生中没受过什么系统教育，成为伟大的思想家完全是靠其阅历和自学。他的私人生活放荡，做了华伦夫人三十年的情夫。在其父指导下，他读过包许埃的《世界通史讲话》、普鲁塔克的《名人传》。特别是在华伦夫人家，他系统学习了历史、地理、天文、物理、化学、音乐并阅读了伏尔泰、笛卡尔、洛克等人的哲学著作，以及格老秀斯、霍布斯、彼埃尔等人的政治思想著作。他的经历使他对人民的痛苦了解很深，对多数人的痛苦表示同情。这种情感在其著作中产生直接影响，是其激进民主主义思想的第一个来源。他的思想的第二个来源是对前人著作的研究。1743—1744 年担任法国驻威尼斯大使的秘书时，他阅览了古希腊和文艺复兴时期的著作，柏拉图的《理想国》、亚里士多德的《政治学》、格老秀斯的《战争与和平法》等著作对贵族阶层腐败的揭露对卢梭产生较深影响。他的思想的第三个直接来源是出生地日内瓦共和国，所以他主张共和制。他之所以一下子出名，还因为其论述问题的哲学观点是反对当时法国封建专制的，认为科学和艺术的进步起了败坏风俗的作用。1740 年卢梭在里昂给德·马布利当家庭教师，结识了马布利及其表兄孔狄亚克。1741 年卢梭带着《新记谱法》到巴黎，希望发表但未成功。在巴黎，他结识了狄德罗和其他百科全书派人物。经人介绍，1743—1744 年卢梭做了法国驻威尼斯大使的秘书，后由于政治观点不同而辞职回到巴黎，为百科全书撰写音乐部分条目。1749 年 10 月他去监狱探望狄德罗，路上见到书刊上有第戎科学院征文，便决意应征。

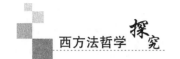

当时法国是一封建专制国家，掌权者为贵族，科技、艺术的进步为这些人提供了奢侈的条件。他从这点出发，反对当时的传统，即贵族的豪华生活建立在人民极端贫困的基础上。这种理论是对一切不平等社会的控诉。这种观点和思路反映在1769年10月应法国第戎科学院征文而写的《科学和艺术的复兴是否有助于淳风化俗吗》一文中，该文于1750年发表，被评为首奖。这为其政治法律思想奠定了基础。这篇论文发表后，在法国社会引起巨大震动，给了第三等级以很大启发。他也遭到贵族保守势力对此文的攻击，但这只能使他更积极地反对封建专制。1753年第戎科学院第二次征文，卢梭又一次应征并写出《论人类不平等的起源和基础》一文，也是第一篇攻击法国专制制度的著述。1755年此文在荷兰阿姆斯特丹出版。该文虽然同霍布斯、洛克的自然法思想有继承与联系，但又有发挥，许多论点与前人不同。由于与狄德罗、达兰贝尔等百科全书派的分歧，卢梭与百科全书派分道扬镳，开始自己的独立活动。1759—1762年他连续发表了三部著作，《新衷洛依斯》或《阿尔卑斯山麓小城两个相恋居民的信札》、《社会契约论》或《政治权利的原理》、《爱弥儿》或《论教育》。《社会契约论》即《政治权利的原理》，是其准备完成的《政治制度论》的一部分。这三本书标志着其政治法律思想的成熟，连同前面的著作构成了卢梭的政治法律思想完整体系。在这些著作中，卢梭对法国的专制制度、封建贵族、教会给以无情揭露，阐述了人类不平等的起源，提出人民主权等法律思想，鲜明地提出建立资产阶级民主共和国的主张。这部著作引起政府和教会的恐慌，被搜查和烧毁。1762年卢梭逃往普鲁士纳沙泰州，在那住了三年。1766年返回巴黎，在休谟的帮助下逃往英国，并在英国写完《忏悔录》前篇。1768—1770年写完《忏悔录》后篇，1776年完成《忏悔录》补充篇及《漫步遐想录》。

总之，不但资产阶级学者研究卢梭，马克思主义学者研究卢梭，我国学者也研究卢梭。马克思说过"卢梭不断避免向现存政权做任何即使是表面上的妥协"，这说明其反封建的鲜明、激进和彻底。1778年7月2日，因大脑浮肿病，卢梭在巴黎附近爱尔蒙维尔庄园与世长辞。他以自己的光辉理论点燃了人们思想的火炬，赢得后人的尊敬与厚爱。1790年6月22日他的雕像与富兰克林、华盛顿的雕像一起竖立在法国国民会议大厅里。1794年6月28日他的纪念碑在日内瓦揭幕。1794年10月11日他的骨灰迁葬在巴黎先贤祠。

二、《社会契约论》的结构和体系

卢梭说他的《社会契约论》的每一个观点都源于不平等的理论。《社会契约论》是卢梭政治法律思想名著，1762年出版。按他自己的说法，"在我准备从事的各种著作中，我思索的最久的、我最感兴趣的、我愿意终身从事而且我以为会使我享有盛名的，就是我的《政治制度论》一书。"《社会契约论》是其计划写的《政治制度论》的组成部分，可以独立出来，其中包含一些《科学和艺术的复兴是否有助于淳风化俗吗》一文中的思想，也含有《论人类不平等的起源和基础》中的内容。《社会契约论》有1754

年、1762 年两种版本，现在我们读的是 1762 年版，他的 1754 年日内瓦的手稿未出版。此书书名曾变动多次，最初为《社会契约论》，后改为《论政治社会》，最后又改回来。它的副书名也改过很多次，先是"论国家的体制"，后改为"论政治的形式"，又改为"论共和国的形式"，最后改为"政治权利的原理"。

《社会契约论》主要论证了社会契约的性质、内容，其次论证了国家成立的合法性、合理性和应采取的政体形式。这本书的基本内容是用社会契约论解决国家的起源和本质，政府形式及政府的蜕化以及防止政府篡权，法律概念，特征分类等问题。

这本书由前言及正文 4 卷、48 章构成。前言说明写作这本书的宗旨和目的。第一卷共 9 章，主要论述原始社会、最强者的权利、奴隶制、最初的约定、社会公约、主权者、社会状态、财产权等问题。第二卷共 12 章，主要论述主权是不可转让的，主权是不可分割的，公意是否会错误，主权权力界限，生死权，法律的概念、特征，立法者，立法体系，法律分类，人民等问题。第三卷共 18 章，主要论述政府总论，不同政府形式建制原则，政府分类，民主制、贵族制、君主制、混合政制，好政府标志，政府蜕化，防止政府篡权的方法等问题。第四卷共 9 章，主要论述公意不可摧毁、投票、选举、罗马人民大会、护民官制、监察官制、公民宗教等问题。

三、人类不平等的起源和它发展的三个阶段

这是卢梭论述问题的出发点，其他问题均围绕此点展开。

（一）自然状态

卢梭承认自然状态的存在，但关于自然状态下人的特性及相互关系的阐述同霍布斯、孟德斯鸠的论述不一样，同时他对洛克的分析也不同意。卢梭说："有些人毫不犹豫地设想，在自然状态中的人已有正义和非正义的观念。但他们却没有指出在自然状态中的人何以会有这种观念，甚至也没有说明这种观念对他有什么用处。另外，有一些人谈到自然权利，即每个人所具有的保存属于自己的东西的权利，但却没有阐明它们对于'属于'一个词的理解。再有一些人，首先赋予强者以统治弱者的权利，因而就认为政府是由此产生的，但他们根本没有想到在人类脑筋里能够存在权力和政府等名词的意义以前，需要经过多么长的一段时间。总之，所有这些人不断地在讲人类的需要、贪婪压迫、欲望和骄傲的时候，其实是把从社会得来的一些观念，搬到自然状态上去了；他们论述的是野蛮人，而描述的却是文明人。"[①] 一生的贫穷、痛苦、艰难使卢梭的分析偏重于感情，他认为自然状态下的人是独立、自由、平等的，既不存在天然的奴隶和天然的主人，也不存在奴役与被奴役，如果说有不平等，那就是年龄、健康、体力上的不平等，而且年龄、健康、体力上的不平等也是微乎其微的。人类具有一种高尚的道德——团结友爱、相互平等、无善恶观、无所谓权利义务。"漂泊于森林中的野

---

① 卢梭．论人类不平等的起源和基础．北京：法律出版社，1958：71.

蛮人，没有农工业、没有语言、没有住所、没有战争，彼此间也没有任何联系，他对于同类既无所需求，也无加害意图，甚至也许从来不能辨认他同类中的任何人。这样的野蛮人不会有多少情欲，只过着无求于人的孤独生活，所以他仅有适合这种状态的感情和知识。他所感觉到的只限于自己的真正需要，所注意的只限于他认为迫切需要注意的东西，而且他的智慧并不比他的幻想有更多的发展。即使他偶尔有所发明，也不能把这种发明传授给别人，因为他连自己的子女都不认识。技术随着发明者的死亡而消灭。在这种状态中，既无所谓教育，也无所谓进步，一代一代毫无进益地繁衍下去，每一代都从同样的起点开始。许多世纪都在原始时代的极其古老的状态中度了过去；人类已经古老了，但人始终还是幼稚的。"① 总之，自然状态下人们过着有高尚道德的、快乐的生活，既没有国家和法律存在，更没有奴役和被奴役现象。这是美好的"黄金时代"。卢梭号召人类回到自然状态中去，但并非简单回归，而是建立以理性为基础的平等自由社会，即回到自然状态的平等中去。

学习卢梭的自然状态理论要注意的是：（1）他所说的自然状态理论仅仅是一种假设和有条件的推论，只是为了阐明问题性质而作出的论断，与事实无关；（2）他把自然状态理想化了，把自然与文明对立，主张回到自然状态中去。

（二）不平等的起源和发展阶段

卢梭把人类社会不平等的最初原因归结为社会权威和私有制的出现：在人类不平等发展的第一阶段，由于人类能力的发展和人类智慧的进步，不平等才获得了它的力量并成长起来；由于私有财产和法律的建立，不平等终于变得根深蒂固而成为合法的了。卢梭在说到不平等的起源和过程时明确地指出："智慧越发达，技巧便越趋于完善。不久，人们就不再睡在随便哪一棵树下，或躲在洞穴里了。他们发明了几种坚硬而锋利的石斧，用来截断树木、挖掘土地，用树枝架成小棚；随后又想到把这小棚敷上一层泥土。这就是第一次变革的时代，这一变革促进了家庭的形成和家庭的区分，从此便出现了某种形式的私有制，许多争执和战斗也就从而产生了。"② 土地私有制的产生导致了不平等的第一阶段。由于人类智慧和人类社会的发展，私有制与法律使不平等固定而合法化，把更多的产品给一部分人占有使之成为富人，另一部分则成为穷人。这就是人类不平等发展的第一阶段。他认为私有财产是从土地开始的，"谁第一个把一块土地圈起来并想到说：这是我的，而且让一些头脑十分简单的人居然相信了他的话，谁就是文明社会的真正奠基者"③。私有制的产生有其必然性，符合社会发展的规律，是进步的表现，但它破坏平等，带来破坏，故又是退步的坏事情，使人增加收获物的欲望膨胀，促使人去追逐权力。卢梭对人类不平等产生的真正原因的许多说法是对的，但有唯心主义的地方，如他说风俗败坏是私有制产生的原因，他把人类的理性、智慧完善看成社会发展的动力。另外，他把私有制神圣化，不主张消灭私有制，

① 卢梭.论人类不平等的起源和基础.北京：法律出版社，1958：106-107.
② 卢梭.论人类不平等的起源和基础.北京：法律出版社，1958：115.
③ 卢梭.论人类不平等的起源和基础.北京：法律出版社，1958：111.

只主张取消少数人享有的私有制，保留满足每个人基本需要的少量的私有制，即"没有一个公民富得足以购买另一个人，也没有一公民穷得不得不出卖自身。"

在人类不平等发展的第二个阶段：富人为了避免财产的损失，用欺骗的手段来说服穷人签约。富人向穷人说，"咱们联合起来吧，好保障弱者不受压迫，约束有野心的人保证每个人能占有属于自己的东西"。因此就签订了公正与和平的规则（契约），组成社会，建立国家，创制法律，把国家看成公正的裁判者。卢梭认为国家的出现是富人反对穷人的阴谋，国家、法律把不平等扩大了，偏袒富人、欺负穷人。富人成为强者、统治者，穷人成为弱者、被统治者。统治者运用国家、法律维护特权和利益，剥夺人的自然权利，大多数人受奴役、处于贫困状态。天赋自由被永远消灭了，保障私有财产被法律确立了下来，强取豪夺被变为不可取消的权力。正因为如此，暴君政治抬起了头，建立了专制。

人类不平等发展的第三个阶段的标志是暴君政治的出现。统治者的贪婪和任性，逐渐堕落为压迫全社会的专制暴政，不平等发展到了极限，封闭的圆圈到了极点，这是同不平等对立的另一种平等。骚乱和灾难时期，只有暴君暴政而无法律和美德，推翻暴君是合乎法律、正义与平等的。"暴君只有在他是最强者的时候，才是主子；当他被驱逐的时候，他是不能埋怨暴力的。以前绞杀或废除暴君为结局的起义行动，与暴君前一日任意处理臣民生命财产的行为是同样合法。暴力支持他，暴力也推翻他。一切事物都是这样自然地顺序进行着，无论这些短促而频繁的革命的结果如何，任何人都不能抱怨别人的不公正，他只能怨恨自己的过错或不幸。"① 这说明每个极端必然向它的反面转化，不平等必然向平等转化，作为整个过程的核心便是否定之否定。

恩格斯在《反杜林论》中对卢梭的论述作了高度评价："这样，不平等又重新转变为平等，但不是转变为没有语言的原始人的旧的自发的平等，而是转变为更高级的社会契约的平等。压迫者被压迫，这是否定的否定。"② 如果说在 1754 年卢梭还不能说黑格尔行的话，那么，无论如何他在黑格尔诞生前 16 年就已经深深地被黑格尔瘟疫、矛盾辩证法、罗格斯学说、神学逻辑等等所侵蚀。

四、社会契约论

（1）卢梭从人生而自由平等说起，论述社会的秩序所根据的权利既不出自自然也非依据强力，而是基于约定，"每个人既都生而自由平等，只是为了自己的利益才放弃自己的自由"③。

卢梭不同意霍布斯和格老秀斯的说法，认为 100 个人是全人类的，而不是全人类属于 100 个人。他强调人们是平等的而非被少数人统治。奴隶制是违反自然的，是强力造成的，强力并不构成权利，而人们只有遵守合法的力量的义务，合法的力量的基

---

① 卢梭．论人类不平等的起源和基础．北京：法律出版社，1958：146.
② 恩格斯．反杜林论．北京：人民出版社，2014：148.
③ 卢梭．社会契约论．北京：商务印书馆，1962：7.

础是约定，即约定才可成为人们之间一切合法权威的基础。他说自由是人们自己的，"放弃自己的自由，就是放弃作为人的资格，就是放弃人类的权利，甚至就是放弃自己的责任"①。他一再强调放弃自己的自由是不符合人类天性的，是不符合道德的。人的权利来自约定，服从合法权威的统治建立在契约的基础上，约定应是对双方都有利的，假如只对一方有利而以牺牲另一方利益为目的就无所谓平等，所以无论是在战争状态下还是在自然状态下，奴役权都不存在。人生而自由，奴役非法、荒谬且无任何根据。法律、国家权力都由约定而生。特别是在国家起源上，卢梭对家庭（家族）暴力起源论都进行了否定，肯定国家起源于契约。他论证了社会契约的性质、内容和国家存在的合理性。

国家产生于契约的契约论，并不是由卢梭开始的，格老秀斯、霍布斯和洛克已有这样的论述。格老秀斯就是社会契约理论的首倡者，霍布斯是社会契约论的奠基者，洛克是社会契约论的发展者，卢梭则是社会契约论的集大成和系统化者。但在具体分析论证契约的产生，契约双方的自然权利是全部还是部分转让、是否可收回，对政府违背契约是否可反抗等等方面，卢梭与霍布斯、洛克的观点又有许多不同。在《社会契约论》中，卢梭提出改造社会，建立什么样的国家制度，保障人们的自由和平等权利问题。

（2）自然状态下人是自由、独立、平等的，私有制产生了不平等，经过国家、法律的确定，在暴政时期达到极点。

消灭不平等，回到平等的途径是签订社会契约，把单个人组织在一起，每个人把自己的全部权利交给社会，国家就这样产生了。这时的"社会契约"，是作为理想政治准则来看的，政治法的原则就是"合法而又可靠的治理"，合法权利的基础是契约，它只能是人民自愿订约的结果。社会契约既是合法权利的必要条件，又是正常的政治制度的必要前提，正如卢梭所说，"要寻求一种组合的形式，使它能够以全部共同力量来防御和保护每个参加者的人身和财富，而通过这一组合使每一个与全体相联合的人，实际上只是服从本人自己，并且，仍然像以往一样的自由"②。这就是社会契约所要解决的根本问题。社会契约的根本任务是以社会契约形式组成政治共同体，保护每个结合者的利益和权利。社会契约既不是个人与个人订立的，也不是统治者与被统治者订立的，而是人民同他们组成的共同体订立的。社会契约是人民自由协议的产物，个人与国家的关系是契约关系。关于契约的条文有多少，卢梭并没有说，但他讲，"虽然也许这些条款从未被正式宣告过，然而它们在普天之下都是同样的，都是被人默认或者公认的"③。所以他的重点不是研究历史上究竟是否存在社会契约，而是解释契约应是什么样，论述契约一旦遭到了破坏，人们就丧失了约定的自由，而恢复了天赋的权利。

（3）社会契约的存在形式。

关于这一问题，卢梭将其归结为两段话。"如果我们撇开社会公约中一切非本质的

---

① 卢梭．社会契约论．北京：商务印书馆，1962：13.
② 卢梭．社会契约论．北京：商务印书馆，1962：19.
③ 卢梭．社会契约论．北京：商务印书馆，1962：20.

东西，我们就会发现社会公约可以归纳为如下的词句：我们每个人都以自身及其全部的力量共同置于公意的最高指导下，而且我们在共同体中获得作为全体的不可分割的一部分的每一个成员。这一组合行为就产生了一个道德的与集体的共同体，以代替每个订约者个人；组成共同体这一由全体个人的组合所形成的公法人格，以前称为城邦，现在则称为共和国或政治体；当它消极时，被它的成员称为国家；当它积极时，就被称为主权者；把它与同类相比较的时候，则称它为政权。至于组合体的成员他们集体地称为人民；个别的，作为主权的一分子，就叫作公民，作为国家法律的服从者，就叫作臣民。"① 卢梭强调，虽然这一条款从来没有被正式宣告过，但是在普天之下为人们所默认或公认，也就是说社会契约这一概念无非表示客观历史上已经存在的普遍情况而已。卢梭认为社会契约有两个属性：1）社会契约要得到履行，对于拒不服从公意的人全体要迫使他服从公意；2）当执政者不履行契约，损害人民权利时，人民有权取消契约，通过暴力夺回自由。

社会契约本身要求组成共同体的成员数目就等于大会中的票数，并且就通过这一行为而获得共同体的统一性。② 这就是说：第一，每个结合者都把自己和自己的全部权利转让给整个社会，其条件是所有人都是平等的。平等是自由的条件（霍布斯所说的无保留权利并非平等的转让，因为转让的基础是产生统治者。）第二，转让权利必须是无保留的，这样的结局才是尽善尽美、完整无缺的组织和联合。第三，既然权利被转让给整个社会并没有奉献给任何人，人们可从社会得到同样的权利，这样只能增加社会的力量来保护自己的生命、财产和自由以及各种利益。

社会契约不是一成不变的。因为契约是人们自由签订的，如果人们互相不再履行原来的承诺的话，则任何一方都可撤销契约。但在共同体中，"任何人拒不服从公意的，全体就要迫使他服从公意。这就恰好是说，人们要迫使他自由"③。按照契约生活是自由的，保证他免于一切人身依附的条件。

（4）对社会契约论的看法。

伊壁鸠鲁第一个提出国家起源于社会契约，到中世纪进步的思想家及加尔文都讲了国家起源于契约。17、18世纪时契约论成熟并系统化（古典的人权理论、自然法理论也是此时产生的），霍布斯、洛克、卢梭，成为契约论的三杰。其中，卢梭更为典型，富有代表性，因为他对契约论的论述更明确、系统、充分。卢梭在社会契约论的思想上阐发了人民主权论，这是其激进、成熟的标志。他的社会契约论对法国革命和后世的影响巨大。上述三个人，他们所处的时代不同、目的不同，论述契约论的结论也有差别。霍布斯的君权民授直接为克伦威尔、查理二世辩护，只是说君主的权力来自人们的契约，人们将全部自然权利转让给统一的一个人或一个会议，君主是人们授权产生的，而非神圣，但不能收回、另立新的契约和君主。这个自然会导致君主主权、君主专制。洛克是英国资产阶级革命后期学者，其直接目的是寻找英国已建立的君主

① 卢梭.社会契约论.北京：商务印书馆，1962：21-22.
② 卢梭.社会契约论.北京：商务印书馆，1962：21.
③ 卢梭.社会契约论.北京：商务印书馆，1962：25.

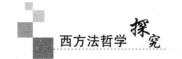

立宪的理论根据，即君权是民授的，国家是在人民转让权利的基础上产生的，通过契约产生权威。这导致君主立宪的主张，因为：一方面，君主起源于人们转让权利；另一方面，生命、健康、自由、财产权利不能转让，转让的是部分权利，尤其是政府不得侵犯私有财产，否则就违反自然法、侵犯自然权利，人们可推翻这样的政府。洛克主张限制君权。另外，洛克主张分权，为保障自由（转让权利的目的）就要分权；主张资产阶级势力同君主分权。卢梭的论述比这两位代表人物的论述更具有代表性，更明确、充分、精练。他既不论证君主主权也不论证君主立宪，而是论证每个人转让权利给整个社会，导致人民主权，政府是人民的公仆。人民主权与君主主权对立，与君主立宪也不一样。洛克认为平时由君主掌权，战时、革命时由人民掌权。

他们三人又有共同的动机和目的，表现在：第一，都反对或避免说国家起源于上帝或暴力（霍布斯认为征服起源于人民对利维坦的恐惧，实质上是指暴力，默认契约）。第二，都用人的理性来解释国家和法律，认为法律是理性来意志而不是上帝之音，从自然状态过渡到政治社会是人们理智的一种要求，而非其他。第三，在国家建立过程中和建立后，人们始终处在主导的地位，发挥着作用。第四，虽然过渡到政治社会即约定国家，还存在强制服从的问题，但出于人们的自愿而转让权利订立契约。这种强制服从不是来自外来的压迫和征服，而是来自人们的同意。第五，国家和政府的权力都是来自人们订立契约，政府的权力是有限的，人民的权力是无限的。霍布斯也没论述主权可否违背自然法。第六，人们转让权利订立契约建立国家都是为了公共利益，为人谋幸福，为保护自然权利。统治者是次要的，政府要用法律来统治，统治要有伦理的根据和法律的根据。

社会契约论的非科学性表现在：1）历史上根本不存在所谓通过人们订立契约产生国家的例子，社会契约论纯粹是思想家空想和杜撰出来的。2）就当时人们的知识水平也不可能存在契约，理性的自我觉醒是不一样的，更多的劳动人民的认识水平也是不一样的。3）从契约的起源看，它并非产生于国家存在之前，而是在国家产生以后出现的。把国家、法律产生后调整民事法律关系的契约说成是国家产生前就有的，并不符合契约发展的历史。其实，是阶级矛盾和阶级斗争产生了国家。

五、意志论

卢梭在讨论契约论、人民主权、法律、法制、政府等问题时都围绕着意志。有的思想家认为卢梭的思想最有创造性的价值就是他的意志论。他在社会契约论中把意志分为四种：个别意志、团体意志、众人意志、公共意志。他讲人民主权等问题时都讲到意志。社会契约是公意的产物，主权是公意的产物，法律不过是公意的宣告和记录。

构成公意的三个条件是：（1）参加、形成、发表公意者必须是国民全体，尽管公意可能不是国民全体的一致意思。（2）公意的对象必须是适合全体国民的。对全体有效，对全体国民的影响和作用就是一样的。公意以全体的最大幸福为依归。公意不面向全体时就会变质。（3）参加者每个人都须以全体共同的利益为宗旨，不能以个人、团体或某一阶级的利益为宗旨。不然的话，即使是多数人的决定也不是公意，因为这不是面向全体国民的。

公意与众意有联系，但不是一回事：公意讲的是参加社会契约的每个人的意志中共同一致的那一部分，它面向全体、考虑公众。众意是个别意志的总和，考虑的是个人意志。

团体意志也不等于公意。团体意志是指在国家中一部分人、一个团体、一个阶级、一个党派的意志。团体意志与公意有相近的地方。阶级、政党的意志对本身的成员来说可称为公意，但这也不是面向国民全体的。对国家来说，它是团体意志而非公意，甚至可以说是个别意志。团体意志考虑的是党派、阶级的利益，而不像公意那样考虑全体人民的意志。第一是个别意志，这种意志就趋向于自己的利益。第二是团体的意志，倾向于全体行政官的利益，维护行政官的利益。第三是人民的意志或主权者的意志。

卢梭认为，在国家中，个别意志毫无地位，政府团体的意志也是次要的，只有公意才永远居主导地位，成为其他一切意志的准则。按照自然秩序来说，公意最卑微，团体意志第二，个别意志才是第一位的。在自然状态下，人首先是为个人服务的。这与霍布斯分析的出发点是殊途同归的。这样的分析同人要求建立契约、建立国家的愿望相反。怎样才能改变自然秩序呢？怎样才能使自然状态下的意志顺序发生变化呢？表达、保护、保证、实现公意的两种办法是：（1）每个公民只根据自己的情况发表议论，主张自己的意志。全体国民直接参加立法，不用代表。（2）一个国家不应该有党派的存在，党派产生团体的意志，它介于公意和个别意志之间，影响公意的存在。这种情况是为了团体、党派的利益，而非为了公益。存在党派的结果使党派意志成为公意。卢梭反对建立党派制度，认为一党不好，两党更不好，万一没法避免，就干脆建立尽量多的党派，因为许多党派的存在就可避免一个党派把它的团体意志冒充为公意。

六、人民主权论

主权在民的思想在古代、中世纪已有。古希腊的亚里士多德说过国家中最高权力的概念，按最高治权的执行者人数的多少划分政体，最高治权即主权。反暴君派的奥特芒莫耐、新教思想家布坎南、马里亚纳都有一定程度的主权在民的思想。主权在民的思想在17、18世纪得到发展：洛克认为主权既属于君主也属于人民，平时的权力由君主掌握，战时或革命时由人民掌握。它的理论基础是人们转让部分权利。罗伯斯庇尔向往主权在民的理论，并结合实践将之服务于革命，建立资产阶级共和国。但使这种理论在资产阶级国家产生直接影响的还是卢梭。人民主权论到卢梭时变得成熟、系统而典型。人民主权论是卢梭的法律思想的最主要的内容之一，也是卢梭在西方政治法律思想史上贡献最突出的一个领域和内容。卢梭的人民主权理论贯穿于社会契约论的始终。

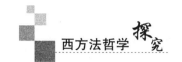

人民主权是一种普遍的强制性的力量，是公意的运用，是国家的灵魂，是集体的生命。以社会契约方式建立的国家的最高权力属于人民全体，人民行使国家主权称为人民主权，公意由全体参加并经多数人一致同意产生。主权权力是最高、最大、最原始的权力，理应属于全体人民。公意永远代表大多数人的意志和利益，因此，它永远是正确的。"正如自然赋予了每人以对于他的各部分肢体的绝对权力一样，社会契约也赋予了政治体以超乎其各个成员之上的绝对权力。正是这种权力，在受公益所指导时，就获得了主权这个名称。"①

按照上述含义，人民主权应具有以下特征和原则。

（1）主权是绝对的和不可侵犯的权力。（霍布斯和博丹也主张主权是绝对的，他们都是基于人民把全部的自然权利转让给一个人、一个团体、全体社会来考虑的，所以主权是最高的、最大的，君主主权至高无上。）人民成为主权者，个别人是主权者的一个成员，对主权者来说它就是国家的一个臣民（霍布斯也认为个人是臣民）。社会契约和法律都是公意的体现，是主权者意志的体现，所以契约也好，法律也好，都不能限制主权者。若主权不属于人民，社会契约也不能产生，人们的自由、平等也无从谈起。主权权力是一种最高的权力，是至高无上的权力，表现为立法权。最高权力、公意、立法权是一致的，是一个意思，其他都要服从于它。对于公意或主权者的权力是否要受限制，卢梭认为要受两种限制：1）对主权者来说，不可加给臣民一种对集体毫无用处的约束。2）主权者对每个公民的一切法律行为都要以公平、公正、平等为准绳，不能有丝毫的偏移。因为主权是公意的体现，是政治体的灵魂，所以它是不可侵犯的。人们同意订立社会契约，就是在公民之间确立了一种平等，以致他们全都遵守同样的条件并且全都应该享有同样的权利。于是，由于契约的性质，主权者的一切行为就同等地约束着或照顾着全体公民，因而主权者就只认得国家这个共同体，而并不区别对待构成国家的任何个人。

（2）主权是不可转让的。"主权既然不外是公意的运用，是国家的灵魂和集体的生命，那么就永远不可转让；而主权者既然只是一个集体的生命，那么就只能由自己来代表；权力可以转移，但意志却不可以转移。"② 转让主权就等于出卖公众唯一至高无上的意志（也称为普遍的、人格化的律令），这是违反理性和自然法的。卢梭说的主权不可转让主要说的是立法权不可转让，该权力只能由人民自己行使。这实际上是对格老秀斯、霍布斯的主权可以转让说的批驳，从而否认了君主专制制度和君主主权的合理性。

（3）主权也是不可分割的。卢梭认为代表主权的公共意志是一个整体，"意志要么是公众的，要么就不是公众的，它要么是人民团体的，要么就仅是一部分人的。在前一种情形下这种意志一经宣示就成为一种主权的行为，并且成为法律。在后一种情形下，它便是一种个别意志或者行政行为，至多也不过是一道命令而已"③。卢梭批评了

① 卢梭．社会契约论．北京：商务印书馆，1962：36.
② 卢梭．社会契约论．北京：商务印书馆，1962：31.
③ 卢梭．社会契约论．北京：商务印书馆，1962：32.

洛克和孟德斯鸠的分权论，认为他们的错误在于把主权的表现当作主权的构成部分；强调主权是最高权力，是不可分割的，主张分权无异于把政治的躯体砍成几块。卢梭主张的主权不可分割，与霍布斯、博丹的主张是有区别的。霍布斯、博丹主张君主权力不可分割，而卢梭主张公意、人民主权不可分割。并且卢梭的主张同洛克的主张——主权既属于人民又属于君主——也是不相同的。卢梭主张的主权不可分割的原则也反对了洛克、孟德斯鸠倡导的君主立宪原则。

（4）主权不可代表，反对代议制。卢梭对英国人民说："正如主权是不能转让的，主权也是不能代表的，主权基本上是由公意所形成的，而意志又是绝不可以代表的；它要么是意志本身，要么就是另一个意志，决不能有什么中间的东西。因此人民的议员并不是，也不可能是人民的代表，他们只不过是人民公仆罢了；他们并不能作出任何肯定的决定。"① "他们只是在选举议会议员的时刻才是自由的；议员一旦选出之后，他们就是奴隶，他们就等于零了。"② 立法权力不能被代表，要由人民直接行使。反对立法权与行政权合一，反对主权可由主权者委托给政府行使。卢梭提出的主权不能代表的原则否定了英国的代议制度，主张实行直接民主制，后来在此基础上产生了"全民公决"制、批准法律制度。

（5）主权永久无误性。主权是公意的运用，公意是参加社会契约的人的共同一致的意志。公意永远是公正的，不存在错误问题。只有在众意（个别意志之总和）的情况下才存在错误问题。

总之，这五个原则重在强调主权不可转让、不可分割。

在卢梭看来：主权的行为并"不是上下关系之间的一种约定，而是集体与各个成员之间的一种约定，它是合法的约定，因为它以社会契约为基础；它是公平的约定，因为它对一切人是共同的；它是有用的约定，因为它除了公共的幸福以外不能再有别的目的；它是稳固的约定，因为它有着公共的力量和最高权力作保障"③。

卢梭的人民主权理论比霍布斯、博丹的君主主权论要进步些，比洛克的君主立宪论也要先进一些。但是卢梭的理论也有其局限性：（1）受形式民主、直接民主这样的框框限制。（2）人民主权理论来论证主权是公意的运用、表现以社会契约为基础，但是，在阶级社会中各个阶级能有共同一致的意志吗？（3）至于所谓的公意，在阶级对立的社会中有没有可能存在公意？有没有大家共同一致的部分？马克思主义认为在阶级社会中这是不可能的，在阶级社会中没有公意，只有阶级意志、统治阶级意志和被统治阶级意志。（4）卢梭很迷信投票、直接民主。人民主权是组成国家权力的手段和形式，但在同一个国家建立何种政治制度、如何分配国家权力、用什么形式组织国家机关，不仅仅取决于投票，还取决于国家阶级质性等，但卢梭只讲投票这一民主形式，这就过于片面了。

① 卢梭. 社会契约论. 北京：商务印书馆，1962：110.
② 卢梭. 社会契约论. 北京：商务印书馆，1962：110.
③ 卢梭. 社会契约论. 北京：商务印书馆，1962：39.

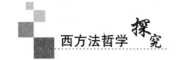

七、主权与政府论

卢梭把政府同主权分开，认为它们有四个方面的不同：（1）主权是借助公意来表现的，是属于全体人民的最高权力，政府是受主权者委托执行法律的机关。（2）主权是通过社会契约建立的，政府通过主权者的命令或委托而建立。（3）主权主要表现为立法权，属于全体人民，政府的职能在于掌管行政和执法的权力，政府的权力是由主权派生的。（4）主权者只是集体的人格、集体代表；而政府只是主权者的代理人，主权者随时都可限制、改变、收回行政权。"政府就是在臣民与主权者之间所建立的一个中间体，以便两者得以相互适应，它负责执行法律并且维持社会的以及政治的自由。"[①]卢梭把主权比作精神力量，政府是行动力量，把意志和力量分为立法权与行政权。任何社会没有这两部分结合便作不出任何事情来。卢梭强调，主权是第一位的，政府是第二位的。

关于政府的分类，卢梭按照构成政府的形式将其分为四种，即民主制政府、贵族制政府、君主制或者王朝政府、混合制政府。主权者把政府委之于全体人民或者绝大部分的人民，使他们成为政府管理者，这时就是民主制政府。如果政府的官吏仅为少数人，从而使普通公民的数目多于行政官的数目，这种政府形式就称为贵族制。如果整个政府的权力都集中于唯一的行政官之手，所有其余的人都从他那里取得权力，这时就叫君主制或者王朝政府。同一个政府在某些方面可以再分为若干个部分，一部分以某种方式施政，另一部分以另一种方式施政，于是这三种形式相结合，便可以产生出大量的混合形式，其中的每一种都可以由这些简单的形式繁殖出来。卢梭认为，混合制政府在某种情况下是可取的，从确切意义上讲，根本不存在单纯的政体。到底哪种形式的政府好，并不是绝对的，要看它是否与该国的土地、气候、地理、人口、贫富等因素适合。主权者同政府的权力比例要适当，如果主权者的权力过大就会干涉行政，直接统治；如果政府的权力过大，就会侵害立法权。这两种情况都会使混乱代替规则，力量与意志不协调，于是国家就会解体。国家的解体也有两种情况：一是君主不再按照法律管理国家而篡夺了主权权力；二是政府的成员分别篡夺了那种只能由他们集体行使的权力。

不同的政体形式适合不同的国家，民主制适合小国，实行民主制政府必须具备四个条件：（1）要有一个很小的国家，使人们很容易集合并使每个公民都能很容易地认识所有其他的公民。（2）要有极其淳朴的风俗，以免发生种种烦琐的事务和棘手的争论。（3）要有地位上与财产上的完全平等，否则，权力上和权威上的平等便无法长期维持。（4）要有很少或者根本没有奢侈的现象。"如果人民都是神明，他们便会实行民主制，但这样完美的政府是不适于人类的。"[②] 贵族政体有三种：（1）自然的，这适于单

---

① 卢梭.社会契约论.北京：商务印书馆，1962：66.

② 卢梭.社会契约论.北京：商务印书馆，1962：79.

纯的民族。（2）选举的，这是最好的。（3）世袭的，这是最坏的。贵族制政府的特点是（选举的）能区别主权与行政权，并且能保障正直、明智、有经验者以及其他种种受人重视和尊敬的人成为行政官，因而能保证政治修明。在贵族制的国家里，集会也方便举行，事物也讨论得更好，实行起来也有秩序、更加迅速；可敬的元老们比起不知名的或者受人轻视的群众更为明智，也更能维持国家对外的威信。此外，贵族制国家不能太小，也不能太大，其人民也不能太简单太率直，财富的适当平均也是必要而有益的。如果说贵族制比起民主制不太需要某些德行的话，它却需要一些特殊的德行，如"富而有节，贫而知足"。最好的政府是贵族制政府，最坏的主权是贵族制主权。前一句讲的是贵族制的优点，后一句是反对少数人掌权、主张人民掌握主权。君主制政府的弊端是在君主制国家里一切都朝着国王私利的目标迈进，就连行政权力本身也不断转化为对国家的一种损害。国王的私人利益首先就在于人民是软弱的、贫困的，并且永远不能抗拒国王。君主制仅仅适于大国，在君主制下走运的人每每不过是些卑微的诽谤者、骗子和阴谋家，他们能爬上高位，但却不能称职。王国经常扩张或收缩，疆土经常变化。皇室政府也变化无常，政策不具连贯性。王位更迭宜采用世袭的办法。

在卢梭的心目中，理想的政体是日内瓦式的共和国。

八、法律与法治思想

（一）法的概念

卢梭反对孟德斯鸠的法的定义，认为它带有形而上学的缺点，因为按照孟德斯鸠的说法，人们实际还不能理解何为法律。如果把孟德斯鸠的法的定义作一理解，即使了解了何为自然法，也不能知道国家法是什么。而实际上，他讲的既非自然法，也非国家法、人为法，所以卢梭说这一命题的错误在于把自然法与国家法混为一谈，既没有揭示自然法，也没有揭示国家法。孟德斯鸠讲的是国家的规律而并非意志。

卢梭也不同意霍布斯的以下说法："法是在上者对在下者的命令"，法是"君主的命令""主权者的命令"。

卢梭不同意上述观点，他自己主要是从公意出发考察法的概念、法的性质。他认为法律是公意的体现，是主权者的行为，法只不过是公意的宣告，是组合社会的条件，是公民社会生活的条件，是人民自己意志的记录。简而言之，公意通过国家主权权力得到肯定，就是国家的法律。"当全体人民为全体人民作出规定时，所规定的事情就是公共的，正如作出规定的意志是公意一样。正是这种行为，我就称之为法。"[①] 卢梭的这些说法都是一个意思，即公意是缔结契约者（人民）的共同意志。"公意既可以创造法律，产生法律，也可以废除和修改法律。法律以公意为转移，一时一刻也离不开公意。"简而言之，法律即"人民的共同意志""主权者的共同意志"。卢梭还非常强调法

---

① 卢梭. 社会契约论. 北京：商务印书馆，1962：44.

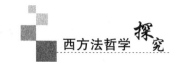

律是人们约定的产物。他说："人民在一切社会关系上，既已把他们每一个人的意志结合成一个单一的意志，所以一切表现这个意志的条款，同时也就成为对于国家全体成员无不具有约束力的根本法，这些根本法一并规定着负责监督执行其他各项法律的官员的选任和权力，这种权力可以包括维持宪法所需要的一切职权，但不涉及宪法的变更。"①

卢梭还强调：公意永远是公正的，永远以公共利益为依归。要成为公意，就应在目的上和本质上同样是公意，即公共意志和利益。也就是说，"公意必须从全体人民的利益出发，才能对全体人民是一样的，如果倾向于个别特定的对象，就丧失了天然的公正性"，法律就是"主权者为全体人民规定的行为规则"。由此推出，法律具有显著的最大的两个本质属性：（1）意志的普遍性；（2）对象的普遍性。

一是意志的普遍性，是指制定法律必须反映全体人民的意志。法律是全体人民的意志（公意）的体现，这也就意味着：（1）无须再问应该由谁来制定法律，因为法律乃是公意的行为；（2）无须再问君主是否超乎法律之上，因为君主也是国家成员；（3）无须再问法律是否会不公正，因为没有人会对自己本人不公正；（4）无须再问能否既是自由的又不要服从法律，因为法律只不过是我们自己的意志的记录。

二是对象的普遍性，是指法律只能调整一般的抽象的具有普遍意义的行为。卢梭说，"我所说法律的对象永远是普遍性的，我的意思是指法律所考虑臣民是集体的臣民以及其行为是抽象的行为，而绝不是指法律考虑个别的人以及个别的行为。因此，法律很可能可以规定有若干特权，但是它绝不能指明把特权赋予某个人，法律可以把公民划分为若干等级，甚至于规定取得各该等级的权利的种种资格，但是它却不能指明把某人列入某个等级中……总之，一切有关个别对象的职能都丝毫不属于立法权力"②。

只有把两个普遍性结合起来才是公意的体现，才是主权者为人民规定的行为规则，才是法律。

卢梭从这样的法的概念、特征得出四点结论。其一，法律永远是公正的，因为它是公意的体现，而公意是公平公正的，是不可能偏向的，它是全体人的意志的共同部分，结约时个人已将全部天赋权利转给公众。法律不是针对某个人，而是针对全体或等级。说法律不公平，就是因为它想用私意、个别意志破坏公意和法律。其二，执行最高权力的人不能够超越法律，他也要服从法律，他也是国家成员之一，而法律是公意。君主也是如此，执政官是保护而非滥用法律的权威。"绝不能有无法律的自由，也不能让任何人超乎法律之上。"其三，每个人都要服从法律，法律是每个人自己意志的记录，服从法律即服从自己的意志。这对人民来说没什么不自由，不服从法律才无自由。一个自由的人民服从，但不受奴役；有首领但没有主人；服从法律但仅仅是服从法律，没有一个人能把自己放在法律之上，只要有一个人不服从法律，整个社会就会崩溃、完蛋。其四，把法律看作人民约定的产物。公意是转让权利成立国家，法律不

---

① 卢梭.社会契约论.北京：商务印书馆，1962：138.
② 卢梭.社会契约论.北京：商务印书馆，1962：138.

过是社会结合起来的条件、组成社会的条件及行为规则，而规定条件的只有社会的结合者即人民，故立法权永远属于人民而不能被代表。

（二）法律的分类

卢梭在《社会契约论》中把实在法律分为四类。

（1）政治法。

它调节全体人民对全体人民的关系或者说主权者对国家的关系，故又叫根本法。政治法的基本内容有：一是主权者与统治者的关系。卢梭认为人具有两重身份：一方面，人民是主权者，享有主权，行使主权；另一方面，人民作为国家的成员，作为公民、臣民，必须服从主权者，遵守法律。二是统治者对被统治者权威的范围和界限。卢梭非常强调主权者对政府、政府对人民权利的比例要相等、要适当，谁也不能过大，否则会带来不良后果。主权者权力过大，会直接行使统治而不要政府；政府的权力过大，行政官会想制定法律、掌管立法权；人民权力过大，会拒绝服从政府。这样就破坏了比例关系，结果都会造成社会混乱，把公意与个别意志的关系破坏，社会有瓦解的危险。卢梭反复强调行政权力应等于主权者所赋予他的权力的大小，只有二者保持正常比例关系，才能使国家处于平衡状态，破坏任何一项的后果都是破坏国家秩序。所以卢梭极力倡导正确调整三方面的比例协调关系，使它们保持平衡，防止专制和社会混乱造成的失衡。调整这三方关系的比例的东西即政治性的法律。

（2）民法。

民法是调整国家成员之间的关系，或者成员与集体之间关系的法律。就是说，民法调整公民之间、公民与共同体之间的关系。

卢梭认为，每个公民在与其他一切公民的关系中处于完全独立的平等的地位（公民是城邦的动物）。只有国家才能按照公意行使权力，使公民的自由、平等有保障。从这个比例关系产生的法律就是民法，民法就是调整这些关系的法律。

（3）刑法。

它是规定个人同法律之间的关系的比例的法律，即不服从法律与惩罚之间的关系的法律。刑法，与其说是一种特别法，还不如说是其他一切法律的制裁力量。公民的自由是做法律所允许的一切事情的权利，超过限度就失去自由，因为其他人同样有这种权利。公民的自由、平等靠刑法来维护，对犯罪者的惩罚不由主权者自己执行。卢梭主张，对于攻击社会权力、破坏国家法律的罪犯来说，既然其犯了罪，就不再是公民，而应被看作契约的破坏者，应被处以流放出境的惩罚，严重者可被看作人民（主权者）的公敌而被处死。他还认为，惩罚一个罪犯是个别行为，不是由主权者亲自执行的，而是委托别人，由司法机关来执行的。他又说，对罪犯赦免或减刑的权力属于主权者，而非属于法官，应由主权者行使。

关于刑罚，卢梭是很激进的。他主张对公敌处以死刑、流放、驱逐出境。但他认为对死刑要谨慎适用，反对严刑峻法，主张尊重法律、进行教育。他说：刑法频繁总是政府衰弱或者无能的一种标志。政府的职能是保卫法律，是法律的保护者，应用各

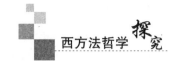

种手段启发人民爱护、遵守、尊重法律。严厉的惩罚只是一种无效的手段，目的在于用恐怖来代替对法律的尊重。严厉的惩罚，还会诱使自觉有罪的人再去犯罪而逃避惩罚，所以严厉的惩罚是不能达到预防和减轻犯罪的目的的，还会增加犯罪的数量。刑法应与守法教育结合，应把尊重法律看作是最重要的刑罚。他的这种刑罚理论中，主张重教育、尊重法律，认为刑罚是一种辅助手段，有合理的一面，但认为刑罚是一种无效的手段就偏执、极端了。

（4）风俗习惯，尤其是舆论。

他认为，这是一切法律中最重要的，因为"这种法律既不是铭刻在大理石上，也不是铭刻在铜表上，而是铭刻在公民的内心里；它形成了国家的真正宪法；它每天都在获得新的力量；当其他的法律衰老或消亡的时候，它可以使那些法律重新有生命力或代替那些法律，它可以使一国的人民保持制度的精神，而且可以不知不觉地以习惯的力量代替权威的力量。我说的就是风尚、习俗，而尤其是舆论"①。

从这里我们可以看出，卢梭关于习惯法的说法继承了亚里士多德的理论。

（三）关于立法原则、体系和立法者

（1）立法原则。

卢梭在《社会契约论》中讲了三条立法原则：1）任何人都无权颁布法律，只有主权者才有权颁布法律；2）法律的对象永远具有普遍性，法律只能规定全体公民集体抽象的行为，而不能规定个别的甚至具体的行为；3）所立的法律要能使公民取得比在自然状态下更大的力量，如全体公民获得的力量等于或大于各人力量的总和的话，就达到了最高完善的程度。卢梭提出，同一个法律并不能适用于各个不同的地区，若这样非造成混乱不可。立法工作要取得成功必须发现自然需要，并与社会中种种需要相结合。

（2）立法体系和目标。

他认为，一切立法体系的最终目的是实现全体人民最大的幸福，归结表现为两个大目标：一是自由；二是平等。关于自由，他强调必须区分以个人力量为基础的自然自由和以公意为基础的社会自由。社会状态下人类还有道德的自由。至于平等，他强调的平等不是指财产和权利的绝对平等，而是讲权力不能成为暴力。总之，人民要依职位和法律的规定而行使权力。

财产的平等是指公民不能富得足以购买别人，也没人穷得要出卖自身。他讲的财产平等不是要消灭私有制，而是宣扬富人节制、穷人消灭贪得无厌，而立法倾向维持、保护平等，法律只不过是遵守着矫正着自然关系。贫富过于悬殊，两极分化，国家就会动荡，理智就会毁灭。

（3）立法权与立法者。

立法权很重要，它是国家的生命和灵魂。卢梭说："政治生命的源泉就在于主权的权威。立法权是国家的心脏，行政权是国家的大脑，大脑指使着各个部分的行动。大

---

① 卢梭. 社会契约论. 北京：商务印书馆，1962：63-64.

脑可能陷于麻痹，而人仍然还活着。一个人可以麻木不仁地活下去；但一旦心脏停止了它的机能，则动物就要死亡。""国家的生存绝不依靠法律而是依靠立法权"[1]。立法权永远属于人民，"凡不曾为人民所亲自批准的法律都是无效的，那绝不能是法律"[2]。

卢梭一再强调，人民掌握行使立法权，立法权不可被代表，立法权永远属于人民，但制定法律的人既不是全体人民，也不是某个个人。卢梭把立法权同法律的制定者、起草者区别开来，认为立法者是那些有天才和智慧的贤明的外邦人。那么，到哪里去寻找天才呢？君主只不过遵循立法者规划的模型，不过是发明人或机器的发动者。普通人、君主、行政官都不能制定法律，立法者应是神圣的。由于人民偏私不宜立法，所以应从外邦人中寻得立法者，请来那些天才、聪明的人、非常的人、贤明的人。"他们有一种能够洞察人类的全部感情而自身不受任何感情支配的最高的智慧；他与我们人性没有任何关系，但又能认识人性的深处；他自身幸福虽与我们无关，然而他又很愿意为我们谋幸福；最后在时间的过程里，他瞻望遥远的光荣，在这个世纪里能工作，而在下个世纪享用。"[3] 立法者的具体条件包括：他们已经由于利益和约定的结合而联系在一起；他们无根深蒂固的传统与迷信；他们不怕突然的侵略；他们既不参与四邻的事端，又能独立抵抗邻人或借邻人抵抗另一邻人的侵略；他们中每个成员都为全体所认识，他们力所能及；他们不需要其他民族而生活，其他民族不需要他们而过活；他们既不富也不穷，能自给自足；他们能结合古代民族的坚定性与新生民族的驯从性。这简直就是神明。

卢梭认为立法要有适宜的条件。古希腊城邦，近代的意大利、日内瓦共和国都是请外邦人制定本国法律的。卢梭也为波兰起草过宪法。

（四）法治原则

法治思想是卢梭法律思想的重要组成部分。他认为，凡是实行法治的国家就是民主共和国，也就是他理想的政体形式。他说："我愿意生活在一个法变适宜的民主政府之下。""我愿意自由地生活，自由地死去。也就是说，我要这样地服从法律：不论是我或任何人都不能摆脱法律的光荣的束缚。""而且国外的任何人也不能迫使这一国家承认他的权威。"[4] "国家构成的基本元素不是官员而是法律"，"我们绝不应当说君主可以不受本国法律的支配"。只有在法治国家，占统治地位的利益才是公益，才符合人们订立社会契约建立国家的初衷和目的。法治国家应当：法律只能由人民创制，人民是唯一的立法者，人民不批准法律就无效；人人服从法律、执行法律，法律面前人人平等。"没有一个人把自己放在法律之上。"服从法律就是服从自己的意志，就是自由的；服从法律不能有例外。外国人也要服从国家的法律，如果有例外，对人们是不利的。大家都怕例外，怕例外就服从法律；法律可以规定特权，但不能规定谁享有这种特权；

① 卢梭. 社会契约论. 北京：商务印书馆，1962：63-64.
② 卢梭. 社会契约论. 北京：商务印书馆，1962：110.
③ 卢梭. 社会契约论. 北京：商务印书馆，1962：46-47.
④ 卢梭. 论人类不平等的起源和基础. 北京：法律出版社，1958：51-52.

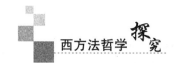

可以规定王位世袭制，但不能规定谁为国王。在法治国家中，无论何种情况下，人民永远有权修改、废除、制定法律。法律的好坏标准是"是否符合公意"，不符合就要创制新的法律。

九、卢梭在西方法律思想史上的地位及影响

卢梭的理论比伏尔泰、孟德斯鸠的激进得多，他反封建也最彻底和坚决。第一，他的锋芒始终指向封建专制制度和封建特权，揭露它的不合理性，指出它是对人权的严重侵犯，论述暴力革命的合理合法性。第二，在政治上和理论上，他主张建立小的民主共和国，反对君主专制和君主立宪政体；反对君主主权，并系统批判了君主主权；主张人民主权，认为人民主权原则是天经地义的、不可动摇的；反对专制特权，主张法律面前人人平等。第三，他关于法律、立法权、立法原则的论述极为精彩。他的天赋人权说成为资产阶级的理论基础和政治纲领，对法国大革命和美国独立战争起了很大的推动作用。卢梭的思想不但为资产阶级的政治法律制度奠定了理论基础，而且对后世思想家也产生了深刻影响。

1789年法国三级会议召开前第三等级代表西耶士的演说《何为第三等级?》，法国的《人权宣言》，1791年和1793年的法国宪法都受卢梭的思想和政治主张的影响。1794年，即卢梭死后16年，法国革命政府在移葬卢梭至国家公墓时，送葬者达几万人，他们手捧《社会契约论》。这证明了他的作用和影响，人民视他的书为福音书。他的一些激进思想在法国革命及以后都起了作用，在今天仍具有进步意义。

卢梭的思想对马克思主义奠基人也有很大启示：暴力革命思想合理合法；国家权力集中统一，反对分权；政府的各级官吏是人民公仆，而不是主人；赞成直接民主，反对代议制；法律是公意的体现，是人民自己意志的记录。恩格斯在《反杜林论中》对卢梭做了充分的肯定，尤其认为他的暴力革命论、行政官员是公仆并非主人的理论、直接民主，以及法律是公共意志、是两个普遍性的结合有着重要的理论与实践意义。卢梭的理论不但对资产阶级政治法律思想的发展起过重大作用，而且对马克思主义的革命观、国家观、法律观的形成和发展也是有很大启示和影响的。

对于卢梭在西方政治法律思想史上的地位应给予充分肯定。但他有其时代和阶级的局限性，思想中有相互矛盾和不科学的地方，甚至有臆想、幻想。例如，他主张统一集权、反对分权，但又主张将行政权委托给政府施行、将惩罚犯罪的权力委托给司法机关执行。又如，他主张直接民主、反对代议制，但他又主张由政府管理臣民事务、执行法律。这些足以说明卢梭的主张确有矛盾之处。

总之，卢梭的激进的民主主义思想完全可以被借鉴和发扬，但对于他相互矛盾的主张和唯心的推测与幻想应当予以扬弃。

第五章　康德的《法的形而上学原理》

一、德国 18 世纪的哲学革命

在 18 世纪，德国是西欧的一个落后国家，政治、经济处在严重割据状态，封建势力强大并统治着德国。当时的德国号称日耳曼帝国，由三百多个独立的公国组成。每一个公爵对他的臣民说来，都是残酷的具有无上权威的专制者。到 18 世纪末，资产阶级虽形成一个阶级，但它很软弱，无独立的力量进行政治革命。当时德国资产阶级虽有变革政治、摆脱封建束缚的要求，特别是受法国革命的影响很大，但资产阶级的软弱性又使它只能在封建制度内部、在允许的范围内进行一些改良。它的要求不像法国那样是政治领域中的，而主要是在意识形态中，尤其是在哲学中表现出来的。资产阶级通过哲学的变革，试图达到政治、经济的改良。18 世纪后半叶，德国发生了一场哲学领域的革命。发生这样的革命，是受法国革命的影响，也是因为 18 世纪后半叶欧洲科学领域发生了重大变革，获得重大发展，为德国的哲学革命提供了条件，起了催化剂的作用。当时数学、医学、化学、物理学、天文学等都有很大的发展：科学仪器的发明直接对哲学有影响，如空气成分仪、酸素测定器、显微镜等等；生物学已经用事实证明了生物的统一性。所有这一切都动摇了形而上学的思维方法，并为辩证法的自然观和思维方法的产生创造了条件。

德国哲学革命以康德为先导。他推翻了 17 世纪末形而上学的体系，把笛卡尔的理性主义和培根的经验主义结合在一起，创造出自己的批判的先验的哲学体系。后来，费希特和谢林开始对德国古典哲学的改造，这一系统工程最后发展到黑格尔的哲学体系，该体系是"自有人类思维以来未曾有过的、包罗万象的体系"。这个体系几乎把一切科学（社会科学、自然科学、逻辑学、形而上学、自然哲学、精神哲学、法哲学、宗教哲学、历史哲学）都包括进去了，是德国古典哲学最完备最终的体系。作为普鲁士官方哲学，它统治德国哲学论坛几十年，直到费尔巴哈出现，它对德国哲学论坛的统治地位才结束了。

总的来看，以康德为先导，经费希特和谢林的改造，由黑格尔最后完成的德国古典唯心主义哲学体系是资产阶级意识形态的集中表现，明显地反映了德意志民族，尤其是德国资产阶级的本质的特点和要求，是法兰西革命的德国理论。它最突出的，也是最大的贡献，是关于事物发展的能动性的知识，也即唯心主义的辩证法。他们的政治法律思想是其古典唯心主义哲学体系的组成部分，用哲学观点解释国家和法律问题，创立了哲理法学派。他们在哲学上的贡献是毫无疑问的，在政治思想上，用唯心主义哲学观点解释说明国家法律问题，创立哲理法学派，同样也是有其贡献的。当然，他们是用资产阶级启蒙思想家提出的理论，套上他们的唯心主义哲学，创立了哲理法学派。它具有明显的唯心主义性质和特点。

他们的政治法律思想有两个特点：（1）形式上承认 18 世纪法国启蒙思想家的思想，但又作了适合德国需要的解释，特别是得出与启蒙思想家的观点相反的结论。虽然不同程度地揭露了德国封建统治的弊端，流露出对法国资产阶级革命以及革命后资产阶级地位变化的羡慕与赞同，把自由、平等、博爱、天赋人权等接纳过来，但结论不一样，他们更多的是议论而不是用来指导实践，他们认为封建统治不合理，有改革的必要，但又不根本否定封建制度。他们不认为推翻封建专制统治是一种天赋人权（天赋权利），而是采取在封建制度允许的范围内变革现实的做法。这在康德法的哲学思想，尤其是黑格尔的法哲学原理中表现得突出而明显，就因为此点，黑格尔哲学才能被宣布为普鲁士的官方哲学。黑格尔崇拜普鲁士国家，鼓吹国家至上、主权在上。他们的哲学理论更多的是停留在理论上的议论，而不能完全用来指导实践。（2）他们宣扬民族主义和种族主义。当时历史法学派公开否定法国的启蒙思想，在宣传民族主义、种族主义方面，德国的法哲学与历史法学派走在一起，但又不像历史法学派那样反对成文法、反对制定统一法典（历史法学派主张习惯法），它还是主张制定成文法的。他们都把日耳曼民族说成是上帝的选民，认为日耳曼民族比其他民族优越、是领导世界的民族。这一反动理论为法西斯分子所利用，成为他们发动侵略战争、奴役别国人民的思想武器。

二、康德的生平和著作

伊曼努尔·康德（Immanuel Kant，1724—1804）是伟大的哲学家、思想家，是人类思想天空中的一颗巨星、德国古典唯心主义哲学的先导，是同柏拉图、奥古斯丁齐名的三大"永不休止的哲学奠基人"（雅斯贝斯语），是哲理法学派的奠基者。康德生于东普鲁士首府哥尼斯堡（第二次世界大战后划归苏联，改称加里宁格勒，它如今实际上是波罗的海的一块飞地）。他的父亲是个马鞍师，是小手工业商人。他的祖父是苏格兰人，17 世纪末移民德国。他本人一生都是在哥尼斯堡度过的，10 岁上中学，17 岁进哥尼斯堡大学，做过 5 年家庭老师（在哥尼斯堡附近的小镇），其他时间就是在哥尼斯堡大学任教。期间虽有柏林大学、耶拿大学、埃朗根大学邀请他担任哲学教授，但均被他拒绝。1755 年他以《自然历史与天体论》的论文在哥尼斯堡大学获得硕士学位，3 个月后即在该校任教，是一名名声在外的无正薪的小讲师，靠学生的听课费收入维持生活。他教哲学很受学生欢迎，干了 15 年，经常发表哲学著作。早在他担任家庭教师时，他就发表了他的处女作《关于生命力的真实估计之思考》，内容是关于笛卡尔、牛顿提出的哲学与科学命题。1770 年 46 岁的时候他才升任教授。康德当教授后，10 年未发表一篇文章，而是潜心研究"纯粹理性批判"问题。康德曾两次担任哥尼斯堡大学校长，73 岁退休。数十年来，康德过着规律的书斋生活，他每天下午 3 点半准时散步思考哲学问题。康德终身未娶，他说过，"当我要女人时我却养不起她，当我养得起女人时，我却不再需要女人了"。康德的知识渊博，除教哲学外，他还教授数学、物理、逻辑、地理、伦理、自然通史、人类学等等，无论在自然科学还是在人文社会科学领域中他都有独特贡献。关于自然科学，他提出了天体演化和形成的理论，发表《自然通史与天体论》一文。他提出"星云"假说，论述了太阳系的一个可能的起源，提出潮汐摩擦理论，从而打破了宇宙不变论这个僵化的形而上学的自然观。他在社会科学方面创立了古典唯心主义哲学，是哲理法学派的奠基者、概念法学的先导。他的自然科学思想来自牛顿，哲学上受休谟影响，政治思想来自孟德斯鸠和卢梭。他65岁才开始研究法学，他用他的哲学思想解释卢梭的政治法律思想。他的法学思想是其哲学思想的发展和延伸、适用。他创立的法哲学是实践理性哲学的分支，是道德形而上学理论的一个部分，是从其道德伦理学中演绎出来的一个理论体系。他的哲学著作有《纯粹理性批判》（1781年）、《实践理性批判》（1788年）、《批判力的批判》（1790年）；伦理学著作有《道德形而上学原理》（1797年）（《法的形而上学原理》是这本书的上册，副题是《权利的科学》）；他的政治法律著作还有《永久和平论》（1795年，即《历史理性批判》文集）、《仅在理性世界内的宗教》（1793年）、《伦理学讲演录》（1775—1782年）等作品。

康德是一个没有传奇故事的传奇人物，诗人海涅说过："康德既无生活，也无经历。"康德的墓志铭是：有两种东西，我们愈是时常反复地思索它们就愈是给人的心灵灌注了时时翻新、有增无减的赞叹和敬畏。这就是我头上的星空和心中的道德法则。

《统粹理性批判》（1781年）要回答的问题是：我们能知道什么？康德的回答是：我们只能知道自然科学让我们认识到的东西，哲学除了能帮助我们澄清让知识成为可能的必要条件外，就没有什么更多的用处了，自柏拉图以来的形而上学问题其实是无解的，实际上人只能感知物体的某些特性，例如质量、体积、形状、数量、重量、运动速度等等，没有这些特性，我们对物体也就无从想象。这是物体的主要特性。物体还有从属的其他特性，例如颜色、声音、味道和温度感觉等等。虽然这些从属特性是物体的一部分，但是人们可以进行不同的想象，例如我们可以把一张蓝色的桌子想象成绿色的桌子。

《实践理性批判》（1788年）要回答的是伦理学问题：我们应该怎么做？简单地说：我们要尽自己的义务，而尽义务就是绝对命令，即无论做什么都应该使你的意志所遵循的准则同时能够成为一条普遍的法律。康德认为，人在道德上是自主的，虽然人的行为受客观限制，但人所以成为人，就在于人在道德方面具有自由能力，能超越因果，有能力为自己的行为负责。

《批判力的批判》（1790年）要回答的问题是：我们可以抱什么希望？康德回答：如果真能做到有道德的话，就必须假设有上帝的存在，假设生命的结束并不是一切的终了。康德特别关心人类精神活动的目的、意义和作用方式，包括人的美学鉴赏能力和幻想能力。

以上"三大批判"构成了康德的伟大的哲学体系。

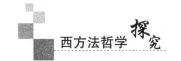

《永久和平论》（1795年）是康德最后一部具有深远影响的力作。该书提出了世界公民、世界联邦、不干涉内政的主权国家原则等至今仍有现实意义的构想。这是康德晚年研究历史哲学方面的重要论著，是他的《历史理性批判文集》中的最重要的一篇，卡希尔称它是康德的第四批判。

三、《法的形而上学原理》的结构和体系

《法的形而上学原理》（副题：《权利的科学》）是1797年出版的《道德形而上学》的上册。对于《法的形而上学原理》，1887年黑斯蒂把它译为《权利的科学》，还有人把它译为《法律哲学》，原因是，德语中的"Recht"一词有法、权利、正义等多种含义。黑斯蒂的译法被公认为准确地表达了原著的内容。《法的形而上学原理》由导言和两个部分构成。导言就是关于权利科学的总论性质的内容，包括权利的意义、权利科学的意义、权利的普遍原则、权利科学的分类、权利的一般划分（自然法与实在法权利、天赋与获得权利）、划分权利科学的顺序。这一部分按照笔者的理解是关于法理学和法哲学的内容

第一部分是私人权利（私法），包括：论任何外在物作为自己所有物的方式；获得外在物的方式；家属在一个家庭社会中的权利（婚姻权利、父母的权利、家庭成员的权利）；一切可以由契约获得的权利在体系上的划分（契约分类、理想获得、凭本能获得、凭继承获得）；一个公共审判机关的判决书中所规定的获得（什么是规定的获得、捐赠契约、借贷契约等）。这一部分按照笔者的理解可以统一称为私法理论问题，包括财产所有权法、婚姻家庭法和契约法。

第二部分是公共权利（公法），包括：国家的权利和宪法（国家的起源、国家形式、国家的三种权力、三种权力的职能和相互关系、国家主权权力、土地权、征税权、财政、警察、检查、对穷人的救济、委任官吏权和授予荣誉权、惩罚和赦免权、公民同国家的关系、国家的三种形式、纯粹共和国、代议制政府），这些内容可以统称国家法；民族权利与国际法（民族权利的性质和分类、进行战争的权利、对敌国宣战的权利、战争期间的权利、战后的权利、和平的权利、永久和平与民族联合大会），这一部分可称为国际法；人类的普遍权利（世界法）（包括世界公民权利的性质和条件），这一部分按照笔者的理解可以被统一称为世界法。

四、康德的哲学思想

康德的哲学观点继承自休谟。他曾说是休谟把他从独断的睡梦中唤醒，即从康德之前的在欧洲哲学领域中占统治地位的形而上学中唤醒。在康德之前，欧洲哲学领域占统治地位的主要有形而上学、怀疑论、神秘主义、唯理主义等。怀疑论的代表是笛卡尔，他认为在空间中一切事物的存在都是可以怀疑的，而我的存在才是绝对的、不可怀疑的。康德把18世纪各种哲学思潮综合起来，逐一考察，力求作出公平的评价、

分析和批判，所以他的哲学是批判的哲学。一方面，他批判休谟的经验论；另一方面，他对莱布尼茨·沃尔夫的形而上学哲学体系也进行批判，反驳和摧毁了旧唯物论、宿命论、唯情论和迷信。莱布尼茨认为，理性是把灵魂和宇宙视为一切精神现象与一切物理现象的最高统一体，上帝是这个统一体的最高、最完善的统一体；要按照这种理念创建最高原理的思维能力。这是他的形而上学理论、唯理主义。康德原来信奉莱布尼茨的唯理主义，但后来进行了分析批判。康德认为，莱氏的哲学体系是独断论，因为莱氏对人的理性能力不先加探讨和研究，就独断地主张它是全能的、绝对可靠的，用理性的方法就可以发现宇宙的真相。康德还认为，精神现象和物理现象从本质上说绝不可能成为经验的对象，人的心灵不具有这种能力。康德早年对英国经验主义也感兴趣，后来是休谟把他从独断的睡梦中唤醒，使他觉得迫切需要考察人类理性、摈除无稽的要求。这就需要一种认识论，这种认识论要研究普遍和必然的知识的可能与不可能、来源、范围和界限，因此，必须对唯理主义和经验主义这些哲学的独断进行分析批判。他写的《纯粹理性批判》就是考察理论的理性或科学，《实践理性批判》考察实践的理性或道德，《批判力的批判》考察美学和目的论的判断或艺术和自然中的目的。总的来说，这些都是用来批判经验主义、唯理主义、怀疑论的。康德晚年的著作《历史理性批判》是他的第四个批判，主要探讨了各个国家联合体的世界大同乃是人类由野蛮步入文明的一个自然的而又必然的历史过程。同时，康德的哲学又是先验的哲学，他认为空间、时间、因果性、自然规律并不是自然界本身的特性，而是人的认识能力的一种特性，这一特性是先天的，即先于经验的、不以经验为转移的，人的心灵思维是按照先验或固有的方式来思考这些经验的。

康德的认识论正确地解决了感性认识和理性认识的关系，他认为没有感性认识的理性思维是空洞的，没有知性（理性）概念的感性认识就是盲目的。二者既有区别，又必须结合，只有感性认识上升为理性认识，我们经验的事物才有实现普遍的效力。

列宁在谈到康德的哲学时曾指出："康德哲学的基本特征是调和唯物主义和唯心主义，使二者妥协，使不同的相互对立的哲学派别结合在一个体系中。当康德承认在我们之外有某种东西、某种自在之物同我们的表象相符合的时候，他是唯物主义者；当康德宣称这个自在之物是不可认识的、超验的、彼岸的时候，他是唯心主义者。"[1]

康德所谓的"自在之物"，就是客观的实体世界。康德认为，"自在之物"是存在的，是可以认识的。从这点上说，康德是唯物主义的。但是，康德又认为，人对于这个"自在之物"只能认识它的表面现象，而不能认识它的本质，也就是说，人对事物只能有感性的认识，而不能有理性的认识。在康德看来，认识事物的本质，或者对事物的理性认识，超过了人们的经验界限。事物的本质存在于"彼岸世界"。用康德的话说就是"我们不能凭借感官认识超感性的东西"。对于事物的本质，虽然我们不能认识它，但是我们可以思维它，也就是说我们能够突破有关于它的范畴。既然康德认为"自在之物"是彼岸的、超验的、不可认识的，那么他的认识论必然导致不可知论。从

① 列宁选集.第2卷.3版.北京：人民出版社，2012：161.

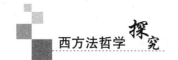

这种意义上说，康德又是唯心主义的。康德哲学统治和支配了欧洲哲学约一百年，可见其影响之深远。

五、康德的道德形而上学

康德的政治法律思想是他的伦理学的分支，是从伦理学中引导出来的。

（一）道德理念

人的行为有感性、理性之分，感性行为具有经验的感官的实质性内容，受时间、空间及因果律的支配，属于自然现象的范畴。理性行为则不包括上述任何因素，完全受自己的自由意志支配，不受时间、空间和因果律的支配，是无条件的。这样一种指导人的行为的道德意识（自由意识）是由纯粹理性决定的，所以它不是假设的命令，而是绝对的命令。唯有按照绝对命令办事，才是"善的意志"，才是"道德行为"。道德法则要求是应当而不是"自然"，是"必须"而不是"实际"，其中不掺入任何情感和欲望，不问效果为何，为道德而道德，为善而善，为义务而义务。因此，凡是为自己、为他人和有其他实质性考虑的行为都不是道德的行为。道德的法则是先验的、强制的、纯粹理性的东西。康德把道德当作人的最高行为准则，认为它是绝对命令。被康德当作人的最高行为准则的道德法或绝对命令体现为三条具体的原理。

（1）使自己的行为符合普遍的立法形式，符合道德的律令和戒备。纯粹实践理性的基本法则是：无论做什么，总应该做到使你意志所要的准则永远同时能够成为一条普遍的立法原则。这里阐明了先验的道德同经验的法律规范一致、意志自由的道德原则与实际立法一致。法律的规范来源、内容是由道德准则决定的，而道德只有通过法律规范才能显示出现实的普遍有效性。就个人而言，行为的出发点与立法原理一致才是道德的。这实际上就是让道德服从法律。（2）坚持人是目的而不是工具。人本身就是尊严，意思是说，人只能被当作目的，而且始终只能被当作目的。康德说：这样的行为，无论是对你自己或别人，在任何情况下把人当作目的，以此出发，道德才有普遍性，从而才使法律有普遍性。仅仅自杀、自弃是把自己当作工具，骗人杀人是把他人当作工具，这些都是违反道德的。（3）意志自律。每个人的意志都是立法意志。康德说，"意志的第三个实践"原则是它与普通实践理性相结合的最高条件，就是：将每个有理性的存在者的意志当作立法意志。理性存在者的意志就是立法意志。人是道德法则的主体，道德法则建立在人的自由意志基础上。康德的意志自律强调个人主动性，也即要把普通立法原则中个人的被动性变为主动性，把人的目的原理中个人与他人的关系变为对自己的关系。个人所要绝对服从的道德准则就是自己立的法，就是自己订立的规律。只有"自律"的意志，才是真正自由的意志，才是和绝对命令相吻合的意志。

（二）关于道德与法的关系

康德在《道德形而上学》的导言中作了详细论述。康德从自由法则所涉及的范围和方面对道德与法作了详细的划分，指出：有利于自然法则的自由是道德法则。如果这些自由仅涉及外在行为，就不是道德法则，而是法律法则。如果一种行为与法律法则一致就说明它具有合法性。如果一种行为与伦理法则一致就说明它遵守了道德法则。前者说的是法律法则（外在法则），是外在实践的自由，后者指（伦理法则）内在自由。法律和道德的区别在于：一切的立法都涉及内在外在行为、义务与动机。如果一个立法既有义务又有动机，就是伦理的立法（道德法）。如果立法中仅有义务而无动机就是法律的立法（制定法、实在法），它不受良心、道德自由意志的驱使，而是外力的强制使然。如果无外力强制而尽义务才是道德的行为。这些实际上说的是道德命令采取内在自觉的形式。法律采取外在强制的形式，即内部动机与外部行为问题。纵使动机不正确，但行为守法，国家也应保护，反之，国家就要反对。动机如何，是法律无法干预的。道德是积极的限制，法是消极的限制；法是消极性的限制对道德来说却又起着维护作用。所以道德与法相互促进、相互影响，所规范的侧重点是不同的。

（三）关于自由论

康德认为天赋权利只有一种，那就是人生而自由。在论述过程中他又未否定平等。自由，是康德道德论体系的出发点和归宿。在康德看来，作为理性的主体的人都根据意志行事，而意志总是自由的。前述三项道德原理都是建立在自由的基础上的。最明显的是，"自由这个概念是解释意志自律的关键"，因为意志自律无非就是个人自由地自己决定自己。至于普遍立法形式和把人当作目的的问题，也都离不开个人的自由意志，具体说，离不开他的决定和选择。一个人之所以要对其行为负有道德责任，是因为他有服从或不服从道德法则的主观自由。一个道德的人，会毫不顾及时间、空间、因果律诸情况和条件，不管自己内在的和客观外在的情形如何限制，而坚守绝对命令。康德说："他由于觉得自己应行某事，并且亲身体会自己原是自由的。"他强调，我能做是因为我应做，能做属于自然因果，应做就属于自由。他的道德论讨论人的内在自由，法律论讨论人的外在自由。如果人遵循道德法则就是内心自由，自由是人性中唯一原始的固有的权利，即天赋权利。自由意志是道德论的核心。自由意志一方面摆脱了感性世界的因果关系的制约，另一方面自我做主，为自己制定行为准则。这种准则是主观的，当它与客观的法则相一致时就是实践法则。这种实践法则也被称为绝对命令，绝对命令是指应该按实践法则去行为的责任。

（四）一般基本概念的定义

在康德看来，法的形而上学最一般的术语实际上是法理学和伦理学共同的概念，它们是内在关联的。其中包括以下内容。

"责任"是绝对命令所表明的某些行为，它意味着自由行为的必要性。

"义务"是任何人被允许去做或不被允许去做的行为受到的意志责任约束，它是一切责任的主要内容。

"行为"是指行为的主体按照服从责任的原则，行使其意志时选择的自由。

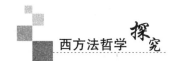

"物"是指那些不可能承担责任的东西。它是意志自由活动的对象，它本身就有自由。

"公正和不公正"一般是指一个行为是符合义务还是违背义务。

"违法"是指行为与义务相违背。过失是指行为人的一种无意违法。

"故意"是指行为人意识到自己行为的违法，故意构成犯罪。

"外在的法律"是指那些使外在立法成为可能的强制性法律。

"自然法"是指即使没有外在立法，其强制性可以为先验理性所认识的法。

"主法者"是指通过法令来下命令的人。

"法官"是指被授权来判定行为是否合法的人。

"惩罚"是指意志应该受到谴责的有缺点的行为所承受的法律效果和后果。对违法行为的道德否定就是责难，而法律上的否定是惩罚。

"奖赏"是指一项值得称颂并为法律所允诺的行为后果。

六、权利和权利科学（即法律和法律科学）

（一）法律（权利）的定义

康德说："法律（权利）可以理解为全部条件，根据这些条件，任何人的有意识的行为，按照一条普遍的自由法则，确实能够和其他人的有意识的行为相协调。"[1] 这个定义说明：（1）法律只涉及一个人对另一个人的外在的和实践的关系，因为通过他们的行为这件事实，他们可能间接地或直接地彼此影响。这样就把自由同法律结合了起来，法律实际上就是自由意志的外在表现。（2）法律只表示一个人的行为自由与别人的行为自由的关系，也就是一个人的意志自由是否同别人的意志自由相协调。它不涉及愿望或纯粹要求关系，也不考虑行为的仁慈或不友好。（3）法律只考虑意志行动的形式，而不考虑意志行动的具体内容。（4）普遍的自由法则指的是法律普遍准则，即：一个人的意志自由行使，它能够和其他任何人的自由并存协调。按照这个原则，一项法律（权利）应有两个要件：一是这项权利有其法律的依据，康德称它为"资格"或"权限"；二是对权利的侵害会导致对侵害者的强制。比如说，当人们说债权人有权要求债务人偿还他的债务时，这丝毫不是说债权人可以让债务人感觉到那是理性责成他这样做的，而是说，债权人能够凭借某种外在强制力迫使任何一个债务人还债。但是康德也承认有两种法律并不同时具备这两个特征：一是衡平法。这是没有强制的权利。比如说，一个利润平均分配的合伙组织的一个合伙人，实际上比其他合伙人干得多，付出的也多。按照公平的原则，他应得到的利润应该比其他合伙人的要多；但按照合伙协议，他并不能多得。康德说，这种损害是无法用法律的形式去消除的，受害人只能求助于公正无言的女神，求助于良心的法庭。衡平法的格言是严格的法律是最大的错误或不公正。二是紧急避难权。这是没有权利的强制。康德将它描述为：当我遇到

---

① 康德. 法的形而上学原理. 北京：商务印书馆，1991：40.

— 92 —

可能丧失自己生命的危险情况时，去剥夺事实上并未伤害我的另一个人的生命的权利。他举例说，当一条船沉没了，一个人为了活命，将另一个人推倒，或者后者因掉下木板而被淹死，前者因在木板上而活。康德说，事实上没有任何刑法对前者判处死刑，因为在当时的情况下，丧失生命的危险要比法律的威吓更大。因此，紧急避难权的格言是"在紧急状态下没有法律"。(5) 法律所表现的和实现的普遍自由的法则就是外部条件的总和。总之，法律的本质规定就是自由意志及对人的行为自由之协调（并存）。

（二）权利科学的研究对象

康德指出，权利科学所研究的对象是"一切可以由外在立法机关公布的法律的原则。立法机关在实际工作中运用这门科学时，立法就成为一个实在权利和实在法律的体系，精通这个体系知识的人称为法学家或法学顾问。从事实际工作的法学顾问或职业律师就是精通实在的外在法律知识的人。他们能够运用这些法律处理生活中可能发生的案件。这种实在权利和熟悉实在的外在法律的实际知识，可以看作属于法理学的范围"①。可是，关于权利和法律原则的理论知识，不同于实在法和经验的案件，属于纯粹的权利科学。所以权利科学研究的是有关自然权利原则的哲学上的并且有系统的知识。② 这里说的纯粹权利科学实际就是法哲学或法的形而上学（其实也就是法理学）。

（三）权利科学的分类（亦可理解为法律的分类）

康德从义务的角度，对法律进行了分类。他按照乌尔比安的三句法律格言把法律分为三种：第一，内在的义务，即"正直地生活"。其含义是：不能把你自己仅仅看作供别人使用的手段，对他们说来，你自己同样是一个目的。第二，外在的义务，即"不侵犯任何人"。为了遵守此项义务，必要时可以停止与别人的一切联系和避免一切社交。第三，联合的义务，即"把各人自己的东西归给他自己"。其含义是：每个人对他的东西能够得到侵犯不受他人行为的保证。

以上三条格言均为自然法的原则与要求。

康德还从权利的角度对法律进行了划分。

第一，自然的权利和实在法规定的权利，即自然法与实在法。前者以先验的纯粹理性的原则为依据，后者是依立法者的意志规定的。

第二，天赋的权利和获得的权利。前者是每个人根据自然而享有的权利，它不依赖经验中的一切法律条例。康德认为只有一种天赋权利，那就是与生俱来的自由。后者是以法律条例为依据的权利和获得的权利，或者称为自然的权利和文明的权利。自然的权利构成私法的内容，文明的权利构成公法的内容。而康德的法哲学体系正是由这两部分内容和理论构成。在这里，康德反对使用"社会的权利"一词，因为与"自然状态"相对的是"文明状态"而不是"社会状态"。

---

① 康德．法的形而上学原理．北京：商务印书馆，1991：38.
② 康德．法的形而上学原理．北京：商务印书馆，1991：38.

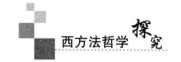

七、私人权利（私法）

私人权利是指调整私人之间关系的法律规定的权利，主要包括财产所有权（物权）、契约和婚姻家庭等问题。

康德认为私有财产是公民社会的基础，是历史的产物。以调整私有财产关系为主要内容的私法的基础是自然法，这要求人享有自由财产的权利。但是，康德并没有给财产所有权下一个完整的定义，他只用"我的你的"来表达。

康德区分两种意义的占有：一是感性的占有，即可以由感官领悟的占有。二是理性的占有，即可以由理智领悟的占有。前者可以理解为实物的占有，后者可以理解为纯粹法律的占有。而真正的占有是理性的占有。你仅仅拿住一个苹果，但你还没有权利把这个苹果称为是你的，即享有所有权。只有你占有这个苹果，即使现在没拿住这个苹果，不管苹果在什么地方，你都有资格说这个苹果是"我的"，你才可以说你真正地占有了这个苹果，也就是说你享有了这个苹果的所有权。由此，康德将占有定义为："外在的"。"我的（财产）是在我自己之外的东西，因此谁阻止我去使用它就是一种不公正，我确实把它作为一个对象拥有它，虽然我可能没有占有它。"①

康德还论述了自然状态下的占有和文明社会中的占有。前者的占有只能是暂时的或临时的占有，后者才是绝对的或有保证的占有，因为文明社会有了公共立法机关制定的法规，通过法律的占有才能实现真正的占有。

康德认为，外在获得的一般原则包括三个程序：（1）掌握住或抓住一个不属于任何人的对象。（2）我通过正式表示宣布我占有某个对象，并用我自己的意志去阻止任何人对它的使用。（3）占为己用，所有的人都有责任尊重我的意志。

具体来说，获得外物的方式包括物权、对人权和有物权性质的对人权。

（一）物权

康德说，物权或叫"在一物中的权利"，"这是一种反对所有占有者占有它的权利"。其真正的含义是："在一物中的权利就是私人使用一物的权利，该物为我和所有其他的共同占有原始的或派生的。"②

一是原始的获得。所有人都原始地、正当地占有了土地，这是一种原始的共同占有。它首先是通过个人的意志行为对一个外在对象的获得，唯一的条件是该行为在时间上是最早的。

关于土地的占有，康德回答了四个问题：（1）占有的土地的权利可以延伸多远？在他所能保护的范围内，他愿意占用多少都可以。（2）同一块土地有两个竞争者时如何处理？两个竞争者竞争的结果是会出现一个中间地带，这块土地实际上为双方共有，

---

① 康德. 法的形而上学原理. 北京：商务印书馆，1991：59.
② 康德. 法的形而上学原理. 北京：商务印书馆，1991：75.

并把双方分隔开来。（3）在一块尚未确立占有的土地上，人们是否可以获得他的东西？当然可以，但必须通过契约才有可能。（4）一个民族被另一个民族强迫在一块特定土地上按某种方式使用土地时，这个民族是否有权反抗？当然可以，因为各民族有权利按照自己的方式使用自己的土地。

二是派生的获得，也就是通过契约的获得。

（二）对人权（契约）

对人权是指"占有另一人积极的自由意志，即通过我的意志，去规定另一个人自由意志去作出某种行为的力量"①。"由一个人到另一个人的这种财产过渡，称之为转让。通过两个人联合意志的行为，把属于一个人的东西转移给另一个人，这就构成契约（合同）。"② 每一项契约都包含意志的四个法律行为，其中两个是准备行为，即要约和同意，它们是商议这项事务的形式。另外两个是构成的行为，即承诺和接受，它们是结束该事务的形式。财产的转移，不是由于要约人的个别意志，也不是由于承诺人的个别意志，而是通过双方结合的或联合的意志来实现的。

之所以说通过契约获得财产的权利是对人权，是因为它的效力只能影响到某个特定的具体个人，特别是影响到他意志的因果关系。来自契约的权利，只有经过交付才能变成物权。

康德对契约作了形式上的划分：（1）无偿的契约。单方面获得或受益，包括保管、借用、捐赠契约。（2）负有法律义务的契约。彼此相互获得，或者是交换的，或者是租雇的契约。彼此交换的契约包括物物交换、买卖、借贷或借物；出租或雇佣的契约包括出租一物给他人去使用，受雇去劳动和委托。（3）告诫的契约。没有任何获得，仅保证已经获得的东西，具体包括抵押品、保证人的责任和人身安全的保证。

所谓捐赠契约是指"把属于我的一物或权利无偿地转让"③。转让者即为捐赠人，接受转让者即为受赠人。

所谓善意借贷契约是指"我让某人无偿地使用我的东西"④。

关于契约的履行，康德强调接受和交付。这里指的不是对允诺的接受，而是指实际对象交付后契约才能成立。允诺人让接受人取得该物的占有，借贷契约即成立。

（三）有物权性质的对人权（即婚姻家庭法）

康德说："有物权性质的对人权是把一外在对象作为一物去占有，而这个对象是一个人。这种（我的和你的）权利专门指涉及家属和家庭的权利。"⑤ 这主要包括男人得到妻子，丈夫和妻子得到孩子，家庭得到仆人。

---

① 康德. 法的形而上学原理. 北京：商务印书馆，1991：88.
② 康德. 法的形而上学原理. 北京：商务印书馆，1991：89.
③ 康德. 法的形而上学原理. 北京：商务印书馆，1991：123.
④ 康德. 法的形而上学原理. 北京：商务印书馆，1991：125.
⑤ 康德. 法的形而上学原理. 北京：商务印书馆，1991：94.

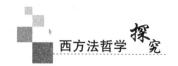

（1）婚姻的权利。

家庭关系由婚姻产生，而"婚姻是依据法律，两个不同性别的人为了终身互相占有对方的性官能而产生的结合体"①。

由上文康德关于婚姻的说法可以看出以下几点：1）生养和教育子女是培植彼此欲望和信赖的自然结果，但婚前不能规定务必生儿育女是结合的目的，否则万一不能生养孩子，婚姻就会自动解体。2）互相利用性官能的欢乐是结婚的目的，因此婚姻只是男女之间的契约而不是专横意志的契约，是纯粹理性的法律的契约。这就包含两方的情愿，它不是一方专横意志的结果。3）夫妻每方都要委身对方，互相利用对方性器官。这既是一种对人权（人身权利），又是一种物权性质的权利（性器官是一物），即带有物权性质的人身权利。所以"已结婚的双方如有一方逃跑或为他人所占有，另一方有资格在任何时候，无须争辩地把此人带回到原来的关系中"②。4）"婚姻双方彼此关系是平等的占有关系。"③ 包括人身上的平等和财物上的平等。5）主张一夫一妻制，反对一夫多妻和一妻多夫。只有在一夫一妻中，平等的关系才能存在。6）"纳妾是一种私通的契约方式，如同偶然地雇用了一个人那样。"④ 把一个女人称为妾，是一种肮脏、非理性的契约。7）"婚姻的契约只有夫妻同居才算完成。"如果两个不同性别的人秘密达成谅解避免同居，或者知道一方或双方没有性功能，这样的婚姻契约是冒充的契约，不能构成婚姻。如果婚后才发现一方无性功能，这种婚姻有效。8）婚姻的建立既要二人同居又要根据法律，两者缺一都不能说建立了婚姻。

（2）父母的权利。

在父母子女关系上，康德认为，父母不能把他们的子女看作是他们的制造物，因为不能这样看待一个享有自由、权利的生命。同样，他们也无权利像对待自己的财产那样毁掉自己的孩子，甚至也不能让孩子听天由命，因为他们把一个生命带至人间，而事实上其成为此世界的一个公民。即使根据权利固有的概念，他们也不能对这个生命置之不理，漠不关心。

父母必须有权去管教与训练他们的子女，这些训练一直要延续到子女可以独立谋生的时候为止。

父母只能依据感恩的责任，可以向子女提出道德义务的要求。

（3）家庭成员的权利。

一个家庭的孩子成年并有能力自立时，这个家庭随之解体。如果想要维持这个家庭，就要订立新的契约，成立一个新的家庭，这样就有了发号施令的主人和服从命令的家人和仆人。家人和仆人从属于主人，但是主人不能把仆人当作自己的所有者或作为物主去对待仆人，因为每一个人都有其自由和人格，人不能全部放弃他的全部自由。就是犯过法而变为奴隶的子女，他也始终是自由的。所以主人与仆人之间存在一种有

① 康德. 法的形而上学原理. 北京：商务印书馆，1991：95 - 96.
② 康德. 法的形而上学原理. 北京：商务印书馆，1991：97.
③ 康德. 法的形而上学原理. 北京：商务印书馆，1991：97.
④ 康德. 法的形而上学原理. 北京：商务印书馆，1991：97.

物权性质的对人权。

（四）"意志的外在对象的理想获得"

康德在论述了上述三种获得方式后又提出在获得财产方式和通过法律审判方式获得财产之间有一个意志的外在对象的理想获得。包括以下三种方式。

（1）凭时效取得财产权。

康德的时效理论主要涉及民法的占有时效。他说，任何人在一段时间里如果忽略了把他的占有行动在文书中加以说明，那么他就已经失去要求继续占有的权利。至于他忽略了多长时间，并无须特殊的限制。

（2）继承或接替他人的获得。

康德认为"继承的构成，是由一个将要去世的人，把他的财产或货物转交给一个生存者，并经过双方意志的同意"①。康德这里说的是遗嘱继承，并强调双方意志同意在继承中的重要地位。至于民法中的法定继承，康德并未涉及。

（3）凭不朽功绩或者因为死于好名声而要求的权利。

康德说的"一位好名声的人死后继续存在的权利"，大体上是指人身权。他说："好名声是天生的和外在的占有。虽然这仅仅是精神方面的占有，它不可分离地依附在这个人身上。"② 因此，"任何企图把一个人的声誉或好名声在他死后加以诽谤或诬蔑，始终是可以追究的"③。对一个已故作家的剽窃，虽然没有玷污死者的名誉，仅仅是盗窃了他的一部分财富，那也应正确地被认为损害了该作家的对人权，该作家的后代和后继者有权进行追究。

八、公共权利（公法：国家法、国际法、世界法）

康德说："公共权利（公法）包括全部需要普遍公布的，为了形成一个法律的社会状态的全部法律。"④ 公法包括三个方面的内容：国家的权利和宪法；民族权利和国际法；体现人类的普遍权利的世界法。

（一）国家的权利和宪法

1. 国家的定义

康德说，"国家是由所有生活在一个法律联合体中的具有公共利益的人们所组成的，并从它的形式来看，叫作共同体或称之为共和国"⑤。

---

① 康德. 法的形而上学原理. 北京：商务印书馆，1991：118.
② 康德. 法的形而上学原理. 北京：商务印书馆，1991：119.
③ 康德. 法的形而上学原理. 北京：商务印书馆，1991：120.
④ 康德. 法的形而上学原理. 北京：商务印书馆，1991：136.
⑤ 康德. 法的形而上学原理. 北京：商务印书馆，1991：136.

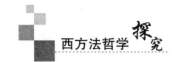

2. 国家的起源

康德认为，国家起源于社会契约。他设想人有先验的社会性，并在漫长的时间里和矛盾斗争的过程中逐渐发展完善。康德认为，人类最初生活在自然状态下，人人享有与生俱来的自由。但平静的自然状态持续时间不会太久，单独的个人是不可能安全而不受侵犯的，人们潜在的能量要释放，食欲、荣誉感、权势驱使人们扩张。单独的个人、民族和国家没有安全感，经常受暴力侵犯，人们必须离开自然状态，走向文明社会状态。先验的理性告诉我们转让权利、订立契约，建立普遍立法的公民社会。国家就是这样产生的。

所以，契约是国家成立的唯一依据，"人民根据一项法规，把自己组成一个国家，这项法规叫作原始契约"①。

康德认为，契约是先验理性的产物，不是一个客观事实，也不必由历史证明。它不过是一种理念。"这么称呼它之所以合适，仅仅是因为它能提出一种观念，通过此观念可以使组织这个国家的程序合法化，可以易为人们所理解。"② 康德的理论与卢梭的说法相似。所有的人都放弃了他们的外在自由，目的是立刻又获得一个共和国成员的自由。既然国家是人们联合的结果，那么它必然是人民的国家。

国家作为一种公共权利包括三个部分：一是从国家作为一种联合体来看，它具有国家权利或民族权利，即国家法。二是从国家与其他人民的关系看，叫作权力，由此产生了主权者的概念。组成国家的人民的统一体，一代一代传下来，这个国家便构成一个民族。另一部分权利（法律）构成了国际权利（国际法）。三是从地球是一个整体来看，民族的权利（法律）和国际的权利必然最终发展到人类普遍法律观念之中。这种法律可称为世界的权利（法），即世界法。

3. 国家权力

康德说，每个国家包含三种权力，即立法权、执行权和司法权：（1）立法权力在一个国家中具体化为立法者这个人。（2）执行权力具体化为执行法律的统治者这个人。（3）司法权力具体化为法官这个人。

在上述三种权力中，康德比较看重立法权，因为一切权力都从立法权力中产生。他认为，立法权只能属于人民的联合意志，"只有全体人民联合并集中起来的意志，应该在国家中拥有制定法律的权力"③。

上述国家的三种权力，既具有彼此协作、相互补充的关系，又具有相互从属的关系。一种权力不能超越自己的活动范围去篡夺另一种权力的职能。通过上述两种关系的联合，可以分配给国内每个臣民种种权利。

执行权属于国家的统治者或摄政者。执行权力是国家的最高代表，它任命官吏并对人民解释规章制度。执行权如果作为法人来看，便构成政府。政府发布的命令是布

---

① 康德. 法的形而上学原理. 北京：商务印书馆，1991：143.

② 康德. 法的形而上学原理. 北京：商务印书馆，1991：140.

③ 康德. 法的形而上学原理. 北京：商务印书馆，1991：140.

告而不是法律，因为它是针对特定事件的决定，而且是作为不可改动的决定来发表的。如果执行权也制定和颁布法规，它会成为一个专制的政府。①

康德说："立法权力不应该同时又是执行权力或者管理者。因为管理者作为一个行政官员，应该处于法律的权威之下，必须受立法者最高的控制。立法权力可以剥夺管理者的权力，罢免他或者改组他的行政机关，但是，不能惩罚他。"②"不论是立法权还是执行权都不应该行使司法职务，只能任命法官作为行使此职务的官员。只有人民才可以审判他们自己。"③"立法、行政和司法三种权力合作，这个国家才能实现自己的自主权。这个自主权包括：依照自由的法则，组织建立和维护这个国家自身。"④

4. 公民的法律属性

康德认为，文明社会的成员联合起来构成国家后，就是这个国家的公民。公民有三种不可分割的法律属性：一是宪法规定的自由，即除了必须服从他同意或认可的法律外，不服从任何其他法律；二是公民的平等，即不承认在人民之中还有在他之上的人；三是政治上的独立，即公民依据他自己的权利和作为共同体成员的权利生活下去，不依赖他人的专横意志，具有选举权的投票能力，构成一个公民的政治资格。

但是同时，康德又区分了积极公民和消极公民。他认为：学徒、仆人、未成年人和妇女都是消极公民，他们没有公民的人格，是不完全的公民，没有选举权。只有商人、校长等才是积极公民，才有选举权和投票权。

5. 宪法上的重要权利

这个也可以理解为统治者的权利，或者是执行权的具体内容。

（1）最高权力的权利、叛国、废黜、革命和改革。

康德认为，一个国家的最高权力，对人民只有权利而无义务，臣民对统治者的不公正做法可以提出申诉但不得积极反抗。人民不存在暴动权和叛乱权，更不能杀死君主。他说："公开地正式处死一个君主，使那些心中充满人权理想的人感到震惊，每当想起查理一世和路易十六结束他们生命的情景，这种感觉就一次又一次地出现在人们心中。"⑤更改有缺陷的国家宪法只能通过改良的办法进行，而不能进行革命。

（2）土地权、征税权、财政、警察和检查。

土地归人民私有，骑士、教士对土地可占有，但只是暂时使用，而无所有权。统治者有权征收种种赋税，也可以向人民借款。警察要特别关心公共安全、公共方便和善良风俗。检查权是指统治者有权侦察人民中间是否存在政治的或宗教的秘密组织，行使这项权力时，必须有高一级授权。

① 康德. 法的形而上学原理. 北京：商务印书馆，1991：144-145.
② 康德. 法的形而上学原理. 北京：商务印书馆，1991：144-145.
③ 康德. 法的形而上学原理. 北京：商务印书馆，1991：144-145.
④ 康德. 法的形而上学原理. 北京：商务印书馆，1991：146.
⑤ 康德. 法的形而上学原理. 北京：商务印书馆，1991：150.

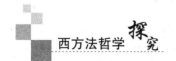

（3）对穷人的救济。

建立收容院、教堂，组织慈善基金会和善意性的基金会，由其救济穷人。

国家强迫富人提供必要物资救济穷人。

国家与宗教分开，国家在宗教方面作用有限，不能干预宗教内部的争执和冲突。

（4）委派官吏和授予荣誉的权利。

对于有能力的官吏，可以给予终身待遇。统治者任命某人官职后，只要此人无失职行为，就不能免他的职。

荣誉可以授予官员，也可以授予贵族。

（5）惩罚和赦免的权利。

任何人违犯公共法律，做了一个公民不该做的事情，就构成犯罪。犯罪分私罪和公罪。私罪由民事法庭审理，包括铸造伪币、伪造交换记券、盗窃、抢劫。公罪由刑事法庭审理，包括贪污、投机、弄虚作假等。对犯罪惩罚的方式和尺度是遵循平等的原则，即"以牙还牙"的报复原则。对谋杀犯和政治犯可以处死刑。赦免是减刑或完全免除对他的惩罚。赦免是统治者最微妙的权利，既可为统治者增光彩，也可能使统治者犯大错误。

（6）其他权利。

公民有出境入境的权利。统治者有决定把罪犯流放国外的权利，有把公民放逐国土之外的权利。

6. 政体形式

康德按照国家最高权力与人民的关系把政体分为三种形式，即一人主政政体、贵族政体和民主政体。

（1）一人主政政体是一个国家最简单的政府形式，只存在国王一人和人民的关系，只有一个人是立法者。一人主政政体同君主政体不同：前者是拥有一切权力的人，是统治者；后者是拥有最高权力的人，是统治权的代表者。

（2）贵族政体是由两种关系结合起来的关系。一种是贵族们作为立法者彼此发生关系并因此构成了主权；另一种是统治权力对人民的关系。

（3）民主政体是所有国家形式中最复杂的，因为它首先要把所有人的意志联合起来组成一国的人民，然后必须委托一个统治者来统治这个共同联合体，而这个统治者只能是这个共同体联合意志本身。

康德还认为，由于暴力的干扰和非法篡夺权利，因而产生将上述三种政体复杂起来的种种政体形式，如寡头政体、暴民政体以及混合政体。

康德还按照立法权与执行权是否分开行使把政体分为专制政体和共和政体。专制政体是最简单、最危险的政体，因为它是由君主一人统治的，人民既是臣民又是公民，人民把希望寄托于君主是一个好人。而共和政体，它只能由人民代表的系统构成，这个系统是以人民的名义建立起来的，由已经联合起来的所有公民组成，通过代理人维护人民的权利，人民不仅代表主权，而且本身就是主权者、统治者。在这里，立法权与执行权是分开行使的。

　　康德在《永久和平论》中还根据掌握最高权力的不同的人或者根据它的领袖对人民的政权方式来区分国家形式。第一种是统治的形式，具体有三种形式：一个人；一些人联合起来；公民社会所有人掌握统治权力（相对应的是专制政体、贵族政体、民主政体，君主权力、贵族权力、人民权力）。第二种是政权的形式，即如何根据宪法而运行其主权的方式。这方面就有两种方式，即共和的和专制的。共和的是行政权力（政府）与立法权力分离；专制的是国家独断地施行它自身所制定的法律，它的意志被统治者作为私人意志来处理。唯有在代议制体系中，共和制的政权方式才有可能，没有代议制体系的政权则是专制的和暴力的。

（二）民族权利和国际法

1. 民族的形成

民族是基于共同祖先自然地流传和共同的政治母亲（祖国）而形成的。

2. 民族权利

康德从民族的权利与战争状态的关系上把民族权利分为：（1）开始作战的权利。（2）在战争期间的权利。（3）战争之后的权利。这个权利的目标是彼此强迫各民族从战争状态过渡到去制定一部公共的宪法，以便建立永久和平。

3. 国际法的关系

康德认为国际法调整以下一些关系：（1）一个国家与另外一个国家的关系；（2）一个国家中的一个人与另外一个国家的一个人的关系；（3）一个国家的个人与另一个国家的关系。

4. 国家在国际法上的权利

（1）要求本国臣民去进行战争的权利。

国家与臣民的关系是统一的：一方面，臣民没有国家的保护，就不能共同生产和享受安定的生活；另一方面，作为该国成员，他们自身存在就是目的，因此要求他们去作战必须取得他们的自愿和同意。

（2）向敌国宣战的权利。

（3）战争期间，一个被迫作战的国家可以采取各种抵抗方式和防卫手段，但康德反对使用邪恶的不讲信义的手段，如指派臣民当间谍，雇用臣民去暗杀或放毒，收买特工去散布伪造新闻等。战争中可以让被征服者纳税，但不能剥夺个人财产，掠夺人民。

（4）战后的权利。

战胜者与战败者达成和平的结局；交换战俘，被征服国不会降为殖民地，臣民不会成为奴隶。

（5）和平的权利。

邻国发生战争时保护和平和中立的权利；保证和平的权利；几个国家结成联盟的权利。

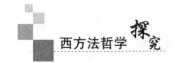

（6）反对一切不公正敌人的权利。

不公正敌人是指它违背行为准则，使各民族不能维护和平，自然状态不能继续存在下去。一个国家反对不公正敌人的权利是受到限制的。

（三）体现人类的普遍权利的世界法

康德认为人类的普遍权利就是有义务摆脱自然状态，联合起来组成一个国家，建立永久和平的状态。他说："从理性范围之内来看，建立普遍的和持久的和平，是构成权利科学的整个的最终的意图和目的。"[①]

为了维护和平，康德主张各民族建立永久性的联合大会，各民族可以自由参加，它可以随时解散。只有通过这种大会，各民族公共权利观念才能实现，它们之间的分歧才能通过文明程序解决。

康德在《永久和平论》中详细论述了实现永久和平的条件，而对于这些条件，康德采取国际条约的形式加以论述。这个国际条约分为先决条款、正式条款、保证条款和秘密条款四个层次。

1. 先决条款

先决条款规定国与国之间的正常关系。国与国之间永久和平的先决条款，实际上就是国际法的原则。

（1）"凡缔结和平条约而其中秘密保留了导致未来战争的材料的均不得视为真正有效。"因为那样一来，它只是单纯的停战协定，或者交战行为推延，并不意味着结束一切敌对行为的和平。

（2）"没有一个自身独立的国家（无论大小，都一样）可以由于继承、交换、购买或赠送而被另一个国家所取得。"因为国家并不是财产或物件，而是有主权的人类社会，除了它自己本身以外，没有任何人可以对它发号施令或加以处置。如果以国家作为交换品和购置物，就是侵犯主权，抹杀了国家和人民的道德人格。

（3）"常备军应该及时地全部加以废除。"因为常备军的存在，总是显示备战状态，威胁别的国家，同时这方面所消耗的费用巨大，本身就成为攻击性战争的原因。况且还有：花钱雇人去杀人或者被杀，看来就包含着把人当作另一个人（国家）手中的单纯机器或工具来使用，蔑视了人的道德人格，违背了人是目的原则，侵犯了人权。但是国家公民自愿从事定期的武装训练，从而保卫自身和自己的祖国，反抗外来进攻，那则是另一回事。[②]

（4）"任何国债均不得着眼于国家的对外争端加以制定。"为了国家经济的缘故（改良道路，新的移民垦殖，筹建仓廪以备荒年，等等）而寻求国内外的援助，这种援助的来源是无可非议的。但是作为列强相互之间的一种对抗机制而言，它便是一种危险的金钱威力了，于是就成为永久和平的一大障碍。所以禁止这种借贷体制就更须是

---

① 康德. 法的形而上学原理. 北京：商务印书馆，1991：192.
② 康德. 永久和平论. 上海：世纪出版集团，2005：7.

永久和平的一项先决条款了，免得其他国家无辜受累，造成损害。

（5）"任何国家均不得以武力干涉其他国家的体制和政权。"因为没有任何"理由"（一个国家对另一个国家的臣民进行了什么侮辱）可以使一个国家以武力干涉其他国家的体制和政权。如果一个国家由于内部不和而分裂为两部分，每一部分都自命为一个单独的国家，声称代表全体，这时，援助其中一方不能认为是干涉别国的体制。但是内争还未认定，就不能援助，否则就构成了对别国的侮辱，干涉了别国的体制。

（6）"任何国家在与其他国家作战时，均不得容许在未来和平中将使双方的互相信任成为不可能的那类敌对行动，例如，派遣暗杀者、放毒者、破坏降约以及在交战国中教唆叛国投敌等等。"因为这些都是不荣耀的策略。即使在战争中，对于敌人的思想方式也还得保留某些信任，否则的话任何和平条约都不可能缔结了。

2. 走向各国之间永久和平的正式条款

（1）"每个国家的公民体制都应该是共和制。"一个民族全部合法的立法必须依据原始契约观念而得出的唯一体制就是共和制，其原因在于：它是根据一个社会的成员（作为人）的自由原则，根据所有的人（作为臣民）对于唯一共同的立法的依赖原理，根据他们（作为国家公民）的平等法则而奠定的。

（2）"国际权利应该以自由国家的联盟制度为基础。"各个民族在自然状态中也是由于彼此共处而互相侵犯的，他们每一个都可以为了自身安全要求别的民族和自己一道进入公民体制，确保自己的权利。这会是一种各民族的联盟，但不必是一个多民族的国家。和平联盟和和平条约可以结束任何战争。

（3）"世界公民权利应限于以普遍的友好为其条件。"所谓"友好"是指一个陌生者并不会由于自己来到另一个土地上而受到敌视。人人都有到地球任何地方访问的权利，只要访问者采取和平态度，人们就不要敌视，因为地球是人类共同占有的，谁也没有比别人有更多的权利。

3. 永久和平的保证条款

（1）大自然的保证。大自然保证大地上的每一个地方都照顾到，人类可以在那上边生活；大自然迫使人们或多或少地进入法律关系；战争把人们驱逐到各个地方居住。

（2）每一个民族从内部形成自己的国家，以便对强权进行武装反抗，而国家是采取共和制的。

（3）国际权利的观念预先假定有互相独立的毗邻国家存在，从理性观念看来，他们必定朝着一统的君主制过渡合并为一体。

（4）每一个国家的意志高兴通过阴谋或者暴力而把他们统一于自己之下；对于世界公民权利观念在抗拒暴力行为和战争方面无从加以保障的各个民族，大自然会通过相互自利而把他们结合在一起，通过商贸往来和调解分歧来防止战争。

4. 永久和平的秘密条款

在公共权利的谈判中有一项秘密条款，虽然这在客观上是一种矛盾，然而在主观

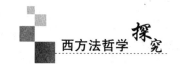

上，从裁决它的当事人的身份来判断，其中可以有一项秘密。唯一一项属于这类条款的是："哲学家有关公共和平可能性的条件的那些准则，应该被准备进行战争的国家引为忠告。"康德认为，国家应重视哲学家的意见，国家应允许哲学家自由地公开地谈论进行战争和缔造和平的普遍准则。但康德并不希望国王哲学家化或哲学家成为国王。康德也重视法学家的作用，认为法学家的标志是天平，是正义的宝剑。

第六章　黑格尔的《法哲学原理》

一、黑格尔的生平和著作

黑格尔（Georg Wilhelm Friedrich Hegel，1770－1831）是德国古典哲学的著名代表，是一位自柏拉图以来著名的客观唯心主义哲学家、辩证法学家。他出生于德国斯图加特城的一个官僚家庭，1788 年进图宾根神学院学神学，1793 年毕业后在伯尔尼的施太家和格尔家任过六年家庭教师，1801 年 10 月份申请授课资格，并进入耶拿大学做讲师，1805 年升为副教授，教授逻辑和形而上学，以及"自然法""哲学全书""国际法"等课程。1807 年他迁居班堡，从事报纸编辑工作，做日报编辑。1808 年至 1816年他在纽伦堡当中学校长，教授哲学。1816 年至 1817 年他任海德堡大学教授，讲授"哲学全书""哲学史""自然法和国家学"。1818 年，应普鲁士政府之聘，他担任柏林大学哲学教授。1830 年他任校长，主讲"自然法""国家学""哲学全书""哲学史""逻辑和形而上学""宗教史""法哲学""历史哲学"。他的著述很多，生前发表出版的有 1807 年的《精神现象学》，1812 年、1816 年的《逻辑学》（通称"大逻辑"），1817年的《哲学全书》（包括《小逻辑》《自然哲学》《精神哲学》）和 1821 年的《法哲学原理》。黑格尔死后，经他的门徒整理出版的著作有 1833 年到 1836 年的《哲学史讲演录》、1837 年的《历史哲学》、1836 年至 1838 年的《美学讲演录》。

黑格尔比康德晚了几十年，法哲学思想内容比较丰富，《法哲学原理》是其法哲学思想的大全。

二、黑格尔的客观唯心主义哲学体系

黑格尔是继康德、费希特之后德国古典唯心主义哲学的代表。按照恩格斯的说法，他在哲学上最大的功绩是：恢复了辩证法这一最高思维形式，把整个自然的历史的和精神的世界想象为一个过程，也就是想象他是处在不断运动、变化、改造和发展的过程。黑格尔不但指出这一点，并且试图揭示这种运动和发展的内在联系。

黑格尔作为自柏拉图以来最大的客观唯心主义者，把德国古典唯心主义哲学推向顶峰并建立了完整的体系。他的体系中的核心是绝对观念。在他看来，绝对观念是世界的基础，既创造了自然界，也创造了人类社会；宇宙的一切现象都是绝对观念的体现和反映。

黑格尔又承认世界上的一切事物，包括绝对观念，都处在运动发展的状态，这样就克服了旧机械唯物主义和形而上学观。他说的运动发展变化指绝对观念本身的发展

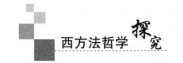

变化，所以他虽然承认世界上一切事物都是发展变化的，即绝对观念的发展变化，但是在这一点上，同辩证唯物主义的发展观不同，它是一种唯心主义的辩证法和发展观。他的绝对观念发展变化经历了三个阶段：（1）逻辑学阶段；（2）自然哲学阶段；（3）精神哲学阶段（他的理论全是三段论）。这三个阶段不妨被看作是黑格尔唯心主义哲学体系的三个组成部分。至于法哲学，则是作为客观精神的一个发展，是整个哲学体系的一个环节。"整个法哲学只不过是对逻辑学的补充。"他讲的逻辑学是绝对观念发展的第一个阶段，绝对观念是作为一个纯思维的原质活动。他把逻辑学看作基本科学，是研究理念的科学。其他的科学只不过是对逻辑的一个应用和发展。自然哲学是第二个阶段。这时，绝对观念外化、转化为自然界，它存在于空间、时间当中。物理学、化学、数学等自然科学都集中反映绝对观念。精神哲学是第三个阶段，绝对观念又从外化回复到人的自身，变成一种精神。精神哲学的发展也经历了三个阶段：主观精神、客观精神、绝对精神。主观精神的表现是灵魂、意识和精神，主要表现在个人发展之中。研究人的灵魂、意识和精神的时候就产生了人类学、现象学和精神学。客观精神表现在：（1）人类制度、权利或法律中（包括财产契约和惩罚）；（2）道德或良心或习惯中；（3）家庭、市民社会和国家中。客观精神包括抽象法、道德法和伦理学、国家法等三个部分，也就是法哲学、道德哲学和国家哲学。绝对精神把主、客观精神统一起来，具体表现在美学、艺术、宗教等问题中。

三、《法哲学原理》的体系和结构

《法哲学原理》于1821年出版时黑格尔已在柏林大学任教授有三年，讲授自然法、法哲学、国家哲学大约六次。1821年该书出版后，他就把《法哲学原理》作为教材。其"讲授大纲"中上文是原理，下文是注释和解释。由于其《法哲学原理》的出版，加上讲学的行动，以及对德国古典唯心主义哲学的贡献，他成为普鲁士王国官方哲学家。

《法哲学原理》的体系和结构如下。

该书由序言、导论、正文3篇构成，共9章360节。

序言：是于1820年6月写成的，主要讲三个问题。一是强调哲学要为国家服务；二是提出并阐释一个公式："凡是合乎理性的东西都是现实的，凡是现实的东西都是合乎理性的"；三是强调哲学都是时代的产物。

导论：共33节，主要讲以下内容。（1）法哲学的概念；（2）法学与哲学的关系；（3）法的特性；（4）自然法与实定法的区别；（5）法的变化；（6）实定法与习惯法的区别；（7）意志和自由；（8）伴随意志自由而来的人人都有的权利。

第一篇：共3章、71节，主要讲抽象法问题。第一章共30节，讲所有权问题，包括取得占有、物的使用、所有权的转让等问题。第二章讲契约问题，共9节。第三章讲不法问题，共23节，包括无犯意的不法、诈欺、强制和犯罪的问题。

第二篇：共3章、36节，主要讲道德问题。第一章，共4节，主要讲故意和责任。第二章，共9节，主要讲意图和福利。第三章，共12节，主要讲善和良心。

第三篇：共 3 章、218 节，主要讲伦理问题。第一章讲家庭，共 14 节，包括婚姻、家庭财富、子女教育和家庭解体等问题。第二章讲市民社会，共 75 节，包括需要的体系、司法、警察和同业工会等问题。第三章讲国家，共 104 节，包括国家法、国际法和世界历史等问题

概而言之，黑格尔的《法哲学原理》的内容是由三部分组成的，即序言、导论和正文 3 篇（共 9 章）。

第一部分是序言。这篇序言是黑格尔于 1820 年 6 月写成的。在这篇序言中黑格尔提出许多著名的至今还有很大影响的论断，主要有：（1）哲学主要为国家服务。黑格尔说："我们不像希腊人那样把哲学当作私人艺术来研究，哲学具有公众的即与公众有关的存在，它主要是或者纯粹是为国家服务的。"① 这就是说，哲学不是私人利益书，不能把它当作私人艺术研究。哲学是社会现象，是与公众有关的存在。因此，一方面，哲学家应为统治阶级说话；另一方面，因为普鲁士哲学教授是国王任命的，也必然要为国家服务。（2）"凡是合乎理性的东西都是现实的；凡是现实的东西都是合乎理性的。"② 这是黑格尔在《法哲学原理》的序言中所阐释的最著名的论断。

恩格斯对此有说明：一方面，此公式有其保守性；另一方面，从逻辑的范畴关系来讲，现实性是一种有必然性的范畴，有其规律，合理的东西有其发展的过程和规律。黑格尔一再强调"哲学的任务在于理解存在的东西，因为存在的东西就是理性"③。其实，黑格尔《法哲学原理》全书都在论证普鲁士国家自身是一种"合理性的东西"："国家应是一种合理性的表现，国家是精神为自己所创造的世界。……人们必须崇敬国家，把它看作地上神物。"④ 哲学是时代的产物，每个人妄想哲学可以超出时代。黑格尔说："就个人来说，每个人都是他那时代的产儿，哲学也是这样，它是被把握在思想中的它的时代。妄想一种哲学可以跳出他的时代，这与妄想个人可以跳出他的时代，跳出罗陀斯岛，是同样愚蠢的。"⑤ 黑格尔在这里实际上是通过哲学为普鲁士王国祝福，认为普鲁士王国是国家发展的最高阶段，人们有义务服从它而不能推翻它或改变它。

第二部分是导论。黑格尔在导论中主要阐释了以下一些重要内容：（1）法哲学的概念。黑格尔说，"法哲学这一门科学以法的理念即法的概念及其现实化为对象"⑥。就是说法哲学研究的是法的概念，是法的概念在现实生活中的表现和体现。法哲学不能单纯地研究法的概念，还要研究这一概念和理念是如何在现实中表现和实现的。正如黑格尔所强调的，"法的理念是自由，为了得到真正的理解，必须在法的概念及其定在中来认识法"⑦。（2）法学和哲学的关系。"法学是哲学的一个部门"，"法的概念就其生

---

① 黑格尔．法哲学原理．北京：商务印书馆，1979：序言，8.
② 黑格尔．法哲学原理．北京：商务印书馆，1979：序言，11.
③ 黑格尔．法哲学原理．北京：商务印书馆，1979：序言，12.
④ 黑格尔．法哲学原理．北京：商务印书馆，1979：285.
⑤ 黑格尔．法哲学原理．北京：商务印书馆，1979：序言，12.
⑥ 黑格尔．法哲学原理．北京：商务印书馆，1979：1.
⑦ 黑格尔．法哲学原理．北京：商务印书馆，1979：1-2.

成来说是属于法学范围之外的"①。法学作为一门科学首先解决的是法的定义，这是由语源演绎而来的。实在法学不大注意这一点，只注意法律的特殊规定。（3）法的最大特性是现实性、实定性。"法一般说来是实定的。"一方面，从形式上看，法必须采取在某个国家有效的形式，必须具有权威；另一方面，从内容上说，法必须和一国人民的特殊民族性、历史发展阶段和自然必然性的一切情况相联系，必须运用到各种对象和事件上，作为最后裁判的依据。② 形式和规定缺一不可，立法者必须注意。（4）自然法与实定性是有区别的，但又不相互对立和矛盾。（5）法律因时运和情况变化而变化。"在性质上，法律绝非一成不变的……法律也因情况和时运而变化。"③ 法律只有一般历史价值。（6）实定性与习惯法是有区别的。习惯法是主观地和偶然地知道，本身不确定，较模糊。（7）意志和自由问题。"法的基地一般说来是精神的东西，它的确定的地位和出发点是意志。意志是自由的，所以自由就构成法的实体和规定性。"④ 黑格尔把法看作是由意志和自由两大因素构成，人有了意志自由，他就享有权利；而且他把自由看作是意志的同义语，有意志必有自由，两者不可分离。自由是意志的根本规定，意志无自由只是一句空话。意志的要素所含的是：我能摆脱一切，放弃一切目的，从一切东西中抽象出来。既然人人都有意志，当然人人都有自由，伴随而来的是人人都享有权利，都有自由意志的定在实现。

第三部分是正文。正文共 3 篇 9 章。黑格尔的法哲学包含三大部门或环节，即（1）抽象法；（2）道德；（3）伦理。这三个环节中每一个都是特种的法或权利，而且都在不同形式上和阶段上体现了自由。这里我们还应看到《法哲学原理》一书的副题为"自然法和国家法纲要"。一方面，这表明《法哲学原理》不光讲法哲学，而且也讲国家学、国家理论；另一方面，他是承认自然法的，但把自然法纳入其抽象法中。总之，正像马克思讲的，"德国的国家哲学和法哲学在黑格尔的著作中得到了最系统、最丰富和最终的表述"⑤。

四、黑格尔的法哲学体系

前面我们已经讲了黑格尔的法哲学体系包括三大部门：抽象法、道德法、伦理，也可以说包括三个环节。《法哲学原理》之正文的 3 篇 9 章就是讲这三个部门的。第一篇讲抽象法，即第 34～104 节。黑格尔将抽象法定义为，人人都一般地、自在地享有权利；并认为抽象法有三大特点：其一，抽象法基于人的意志自由，所以它的命令就是"成为一个人，并尊敬他人为人"⑥。其二，在抽象法中，"人格中的特殊性尚未作为

---

① 黑格尔. 法哲学原理. 北京：商务印书馆，1979：2.
② 黑格尔. 法哲学原理. 北京：商务印书馆，1979：4.
③ 黑格尔. 法哲学原理. 北京：商务印书馆，1979：7.
④ 黑格尔. 法哲学原理. 北京：商务印书馆，1979：10.
⑤ 马克思. 黑格尔法哲学批判. 北京：人民出版社，2012：导言9.
⑥ 黑格尔. 法哲学原理. 北京：商务印书馆，1979：46.

自由而存在，所以关于特殊性的一切东西在这里都是无足轻重的"①。其三，"在抽象法中，只存在着禁令"，"即不得侵害人格或从人格中所产生的东西"②。在黑格尔看来，抽象的人格要转化为现实的人格必须经历三个环节：一是对物的占有或所有权，只有自由的人才有占有物的权利；二是通过契约转移所有权的自由或权利；三是不法和犯罪，也就是通过对侵害他人人格的权利的惩罚和处置来恢复人格的权利。③

第二篇讲道德法，即第105～141节。道德法是指自由意志在内心中的实现。道德法是一种主观意志的法。只有主观的道德意志的表现才算是真正的行为。道德意志只承认对出于它的意向或故意的行为负责任。道德法也包括三个环节（阶段）：故意与责任；意图与福利；良心与善。"故意与责任"是说，道德法只对人的意向或故意的行为才追究责任或惩罚。"意图与福利"是说人的行为的动机（意图）与后果（福利）问题，黑格尔反对康德的主观唯心主义，主张动机与结果的统一。"良心与善"是说，黑格尔所追求的不是福利，而是善。善就是被实现了的自由，是世界的绝对最终目的。④

第三篇讲伦理，即第142～360节。抽象的形式的法是客观的，而道德是主观的，只有伦理才是主观与客观的统一，才是客观精神的真实体现。黑格尔说，"善和主观意志的这一具体统一以及两者的真理就是伦理"⑤，"主观的善和客观的、自在自为地存在着的善的统一就是伦理"⑥。在黑格尔看来，法和道德本身是没有现实性的，它们必须以伦理为基础，作为伦理的体现者而存在。黑格尔认为伦理有自己生长发展的过程，并把这一过程分为三个阶段；一是直接的，或自然的伦理精神——家庭；二是市民社会——这是各个成员作为独立的单个人的联合；三是国家，由国家和法律来维持市民个人需要的满足、人身和财产的保障，以及公共福利和秩序的维持。而市民社会的发展又可分为三个环节，即需要的体系、司法、警察和同业公会。

以上就是正文三篇所讲的法哲学体系的主要构成。马克思主义经典作家对黑格尔的法哲学体系的评价是，黑格尔的法哲学体系是唯心的，内容是现实的。他归根到底是讲绝对观念的发展。所以这样一个结构形式是唯心的，没有联系到物质条件；内容是现实的，其中讲到国家、市民社会、家庭和法律问题。下面就其法和法律问题、国家问题进行较为详细的解析。

五、法和法律哲学

（一）法和法律概念

黑格尔反复强调法就是纯粹精神现象，是人的自由意志的定在（实现和表现）；法

---

① 黑格尔．法哲学原理．北京：商务印书馆，1979：47.
② 黑格尔．法哲学原理．北京：商务印书馆，1979：47.
③ 黑格尔．法哲学原理．北京：商务印书馆，1979：48.
④ 黑格尔．法哲学原理．北京：商务印书馆，1979：132.
⑤ 黑格尔．法哲学原理．北京：商务印书馆，1979：161.
⑥ 黑格尔．法哲学原理．北京：商务印书馆，1979：162.

的基地就是精神。他指出，"法的基地一般说来是精神的东西，它的确定的地位和出发点是意志。意志是自由的，所以自由就构成法的实体和规定性。至于法的体系，是实现了的自由的王国"①。他又指出："任何定在只要是自由意志的定在，就叫作法。所以一般说来，法就是作为理念的自由。"② 对这两段话进行分析，可以看出，黑格尔一是强调法是客观精神的体现，是客观精神的阶段。法是自由本身的体现，是客观精神的阶段。法是自由本身的现实存在，没有也不可能与社会的物质及其他现象相联系。但这里讲的是实在法而非自然法。二是强调法的内容是意志。意志是自由的，自由意志的定在就构成法。黑格尔把自由与意志看作同义语。"自由是意志的根本规定，正如重量是物质的根本规定一样。""意志而没有自由，只是一句空话，亦即不是意志。"③ 伴随意志自由而来的是人人都有权利，即意志自由的实现。法之所以被称为神圣的，是因为它是绝对观念、自由意志的现实化。

实定法（法律）："法律是自在地，是法的东西而被设定在它的客观定在中，这就是说，为了提供于意识，思想把它明确规定，并作为法的东西和有效的东西予以公布。通过这种规定，法就称为一般的实定法。"④ 法要被称为法律，不仅要获得其普遍性形式，而且要有其真实性的规定。法称为法律的两个特点是：（1）必须由国家机关制定，通过有效形式表现出来，成为一切人对一切人有效的行为规则，这是强调法的普遍性形式。（2）法律必须具有相应的内容，必须包含实定要素。法律同习惯是有区别的。习惯法虽然也是人们的行为规则，但它同实在法律不一样，主要表现在习惯法是主观地、偶然地被知道，本身是不确定的。但是，黑格尔不赞成德国历史法学派以习惯法代替法典法的主张。

（二）法律的效力保障

黑格尔在说到法律的效力保障时强调五个方面。（1）编纂法典，统一法律。（2）依法办事，避免法官随意裁决和专横。这并不是说法官机械地搬运法律。他主张公开审判，法院的任务是司法，法律作为一普遍规则，公民可以监督其实施。（3）建立一完备的法律体系。（4）要使法律为人人所知晓，知法才能守法。他反对把法律条文规定得非常晦涩。（5）法律的形式要系统化，包括：制定法作为最基本的形式；习惯法作为指导思想，效力与成文法一样；判例法可以勉强被看作一种成文法，但很混乱，要翻阅大量书籍才能找到；引证法是对罗马帝国时期和拜占庭时期法律的引证。

---

① 黑格尔．法哲学原理．北京：商务印书馆，1979：10.
② 黑格尔．法哲学原理．北京：商务印书馆，1979：36.
③ 黑格尔．法哲学原理．北京：商务印书馆，1979：11-12.
④ 黑格尔．法哲学原理．北京：商务印书馆，1979：218.

六、民法（所有权与契约）

（一）所有权

人的自由意志最重要地表现在私有财产上。人作为自由意志的定在而存在，所有权是这种定在的外化。

（1）所有权的含义。黑格尔说人唯有在所有权中才是作为理性而存在的，所有权所以合乎理性不在于满足需要，而在于扬弃人格的纯粹主观性。① 并且他强调："财产是自由最初的定在（或实现）。它本身是本质的目的。"② 他还强调，人有权把他的意志体现在任何物中，因而使该物成为我的东西，这是人的绝对权利。由此看来，黑格尔把所有权看成是物，是财产。人把它的意志体现于物内，这就是所有权的概念。物，是指一切不自由、无人格、无权利外在的东西。所有权的主体是人，客体是物。

（2）所有权包括三个要素：1）取得占有，就是人（主体）把某物置于他自己外部力量的支配之下。取得占有的方式有三：一是直接的身体把握，这是最完善的占有方式。二是给物以定形，这是另一种占有方式，由于对象和目的的不同，定形也不同，比如耕地由于我们的耕作而定形，保护野兽也是给物以定形。三是单纯的标志，这也是一种占有，我已把我的意志体现于物以内，从而取得此物，表明我对物有支配权。这是最完全的一种占有方式。2）使用，通过物的交换、消灭和消耗而使我的需要得到实现，包括对物的直接利用和对物不断再生的反复利用。对物的部分占有和暂时占有都不能说对物具有完整的所有权。3）转让，指我的意志表示不再看作此物为我所有。但黑格尔强调只有财产（物）才可转让，人格和自由意志是不可转让的，转让一般通过契约形式实现。

（二）契约

（1）契约的含义。契约是指一个人在与他人合意的条件下转让所有权的法律行为。黑格尔把契约看成是一个过程，契约关系起着中介的作用，它使所有人的独立意志达成统一。

（2）契约的特征有三：1）是从任性出发；2）通过契约达成的是统一的意志，只能由双方当事人约定；3）客体是个别外在物，只有个别外在物才能受当事人任意支配和转让。根据契约的这三个特点，黑格尔认为婚姻不是契约行为，同样国家也不是起源于契约的，因为这些都不是从任性出发的，也不是通过立约可以产生的，而是建立在道德、理性的基础上的，是不可任意解除的。

（3）契约分为形式契约和实在契约两大类。实在契约又具体分为三类：1）赠与契

---

① 黑格尔. 法哲学原理. 北京：商务印书馆，1979：50.
② 黑格尔. 法哲学原理. 北京：商务印书馆，1979：54.

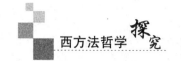

约，比如物的赠与、物的借贷、一般劳务的赠与契约。2）交换契约，又分为租赁契约、雇佣契约和互易的契约。互易的契约包括物体本身的互易和买卖互易。3）设定担保的补充契约，体现为在特定物上设立担保是一种约定而非契约，是一种约定环节。

七、刑法（犯罪和刑罚）

黑格尔的刑法哲学主要是围绕着刑法中的犯罪和刑罚而展开的。

（一）不法和犯罪

他从特殊意志和普遍意志的关系出发，区分不法和犯罪的界限。不法是犯罪的前提，犯罪是不法发展的最高阶段。不法是对所有权的侵犯和对契约的违反，犯罪是一种暴力强制，是对法的否定。犯罪就意味着不法，但不法未必意味着犯罪。从不法到犯罪中间有三个环节：（1）无犯意的不法或民事上的不法。行为人只是把自己的不法行为误认为合法，即主观上无不法的意图。如只是根据特殊理由而认为该物为其所有，所以这种行为多是出于过失，不过是否定了特殊意志，对普遍的法还是尊重的，因此这种无犯意的不法可叫作最轻微的不法。对这种无犯意的民事上的不法，黑格尔主张不规定任何刑罚。（2）诈欺，即行为人故意制造假象，使被欺诈者把欺诈者的不法行为当作合法行为来看待，也就是欺诈者假借法的名义做了不法的事情。既然这种行为都是有意而为的，既然破坏了普遍的法，那么对这种行为应该处以刑罚。（3）强制和犯罪。黑格尔认为，犯罪是不法的最高阶段，是真正的不法。在这里，行为人公开抛弃一切假象，法的主观方面和客观方面均遭到破坏，法从根本上被否定了。在黑格尔看来，体现在物中的我的意志受到暴力的支配或被强迫作出某种牺牲、某种行为以保护某种占有或肯定存在的案件，不按约定给付而违反契约和违反国家或家庭的法定义务等，都是一种强制。而这种不法是对我自由意志的暴力，因而抵抗这种暴力以维护我的自由意志的定在是必然的。至于什么是犯罪？黑格尔明确指出："自由人所实施的作为暴力行为的第一种强制，侵犯了具体意义上的自由的定在，侵犯了作为法的法，这就是犯罪。"[1] 犯罪属于刑法的领域，涉及的是人的外在行为，是对人的定在的意志的侵犯。黑格尔在《法哲学原理》中列举了多种犯罪，如杀人、强令为奴、宗教上的强制、强盗和盗窃等等。

（二）犯罪故意和过失

关于犯罪故意，黑格尔指出："我的行为仅以其内部为我所规定而是我的故意，或我的意图者为限才算是我的行为。凡是我的主观意志中所不存在的东西，我不承认其表示是我的东西，我只望在我的行为重新看到我的主观意识。"[2] 这就是说，故意犯罪

---

① 黑格尔．法哲学原理．北京：商务印书馆，1979：98.
② 黑格尔．法哲学原理．北京：商务印书馆，1979：114.

是犯罪人自己选择的结果。犯罪故意中的认识因素和意志因素由于内化着规范评价因素，所以就是一种犯罪认识和犯罪意志，从无色的心理事实转化为有价值的罪过心理。

关于犯罪过失，黑格尔认为，在过失的情况下，"那背后埋伏着的正义始终不将其自己独特的形态暴露于行动的意识之前，而只是自在地存在于（行为者）决意与行为所包含的过失之中"①。正是由于违反正义的过失之根据存在于他的自我意识之中，并通过他的行为而造成了后果，所以过失也获得了罪行的意义。②

（三）犯罪的因果关系

黑格尔还对与犯罪行为有密切联系的因果关系的必然性和偶然性作了分析。黑格尔认为，在因果关系中，必然性和偶然性相互转化。他说："有限的东西的必然性所包含的矛盾的发展，在定在中恰恰是必然性转变为偶然性，偶然性转变为必然性。"③ 黑格尔这种必然因果关系说否定了偶然因果关系作为实体存在，否定了因果关系的偶然性，因而陷入了形而上学。

（四）犯罪的危害

黑格尔以极为晦涩的语言，表达了他对犯罪的客观危害的认识。他说："自由人所实施的作为暴力行为的第一种强制，侵犯了具体意义上的自由的定在，侵犯了作为法的法，这就是犯罪，也就是十足意义的否定的无限判断。"④ 这样，黑格尔就把犯罪人的特定行为作为一种定在，认为它具有社会的自在的普遍性。就是说，犯罪不再是侵犯个人的人格或自由意志，而是侵犯了普遍事物。对社会成员一人的侵害，就是对社会全体成员的侵害。侵害行为不只是直接影响受害人的定在，也牵涉整个市民社会的观念和意识，因此侵害行为必然遭到社会全体人的反对，所以犯罪具有社会危险性，应当从犯罪与整个社会的联系中把握犯罪的客观危害。

既然犯罪是最严重的不法，是对法的否定，给社会造成最大的危害，那么对犯罪行为必须加以处罚。至于"对各个犯罪应该怎样处罚，不能用思想来解决，而必须由法律来规定"⑤。

（五）刑罚

1. 刑罚的概念及意义

黑格尔认为，刑罚是对犯罪行为的否定。从法到不法（犯罪），从犯罪到刑罚，从而又回到了法——这就是法概念自身的运动规律。刑罚的意义在于：（1）它消除了对他人意志自由的侵害，消除了由犯罪带来的社会危险性；（2）它本质上显示犯罪的虚

① 黑格尔.精神现象学.北京：商务印书馆，1979：36.
② 黑格尔.精神现象学.北京：商务印书馆，1979：24.
③ 黑格尔.法哲学原理.北京：商务印书馆，1979：120.
④ 黑格尔.法哲学原理.北京：商务印书馆，1979：98.
⑤ 黑格尔.法哲学原理.北京：商务印书馆，1979：99.

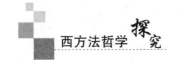

无性和法的绝对性；（3）它显示了法的有效性。通过刑罚对犯罪这个否定物的否定，证明法不仅是存在的，而且是有效的，它能够实现自己。

2. 对矫正说、威吓说、儆戒说的评判

黑格尔对个别预防主义的矫正说作了评判，他说："如果单单把犯人看作应使变成无害的有害动物，或者以儆戒和矫正为刑罚的目的，他就更得不到这种尊重（对犯人理性存在的尊重）。"

黑格尔还对费尔巴哈所倡导的心理强制说进行了评判。他说："如果以威吓为刑罚的根据，就好像对着狗举起杖来，这不是对人的尊严和自由予以应有的重视，而是像对待狗一样对待他。"[①] 黑格尔还从正面指出："心理的强制仅仅跟犯罪在质和量上的差别有关，而与犯罪本身的本性无关，所以根据这种学说所判定的法典，就缺乏真正的基础。"[②] 总之，在黑格尔看来，威吓仅仅是一种外在力量，只能影响犯罪的价值和范围，而不涉及犯罪是自由意志的定在及绝对价值（整体的社会利益）。因此，黑氏断然否定费氏的以威吓为根据的刑罚理论。

黑格尔对康德的道义报应、等量报应的刑罚理论予以否定。黑格尔认为，康德的道义报应主义较神意报应主义当然有进步，但是康德把刑罚与道德混为一谈，等量报应也很荒诞不经，例如，以窃还窃、以盗还盗、以眼还眼、以牙还牙的同态复仇就很荒诞，如果犯罪人全口牙都已脱落怎么办?!

3. 黑格尔的法律报应说

黑格尔在否定上述矫正说、威吓说、儆戒说等的基础上，将其辩证法中的否定之否定规律运用于对犯罪与刑罚关系的考察，提出了著名的法律报应主义刑罚说。黑氏认为：犯罪是犯罪人基于自由意志而选择的危害社会的行为，因而是一种害恶。而善有善报、恶有恶报是社会常理。从这一社会报应观念出发，作为害恶的犯罪理所当然应受恶的惩罚（报应），而刑罚只不过是这种恶的惩罚的有形的体现。因此，犯罪与刑罚之间只能是一种因果报应关系。他说："刑罚毕竟只是犯罪的显示，这就是说，他是必然以前一半为其前提的后一半（犯罪或因的一半和刑罚或果的一半）。"[③] 黑氏否认以主观罪过作为报应根据的道义报应主义，指出"犯罪应予扬弃，不是因为犯罪制造了一种祸害，而是因为它侵害作为法的法"[④]。因此，黑氏主张从犯人的客观行为中去寻找刑罚的概念和尺度，认为犯罪与刑罚之间的这种均衡只能是等质的而不可能是等量的。

总之，黑格尔的法律报应主义强调用法律作为尺度来衡量犯罪的危害，以此确定刑罚的分量。这是较为可取的。然而黑氏绝对排斥道德罪过在确定刑罚中的意义，这显然有些片面。

① 黑格尔. 法哲学原理. 北京：商务印书馆，1979：102.
② 黑格尔. 法哲学原理. 北京：商务印书馆，1979：102.
③ 黑格尔. 法哲学原理. 北京：商务印书馆，1979：106.
④ 黑格尔. 法哲学原理. 北京：商务印书馆，1979：102.

八、国家法

黑格尔在《法哲学原理》中对法和法律哲学作了比较详细的论述，但是对国家法哲学的论述更为详尽，包括国家的概念、国家的产生、国家权力、国家的目的、国家形式等等。因此，我们可以肯定地说国家法哲学是黑格尔法哲学体系的重要组成部分。

(一) 国家的概念

黑格尔在《法哲学原理》中对国家的概念作了明确分析，指出："国家是伦理理念的现实——是作为显示出来的、自知的实体性意志的伦理精神，这种伦理精神思考自身和知道自身，并完成一切它所知道的，而且只是完成它所知道的。国家直接存在于风俗习惯中，而间接存在于单个人的自我意识和他的知识和活动中。同样，单个人的自我意识由于它具有政治情绪而在国家中，即在它自己的实质中，在它自己活动的目的和成果中，获得了自己的实体性的自由。"[①] 他还说："国家是绝对自在自为的理性东西，因为它是实体性意志的现实，它在被提升到普遍性的特殊自我意识中具有这种现实性。"[②] "由于国家是客观精神，所以个人本身只有成为国家成员才具有客观性、真理性和伦理性。"[③] 黑格尔关于国家概念的这些表述，无非是在强调国家是伦理精神的体现，国家是独立自存、永恒的、绝对合理的东西，个人如果脱离了国家就失掉了"客观性、真理性和伦理性"。对此，恩格斯进行了批判，指出："国家决不是从外部强加于社会的一种力量。国家也不像黑格尔所断言的是'伦理观念的现实'，'理性的形象和现实'。确切地说，国家是社会在一定发展阶段上的产物；国家是承认：这个社会陷入了不可解决的自我矛盾，分裂为不可调和的对立面而又无力摆脱这些对立面。而为了使这些对立面，这些经济利益互相冲突的阶级，不致在无谓的斗争中把自己和社会消灭，就需要有一种表面上凌驾于社会之上的力量，这种力量应当缓和冲突，把冲突保持在'秩序'的范围以内；这种从社会中产生但又自居于社会之上并且日益同社会相异化的力量，就是国家。"[④]

(二) 国家的产生

在国家起源问题上，黑格尔否定亚里士多德的家长制起源论，反对奥古斯丁的国家起源于人类"原罪"的观点，认为人类由自然状态进入政治状态或国家状态，同"原罪"是无关的。黑格尔对霍布斯、洛克和卢梭的国家起源于契约的理论也是不赞成的，认为通过社会契约方式建立的国家是不稳固的和不可取的，强调"不可重蹈卢梭的覆辙"。黑格尔指出："现在如果问，一般国家或者每个特殊国家以及它的法和使命

---

① 黑格尔. 法哲学原理. 北京：商务印书馆，1979：253.
② 黑格尔. 法哲学原理. 北京：商务印书馆，1979：253.
③ 黑格尔. 法哲学原理. 北京：商务印书馆，1979：254.
④ 马克思恩格斯选集：第4卷.3版.北京：人民出版社，2012：186-187.

的历史上起源是或曾经是怎样的，又如果问国家最初是从家长制关系，从畏惧或信任，还是从同业公会等等中产生出来的，最后如果问，这种法的基础是怎样地在意识中马上被理解而巩固下来的，是把它看作神物或实定法呢，还是把它看作契约和习惯呢，那么，所有这些问题都与国家的理念无关。这里，我们仅仅在谈对国家的哲学上的认识问题，从这一观点说，以上这些都是现象，是历史上的事物。"① 由此可见，黑格尔始终坚持认为，"国家是伦理理念的现实"，"国家是绝对自在自为的理性东西"，民族精神就是伦理理念在多个国家中的体现，就是国家的灵魂。国家是随着家庭、市民社会的发展而来的，是"历史现象""精神现象""伦理理念的现实""地上的精神""神自身在地上的行进"，是绝对精神的体现。在这里，黑格尔显然掩盖了国家产生的真实原因及发展规律，完全是其主观唯心主义的逻辑推断。

（三）国家的目的

黑格尔在《法哲学原理》中反复强调，国家的目的是社会的普遍福利。他说："国家的目的就是普遍的利益本身，而这种普遍利益又包含着特殊的利益，它是特殊利益的实体。"对此，黑格尔又作了三点说明：一是上述情况是"国家的抽象的现实性或国家的实体"，是国家生存的原素，如果没有这一目的，国家便不可能是现实的国家。二是国家的抽象的现实性和实体性，是"国家的必然性"，只有通过国家权力的划分，国家的目的才能实现。三是国家的实体性是精神，是有教养的自我认识的精神，所以，国家才能确定自己的上述目的。②

（四）国家权力

黑格尔在《法哲学原理》中虽然借鉴了历史上的分权理论，特别是孟德斯鸠的立法权、行政权、司法权分立论，但又从其保守立场和唯心辩证法三段论出发，对孟德斯鸠的立法权、行政权、司法权分立论进行了逻辑加工，将其改造成为立法权、行政权、王权（单一）的三权论。

（1）立法权，即规定和确立普遍物的权力。③ 在黑格尔看来，立法权所涉及的是法律本身，以及按其内容来说完全具有普遍性的国内事务。立法权是一个整体，其中有三个环节：君主权、行政权和等级要素。各等级是一种中介机关，它处于政府和人民之间。等级要素以家庭的自然原则和市民社会为基础，保障王权不孤立和极端，保障公民自由表达政见。

（2）行政权，即使各个特殊领域和个别事件从属于普遍物的权力。在黑格尔看来，行政权是执行和实施国王的决定，也就是贯彻和维护国王已经决定了的东西，即现行法律、制度和公益设施等的权力。行政权包括审判权和警察权，还包括对公职人员进行伦理教育和思想教育。

① 黑格尔.法哲学原理.北京：商务印书馆，1979：258 附释.
② 黑格尔.法哲学原理.北京：商务印书馆，1979：267.
③ 黑格尔.法哲学原理.北京：商务印书馆，1979：286.

（3）王权，即作为意志最后决断的主观性的权力。它把被区分出来的各种权力集中于统一的个人，因而它就是整体即君主立宪制的顶峰和起点。在黑格尔看来，王权是包含国家整体的绝对自我规定的权力。国家是一个整体，是一个单一性的东西，而这种单一性、绝对决定性的环节就是一个人，即君主。王权理应由君主来掌握，君主手中握有赦免罪犯、对咨议机关及其成员的最后决断、整个国家制度和法律的最后裁决等权力。对于黑格尔如此推崇王权，马克思进行了尖锐的批判，认为很显然，黑格尔推崇君主到了无以复加的地步，用尽全力维护王权。

（五）国家形式

黑格尔在《法哲学原理》中历史地、系统地分析和考察了国家形式问题。他说，"古代把国家制度区分为君主制、贵族制和民主制，这种区分是以尚未分割的实体性的统一为基础的。这种统一还没有达到它的内部划分，从而也没有达到深度和合理性。因此，从那种古代的观点看来，这种划分是真实的和正确的"①。但是现代人再谈论君主制中的民主要素和贵族要素则是不适当的。"如果问这三种形式中，哪一种最可取，这种问题完全是多余的，我们只能从历史观点来谈这些形式。"可见，黑格尔是否定这种国家形式的划分、否定这种君主制的。黑格尔对洛克和孟德斯鸠创立的君主立宪论则是肯定和称赞的，认为"国家成长为君主立宪制乃是现代的成就"②。但是，黑格尔并不主张在当时的德国建立这种英国式的君主立宪制，而主张对这种君主立宪制根据当时德国的情况进行改造，主张在当时德国建立君主世袭制，也就是普鲁士形式的君主立宪制。黑格尔认为，由于王位世袭即自然的继承有了稳固的规定，因而就可预防在王位出缺时发生派系的倾轧。其理由就是君主的来源是"没有根据的直接性，是不能用选举的方法产生的；君主的伟大，掌握着一切权力"。至于"君主选举制看来当然是最自然的想法，即最接近于肤浅的思想"，"君主选举制倒不如说是各种制度中最坏的一种，对理智说来这一点已可从这种制度的后果中得出"③。这就再次暴露了黑格尔是在竭尽全力鼓吹王权至上、君主至上，维护普鲁士的封建统治。

九、国际法

黑格尔在《法哲学原理》中将国际法的概念表述为"是从独立国家间的关系中产生出来的，因此国际法中的自在自为的东西保存着应然的形式，因为它的现实性是以享有主权的各个不同意志为依据的"④。简言之，国际法是调整国家之间相互关系的行为规范的总和。国际法与国内法相比有它自己的特征：（1）国际法是从独立国家间的关系中产生出来的；（2）国际法是调整国家之间相互关系的应然形式的法；（3）国际

---

①　黑格尔．法哲学原理．北京：商务印书馆，1979：287.
②　黑格尔．法哲学原理．北京：商务印书馆，1979：303－304.
③　黑格尔．法哲学原理．北京：商务印书馆，1979：287.
④　黑格尔．法哲学原理．北京：商务印书馆，1981：330.

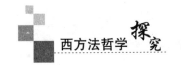

法的根本原则是维护国家主权和不干涉他国内政；（4）遵守条约和国际惯例是国际法不可或缺的重要原则。国际法不应停留在应然上而要促其变为现实。

关于战争问题，黑格尔宣扬战争的伦理性，他说："战争不应看成一种绝对罪恶和纯粹外在的偶然性"。战争不但不是纯粹外在的偶然性，而且会给国家带来益处：（1）战争可以最大限度地调动社会整体力量。黑格尔说："一国之健全，一般说来与其说是表现在和平的静止状态，还不如说是表现在战争的运动状态。""战争中显示出所有的人同整体联合在一起的力量。"① （2）战争可以振兴社会制度。黑格尔说："为了不让这些（国家）制度根深蒂固地孤立下去，不让他国孤立而瓦解整体、涣散精神，政府不得不每隔一定时期利用战争从内部来振动它们，打乱它们已经建立起来的秩序，剥夺他们的独立的权利。"② （3）战争可以保障国家内部的安全。黑格尔说："幸运的战争防止了内部的骚动，并巩固了国家内部的权力。"③ 既然战争能给国家带来如此多的"益处"，能够解决国家与国家之间、民族与民族之间发生的矛盾和纠纷，那么进行战争当然就是合理和必要的了。黑格尔正是以这套歪理谬说反对了康德的永久和平论，对后世产生了极坏的影响。

---

① 黑格尔. 政治著作选. 北京：商务印书馆，1981：19 - 20.
② 黑格尔. 精神现象学. 北京：商务印书馆，1981：13.
③ 黑格尔. 法哲学原理. 北京：商务印书馆，1979：341.

第七章　拉德布鲁赫的《法学导论》

一、拉德布鲁赫的生平与著作

古斯塔夫·拉德布鲁赫（Gustav Radbruch，1878—1949）是德国著名的法学家、法哲学家和政治活动家。拉德布鲁赫于 1878 年 11 月 21 日出生于德国萨克森吕讷堡镇的一个小商人家庭。1898 年从凯特琳中学毕业后，遵从父亲的意旨，拉德布鲁赫开始在慕尼黑大学攻读法学，后在莱比锡大学和柏林大学学习和研究法学。1901 年他考取了当时德国著名的刑法学家 F. V. 李斯特的博士生，1902 年在柏林大学获得法学博士学位。1903 年拉德布鲁赫到海德堡大学任教，以私人讲师的身份讲授民事、刑事诉讼法和刑法，并结识了新康德主义法学的代表人物施塔姆勒。1910 年任副教授时，他发表了著名法哲学著作《法学导论》。1914 年至 1918 年他应征入伍，参加了第一次世界大战。战后，他于 1919 年到基尔大学任教授，主讲刑法和法哲学，并加入了德国社会民主党，开始参加政治活动。1920 年拉德布鲁赫当选国会议员，1921 年至 1923 年两度出任司法部部长，主持起草了德国刑法典，对德国刑法领域的改革产生了重大影响。

1923 年 11 月辞去政界职务后，拉德布鲁赫重返基尔大学执教，1926 年到海德堡大学执教。1933 年 4 月，德国纳粹政权认定他是个"不可靠的官吏"，撤销了其教授职务。此后，他潜心于法律史、法哲学、刑法学的研究。1935 年至 1936 年他作为牛津大学大学院客座研究员，在牛津大学访学一年。1945 年第二次世界大战刚刚结束，他应邀出任海德堡大学法学院院长，为恢复和重组该法学院做了大量工作，同时，对法西斯法学理论进行反思和批判，重新思考了法学的根本理论问题。1948 年 7 月，他 70 岁时，辞去教职。翌年 11 月 23 日死于突发的心肌梗死。

作为一位备受尊敬的德国著名的法学家、法哲学家，拉德布鲁赫为法学教育和法学研究奋斗了数十年，著述颇丰，达六十余部，创立了实证主义法学派，继承和发展了自康德、黑格尔以来的德国法哲学，影响甚为深远。拉德布鲁赫也因此获得了"国际刑事法学会理事""柏林科学院院士"等多项殊荣。

在拉德布鲁赫的六十余部著作中，最负盛名、最有影响的是《法律智慧警句集》（考夫曼整理，1963 年）、《法学导论》（1910 年）、《法哲学纲要》（1914 年）、《法律上的人》（希佩尔整理，1957 年）、《法哲学》（1932 年）等。

二、《法学导论》的结构和体系

《法学导论》是拉德布鲁赫除《法哲学》之外最负盛名、最有成就的一部著作。

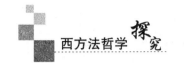

1910年出版后，此书多次再版并有数种文字的译本：其生前此书再版了8次，死后又再版了5次，总共为13版。《法学导论》在中国出版了两次。第一次是由中国大百科全书出版社于1997年出版，第二次是由法律出版社于2012年出版。这两个版本都是由米健翻译的。

作为一部法学入门的导论和研究法律科学学说的著作，《法学导论》结构严谨、体系系统、语言通俗、理论深奥，奠定了德国法学的基础。《法学导论》共12章。第一章为法律，着重阐释了法律的基本理论，包括法律的概念、法律的目的、法律观念、法哲学各派理论等。第二章为国家法，着重阐释了国家和国家法、宪法发展史、权力分立理论和基本权利、君立制原则、议会制政府等。第三章为私法，着重阐释了私法和公法、罗马私法和德意志私法、德国民法典等。第四章为商法，着重阐释了商法的特点、商法的未来等。第五章为经济法与劳动法，着重阐释了经济法的内容和作用、劳动法的内容和作用等。第六章为刑法，着重阐释了刑罚的目的与刑事政策、刑法、刑事诉讼法、刑罚体系等。第七章为法院组织法，着重阐释了司法与行政分离、法官的独立性、专业法院、陪审制、律师业等。第八章为程序法，着重阐释了刑事程序以及刑事程序的改革、职权原则、控告原则、公开原则、民事诉讼程序等。第九章为行政法，着重阐释了行政的概念、行政司法管辖权等。第十章为教会法，着重阐释了天主教教会法、新教教会法、国家教会法等。第十一章为国际法，着重阐释了国际法的法律性质、国际法的由来和发展、国际条约、海洋法、战争法、国际联盟等。第十二章为法学，着重阐释了作为科学的法学、法律解释、法律结构、法律体系、法律职业等。可见，法学的主要学科、法律的主要部门此书均已论到，创立了许多独到的观点。正是以此为基础，拉德布鲁赫首创了实证主义法学派。

三、实证主义法律观

（一）法权（法律）、习惯和道德的产生及相互关系

拉德布鲁赫以哲学上的二元论为出发点，分析了法律、习惯和道德的概念、产生及相互关系，形成了他的实证相对主义的法律观。

拉德布鲁赫认为，客观事物的存在和发展有两种法则，即必然法则和应然法则。必然法则是要说明事物不可避免地将要实现，它因为与客观存在的实际性相一致而发生作用，如"所有人必然要死亡"。而应然法则是要尽可能地安排事物不要实现，它并不以与客观存在的实际性相一致为必要而发生作用，如"你不应杀人"。规定我们的意愿和行为的伦理上的应然法则有三种——道德、习惯和法律，它们分别提供了善良的、应有的和公正的行为准则。

拉德布鲁赫还认为，在历史上，首先产生的是习惯，然后才由习惯分化出了法律，最后又分化出道德。虽然这种历史顺序是相应的，但它们是一种对客观实际愈来愈分明的背离，是一种理想与现实之间日益增加的张力。尽管如此，习惯规则依然绝对地

有现实的特征：它要求至今仍然发生的、作为传统的东西，也应于将来发生；所有人都在做的、大家约定俗成的，你也应该去做。拉德布鲁赫崇尚守旧的势力，普通之人就是习惯规则的理想之人，而且正常就是习惯规则的标准。法律规则的最初表现形式，和现实背离的程度并不比习惯规则和现实背离的程度高，因为恰恰是习惯法将合规性上升为合法性。然而除了习惯之外，这时又出现了制定法。制定法并不表达传统，而是表达人类的意志。"法律实质上并不仅仅是欲然和应然，而且还是民众生活中的一种实际有效的力量。"① 只有在道德领域，应然才完全不依赖于现实。与习惯法则相反，"品德"和道德一样，即使没有表现在人类行为中，也实际上存活于人类的良知中，而习惯法则是在没有任何超越于真实世界之上的自由摆动支持的情况下发生的。

拉德布鲁赫还强调，"如果说习惯法则是一种纯粹的、完全脱离了现实世界的应然，那么习惯、法律和道德则包含于现实性中。它们是一种欲然，不过却是意在说明一种应然的欲然。道德是一种地地道道的应然，习惯、法律和道德只有在其为欲然之旨时，即因社会、国家和良知而使然时，方得为一种应然"②。

（二）法律的特点以及其与道德的区别

拉德布鲁赫分析了法律的特点，并明确指出，道德与法律之间是有区别的，这种区别主要在于法律的外在性和道德的内在性。一是法律的判断方式的外在性。康德说，"在这个世界上，除了善意之外，没有任何东西能够没有限制地被视为善。与此相反，外在的行为似乎只能付诸法律的判断，如同法谚所说：'不能因思想而绞死任何人'"③。但内心的活动对于法律而言绝非没有意义。人们不仅根据外部行为的思想根源种类而对外部行为本身作出颇为不同的判断，例如故意的情况就严重于单纯过失的情况，而且在某些不常见的情况下，法律后果其实仅仅与纯粹的内在构成要件相关联，例如对于青年人"思想健康"危险的教育，采取措施的原因仅在于其思想的内在性，而外部要件仅仅具有证据的意义。根据进步的刑法学学说，犯罪行为仅仅是对犯罪的识别基础，而刑罚的存在依据却是通过犯罪行为所揭示的犯罪的社会危害性。如果人们想借此划定法律的适用范围，则法律的外在性区别特征并非特别的合适。但是如果人们想用以表明法律判断的利益指向，则其结果就是肯定的。德行仅仅与思想意识有关；与此相反，法律尽管也观察人的思想意识，但仅把它看作外部行为的可能根源，例如法律之所以对犯罪行为所揭示的罪犯敌视社会的意念感兴趣，是因为通过它可以预测进一步的犯罪。

此外，就像意念只有作为将来行为的根源时才具有法律上的重要性一样，如果要求法律对某一行为的判断只是以一种意念宣示为标准，并不考虑它产生怎样的效果，而仅仅考虑它意味着什么，如作为"爱情的证明"或"友情的证明"，那么仅仅根据该行为本身同样不能得出一个法律上的判断。因此，对于有些实质并不表现于外在的行

---

① 拉德布鲁赫. 法学导论. 米健，译. 北京：法律出版社，2012：1-3.
② 拉德布鲁赫. 法学导论. 米健，译. 北京：法律出版社，2012：7.
③ 拉德布鲁赫. 法学导论. 米健，译. 北京：法律出版社，2012：8.

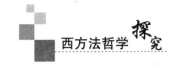

为，而是存在于内在意念之中的关系，法律是无能为力的，诸如此类的有和上帝的关系、和爱人的关系以及和朋友的关系。①

二是法律的利益指向的外在性。一种行为表面上与德行相适应并不意味着它已经就是道德的了，只有当它也内在地与道德相适应，亦即出于对道德法则的尊重，由于良心的缘故，出于正义感并符合义务要求时，才是道德的。道德以行为人自愿使其行为服从法律为前提。就"合法性"来说，只要后来的判断者依法认定其行为合法就够了。而且道德是非强制性的，即使是义务履行，也不可以强加义务感。与此相反，法律可以强制予以实现。法律可以通过外在的行为使另一个人的法律请求得到满足，也就是利益得到满足。

三是法律的主体目的的外在性。道德义务是对于良知、对于更好的自我、对于自己心中的上帝的义务。它只受道德法则的约束，而不受任何一种命令和强制力量的约束。即使是对他人的所谓义务，亦不具有由其他的东西强制其履行的意义。道德只知道义务，不知道请求；只知道责任，却不知何以有责任。相反，对于法律上的义务人来说，始终强制性地存在着一个权利人，而且只有在法律领域中人们才谈论"义务和责任"②。

四是法律效力来源的外在性。法律是人与人之间、权利人与义务人之间的立法，因此它要求债权人的请求和债务人的义务之间处于相应一致的地位，要求立法者及法官对债权人和债务人、对所有法律臣仆都一视同仁。相对于这种立法，便出现了道德的自身立法。道德不需要任何外在的立法者和陌生的法官，因为它不需要任何超个人的那些法则。道德争议的完成并不在人与人之间，而是在一个人的内心之中，在欲望和良知的静默对话之中，在我们那卑俗的和较好的自我之间，在我们心中的创造物与创造者之间。在道德中，每个人都像沙漠中的基督一样，单独地与自我处于孤寂之中，是只服从自己良知的立法者和法官。在习惯中，全体人的意志给予了每个个体；在法律中，一个统一的意志给予了全部人；而在道德中，每个人都仅仅有自我个体的意志。道德法则适用于实际或者意识上的具体化个人，而法律适用于共同生活的人类。③

拉德布鲁赫强调，法律与道德的区别还在于道德法则是具体个别的，它因每个人、每一种情形而有所不同，故是不可以编纂的，且只能直觉地予以理解。相反，法律法则在或多或少的程度上总是一般的，它对或大或小范围内的人或者事总是一视同仁。虽然法律的专门化可能一如既往地深入发展，但是在任何程度上，法律面前平等和法律规范的一般性都是法律的本质。④

拉德布鲁赫在分析了法律与道德存在的上述两个大方面的差别后，还强调指出："在许多情况下，法律与道德之间的分离并不非常分明，特别是当法律被说成是'伦理

① 拉德布鲁赫.法学导论.米健，译.北京：法律出版社，2012：5-6.
② 拉德布鲁赫.法学导论.米健，译.北京：法律出版社，2012：5-6.
③ 拉德布鲁赫.法学导论.米健，译.北京：法律出版社，2012：7.
④ 拉德布鲁赫.法学导论.米健，译.北京：法律出版社，2012：8-9.

的最低价值'时更是如此。"① 这也就是说，法律与道德是相互联系、相互渗透的。但拉德布鲁赫反对以此说明法律的实质，反对将道德视为法律实现的一种内心深处的力量，坚持认为法律与道德之间存在原则性差异。

（三）法律与习惯的区别

拉德布鲁赫对法律与习惯进行了区分。他认为，法律与习惯的区别不在于强制性的许可，因为习惯也经常运用有力的强制手段；反之，纵然是法律，也在许多场合下欠缺强制性规定，如在每一个官员之后即无穷尽的官员序列中，毕竟不会总都有另外一个官员从前任官员的角度履行其义务：监督者被谁监督？拉德布鲁赫也不赞成那种以为习惯在本质上由非组织化的民众共同体和社会来承载，而法律则与此相反，是由一个组织，特别是国家来承载的观点。他认为，"这种理论是不合适的"，因为习惯法是由国家之外的社会产生的，另外，一个组织完全有能力确立习惯，例如在大学生行为准则中确立习惯。他强调，对于法律适用来说，弄清楚法律与习惯的区分是必要的，因为法院原则上会驳回一个仅以习惯而不是以法律为依据的请求。他还强调，立法，特别是我们的民法典，却考虑了法律和习惯的不可区分性，它在愈来愈大的范围内赋予纯粹的"违反善良风俗"的行为以法律上的效果。最后，拉德布鲁赫反复强调，"法律和习惯的规定与道德戒律在内容上的明确区分中，绝不能得出这两个领域完全没有关系的结论"②。法律与习惯的区分并不能以本身的力量所采用的强制手段作出合理性说明，还要靠道德的力量、品德的力量。显而易见，法律和道德相互之间是有密切联系、相互作用的。

四、自然法和实在法

（一）自然法

拉德布鲁赫对自然法基本上是肯定的，但前期观点与后期观点是有很大的变化的。在早年，他对自然法的某些方面是否定的。他说："自然法思想就曾是一个错误——但又是一个硕果累累的错误。这是一个古老的'世界史心计'：它把想使之生效的法律冒充为已经生效，把想使之失效的法律冒充为已经失效。就这样，百年之久的启蒙运动在永恒且放之四海而皆准的自然法的错误旗帜下，取得了其法哲学挑战的胜利。"③ 在1932年的《法哲学》一书中，他再次论及"自然法的不可能性及其谬误"。于是，从古希腊斯多葛学派以来不断丰富发展的自然法思想及永恒理念，就被拉德布鲁赫当作一种哲学的谎言或咒语而在一定程度上予以否定了。另外，拉德布鲁赫还认为人们通过法律所强调的"平等"，实际上体现着一种"法律的盲目性"，它反映了法律的一般性

---

① 拉德布鲁赫. 法学导论. 米健，译. 北京：法律出版社，2012：9.
② 拉德布鲁赫. 法学导论. 米健，译. 北京：法律出版社，2012：10.
③ 拉德布鲁赫. 法学导论. 米健，译. 北京：法律出版社，2012：10.

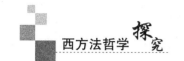

本质。具体来说，它是以法律这种手段或形式，把处于"正义拘束"中的人和事物的最终个性加以一般化规范，而事实上，它既不现实也不可能，所以，正义不可避免地成为财富和生活的丰富多彩强加的一种东西。其实，拉德布鲁赫从来没有对自然法加以一概否定。1932年，他在《法哲学》中就曾说过："没有起码的自然法，法哲学就根本不可能：一个实证的法哲学为了其效用恰恰也需要一个超实证的，即自然法的立场。"① 到了晚年，拉德布鲁赫对自然法及相应理论的态度更是显然有了转变。在1946—1947年冬季学期的法哲学讲座中，他说，要想回答超法律的公正这个问题，应重新对人们遗忘多年的"自然法思想"予以思考。1946年他在海德堡大学法学院战后复院典礼上曾非常明确地说过："我们必须重新思考人权，这是超越所有法律，以自然法为基础的权利；自然法不赋予敌视正义的法律以任何效力。"② 直到逝世前不久，他还认为"存在着一个基督教的自然法"。总的来看，拉德布鲁赫对自然法的承认主要是人的主观法权，即权利，它先于国家法律而存在，但却不可作为实在法予以适用。拉德布鲁赫在晚年对自然法的态度之所以有上述的转变，是因为他痛苦地经历了纳粹的法西斯统治以及看到了第二次世界大战给德国和世界人民所带来的灾难，并且又继续面临着战后的多种现实问题，他能够更深刻地认识自然法思想所体现的永恒正义理念及其作为实在法思想基础的必要。这里值得特别指出的是，拉德布鲁赫顺应人意和历史潮流，疾呼"人权"，把人权看作超越所有法律、以自然法为基础的权利。这一观点应当得到肯定。

（二）实在法

拉德布鲁赫借助自然法则概念，也就是在同自然法则的比较中论述了法律法则。他认为，"和自然法一样，法律法则也不能为人类发明；而只能为人类所发现；不能为人类所规定，而只能为人类所确定。和自然法则一样，法律法则在所有时代、所有民族中都一样，且和自然法则的效用一样，法律法则的效力也超越了人类立法者的任意。面对科学认识的自然法，偏颇的人为规则必然消失，就像面对公之于众的真实，被揭穿的错误必须消失一样"③。拉德布鲁赫这里所说的"法律法则"就是指"实在法""制定法"，除了"制定法"以外，并不存在"实在法"。在他看来，法律体现的是国家意志："法律不是法律起草人、政府代表和议会议员的集合意志，而是国家的意志。这种国家意志与任何个人想要放入法律中的意志并无关系，它在任何情况下都根本不可能见诸法律之外，而只能在法律之中生存。"④ 法律中体现的国家意志不是法律起草人的意志，不是一种曾想到过的观念，不是一种终结的历史事实，相反，它一直处在不断发展中，它回答着具有新意义的、改变了的时代关系所提出的法律需要和法律问题，而对于这种意义，法律起草人根本不会知道。⑤ 拉德布鲁赫对耶林的"目的是全部法律

---

① 拉德布鲁赫. 法学导论. 米健，译. 北京：法律出版社，2012：23.
② 拉德布鲁赫. 法学导论. 米健，译. 北京：法律出版社，2012：23.
③ 拉德布鲁赫. 法学导论. 米健，译. 北京：法律出版社，2012：23.
④ 拉德布鲁赫. 法学导论. 米健，译. 北京：法律出版社，2012：196-197.
⑤ 拉德布鲁赫. 法学导论. 米健，译. 北京：法律出版社，2012：198.

的创造者"的论断十分肯定，他也依耶林的理念大论法律目的。他说：法律的根本目的是维护人们共同生活的秩序，维护人们的共同利益，维护正义。法律规则的效力不是依据其内容的公正性而被设定，而是源自法律设置意志的力量，源自国家的强制力。法律不是"纯粹停留在纸上"的，而是要实施，只有这时，法律才是有效的。拉德布鲁赫还强调，不是所有的制定法都是"成文法"，因为法律的设置不仅可见于有组织的民族共同体，即国家的法律形态中，亦可见之于社会，即没有组织的民族共同体的法律形态中。这也就是说，法律是由制定法和习惯法两部分构成的，制定法多数情况下是"成文法"，习惯法就不一定是"成文法"。既不能让习惯法优于制定法，也不能将习惯法置于制定法之下。不存在制定法和习惯法哪个优先的问题。但是，作为法律实证主义者，拉德布鲁赫实际上还是强调制定法的意义和作用的。

五、自由主义国家观

我们清楚地看到，拉德布鲁赫的《法学导论》顾名思义是讲法律、法学的，但是由于法律与国家有密切关系，所以拉德布鲁赫在讲法律、法学问题时就不可能完全回避国家问题。事实上，拉德布鲁赫在《法学导论》中提出并分析了三种国家观。

第一种是超个人主义（或称保守主义）国家观。首先，这种国家观认为，"国家是伦理性的整体，自由的现实化"。黑格尔就把国家尊为"伦理理念的现实"，将民族国家的权力及国力的成长作为世俗社会最崇高的任务之一。这个任务赋予所有个人品德以固有内容，并利用了所有文化效应。人类的本性、人类的成就和人类的总体依次被作为最高价值的载体，即道德的、艺术和科学的价值，法律和国家的价值，也就是说被作为人类最高目标的自由、文化和力量。其次，这种国家观认为，"法律与国家都是服务于个体的——首先是服务于他们的社会福利，'普遍的幸福感'；但最终还是服务于他们的文化使命"[①]。再次，这种国家观把国家作为一个整体，进而从外部，从世界舞台的角度来看，并且以外部政策的需要为标准来决定其内部政策。最后，这种国家观汇集极为不同的世界观：实在主义现实政治，即将国家本身的权力作为有拘束力的现实存在而接受，并且拒绝为此意志寻找任何背离祖国需要的合理性说明；国家的奋斗意味着为生存而奋斗的超个人形式，亦即种族生存斗争。这种国家观还有理想主义的历史哲学或宗教信仰，也就是说，在这种国家中，每个人都由国家人格而预先确定了他们自己的角色，国家源自宗教和历史、上帝的恩典。对此，拉德布鲁赫是反对的。他认为，国家既不是上帝的恩典（神授予的），也不是源于契约，而是历史发展的结果所构造的。他说："保守主义强调国家的崇高超越了即使是多数国家成员的利益，这种国家的崇高最初不是由国民自己对于国家权力的臣服意愿所引出的权威，其庄严也并非源自于民众的意志，而是源自于宗教和历史、上帝的恩典和正统性，以及所有对国家使命至为重要的权力。"[②] 他还说："最古老的国家无论如何也不是源于契约，亦不是

① 拉德布鲁赫. 法学导论. 米健, 译. 北京：法律出版社，2012：13.
② 拉德布鲁赫. 法学导论. 米健, 译. 北京：法律出版社，2012：16.

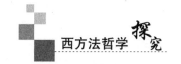

出于一些个人有目的的创造行为。个体的独立自主不是历史发展的起点，而是历史发展的结果。"① 因此，对于卢梭的《社会契约论》，他虽然肯定了它的历史进步意义，但基本上是不赞成的。

第二种是个人主义（或称自由主义）国家观。这种国家观首先是依照私人生活的观念，从内部来观察国家，进而使其产生内部政策的外部政策得到发展，就如同长久以来被奉为榜样的瑞士一样。其次，这种国家观认为，国家和法律只是服务于个人主义终极目标的工具，是实现最普遍的合目的性的技术手段，而且个人主义也有其绝对的激情，不是对国家和法律的激情，而是对个人的激情。再次，这种国家观是以契约为图画而展开的，它断定："只有按照这种契约组成的国家才具有合理性，也就是说，这个国家只能是通过意愿自由的、完全可以理解的自私自利的成员共同聚合而实现。"②最后，这种国家观认为，国家的所有尊严都来自个别人的封授，国家除了因个人而具有的价值之外，不可要求其他价值。自由主义是针对警察国家而言的，警察国家试图使个人感到幸福并给个人教育，即使它不能确定个人愿意或者不愿意。与此相反，自由主义则想解放个人，以此使工场工人的幸福与价值成为他自己的幸福与价值。自由主义、个人主义必然引申出"民主"。民主的个人只被赋予一个有限的价值，自由主义的个人则被赋予无限的价值。民主为了多数人同样重要的利益牺牲掉了个人的利益；自由主义只知道一种个人的自由范围，不论它是多大的多数，亦不论它有多大的利益，它都必须在这种自由面前让步。③ 我们还看到，拉德布鲁赫把马克思、恩格斯的国家观归入自由主义国家观之中。他说，马克思、恩格斯在《共产党宣言》中就是相当自由主义地以"联合"的呼吁作为结语——"在此联合中，每一个人的自由发展都是其他所有人的自由发展条件"。不仅如此，《爱尔福特纲领》在个人主义概念方面，如自由、最高福利和全面的和谐完美等，达到了顶点。后来，马克思、恩格斯对这种个人主义的、自由主义的国家观有所修正，他们实现了一种由否认国家到肯定国家的转变。他们将社会主义与共产主义分离开来，认为民主、多数人的国家是通向社会主义的桥梁，但对共产主义来说，它却有相反的意味，即它是无产阶级，确切地说，是无产阶级中个别先进部分的专政。在这种革命的少数和专政的思想中，"极左和极右"发生接触：民族主义者由此而产生。然而，民族主义者在目的上与共产主义背道而驰，这主要归因于其超个人主义的思想倾向。与保守主义不同的是，它们的超个人主义理想并没有通过更为深刻的基本意识如合法性、上帝的恩典得到论证，而是把民族主义意识本身置于绝对地位，将其作为一种不需要的且没有什么作用的、更深层基础的终极价值，即以由一种职业阶层划分的国家为基础的权力国家和国家权威观念。④ 显然，拉德布鲁赫这样看待马克思、恩格斯的国家观念，似是对马克思、恩格斯的国家观念的曲解和歪曲。众所周知，马克思、恩格斯在《共产党宣言》中最后讲的那段话和在《爱尔福

① 拉德布鲁赫. 法学导论. 米健，译. 北京：法律出版社，2012：15.
② 拉德布鲁赫. 法学导论. 米健，译. 北京：法律出版社，2012：15.
③ 拉德布鲁赫. 法学导论. 米健，译. 北京：法律出版社，2012：17.
④ 拉德布鲁赫. 法学导论. 米健，译. 北京：法律出版社，2012：19-20.

特纲领》中的那些论述，都是针对共产主义社会讲的。在共产主义社会，原来意义的国家已经消亡，"联合体"取而代之，而且只有共产主义社会才能真正实现所有人的自由发展。因此，无论如何不能将马克思、恩格斯的国家观说成是自由主义的国家观。况且，按照传统的说法和认识，马克思、恩格斯的国家观念的核心和精髓是建立并实行无产阶级专政，无产阶级专政是多数人对少数人的专政，是无产阶级对剥削阶级的专政，而不是拉德布鲁赫所说的"无产阶级中的个别先进部分的专政"。马克思、恩格斯的这种国家观念在《共产党宣言》和《哥达纲领批判》中都有充分的体现。《共产党宣言》中说的"工人革命的第一步就是使无产阶级上升为统治阶级，争得民主""无产阶级将利用自己的政治统治""无产阶级的统治"①，都是无产阶级专政思想的体现。他们在《哥达纲领批判》中对无产阶级专政讲得就更为明确了，强调指出："在资本主义社会和共产主义社会之间，有一个从前者变为后者的革命转变时期。同这个时期相适应的也有一个政治上的过渡时期，这个时期的国家只能是无产阶级的革命专政。"②

　　第三种是跨人国家观（或称超人格主义国家观）。拉德布鲁赫认为，跨人观念不复在自身生命和个别人格或者整体人格中，而是在生命所带来的或者留下的成就中，在这种成就的总和中，亦即在文化中，寻找自身生命的最高使命：在文化工作的保障中寻找国家的使命。这种国家观是以"共同体"为中心来看待国家的，每一共同体都是共同事业、共同劳动、共同创作和共同文化的共同体。在这种"共同体"面前，国家的价值只在于其拥有的文化所具有的那些价值；单个人的个人价值不再仅仅是对文化使命的物质奉献。然而，共同体和个人将有各自的工作。对于个人来说，只有忘我地投身事业、毫无保留地融于共同体，才能形成其个人人格。因此，这种国家观既区别于个人主义的国家观，因为在那里个体将其人格的实质部分保留于国家生活之外，也区别于超个人主义国家观，因为在那里不能从个体的价值中获得多少实现自己的权力目的的有用的东西。③

　　尽管拉德布鲁赫提出并分析了上述三种国家观念，但他是推崇个人主义（或称自由主义）的国家观念的。他非常明显地贬斥和反对超个人主义的国家观念，贬斥和反对集体的、整体的、专制的"警察国家"，称赞和推崇个人主义的国家观念，称赞和推崇民主的、自由的、有机的"法治国家"。他认为，在一个好的国家中，并不是整体为了肢体而存在，而是肢体为了整体而存在。他还说："法治国家对我们来说不是政治概念，而是一个文化概念。它意味着保持相对于秩序的自由，相对于理智的生活，相对于规律的偶然，相对于成规的丰富，总而言之，就是相对于仅具有目的性和只对此目的才有充分价值的东西所具有的目的与价值。"④ 就是说，只有这样的国家才能服务于文明和个人主义，才能使个人获得自己的幸福、自由和价值。拉德布鲁赫还断言，这

---

① 马克思恩格斯选集：第 1 卷 . 3 版 . 北京：人民出版社，2012：419，421.
② 马克思恩格斯选集：第 3 卷 . 3 版 . 北京：人民出版社，2012：373.
③ 拉德布鲁赫 . 法学导论 . 米健，译 . 北京：法律出版社，2012：21.
④ 拉德布鲁赫 . 法学导论 . 米健，译 . 北京：法律出版社，2012：21.

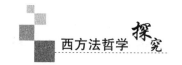

种国家不是来自上帝的恩典，不是源于契约，而是历史发展的结果，是顺应时代变化的需要。

六、经济法和劳动法

（一）经济法

1. 经济法的含义及产生

虽然拉德布鲁赫没有给经济法下一个完整的定义，但他却十分明确地断言，"经济法是组织经济的法律"[①]，也就是说，经济法是完全组织化的经济法律，它是法律思想方法在各个经济领域的适用，是从国民经济生产率的角度观察和调控各种经济关系的法律规范的总称。

拉德布鲁赫认为，经济法是一个新的法律领域。它是随着当时德国社会关系和社会思潮的巨大变革而产生的，是适应经济关系社会化的需要而出现的，是为了满足人们对"社会法"的追求应运而生的。

一是在人们对"社会法"追求的影响下，法律部门的僵死划分发生了动摇，私法与公法、民法与行政法、契约与法律逐渐开始渗透和融合，于是便产生了全新的法律部门：经济法与劳动法。

二是第一次世界大战使德国经济与世界经济隔离，经济活动在德国经济极小的空间内明显发生了碰撞。面对这种情况，"当立法者不再仅仅是在实现经济关系参与者之间公平平衡的意义上，而是优先地从共同经济利益、生产效率、经济性的视角观察和处理经济关系时，经济法就诞生了"[②]。也就是说，国家不再任由纯粹私法保护自由竞争，而是寻求通过法律规范以其社会学的运动法则控制自由竞争。正是在这个时候，在这个制定过程中，经济法便产生了。

三是当时德国的经济是"战时经济""战时社会主义"经济，它的根本目的就是让整个国民经济服务于国家统治，它需要将弹性法律形式的经济强行纳入官僚国家行政形式中，这样就更加符合专制国家的需要。

2. 经济关系的社会化

拉德布鲁赫认为，经济关系的社会化是从所有权及其保护的变化开始的。虽然当时德国宪法将所有权、契约自由作为公民的基本权利予以保护，但是强调这种保护要"按法律所规定的标准"进行。所有权和契约自由的内容及限制皆由法律规定，于是"强制契约"这一法律形式就越来越常见。而且，德国宪法还规定了所有权负担义务，所有权人在行使所有权的同时服务于公益，尤其是土地的耕作和利用人负有对社会的义务已经成为立法原则。所有权概念上的这些变化说明，其不再仅是私人所有权，而

---

① 拉德布鲁赫. 法学导论. 米健，译. 北京：法律出版社，2012：92.
② 拉德布鲁赫. 法学导论. 米健，译. 北京：法律出版社，2012：92.

是超越私人所有权的国家最高所有权，并成为经济关系社会化的基础。

拉德布鲁赫还认为，社会化除了国有化外，还有公有化、公司化，还有国家或乡镇对私人企业进行的资助参与，即混合经济企业化。另外就是"强制辛迪加化"，也就是把一个经济行业内的所有企业组成受国家监督的自治的强制行业协会。这种"经济自治"形式、国家监督和公共控制是经济关系社会化的重要表现。其实经济关系社会化实际上就是经济关系的国家垄断和控制化。

3. 经济与国家

拉德布鲁赫认为，不仅公法渗入了经济，私人经济也通过合法或非法的途径渗透到政治生活中，私人经济代表人与政府之间的平等谈判、未经政府授权直接与外国进行谈判，这些都直接或间接地对政府产生了经济影响。德国宪法规定区工会与联邦工会应与企业主代表以及其他有关的各界人民代表一起出席区经济会议和联邦经济会议。虽然现在已经设立了联邦经济会议，但仍缺少作为基层组织的区经济会议。拉德布鲁赫认为，很难通过议席名额反映出具体职业阶层和阶级在经济与社会中的影响比重，只能同等看待雇主和雇员的比重关系。联邦经济会议、行业工会都不适合作为立法组织，因为它们都不是社会的整体代表，都没有整体意识形态。但并不能完全否定它们的作用和影响力，所以拉德布鲁赫断言："《魏玛宪法》的以下构思，即不将经济委员会设置为立法机构、上议院，而是仅仅将其设计为一个咨询性质的专家议会，完全是正确的。"①

（二）劳动法

1. 劳动法与民法

拉德布鲁赫认为，劳动法作为新学科，同经济法一样，都是从私法中分离出来的，是适应社会关系和经济关系的巨大变革的需要而产生的。"劳动法则是将经济关系置于保护经济上弱者免受经济上强者侵害的视角之下进行观察。""注重劳动者的利益"②。

拉德布鲁赫还认为，劳动法以民法的思想、取向为前提条件，但它同民法又是有区别的，这种区别的主要表现为：一是民法只涉及"个人"，自由缔约的彼此是平等的法律主体，不是雇员与雇主之间的权力服从关系。二是民法根本未考虑工人阶级的团结，在平衡个别工人在对雇主权利服从中的重要性时，并未顾及大行业工会，而它们正是以其劳资协议成为劳动契约的缔约方。三是民法单单规定了具体的缔约人和具体的劳动契约，对企业的联合一致一无所知。而劳动法与上述民法根本不同，它更接近于生活现实，它把人具体化为企业主、工人、雇员，这不仅有个人，还有工会和企业；不只有自由订立的契约，还有构成所谓自由契约背景的重大经济上的权力斗争。

2. 劳动关系与劳动契约

劳动法顾名思义是调整劳动法律关系的，为此，拉德布鲁赫较为详细地分析了劳

---

① 拉德布鲁赫. 法学导论. 米健，译. 北京：法律出版社，2012：95.
② 拉德布鲁赫. 法学导论. 米健，译. 北京：法律出版社，2012：96.

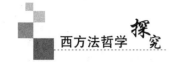

动关系的发展变化过程。他说，在罗马法中，劳动关系被划入物权范畴，劳动者作为奴隶，不过是主人的财产和物，只有将劳动的人视为物的法律，才可能以近似物的租赁方式表示"雇佣租赁"。而中世纪则与此相反：中世纪的劳动关系是建立在人身权的基础之上的，劳动义务产生于人身隶属性，这导致对雇主的服徭役义务，同时也出现了要求受雇主保护和照顾的权利，因此便产生了"相互的信赖关系"。到了近代，劳动关系是建立在债，也就是契约自由的基础上的。拉德布鲁赫深刻地揭示了这种契约自由的实质，他说："这种形式上的契约自由。可能仅仅意味着经济上的强者亦即雇主的劳动契约自由：雇主可以等待，直到劳动力向他发出要约。但它绝不意味着经济上的弱者亦即雇员的自由：雇员所拥有的就是饥饿的肚皮和他的双手，他必须获得工作，而在他能找到工作的地方，无论好恶他都必须接受雇主向他提供的多种劳动条件。"[1]在现行契约自由制度中，劳动者与雇主之间的关系被限制在双方的契约义务中而不考虑任何社会道德背景。尽管隶属性关系是一种违背人的尊严的法律关系，但由于它毫不掩饰地以人为客体，因而它成为一种特地以人为客体而设计的制度。[2] 这也就是说，契约自由制度只将劳动力当作物，不视其为人。拉德布鲁赫主张，应在新层次，也就是人身自由的层次实现劳动者的人权，并重新将劳动关系作为人身权利关系设立。这正是新劳动法的使命。新劳动法应当通过"强行法律"直接对契约自由予以法律限制，从而更加保护工人的权益。它应当将雇员与雇主之间订立的个别劳动契约同雇员组织与雇主组织之间所订立的集体劳动契约（劳资协议法）相互衔接，增加社会保险和企业组织的权利与义务的内容。此外，新劳动法还应当要求劳动契约的订立必须包括不能满足所订条件的情况下的预先措施和对生活状况不可预测性的控制（工作介绍和失业津贴）的内容。

　　拉德布鲁赫将劳动契约分为个别劳动契约和集体劳动契约。个别劳动契约是雇员与雇主之间订立的契约，而集体劳动契约是雇员组织（如工会）与雇主组织（如雇主协会）之间订立的契约。在拉德布鲁赫看来，个别雇员面对企业主不免势单力薄，而雇员组织则显得强大有力，因此必须根据宪法有关结社自由的规定，将雇员组织起来，建立工会。企业主也要建立雇主协会。他们不仅要订立个别劳动契约，也要订立集体劳动契约。不管哪种劳动契约，凡是违背劳资协议的，都是无效的。同时，也不得根据缔约人的意愿否定具有法律拘束力的劳资协议。当然，这只限于劳资协议的参与者（雇员与雇主），不适用于局外人。至于劳动规章和其他"企业协议"均属自治企业法。劳动的双重组织，行业组织与企业组织，工会与企业参与委员会，劳资协议与企业协议，虽然它们都是并列关系，但它们本身就有潜在的危险。为了避免劳动者在经济斗争中过于分散力量，工会就必须在行业组织中，至少在工资问题上保留最后的决定权。这也是《企业参与委员会法》所强调的劳资协议优于企业协议，劳资协议法的效力大于企业法的效力的基本精神所在。

---

① 拉德布鲁赫．法学导论．米健，译．北京：法律出版社，2012：97.
② 拉德布鲁赫．法学导论．米健，译．北京：法律出版社，2012：97.

3. 劳动纠纷与劳动法院

鉴于当时德国根据《魏玛宪法》的规定正在着手制定《劳动法典》，拉德布鲁赫就提出，要把现有的整个劳动法集中在统一的调整管理之下，以保证劳动法精神的一致性。为此，他主张《劳动法典》不但应包括职业介绍、失业保险、企业劳动保护的监督、社会保险等内容，而且应规定，这些部门必须设立于一个劳动管理官署之下，至于经济纠纷裁决机构、仲裁机构和劳动法院，也不应远离这一行政机关。

拉德布鲁赫还认为，存在两类劳动纠纷，即"集体纠纷"和"个别纠纷"。"集体纠纷"是指发生在一行业或企业有组织的劳动者与雇主之间的，或劳动组织在劳资协议或劳动契约缔结方面发生的经济冲突及利益纠纷（"集体劳动契约""集体协议"）。"个别纠纷"是指发生于雇主与雇员之间或双方组织之间，有关集体和个别劳动契约的解释和适用的法律纠纷。集体纠纷为仲裁的标的，由仲裁机构处理和解决；个别纠纷则属于劳动司法对象，由劳动法院处理和解决。

关于劳动法院是应当并入劳动管理官署，还是归入普通法院系统，当时存在着很大争议。在拉德布鲁赫看来，对待这个问题应当从两个方面考虑：一方面，要考虑在劳动法的氛围中设立劳动法院，因为劳动法在精神上完全不同于民事法律。另一方面，正是要以这种社会意识对一般司法产生影响。从劳动法院的职责来看，它的地位曾经既像劳动官署，又似普通法院。1926 年颁布的《劳动法院法》，相应地在将劳动法院纳入普通法院系统与建立代表工人的特别法院之间作出了调和的尝试。第一审劳动法院为特别法院，较高审级为州劳动法院和联邦最高劳动法院，这完全属于普通法院。拉德布鲁赫还特别强调法庭人员组成的重要性，认为雇主和雇员、团体产生的陪审法官有权以同等数额被委任，并且参与劳动司法所有审级法庭的司法工作。同时，法庭组成人员的分配，还要考虑阶级社会的社会关系，各阶级均应有适当的代表；面对阶级的冲突，陪审法官与职业法官更应协调一致，进行公正的裁决。总之，劳动司法必须反映劳动法的精神，必须反映斗争意识与和平意识。

七、理论渊源

（一）新康德主义

拉德布鲁赫上述关于法律、习惯和道德以及国家的思想是受康德主义思想影响的，或者可以说，拉德布鲁赫关于法律、习惯和道德以及国家的思想的直接理论来源是康德主义，例如，他关于"不能排除在法律法则目的的品德性方面去发现其正当性"的观念就源于康德的思想。康德的《实践理性批判》充分地表达了其有关自由的思想，认为人的首先原则是指在本质上不应该使人感到有外力的束缚。康德认为，在这个世界上，除了善意之外，没有任何东西能够没有限制地被视为善。与此相反，外在的行为似乎只能诉诸法律的判断，但内心的活动对于法律而言绝非没有意义。因此，如果理性正确地将客观存在规定为意志，那我们就会选择善；反之，意志可能不是完全的理性，而意志也不是客观合理的意志。因此，理性在意志中的实现是有限的。在对行为的道德评价中应该把善放在首要地位。康德的这种观点对拉德布鲁赫产生了很大影响，拉德布鲁赫认为：道德实际是理性的表现，而法律在一定程度上是有限的理性。道德的实质特征在于它只知道义务，不知道请求；只知道责任，却不知道何以有责任。每一项法律都实现着道德上的目的，正义只是一种道德上的价值，合法性亦然。不公正的法律并非没有目的。法律在根本无视其正义的情况下也以其效力实现了一种目的，即法律安全的目的。正因为如此，我们完全有理由将拉德布鲁赫的相对实证主义法学归入新康德主义法学之中。拉德布鲁赫的法哲学就是对康德的法哲学的继承和发展。

（二）历史唯物主义

马克思历史唯物主义思想对拉德布鲁赫也有一定的影响。拉德布鲁赫在一定程度上肯定了马克思历史唯物主义，并把它作为一种可以汲取的思想源泉和可以效仿的思想方法。他认为，社会主义是某种有关经济和社会形态的理论。历史唯物主义说明了国家和法律并不是决定性的历史力量，历史发展的最终原因更多地存在于经济和社会中，政治的变革仅仅是经济和社会推动力量的作用或体现。所以，社会主义纲领首先必须是一个经济的和社会的纲领，其次才是一个政治纲领。因此，社会主义在很长时期里对这种种国家观的对立缺乏一种自觉的立场。在拉德布鲁赫看来，在社会主义之初，其国家政治的基本格调绝对是个人主义的，其意识形态亦是相当的个人主义的自由意识形态。社会主义许诺的所有财富中最宝贵的自由，其实是自由主义者曾经许诺但却从没有实现的同一种自由。自由主义者允诺的自由，即或实现了，也是法律上的自由，而不是事实上的自由。① 拉德布鲁赫还说，"马克思和恩格斯创立的唯物主义历史观，即社会主义纲领的理论基础，使我们认识到法律观念变迁的原因或者至少一种原因。事实上每一种占统治地位的法律观念每每不过是阶级斗争中各种力量关系的表达，而且是与经济变革和技术最新成果那不以人的意志为转移的效果相适应的。法律并不是一种可以将任何社会关系素材随意塞进去的形式，而是一种不可拒绝地要去表现这些素材的形式。因此，立法者可能无法驾驭社会的发展，但是他确实能够使之较容易、较迅速地形成，即'加速时代的分娩阵痛'（卡尔·伦纳）"②。显然，拉德布鲁赫上述关于马克思历史唯物主义，特别是关于社会主义的理解和判断，并不完全正确，曲解了其原意和实质，将社会主义等同于个人主义和自由主义就更是错误的。但他对法律观念变迁原因的分析，对占统治地位法律观念与阶级斗争关系的分析，是有一定的道理的。至于说立法者能够促使社会关系较容易、较迅速地形成，那就不太正确了，这同马克思主义历史唯物主义原意似有违背。

---

① 拉德布鲁赫．法学导论．米健，译．北京：法律出版社，2012：18-19.
② 拉德布鲁赫．法学导论．米健，译．北京：法律出版社，2012：33.

（三）历史法学派

　　拉德布鲁赫称萨维尼的历史法学是浪漫主义法学、超个人主义法学。他对历史法学虽有赞扬、有批判、有发展，但总体上是持否定的态度。他称赞萨维尼关于"习惯"和"传统"的作用的观点，他同萨维尼一样都反对自然法的存在和作用，他在一定程度上承认法律是"民族精神"的体现。拉德布鲁赫说："没有人怀疑从习惯发展到制定法、从民族精神发展到国家意志的不可逆转性。但这种发展只是历史从无意识到有意识、从本能到意志、从'共同体'到'社会'（费尔迪南德·特尼斯）的历史不断发展进程中的部分现象。历史就是这样对'历史法学派'作出了判决！"[①] 另外，拉德布鲁赫特别指出，1814 年，在扫除了法国征服者的异国统治之后，要求有一部德意志民法典来排除罗马法的外国统治时，萨维尼却以颂扬习惯法的形成而对那个时代的"立法使命""嗤之以鼻"，竭力反对制定统一的德国民法典。再有一点是，拉德布鲁赫虽然也强调"传统"，但他强调的传统不是民族传统，而是超越了民族的人性或人本的传统，是一种思想理念或精神文化的传统，是所有民族和人民的个人传统当中都或多或少地存在的一般抽象化传统，而不同于萨维尼所鼓吹的以民族为载体的历史文化传统。由此拉德布鲁赫断定，法律体现的不是一个民族的"民族精神"，而是人性或人本的人类精神。尽管如此，拉德布鲁赫还是肯定历史法学具有一定的价值，承认历史法学对德国法学的发展产生了相当大的影响，德国法学的发展实际上接受了历史法学的"洗礼"。他认为，个人浪漫主义时期，"历史法学派"采取了一种科学取向的姿态，并因此而差不多完全主宰了整个 19 世纪[②]，但未能阻止该世纪德国扩展立法活动，未能阻止德国民法典的制定。

八、法律文化和法学

（一）法律文化

　　拉德布鲁赫在《法学导论》中将道德、法律和习惯的法则称为文化法则，认为道德和习惯、法律和国家与科学、艺术和宗教共同构成了文化，但是文化价值并非在一个等级。[③] 他还认为，在 19 世纪时，对文化价值的等级和文化体系的层次，先后出现了三种不同的理解：第一种是基于 18 世纪末的思想观念，也就是康德、席勒的思想取向，将自由的、道德的个人人格作为一切目的的最高目的，科学、艺术只是塑造它的材料，法律和国家只是保障它的设置。作为这种文化图画的最精粹成果，出现了各种各样的共同体，为着文化效应和文化创造的终极目的，在志同道合、成绩斐然的同仁当中，实现了歌德那种"漫游岁月"。这个时期追求的不是杰出的艺术作品而是日常生活最朴素的要求。第二种是以黑格尔为代表的思想取向。黑格尔把国家尊为"道德观

---

　　① 拉德布鲁赫.法学导论.米健，译.北京：法律出版社，2012：34.
　　② 拉德布鲁赫.法学导论.米健，译.北京：法律出版社，2012：32.
　　③ 拉德布鲁赫.法学导论.米健，译.北京：法律出版社，2012：11.

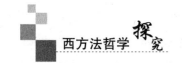

念的现实"或"伦理理念的现实",从而开创了一系列国家理论的先河,直到特赖奇克的现实政治和当代的民族主义。他们将民族国家、民族国家的权力及国力的成果作为世俗社会的最崇高任务之一,而这个任务赋予所有个人品德以固有内容,并利用了所有文化效应。人类的本性、人类的成就和人类的总体依次被作为最高价值的载体,即道德的、艺术和科学的、法律和国家的价值,文化制度也由此被创造。拉德布鲁赫还强调,在上述两种情况下,作为"文明"(文化)的国家和法律构成了一种纯粹的前"文化"阶段,而它们只有在文化人类或者文化成就中才能达到目的。在第三种情况下,国家和法律本身就向着所有文化上的固有目的的顶峰前进,而且在这种情况下,必然会出现个人主义和超个人主义文化体系的尖锐对立,其表现就是关于法律和国家的使命出现了两种对立的观点。一种观点认为,法律与国家都是服务于个体的——首先是服务于他们的社会福利("普遍的幸福感"),但是最终还是要服务于他们的文化使命。法律秩序所关注的是,人类不必像哨兵那样,两眼不停地四处巡视,而是能够不时无忧无虑地举目仰望星空和放眼繁茂的树木,举目所及是实在的必然和美好。这样一来,法律便奠定了个人文化、科学、艺术和道德培育的前提条件,法律在此仅仅推导出一种个人主义的伦理价值,而非自身价值。另一种观点认为,国家、法律是超个人主义的、独立的自身价值,它们的使命不是服务于特定个人而是效命于国家及其法律秩序。拉德布鲁赫特别强调了个人主义的国家和法律观念,认为国家和法律只是服务于个人主义终极目标的工具,是最普遍的合目的性的技术手段,而且,个人主义也有其绝对的激情,但这种激情不是对国家和法律的激情,而是对个人的激情。

此外,我们看到,拉德布鲁赫始终将国家和法律看作是一种文化概念,这还表现在他对法治国家的看法上。他说:"法治国家对我们来说不是一个政治概念,而是一个文化概念。它意味着保护相对于秩序的自由、相对于理智的生活、相对于规律的偶然、相对于成规的丰富,总而言之,就是相对于仅具有目的性和只对此目的才有充分价值的东西所具有的目的与价值。"[①]

(二)法学

1. 科学的法学

针对洛高、基希曼等人认为"作为科学的法学的无价值性"和否定自然的、理性的、正确的以及否定应然法律的科学性和制定法的科学性,针对当时一些有名的艺术家、诗人、哲学家对法学产生的种种怀疑、困惑甚至厌恶,拉德布鲁赫强调了法律科学的价值性和目的性。他赞扬冯特提出的法学是"所有科学中最复杂的科学"的观点,认为"在法学中,具有家长式正义意味的天才个性没有任何空间,由于正义和个性是不可分离的,所以尽力取消所有个性的东西却又正是法学的实质"[②]。他还明确提出,法学的任务就是努力探究和阐释法律,阐释法律体现的立法者的意志、国家意志,努

---

① 拉德布鲁赫.法学导论.米健,译.北京:法律出版社,2012:210.
② 拉德布鲁赫.法学导论.米健,译.北京:法律出版社,2012:208.

力阐明和构造法律体系，要以法律的内容、目的和形式使法律系统化，诸如公法和私法、物法和人法等等，要科学地满足时代提出的具有新意义的法律需要和回答法律问题。

2. 法学的任务

为了进一步阐明法学的科学性和价值性，拉德布鲁赫还明确提出法学家的三重任务，即法律解释、法律构造、法律体系，实际上这也是法学的任务。在拉德布鲁赫看来，法律的创造者并非某一个人，相反，是许多人，是起草法律草案的部委官员、政府代表和议会议员，他们对有关法案予以讨论或仅默认或表决，共同致力于修改或只接受其不修改。这些人可能对同一法律规定的意义有非常不同的理解，而这些"不同的理解"不对阐释的法学家具有拘束力，因为对法学家来说，法律不是法律起草人、政府代表和议会议员的集合意志，而是国家的意志，而这种国家意志与任何个人想要放入法律中的意志并无关系，它在任何情况下都根本不可能见诸法律之外，而只能在法律之中生存。"立法者虽然可以对法律的'材料'及立法的动机进行必要的解释，但这种解释不是关键的解释方式，而只是一种无拘束力的阐释尝试，关键的解释还是法学家的解释。法学家为了自己的信念，他们在法律中表达了一种确定的思路，进行了正确的阐释。"① 拉德布鲁赫指出，立法者虽然可以对法律的"材料"及立法的动机进行必要的解释，但这种解释不是关键的解释方式，关键的解释还是法学家的解释。法学家为了自己的信念，他们在法律中表达了一种确定的思路，进行了正确的阐释。拉德布鲁赫特别强调，"法学阐释要去努力探究的意志，是立法者的意志，即仅在法律中体现的国家意志。不是法律起草人的意志，不是一种曾经想到过的观念，不是一种终结的历史事实，相反，它一直处在不断发展中，它回答着具有新意义的、改变了的时代关系所提出的法律需要和法律问题，而对这种意义，法律起草人根本不会知道"②。

拉德布鲁赫认为，当法律解释和"立法者意志"未能表达时，即有法律的构造和"法律的目的"作为补充出现。传统的法学方法对我们来说就是，对于在法律本身中没有回答的法律问题，就按照最能符合法律目的的思路回答。为此，构造可起到准备工作的作用。在数学、历史乃至法学当中，我们把那种将先前被人分解开的各个部分予以整体上的再创造称为构造。在法律解释将确定法律制度的个别规则逐字地清楚阐明之后，构造应被作为一种统一原则的必然结果，得到概括和发展。③ 拉德布鲁赫还认为，不是法律制度的实质，而是法律制度的目的，才是唯一的原则。法律的具体规则可以溯源于这种原则，而只有那种本体论的、不是目的论的构造，才能合理地与之斗争。为具体法律制度进行的目的论构造进一步发展了整个法律秩序的体系。如今的情况是，通过构造而获得的具体法律制度的目的，被作为达到更高目的以及所有法律的最高目的的手段来把握和表达。这个法律系统学不可能达到的理想，正是出于统一的目的原则，而对整体法律秩序进行无可争议的体系构造。不过，这种法权内容的目的

① 拉德布鲁赫.法学导论.米健，译.北京：法律出版社，2012：196-197.
② 拉德布鲁赫.法学导论.米健，译.北京：法律出版社，2012：198.
③ 拉德布鲁赫.法学导论.米健，译.北京：法律出版社，2012：198-199.

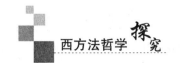

论构造和系统化因基于法律形式进行的构造和系统化而难以贯彻。公法和私法、物法和人法，这些法律制度的基本划分恰恰不是出于法律的目的，而是出于法律的形式。所以，人们可进一步以双重方式将程序加以构造和系统化：一是出于目的原则的方式，二是出于法律形式的方式。① 实际上，拉德布鲁赫就是主张按照法律目的和法律形式来划分法律部门，来将法律系统化、构造法律体系的。此外，拉德布鲁赫还将当时德国的法科学生分为三种类型。第一种是人所共知却又颇为令人惋惜的年轻人，以至于人们不必而且也不想对这种类型作过多的探讨。他们先是沉溺于葡萄酒、女人和歌唱中，后是通过大量复习加以补救，对法律职业无动于衷。第二种是缺乏明显思想个性、过分理智的年轻人。他们具有善于理解的天分，而且没有特别明显的好恶。如今勤谨尽职的工作者都出自这个行列中。第三种是具有强烈和高雅兴趣的年轻人，有诸如对哲学、艺术、社会和人文科学的爱好。他们或者由于外在的原因（缺乏经济手段）不能当作家和学者，或者由于内在原因（缺乏艺术创造力），不能将自己的职业建立在他们的主要兴趣上，而是将法学作为一个逃避之所，觉得法学是一门可能对其智能要求最少且自己能舒服地应对的科学。拉德布鲁赫在分析这三种类型的人的种种表现时，也提出了职业法律工作者应当具备的品德和素质：法律工作者从事的是一种法律职业活动，因此他们可以而且应该努力通过法律的各种缺陷直接地与公正打交道，他们要从实在法的特别奴役下解放出来，他们是正义形式的而不是其内容的仆役。同时，法律工作者首先就是要勤奋、兴趣广泛、知识渊博、经验丰富、善于思考、思维方法多样，钟爱法学并终身为之奋斗。其次是在从事法律职业活动过程中，要形成自己颇有价值的特点和风格，要以其充分的理解来考虑一切人性特点，既原则分明，又无言地予以宽容；既超越于争议观点、不偏不倚，又在不可动摇的法律创制面前意识清醒。②

拉德布鲁赫特别强调，法学教育的任务不仅仅在于向学生传授法学基本知识，更为重要的是激发学生对法学的特别兴趣，发扬学生的天分和才智，培养和提高学生的品德和素质，使其成为合格的职业法律工作者。

综上所述，拉德布鲁赫对法律、习惯和道德的产生以及其相互关系的论述，对自然法和实在法的分析和评论，对国家观、国家产生和国家形式的阐释，对科学的法学和法学任务的论证，都有系统的、独到的理论和观点，形成了他的相对实证主义法律观和自由主义国家观，丰富和发展了当时的西方法哲学和法理学，为后来西方法哲学和法理学的发展奠定了理论基础。拉德布鲁赫上述相对实证主义法律观和自由主义国家观在东亚各国特别是日本和韩国曾产生了广泛影响，在我国也产生了较大影响。今天，我们要发展马克思主义法哲学和中国特色社会主义法理学，以及建设中国特色社会主义法律文化和改革法学教育，拉德布鲁赫的上述法律思想无疑具有借鉴意义和参考价值。因此，深入研究和探讨拉德布鲁赫的法律思想完全是必要的和重要的。

---

① 拉德布鲁赫．法学导论．米健，译．北京：法律出版社，2012：199-200.
② 拉德布鲁赫．法学导论．米健，译．北京：法律出版社，2012：213.

西方法哲学学派述评篇

第八章　西方法哲学概述

按照西方国家大多数法哲学家的说法，法哲学是属于理论法学的范围，也就是"法理学""法的一般理论"，同我国目前讲授的法学基础理论的内容差不多。西方法哲学的发展可以分为古代西方法哲学、近代西方法哲学、现代西方法哲学和当代西方法哲学。我们现在讲的现代西方法哲学主要是讲 20 世纪在西方主要国家流行的法哲学，特别是 20 世纪 50 年代以来在西方主要国家流行的法哲学。

一、西方法哲学的研究对象和范围

关于西方法哲学的研究对象和范围，西方法哲学家的见解颇不一致，有时差别是很大的。

澳大利亚悉尼大学法学教授朱丽叶斯·斯通（Julius Stone，1907—1985）在《不列颠百科全书》中对法哲学的解释为："法哲学就是系统阐述法律的概念和理论，以帮助理解法律的性质、法律权力的根源及其在社会中的作用。在英语国家里，法理学一词常被用作法哲学的同义词，并且总是用以概括法学领域的分支学科的。"

英国牛津大学法理学教授赫伯特·哈特（Herbert Hart，1907—1992）在英国《哲学百科全书》中的解释为：法哲学是"关于法律的普遍本质的思考"。它所关心的不是法律的知识，而是法律的思想。法哲学的基本问题包括：定义和分析的问题；法律推理的问题；法律批评的问题。

牛津法律大辞典中对法哲学的解释是："它是用哲学的观点来检验法律或者将哲学的方法适用于法律问题，例如法律的定义和性质，法律与道德的关系，法律与社会和国家的关系，法律所要达到的目的，服从法律、法律概念和词语的解释，法律推理的本质和效力等等。法律哲学必然与社会学伦理学和政治哲学联系密切，或有所重叠。"

国际法理学和法哲学学会会刊《法律和哲学》指出：法哲学意味着对法律进行的具有法律知识内容的哲学思考，或者说是根据哲学的观点和方法进行的法律分析。该刊所列的法哲学问题包括：法律的理论、正义和法律、道德和法律、法律效力、法律和法律制度的性质、责任和惩罚、司法、法律推理、义务和不服从、法律职业道德、有关证据和程序的认识论问题、对有关法律和法律制度的概念和根本问题进行哲学研究、法律发展对哲学的影响、法律制度和其他社会制度的关系、法律理论和政治理论的关系、关于法理学和法哲学的问题经济学分析、法律概念的本质和发展等。

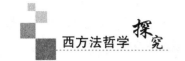

美国法学家帕特森（E. Patterson）认为，法理学就是法律哲学。"法理学是由法律的一般理论和关于法律的一般理论构成的。用这样两个命题，人们可以表明有两类法律理论和分析。一类关于法律的内在方面，另一类关于法律的外在方面。"所谓"法律的内在方面"是指由法律的理论设定法律的范围，探讨法律的概念、术语及法律各部分的关系。它横贯合同法、侵权法、财产法、程序法等法律部门，分析这些法律部门共有的概念。这种理论为现行法律制度适应新情况提供一般的指导，指导法律文件、法律编纂，解决法律的意思、法律的渊源或法律的形式以及判例的作用等问题。所谓"法律的外在方面"是指研究法律和政治、社会、哲学等的关系。这些"关系"包括法律和政权的关系、法律和社会中多数人信念的关系、法律和统治集团的关系、法律和正义的关系、法律和逻辑学的关系等等。

意大利法学家德尔·韦基奥（Giorgio Del Vecchio）认为，法律哲学由三个领域即逻辑论、现象论和义务论构成。逻辑论是说从逻辑的整体性来研究法律，也就是了解一切法律制度所共同的主要因素，找到法律的普遍观念。现象论是指了解法律的全部现象的知识，研究整个人类的法律史，研究法律的起源和进化。义务论是指对现行法律的评价，也就是寻求正义。韦基奥基于上述分析，把法律哲学定义为："法律哲学是这样一个研究科目，以法律的逻辑普遍性来界说法律，寻求法律的起源以及其历史发展的一般特征，并根据来自'纯粹理性'的正义理想加以评价。"

以上这些概念和定义说明：

第一，法哲学是法学中基础理论性质的分支学科。

第二，法哲学研究的内容主要是法学中的一些基础理论问题，这些问题是很多的，举不胜举，例如，法律的产生，法律的渊源，法律的性质，法律的目的和作用，法律的制定和遵守，法律的效力，法律和国家、政策、道德、宗教等的关系。由此可见，法哲学研究的内容大体上和我们现在讲的法学基础理论研究的内容差不多。

第三，法哲学家，由于他们的立场不同、看问题的角度不同、观点不同，代表的阶层、集团的利益不同，研究问题的方法不同、强调的方面不同，分成了不同的法律哲学派别，而且每一派别的代表人物不是就上述所有问题都进行研究或探讨的，他们的著述，往往是就上述的部分问题进行讨论和探讨。

第四，对西方法哲学派别主要是从方法论和基本观点的不同来加以区别的，方法论的不同就决定了法哲学派别名称不一样，例如注释法学派、历史法学派、分析法学派、社会法学派、哲理法学派、现实主义法学派、纯粹法学派、经济分析法学派、批判法学派等等。

二、西方法哲学的历史发展

西方法哲学的发展经历了几千年的历史，我们讲授过的西方法律思想史可以说就是西方法哲学的发展史。按照历史时代来区分，西方法哲学可以分为古代西方法哲学、近代西方法哲学、现代西方法哲学、当代西方法哲学。

（一）古代西方法哲学

古代西方法哲学包括奴隶制社会时期的法哲学和中世纪封建制社会时期的法哲学。

在西方，法学最早起源于古希腊和古罗马，那时虽然没有法哲学的名称，但是法哲学的思想确已存在。早在公元前 10 世纪前后，古希腊的以习惯法为主体的法律制度就开始产生并已有相当程度的发展，哲学更是相当发达。发达的哲学使得一些知识分子（多为哲学家）有能力去认识和研究自然界和社会中的各种现象。那时法律已经渗透到社会生活的各个基本方面，因此，那些哲学家在研究和探讨广泛的政治、哲学、伦理和美学问题时，就不可能不涉及法学问题，例如法是出自人意、神意还是自然，于是就有了人定法和自然法的区分，法律和政体、权力、正义、理性的关系，法律和伦理道德的关系，人治和法治问题，公民应不应当遵守法律，法律的作用问题等等。这些问题都是法哲学中的基本问题，在苏格拉底、柏拉图、亚里士多德等人的著述中都有论及。

古罗马的法律制度、法学、法学家集团、法律学校和法学著作都相当发达，罗马五大法学家，如波利比、西塞罗，对法哲学的一些基本问题都有重要论述，对于法律和正义、自然法、市民法、万民法、公法和私法等就有不少新提法、新观点。

中世纪是西方社会最为黑暗的时期，那时基督教会的势力非常强大，意识形态被神学统治着，哲学、政治学、法学都成为神学的附庸。尽管如此，这时的西方法哲学还是有所发展的，奥古斯丁、马西利的著述，尤其是阿奎那的著述中都含有比较丰富的法哲学思想。阿奎那通过对亚里士多德法律思想的研究，把古希腊和古罗马的法哲学引入神学之中，保存和发展了古希腊和古罗马的法哲学。中世纪后期，西方一些国家曾掀起了对罗马法研究的浪潮，继承和发展了罗马法哲学思想。

（二）近代西方法哲学

近代西方法哲学应从 14 世纪欧洲文艺复兴运动算起。

14 世纪开始的欧洲文艺复兴运动和宗教改革运动，是一场反对封建的、神学的思想意识形态运动，整个意识形态朝着世俗化的方向发展。一些新兴的资产阶级思想家把法学从神学的束缚中解放了出来，把出自君主意志和人性的自然性看成是法律的基础，使法学从天国回到了人间。

17、18 世纪是资产阶级革命时期，在这个时期，资产阶级民主和法制相继建立，促进了法哲学的发展，从而使法学成为一门独立的学科，法哲学派别纷纷出现。但是，在 19 世纪以前，法哲学基本上是哲学家和政治学家的事情，为资产阶级革命大造舆论的自然法学家多是哲学家和政治学家（如斯宾诺莎、霍布斯、洛克、伏尔泰、孟德斯鸠、卢梭等等）。难怪美国法学家弗里德曼（Friedmann）指出：17、18 世纪所有法律理论总是一头连着哲学、另一头连着政治学。有时出发点是哲学，政治理论是第二位的；有时出发点是政治学，哲学是第二位的。但无论如何，法律理论中总是包含着哲学、政治学的许多因素。有些法学家最初是哲学家，当他们建立了哲学体系后，才成

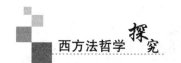

为法学家；有些法学家最初是政治学家，因为感到有必要以法律形式来表达政治思想，这时他们才成为法学家。从 19 世纪 40 年代开始，法哲学才由哲学或政治学的副产品成为法学家的法哲学，法哲学这一名称也是从黑格尔的《法哲学原理》开始被广泛采用的。

资产阶级法哲学的中心在西方国家出现过多次转移，最初的中心是在英国和法国，孟德斯鸠、伏尔泰、卢梭、洛克系统地提出资产阶级民主和法制理论，从而构成了当时法律哲学的核心内容；19 世纪初，法哲学的中心从法国转移到德国，康德、费希特，特别是黑格尔将其法哲学建立在唯心主义辩证法的基础上，并纳入他的唯心主义哲学体系之中。19 世纪后半期，法哲学的中心又从德国转向英国，边沁和奥斯丁创立了分析实证主义法学、功利主义法学，这些理论一时在英国占了主导地位。进入 20 世纪以来，西方法哲学的中心一直在英国和美国。

（三）现代西方法哲学

现代西方法哲学是指 20 世纪初至 20 世纪 70 年代的西方法哲学。这一时期西方法哲学主要有以下特征。

第一，派别林立，从萧条走向繁荣。从 20 世纪初开始，由于社会法学的崛起，西方法哲学曾经活跃过一个时期，派别林立。19 世纪后半期的早期社会学法学、分析实证主义法学、复兴自然法学，以及它们的分支社会连带主义法学、目的法学、纯粹法学、新康德主义法学和新黑格尔主义法学，这个时期都有流行。但是从 20 世纪 30 年代起，资本主义世界出现了经济危机，特别是 20 世纪 40 年代第二次世界大战的爆发，把学者的注意力引向经济问题和战争问题，加上战争期间资产阶级加强了对言论自由的限制，于是法学受到了削弱，法哲学也相应处于低潮。第二次世界大战后 20 世纪 50 年代开始，法哲学得到振兴，经过 10 年到 20 年的发展，出现了历史上从未有过的繁荣局面。从 20 世纪 50 年代到 70 年代，西方法哲学接连发生三次较大的学术争议。第一次发生在 20 世纪 50 年代后期，是哈特和富勒的论战，主题是法律和道德、实际的法和应当的法、事实和价值是否可以分离。哈特于 1957 年在哈佛大学发表题为《实证主义和法律与道德的分离》的演讲，主张法律与道德、实际的法和应当的法、事实和价值可以分离。哈佛大学法理学教授富勒撰写了题为《实证主义和对法的忠诚——答哈特教授》的论文，批驳哈特的观点，主张法律和道德、实际的法和应当的法、事实和价值不能截然分开，它们有着密不可分的联系。这场论战震动了法哲学界，促进了分析法学的更新和自然法学的复兴。第二次论战发生在 20 世纪 50 年代后期，是德富林（英国高等法院法官）和哈特的论战，主题是关于同性恋和卖淫的问题，也就是法律是否应将同性恋和卖淫判定为犯罪、是否应予惩罚。由此引出了一系列法哲学的基本问题，如法律和道德的作用、如何确定公共道德、法律能否干涉私人道德的王国、公共谴责能否作为犯罪惩罚的理由、自由和法律的关系，其中心是法律和道德的强制作用问题。他们的论战，引起西方国家法官、社会学家、哲学家的关注和参加，推动了法哲学的研究。第三次论战发生在 20 世纪 60 年代中期，是德沃金和哈特之间的论战。德沃金是哈特的学生，是西方法哲学的后起之秀，是当代在西方特别是美国最有影响力的法律哲学家之一。德沃金批判了哈特的功利主义和实证主义法律学说。这场论战涉及法律的性质、法律的渊源、司法推理、自由裁量权、民主和法治、法的存在和统一性等现代法哲学的基本问题。

第二，法哲学与其他学科相互渗透。如果按照帕特森的说法，西方法哲学研究的是法律的内在方面和外在方面的问题的话，那么，到了 20 世纪 70 年代，法哲学的领域有所扩大，特别是法律理论的比重大大增加。法哲学越来越多地注重研究与法律和法学有关的政治、经济、社会、道德、逻辑、哲学的问题，在更广阔的基础上研究法律。因此，法哲学同政治学、社会学、经济学、伦理学、逻辑学、哲学必然相互渗透。例如，为了确立评价现行法律和法律制度的正义标准与价值标准，法哲学同伦理学就有重合；在论证公民为什么必须履行守法义务时，法哲学同政治哲学就必然有重合；在分析法律概念，解决如何认定证据时，法哲学就必然同哲学有重合；在解释法律推理、诉讼中的辩论规律和方式问题时，法哲学必然同逻辑学、修辞学有重合；在探讨经济对法律的影响和法律的经济效益问题时，法哲学就必然同经济学有重合。诸如此类，举不胜举。所以，现代西方法哲学就不仅是职业法哲学家关心的事情，而且是政治学家、哲学家、伦理学家、经济学家、社会学家所关心的事情。许多哲学家同时也成了有名的法哲学家，如美国的哲学家罗尔斯、社会学家佩雷尔曼等人就是这样。

第三，四强并立，多元理论出现。资产阶级分为不同阶层、不同集团，各个不同阶层、不同集团都需要通过法哲学来表达自己的利益要求、提出他们的权力和主张，因此，法律哲学必然出现不同的派别，其理论也必然是多元化的，不可能有统一的法哲学，也不可能有单一的法律理论。

现代西方法哲学是四强并立的局面，即社会法学、新分析实证主义法学、新自然法学和经济分析法学的并立，而这四强又各有自己的分支，如批判法学、存在主义法学、行为主义法学、西方马克思主义法学等。四强又都相互吸收了对方的观点，如社会法学吸收了自然法学的正义论，自然法学吸收了分析法学的方法论，分析法学吸收了自然法学的若干理论观点。

（四）当代西方法哲学

现代和当代很难有一个明确的界限，讲现代西方法哲学必然要涉及当代西方法哲学的内容，讲当代西方法哲学也必然涉及现代西方法哲学的内容。其原因是：两者有连续性，联系密切。如果说有什么区别的话，那只有是侧重点上，特别是时间上有所不同而已。也就是说，当代西方法哲学更侧重的是 20 世纪 70 年代到 80 年代的西方法哲学，当然就其内容和论点来说势必不如现代西方法哲学来得成熟些，其所涉及的更多的是正在探讨和研究的问题。

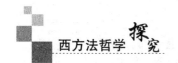

三、西方法哲学与法学、哲学

（一）西方法哲学与法学

西方法哲学同法学的关系是十分密切的，它属于法学的范畴（国内外有些学者认为西方法哲学是介于法学和哲学之间的边缘学科），是法学中带有一种基础理论性质的学科，因为它研究的都是法学中的一些基础理论问题，如法的起源、渊源、性质、概念、作用、效力以及法与道德的关系、法治、民主、自由等问题，这些问题和理论对部门法学科具有指导意义。

（二）西方法哲学与哲学

法哲学与哲学的关系也十分密切。但是法哲学在 19 世纪以前是属于哲学的范围的，是"哲学的一个部门"。自 19 世纪以后，随着资产阶级民主和法制的发展，法哲学有所发展，从哲学中独立出来，不再属于哲学的范围，更不是哲学的一个分支学科，而成为法学的一个分支学科。但是就算是在现在，西方有些学者仍然认为法哲学还是哲学的一个分支学科，如意大利的韦基奥和德国《布罗克豪斯百科全书》都把法哲学看成是哲学的一个分科、一个部分。

但是不管怎么说，法哲学同哲学的关系都是十分密切的，哲学始终是法哲学的思想基础，整个法学都和哲学有密切联系，超越哲学的法学是不存在的。在一定意义上说，西方法哲学的各个主要学派都在不同程度上、不同形式下受现代资产阶级各个不同哲学学派的影响，例如实证主义、实用主义、新托马斯主义、新康德主义、新黑格尔主义、存在主义、行为主义、结构主义、西方马克思主义哲学对法律哲学就产生了很大的影响，甚至产生了与之相适应的法哲学派别。然而也有些情况需要注意，一个法哲学家信奉一个哲学派别的观点的情况固然有，但多数情况是，在这个问题上信奉一个哲学派别的观点，在另外一个问题上信奉另一个哲学派别的观点，所以情况是比较复杂的。

第九章　现代自然法学

一、现代自然法学的产生和发展概况

（一）现代自然法学的产生

西方自然法学思潮的产生是最早的，存在和流传的时间也是最长的。早在公元前古希腊、古罗马奴隶制社会的时候，自然法思潮就已经出现了。到了中世纪的时候，这种思潮继续存在，不过它是带有神学性质的。它作为一种独立的、完整的法学理论体系，并且真正流转起来，是17、18世纪的事情了。在17、18世纪资产阶级革命时期，古典自然法理论曾经充当了强有力的反对封建主义的思想武器。其指导了实定法。实定法是按照自然法的原则制定的。

但是，当资产阶级掌握政权以后，这种古典自然法学便不适应资产阶级的需要了，它遭到了历史法学，尤其是遭到了占主导地位的法律实证主义或概念法学的反对，接着又遭到了社会法学的反对，于是古典自然法学走进了死胡同而濒于死亡了。

19世纪末20世纪初，随着自由资本主义进入帝国主义，自然法学又"死灰复燃"了。自然法学的复兴有两次高潮：一次是19世纪末20世纪初，另一次是第二次世界大战以后。伴随着自然法学的两次复兴，产生了现代自然法学。第二次世界大战前的自然法学的复兴，主要是神学主义性质的。第二次世界大战后的自然法学的复兴主要是非神学性质的，也就是世俗性质的。

（二）第二次自然法学复兴的原因

第二次的自然法学复兴，是以第二次世界大战为转机的。这时的自然法学，之所以得以复兴，其原因是多方面的、深刻的，而最直接的诱因是：它是对法西斯主义，尤其是对纳粹主义的批判，同时也是对概念法学、分析法学的惩罚。换句话说，为法西斯主义服务的分析实证主义法学理论，由于德、意、日法西斯国家的灭亡而破产，这在很大程度上帮助了自然法学的复兴及在西方各国的传播。

首先，纳粹主义同自然法学是根本对立的，它轻蔑正义和人道。人们对法西斯法学及其法律制度非常仇视，因此，法西斯主义失败后，人们对理想的法律制度的追求，便很容易唤起正义、人道、公共的善等抽象的观念，而这些观念正是自然法的原则、内容和观念，这就使自然法的复兴有了思想基础和条件。人们对法律实证主义并不感兴趣，相反，人们认为，法律实证主义在战争期间为纳粹的法律制度效劳（此观点有

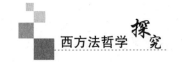

争论）；在第二次世界大战以后，它又是阻碍理想法律制度建立的绊脚石，所以法律实证主义不可取，只有自然法才可取。

其次，在审判纳粹分子的过程中，人们要求的不是根据实定法，而是本着正义和人道的理性来进行审判。这在客观上也推动了自然法观念的发展，推动了自然法的复兴。

最后，往日的法西斯主义法学的走卒，这时也不得不披上新装，要把自己装扮成"自然法"和"永恒正义"的宣扬者，也就是说，他们要举起自然法学的旗帜，把现代资产阶级思想中反科学的内容掺到自然法的内容中去，用"永恒正义""超法律的价值"等美丽的辞藻来蛊惑人心、迎合舆论。德国法学家拉德布鲁赫提出要使法学返回以前的历史上去，即回到自然法上去。

以上只是自然法得以复兴的直接的原因，但不是主要原因。自然法学得以复兴的最主要原因还是西方各国垄断资产阶级的统治的需要。在第二次世界大战中，西方各国的统治者借口战争的"要求"，开始吸取法西斯主义的精神。战后，随着工人运动的发展，社会主义力量的壮大，这些国家（尤其是美国）的法西斯主义气氛也曾一度高涨起来。这些国家的统治阶级深深感到战前的一些民主制度和法制对自己是一种束缚，日益要求法外统治，而自然法学正可以为他们所利用，被用来保护和维护垄断资产阶级的利益。他们认定，私有制永远符合自然法的制度，所以主张复兴自然法学的人，没有一个人不强调私有制具有最高自然法的性质，没有一个人不强调剥削人是合乎规律的，因而也是合于自然法的。同时，他们还把那些妨碍垄断资产阶级获取最大利润的法律规范、法治原则宣布为同自然法相抵触。他们之所以拥护自然法，是因为法制原则是不必要的，他们的"主要目的就是为了粉碎实在法"。他们还利用自然法是"普遍的"这一思想，为帝国主义国家推行侵略政策，推动"世界主义""世界法"服务。

（三）现代自然法学的主要代表人物

现代自然法学的主要代表人物很多，在第一次世界大战以后和第二次世界大战以前主要有：法国的夏蒙（J. Charmont，1859—1922，正是此人在其所著《自然法之复兴》一书中首次提出"复兴自然法"的口号）、德国的鲁道夫·施塔姆勒（Rudolsh Stamnleg，1856—1938，提出"可变内容的自然法学说"）、奥地利的麦斯纳（Johanner Messne，1896—?，著有《自然法与社会学》，认为社会法学者的学说脱离不开自然法的意味）、法国的惹尼（François Gény，1861—1944，也是复兴自然法的先驱人物之一）。第二次世界大战以后，复兴自然法学的代表人物就更多了，法国的马里旦（Jacques Maritain，1882—1973）、比利时的达班（Jean Datin，1889—1971）、德国的罗曼（Heizich Rommen），他们被称为神学自然法学派，以老托马斯的"正统派"自居；美国哈佛等大学的一些教授，如麦纳德·德沃金、罗尔斯、富勒等，他们被称为非神学自然法学派，也就是世俗的自然法学派。此外，像美国的凯因基、列波夫和海弗斯等，也都是现代自然法学的积极鼓吹者。

（四）现代自然法学的主要理论特征[①]

第一，对"自然法"概念作了新的理解和应用，也就是不再把自然法理解为一种与实在法并行的法律，而是隐蔽在其背后的能对其制定和实施起指导作用的法观念，即一种"高级的法"、理想的法或法的一种基本属性所追求的更加深层次的目标。

第二，对"自然法"的属性作了新的概括和论述，特别是强调了自然法内容的可变性和相对性。古典自然法强调"自然法"永恒不变，具有先验性和绝对性。当时的法学家试图从某个绝对的原则演绎出所有的法律规则和法律制度。而现代自然法学认为，自然法是可以容纳多种不同观点的"普遍形式"，其内容是"可变的"：可以是正义、平等，也可以是自由、坦率（利益）；可以是知识，也可以是财富；可以是避苦求乐的功利，也可以是寡情少欲的修行。

第三，对自然法作了新的分类，如马里旦认为自然法分为本体论的自然法和认识论的自然法，富勒认为自然法分为实体自然法和程序自然法、相对自然法和绝对自然法、神学自然法和世俗自然法等。

第四，以社会本位倾向为主导。古典自然法弘扬个人主义、自由主义，强调个人本位。而现代自然法一般都倾向于社会本位，强调必须根据当时的社会需要和社会关系来适用法律，认为个人离不开社会和集体、个人应永远服从共同体。这是注意吸收和借鉴其他法学，尤其是社会法学的观点和方法的表现。

（五）现代自然法学的沉寂

第二次世界大战后，复兴自然法学曾经喧闹一时，但是到 20 世纪 50 年代以后，它就急转直下、走向沉滞了。其原因主要如下。

第一，它极明显地暴露了"前近代性"的非科学本质。新托马斯主义法学是以神学主义为特点的，而神学虽可以给人以一时的兴奋，但是并不能永久起作用。新托马斯主义法学是以中世纪社会为前提的，把中世纪绝对化为一切人类的社会的模式；宣扬上帝高于一切，实在法服从神命法和主权者的权力，主权来自上帝，国家服从教会等。也就是说，按照中世纪黑暗制度改造资本主义社会。这当然是行不通的，也不适合垄断资产阶级的需要。此外，从人民方面来说，虽然这种法学鼓吹"调和""变革"，但它公开反对马克思主义法学，反对共产主义原理，故而使人民更加认清了它的反动性，它的市场必然越来越小。

第二，复兴自然法学带来了不能容忍的法官专横。既然复兴自然法学鼓吹自然法高于实定法，把实定法抛在一边，那么只能听凭法官依其理性作出司法判决。如此所产生的后果是：大者可以对正直人士进行政治陷害，中者可以敲诈勒索，小者可以宣布无罪为有罪。而这些胡作非为又都是在"伦理道德""正义"之类的名义下作出来的。有的资产阶级学者认为，这些完全可以同 1945 年以前纳粹主义的作为相比拟，所

---

① 吕世伦.现代西方法学流派.北京：中国大百科全书出版社，2000：8-11.

不同的仅仅在于：一个是以"民族共同体的准则"为口实；另一个是以"绝对的理论规则"为口实。这不仅仅为人民所不容，而且也为有正义感的资产阶级思想家所反对。

第三，垄断资产阶级破坏宪法和法制的要求，已在新的实定法如美国在第二次世界大战后公布的许多反动法律中得到实现，向"自然法"求救的呼声便越来越低了。有的资产阶级法学家，如考夫曼认为，在这种情况下，如果再用"自然法的咒语"进行"呼唤"，非但对垄断资产阶级不利，而且有激起人们追求法制的危险。

正是由于上述原因，我们说复兴自然法学的沉寂没落是必然的。但是这不等于说它已经不存在了，已经没有人研究它了。恰恰相反，现在西方国家仍有人在研究它、宣传它，只是它的影响和作用没有社会法学的影响和作用那样大罢了。同时，它在日益靠近社会法学，同社会法学相结合。现代自然法学仍属于西方国家"四强"法学之一。

二、惹尼的复兴自然法学

法国著名法学家弗朗克斯·惹尼是现代复兴自然法运动的先驱者。惹尼 1861 年出生于巴卡拉，先后在阿尔及尔大学和第戎大学任教，后来转到南锡大学法学院任教，并当选为法国科学院通讯院士。惹尼在司法研究方面造诣较深，他曾参加波兰民法典的编订工作，并对瑞士民法典的债篇提出过建设性的意见。

惹尼的著作颇多，主要有：《私法实在法的解释方法和渊源》（1899 年）、《私法实在法的科学和技术》（1941—1924 年）、《书信方面的权利》（1911 年）。此外，他还担任过《民法季刊》《法律周刊》等杂志的编辑工作。

（一）法律解释论

惹尼的《私法实在法的解释方法和渊源》一书，具有明显的社会学实证主义倾向，他对 18 世纪法国和比利时的诠释法学派运用民法典的解释方法进行了批判。他反对不顾立法者在制定法律时的意志和意图，而只以变化了的社会关系为借口自由解释成文法律。惹尼坚决主张，根据立法者在立法时的意图，根据那时存在的社会需要和社会关系来解释成文法律。他认为，法律的渊源不可能囊括法律的内容，总是需要将一定的自由裁量权给法官，让法官发挥主动性，进行创造性的精神活动。但是，这种权限不能由法官根据个人的不受控制的任性来行使，而必须以客观原则为依据。法官应给诉讼当事人的愿望以最大可能的满足，为此，就要承认一切冲突的利益，要估计它们各自的力量，要以正义的标准衡量它们。要赋予由社会标准测定的最主要的利益以优势，从而最终在诉讼当事人中产生一种平衡。为了使各种利益之间的正义得到平衡，法官必须仔细观察普遍的道德情感，研究特定时间和地点的社会条件与经济条件。法官应该尊重契约、遗嘱和其他事物中表现出来的当事人的独立意志，而这种意志又不能与公共秩序的基本原则相冲突。

为了尊重立法者在制定法律时的意志和意图，惹尼认为：成文法的类推适用是不被准许的。当情况已发生变化，而且解释不再有意义时，该法律就不能再被适用了。在这种情况下，习惯就是法律。在惹尼看来，习惯是仅次于成文法的法律渊源之一，尽管在现代法律制度中，成文法和习惯法不是等同的。从政治学和社会学的理论观点来看，成文法优于习惯法。在这里可以明显看出，惹尼关于成文法和习惯法的分析，运用了实证主义关于法律渊源的概念。

惹尼还断言，在缺少立法和习惯的情况下，"权威"和"传统"就开始发挥作用。他所讲的"权威"包括法律理论和司法判决。这种"权威"经过长时期的延续而历史悠久，就变成"传统"了。不过，这种"权威"不是与立法和习惯处于同等地位的，而是从属于立法和习惯的。它们只能为成文法做准备，只能为习惯法的创造力作出贡献，只能成为习惯法的基础。如果由"权威"和"传统"支持的立法和习惯不充分，就应产生"自由的科学研究"。这种研究之所以是自由的，是因为它不受形式渊源的约束，是独立的。它能够成为制定法律所寻求的指南，它能够集中"客观依据"或"人类社会的事物的本性"。正是要在这种自由的研究中去发现正义和平等的基本原则，而且这时类推也起着重要作用。在这点上，惹尼的观点同自由法学的理论极为接近。

尽管如此，惹尼并不主张法官的意志专横。他鼓吹的法官的主动性和创议性是有限度的，那就是仅限于个别案件，它只是作为立法的一种补充。惹尼强调，在法律渊源中，立法——习惯——权威——传统这一顺序必须被严格遵守，不能改动成文法律的首位。

（二）社会的"已给"论

所谓"已给"就是指已经事先呈现于人们，特别是立法者和法官的面前的既定状态。惹尼认为有四种"已给"。

首先是"自然的已给"，也叫现实的"已给"。它由兼有自然性质和规范性质的人类社会共同体构成。惹尼一再扬言，对于物理的、道德的本质，对于经济条件、政治力量和社会力量，他是一点也不感兴趣的。

其次是"历史的已给"。"历史的已给"是建立在"自然的已给"之上的。它作用于自然，给自然以新的力量。

再次是人的"理性的已给"。人的"理性的已给"是建立在"自然的已给"和"历史的已给"之上的。这里要注意，人的理性必然从人的本质和他与世界的关系中引申出来这一原则。

最后是"理想的已给"。它是由人的理想构成的。这种理想是从感情和信念的力量出发的，是从对身体的、心理的、道德的、宗教的、经济的和政治的秩序的全盘考虑出发的。

惹尼认为，两性差别是"自然的已给"。立法者在制定婚姻法时不能忽视它，同性之间的结婚是不可能的。在任何时候，婚姻都要从属于一定的社会权威的控制。通过婚姻的形式的两性结合，就是一种"历史的已给"。从人的本性来看，为了抑制人的情欲和为了儿童的教育，人的理性必然要求婚姻是稳定的和持久的。此外，立法必须承

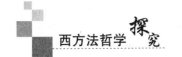

认人的灵感和理想，而在这些理想中可以发现婚姻的不可离异性和一夫一妻制思想等等。

惹尼主张"科学研究"应把注意力集中到这些"已给"，并且从这些"已给"中引出实质性法律原则。

正是以这四种"已给"的划分为基础，惹尼揭示了基本法律原则和管理法律原则的区别。前三种形式的"已给"以及在它们之上建立的法律原则是"基本的"，是立法者制定有效法律时所不能忽视的。第四种类型的"已给"以及从其中得出的法律原则是"管理的"。它们以基本原则为先决条件，并且在合法生活中只起一种精练和深化的作用。基本法律原则对于社会关系的形成和稳定是必需的，因而是"基本的"。管理法律原则以理想的"已给"为基础，具有较大的灵活性，可以根据具体情况进行运用。

（三）自然法与法律技术理论

惹尼设想的自然法就是包括"基本法律原则"和"管理法律原则"的"实质性法律原则"。这些原则构成实证法律的基础，并且经由"法律构成技术"而在社会生活中成为可实践的。更准确地说，这些实质性法律原则就是自然法，而它们通过"实证化"或"法律构成"便成为实证法律。

惹尼认为对于作为一切实证法律基础的最高和普遍有效的规律来说，有必要保持自然法这一术语。但是，与古典自然法论者不同，惹尼没有把现实法律的有效性归于"自然法的最低限度"。他强调，自然法的规则只能是实证立法的一般的笼统的指导。他说：从这些已给中得出的准则，没有掌握现实事实，有时，它们只是提供了空架子而已。也即自然法只是抽象原则，还不是现实规范。

惹尼还认为，由"已给"产生的实质性法律原则（自然法）和由此产生的现实法律（实在法），它们的效率完全依赖于"技术构成"。法律技术构成是"法律艺术"的基本组成部分，通过它，法律原则就变成对社会现实可行的。而所谓法律技术又是指什么呢？法律技术是指在全部实证法律中，它代表形式与内容的对立……这种形式是已给的人工构成物，是行为而不是理智的产物。这里，法学家的意志可以自由地运动，只受法律的预定目的的指导。"已给"原则的法律效力与法律技术解释之间是互为前提的。就是说，"已给"原则的法律效力依存于法律技术解释，而这种解释的规范性法律性质又是以这些原则为先决条件的。总之，惹尼所谓的法律技术手段涉及的范围很小，既有实证法律渊源（即立法、习惯、权威和传统），又有法律形式所需要的程序；既有法律形式的范畴，又有法律分类的范畴；既有法律概念，又有法律设定和虚构、法律术语等。全部实证法律的制定要以动态的"实质性法律原则"以及"法律技术构成"为基础，这就是惹尼的法律思想的最主要内容。

三、马里旦的新托马斯主义法学

马里旦的新托马斯主义法学是复兴自然法学的支柱，存在时间长，影响大。

　　雅克·马里旦从 1906 年起就开始宣扬新托马斯主义，他的哲学基本上是重述和解释托马斯·阿奎那的学说，他以正统派自居。他出生在巴黎，毕业于巴黎大学，1914—1939 年在巴黎天主教学院教授现代哲学；1941—1944 年在美国普林斯顿大学、哥伦比亚大学讲学；1945—1948 年任法国驻梵蒂冈大使；1948—1960年任美国普林斯顿大学哲学教授。他一生写了六十多部著作，在政治、法律方面的著作主要有：《现代世界中的自由》（1933 年）、《真正的人道主义》（1936 年）、《经院主义和政治》（1940 年）、《基督教和民主》（1944 年）、《人权和自然法》（1943 年）、《人和国家》（1951 年）等。在新托马斯主义法学理论家中，马里旦是以"自由主义派"著称的，因此，在法西斯主义垮台后，其理论更适于以美国为首的"自由世界"的需要。他的主要政治法律观点有以下内容。

（一）工具主义的国家学说

　　马里旦的国家学说是建立在精神基础之上的，也就是说，他是用神学的观点来解释英美式的代议制国家，创立了他的工具主义的国家学说。

　　首先，马里旦对民族、政治体和国家这三个概念进行了严格区别。在西方，这三个概念往往是与共同体和社会这两个概念密切相关的。因此，在弄清楚这三个概念之前，他首先对共同体和社会这两个概念作了解说和区分。马里旦指出，共同体和社会这两个概念主要有以下区别：社会有一个其成员都意识到的共同对象或目标；共同体虽然也有一个共同对象，但是它不依赖于人的理性活动。共同体是历史和遗传的产物；社会则是理性和道德力量的产物。共同体是自然的创作，与生物的现实有关；社会是理性的创作，与人的理性精神有关。社会内部不断产生共同体，而一个共同体永远不能发展成为社会，而地域的、种族的、语言的集团和社会阶级都是共同体。

　　马里旦进一步指出：民族是一个共同体，而不是社会。民族是从种族共同体发展而来的。民族有一定的土地、语言等。但是，民族永远不能成为政治体。民族虽有优秀分子和势力中心，但没有统治权威；虽有结构，但没有法律组织；虽有习俗和风尚，但没有正式的规范和秩序。因此，现代所谓的"民族国家"是根本不存在的。把民族与国家相混同是一个"不幸"，是一个"灾难"，其结果是把国家神化了，而把民族毁灭了。

　　政治体和国家不同于民族，它们可以被称为社会，不过，政治体制等于政治社会，而国家只是政治社会的一部分，是政治社会的最高部分。国家是什么呢？国家只是政治体中特别与维持法律、促进共同福利和公共秩序，以及管理公共事务有关的那一部分。[①] 在政治体与国家之间的关系上，国家总是低于政治体的，正像部分总是低于整体一样；国家必须为政治体服务。

　　马里旦对黑格尔的极权主义国家学说进行了批判。黑格尔认为国家是理念的最高体现，是一个超人。马里旦则认为国家只不过是一个拥有权力和强制力的机构，是为人服务的工具。他反对把人当作国家这一工具的工具。他认为，使人为国家这一工具

　　① 马里旦. 人和国家. 霍宗彦，译. 北京：商务印书馆，1964：15.

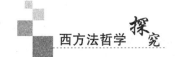

服务，是政治上的败坏现象，政治上的正常现象应该是国家为人民服务。

在马里旦看来，现代世界之所以有许多专制主义、集权主义国家存在，根本原因是人们没有把民族、政治体、国家这三个概念区别开来，反而在理论上把国家神圣化、极端化了。这种理论直接源于霍布斯、奥斯丁和黑格尔的国家理论。这种理论根本颠倒了人和国家的关系。马里旦强调国家为人民服务，其最终目的在于强调国家为教会服务，为天主教势力服务。

其次，在教会与国家的关系上，马里旦极力宣扬教会高于国家，他说过：教会"是一个扩展到全世界的绝对普遍的王国——高于政治体和每一个政治体"。为此，马里旦设定了三个永恒不变的原则：一是教会的教导、传教和礼拜的自由、福音的自由、圣经的自由是神圣不可侵犯的；二是教会的地位高于政治体和国家的地位；三是教会同政治体和国家必须合作，因为在马里旦看来，教会成员和国家成员绝对区分开来是不可能的。马里旦的目的很清楚，就是借教会力量为垄断资产阶级的对内、对外政策服务。

（二）神学自然法学

1. 马里旦的神学自然法论

马里旦是托马斯·阿奎那的神学自然法论的直接的、正统的继承者，但是他也根据垄断资产阶级的需要对阿奎那的理论进行了"加工改造"。

马里旦扬言托马斯·阿奎那的神学自然法论虽然是完全一贯的学说，但是他没有用明确的语句表达出来，所以这一学说的特点不易为人们掌握，反而容易被忽视和被遗忘。而他就是要以明确的语句来阐明神学自然法的特点，以便人们深入地掌握它。

马里旦对17、18世纪的古典自然法理论持反对态度，他把这一理论斥为"变形的"理论、人们不应接受的理论。

2. 马里旦的法的分类

第一类：永恒法。它是上帝统治整个宇宙的法，是神的理性的秩序，是神的意志的体现，是创造的智慧本身。

第二类：自然法或不成文法，是人类对永恒法的参与，是永恒法的一部分。它来自人即是人，别的不考虑，这样一个简单事实。它处理与"超乐避苦"首要原则相联系的权利义务，它是绝对的不可改变的。

第三类：实在法。它是社会中的法，是一种理性的秩序。它既包括制定法，也包括习惯法。它处理与偶然的"超乐避苦"原则相联系的权利和义务，是自然法的延伸。

第四类：万民法和国际法。它处于自然法和实在法之间，很难给它下一个准确定义，可以称它为"文明的普通法"。它是自然法的延伸和扩展，进入人性的主要倾向不能决定的各个领域。自然法才使实在法和国际法更加完善、公正。

3. 自然法的本体论要素

马里旦的自然法理论的独到之处在于强调自然法是由两种要素构成的。

一是本体论要素。所谓本体论要素，是指由物的本质所产生的必然性。人必然要这样，任何情况的发生必然是这样的，一切事物都有一种由其本质所产生的常态、一种规律，这种本质、规律、必然性、常态就是自然法。马里旦认为，自然法源于人的理性，是从人性或人的本质中产生的有关人类的合适而正当行为的规则或理想秩序。他说："正是靠着人性的力量，才有这样一种秩序或安排。它是人的理性所能发现的。并且人的意志为了要使它自己同人类根本的和必然的目的合拍，就一定要按照他们而行动，不成文法或自然法不外乎是这样。"① 他还说："每一种存在都有其本身的自然法，正如它有它自己的本质一样。凡由人类勤劳所创造的任何一类东西，如我刚才所举的弦乐器，都有它自己的自然法，即它发生作用的常态，也就是为了它的特殊构造，它要求用来发生作用，使它'应该'被使用的那种正常方式。"② 马里旦还强调：自然法是有关人的行为的理想程序，是合适和不合适行动、正当和不正当行为的一条分水岭，它依靠着人的本性或本质以及根源于这种本性或本质的不变的必然性。人的自然法是道德的法则，它的本质源于人的本性。如禁止随便杀人，是自然法的一项箴规，因为人性的主要目的就是保全自己的生命，生存权是人的最基本的权利，它是万古不移的。

二是认识论要素。这是指人们对自然法的认识是通过一种先验的理性，通过一种道德良知实现的。自然法的概念主要依存于人们对它的认识的能力和程度，因而，人们对自然法则的认识是不断前进的，只有一个过程。马里旦说："人们对自然法的知识是随着人的道德良知的发展而一点一点增加的……我们自己的道德良知对这一不成文法的知识无疑地还是不完备的，而且，可能只要人类存在，他将继续发展并继续变得更加精密。只有等福音渗入了人体的最深之处，自然法才会开花并达到完善的境地。"③ 简言之，在马里旦看来，人对自然法的认识是人的良知的增加，而人的道德良知的增加又要靠神的启示，所以人对自然法的认识最终还是取决于神。

马里旦还特别强调："私人占有物质财富的权利属于自然法"。至于私有财产权的具体形式，因为它和经济发展水平、人类的工作和管理有关，所以，由实在法加以确定。在这里，可以清楚地看出，马里旦是在竭力维护资本主义的私有制。

（三）人权理论

马里旦十分重视人权问题。他参加过联合国世界人权委员会的工作，参与了《世界人权宣言》的起草工作。

人权思想在马里旦的新托马斯主义思想体系中占有中心地位。马里旦说，世界思想体系有三大类：个人民主自由主义；马克思主义；新托马斯主义（也叫人格主义或人道主义）。个人民主自由主义鼓吹人类真谛是每个人独立地处理自己的财富；共产主义（马克思主义）的标志是通过集体力量大家共同享有财富；而人格主义认为财富要服从真正的人的道德的精神的福利，即升入天堂。在他看来，这三种思想虽然相互对

---

① 马里旦. 人和国家. 霍宗彦，译. 北京：商务印书馆，1964：80.
② 马里旦. 人和国家. 霍宗彦，译. 北京：商务印书馆，1964：81-82.
③ 马里旦. 人和国家. 霍宗彦，译. 北京：商务印书馆，1964：85-86.

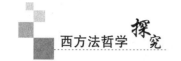

立，但是可以在人权问题上取得一致。

马里旦的人权理论是建立在自然法理论的基础之上的。在他看来，不了解、不认识自然法，就不可能认识，至少是不可能彻底认识人权。他说，"如果我们没有一个十分充足的自然法观念，我们为何能了解人权呢？那个规定我们最基本的义务并从而使每项法律具有约束力的同一自然法，就是把我们的基本权利指定给我们的那个法律"①。

马里旦的人权理论主要包括以下一些论点。

第一，自然法人权和实在法人权的区分。马里旦根据自然法思想对人权进行分类。他认为，有的人权属于自然法，有的人权属于实在法。例如、自由、生存、追求道德生活的完善都是自然权利，都属于自然法。但是，关于物质财富私有权则要具体分析：就人人有权享有财富来说，这是自然法规定的；就私有权具体形式来说，则是由实在法规定的。这就是说，如果私有权有什么问题，那么对实在法加以改良就行了，对作为自然权利的私有权则不必改动。

第二，自然人格的不能让与性。这种不能让与的权利可以分为绝对不能让与的和基本不能让与的两类。前者指的是人的生存权或追求幸福权，对于这一权利，不能在任何程度上限制人们自然地享有。后者指的是结社权、言论自由权等。对于这种权利，虽然它也是自然权利，但是为了共同福利，国家可以限制人们的自然享有。正是从这种意义上说，它是基本不能让与的。

第三，权利的享有和行使的区分。马里旦坚决主张把自然权利的享有和它的行使区分开来。就享有来说，绝对不能让与的权利不受限制，但就行使来说，即使是绝对不能让与的权利，在行使时也应受到限制，也就是要受从正义发出而作出的规定的限制。

第四，新旧权利是可以调和的。所谓旧权利是指私有财产权、契约自由权等；新权利是指选择工作、组织工会、要求提高工资、免费享受社会福利、取得经济、失业保险、疾病津贴、工会参与经济生活的权利等。这两种权利是可以调和的（也就是资产者和无产者可以调和）。马里旦认为，1948 年联合国通过的《人权宣言》就是新旧权利调和的典型例子。笔者认为，这与其说是新旧权利的"调和"，倒不如说是人权内容的扩展。马里旦极力美化资本主义国家的人民享有人权，而污蔑、恶毒地攻击社会主义国家不尊重人权、践踏人权，以此来为帝国主义效劳。

（四）主权和世界政府

马里旦反对传统的主权观念，认为它是一种错误、有害的观念，竭力主张"政治哲学一定要摆脱主权这一词以及主权这一概念"②。传统的主权观念认为，主权就是享有最高独立性和最高权力的权利。在马里旦看来，无论是政治社会、国家还是人民，都不拥有这种意义上的权力，它既不是独立的，也不是最高的，而且它是分开的。此

---

① 马里旦. 人和国家. 霍宗彦，译. 北京：商务印书馆，1964：76.
② 马里旦. 人和国家. 霍宗彦，译. 北京：商务印书馆，1964：30.

外，主权既不能成立，也不能被人承认和尊重。马里旦认为，承认国家主权观念必然导致三个严重后果：一是承认对外主权就意味着每一个国家在国际事务中享有绝对独立性，不难想象其结果是会接受任何国际法的约束或加入一个更大的世界社会；二是承认对内主权，则意味着国家对社会和人民有绝对的统治权，这必然导致极权主义；三是主权的绝对性会使它不受人民的监督和控制，而这是与民主观念相矛盾的。[①]

马里旦正是在反对上述传统主权观念的基础上，提出他的建立世界政府的方案。他认为，当今人类面临着两种选择，或者是永久和平，或者是全部毁灭。为了维持永久和平，就必须废除主权，建立"世界政府"这一最高机构。首先，它是一个"不受任何权力约束但被赋予确实无疑的道德权威的新的最高的机构"；其次，它的"最高咨询理事会"将从世界多民族中挑选出来；最后，它的成员一旦被选出后就丧失本国国籍，并被授予世界公民籍。马里旦还竭力主张把天主教的原则推广到全世界，按照天主教会的面貌改造社会，进而建立"世界天主教帝国"[②]。很显然，马里旦的这套主张完全违背了世界人民的意愿，背离了《联合国宪章》的精神，破坏了国际法的基本原则，直接为帝国主义主宰世界服务。

四、麦斯纳的自然法思想

麦斯纳是奥地利法学家、天主教神学理论家，1891 年 2 月 16 日出生在奥地利帝罗尔，1928 年在萨尔茨堡任私人教师，1930 年在维也纳大学任讲师，1935 年在维也纳大学升为教授。纳粹统治期间，他一直从事法律教学工作，同时钻研天主教神学理论。第二次世界大战后，由于受到新自然法学和法社会学的影响，他开始侧重研究法律、社会和道德之间的关系问题，成为新自然法学的代表人物。其代表作《自然法》（1949年）一书，在第二次世界大战后自然法复兴中占有特殊而重要的地位。该书在广泛研究各种自然法理论和实证主义法学理论的基础上，对自然法学进行了新的阐述。1966年该书出版第五版时，作者对该书进行了全面的修改，并增加了一些新的内容，但其基本观点没有发生大的变化。

（一）自然道德法

麦斯纳仿效托马斯·阿奎那，区分了"自然道德法"和"自然法"。自然道德法的最高原则是"要行善，要避恶"。从中可以直接引出第一级道德原则：避免过度给予每个人的应有的东西，不对别人做你不希望别人对你做的事，使行为符合社会生活，尊重父母，服从合法政府，遵守契约，信仰上帝等。从这些第一级道德原则中产生第二级道德原则，而第二级道德原则构成基督教"十诫"的内容。此外，还有第三级道德原则，也叫"被运用的原则"。第三级道德原则不是直接的、明显的，只能根据其具体

① 严存生．西方法律思想史．北京：中国法制出版社，2012：390．
② 严存生．西方法律思想史．北京：中国法制出版社，2012：390．

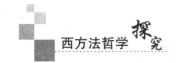

情况来决定，例如发给雇员以公正的工资等。

虽然，麦斯纳的自然道德法的概念是直接抄自托马斯·阿奎那的，但是，托马斯·阿奎那把"个别道德"看作是自然道德法的附属物，而麦斯纳则认为，自然道德法是在个别道德中使自己具体化的，而且自然道德法是根据个别道德的水平成熟而发展的。

如同托马斯·阿奎那一样，麦斯纳认为，人只能在社会或社会关系的范围内实现他的存在目的和道德完善，自然道德法也只能在这些社会关系中得到承认。一方面，社会是建立在人的社会本性中的；另一方面，人的道德完善是依赖于社会的。麦斯纳把社会看成是一个共同体，在其中个人被约束在一起而形成一个更高的社会统一体。

（二）自然法

麦斯纳断言，自然法是自然道德法则的构成部分。前面说的自然道德法的全部特征也适用于自然法。

麦斯纳强调法律与道德有以下区别：（1）法律只与社会生活中人的行为的外部模式相关；（2）法律只与特定内容的义务相关；（3）法律给予实施被规定的行为的权利；（4）为了保证社会安全，法律赋予社会以制定规范的权利。

麦斯纳认为上述四点作为法律的特征，同自然法是一致的。所谓自然法是个人和建立在人的本性之上的有其自己责任的社会的适当权能的秩序。在这里，麦斯纳显然是在强调自然法的现实法律性质。

麦斯纳还把自然法分为两级。第一级的自然法是绝对的，即"永远不变的无条件的必须履行的自然法"。最普遍的原则是："尊重每人的权利，避免不正义"。特别是应尊重人的生命和身体的完整性，即所谓"人权"，具体指：良心的自由、宗教的自由、生命的权利、人格的权利、结婚的权利等。第二级的自然法是被运用于国内法和国际法领域中的自然法，这种适用是通过习惯和惯例发生的。它是人类道德意识和法律意识发展的表现。

（三）自然法和实证法的关系

麦斯纳认为，自然法代表了制定实证法的权能，反过来，实证法直接或间接地依赖于自然法，即实证法的效力来自由自然法代表的法律权能。换言之，自然法对实证法起了一种补充作用，自然法要使实证法受共同利益原则的约束。

五、富勒的新自然法学

朗·富勒（Lon L. Fuller，1902—1978）是美国著名的法理学家，新自然法的主要代表之一。他于1902年7月生于美国得克萨斯州的赫尔福德。从17岁起，他先后就读于加州大学、斯坦福大学，1926年获法律博士学位，毕业后在俄勒冈大学法学院任助理教授，1928—1931年任教于伊利诺伊大学法学院，1931—1939年任教于杜克大学法学院，1939—1940 年任教于哈佛大学法学院，并被聘为该院的终身教授。1972 年 7 月 1 日富勒从该院退休。1978 年 4 月 8 日富勒逝世。

富勒的著作颇丰，代表作是《法律的道德性》（1964 年初版、1969 年修订版），其他还有《法律在探讨自己》（1940 年）、《法理学》（1949 年）、《法律的虚构（拟制）》（1967 年）、《法律的自相矛盾》（1968 年）、《社会秩序的原理》（1981 年）。

（一）法律的概念及目的

富勒批判了西方国家各种法学流派的法律概念，在这个基础上，他提出了自己的法律概念。

富勒举出五种流行的法律概念进行了批判。

第一种是法律的预测说。这一学说是美国大法官霍姆斯提出来的。霍姆斯说过，法律的意思就是对法院事实上将做什么的预言，而不是什么统治。富勒认为：霍姆斯的说法是在把法律与道德截然分开，否定法律同道德的联系。事实上，法律同道德是有密切联系的，是不可能完全分开的。法律预测本身就要受道德的影响，就包含道德的因素。法律就是内在道德和外在道德的结合，预测说仅谈到了外在观点而否认了内在观点。

第二种是公共秩序说。这是法学家弗里特曼提出的，他说过法制就是"意味着公共秩序的存在"。也就是说，不管是法西斯国家，还是民主国家或社会主义国家，只要有公共秩序的存在就有法制。富勒认为这是不值一驳的理论，法律不仅要讲秩序，而且还要讲道德，不然的话，法西斯法律同民主国家法律就不好区别了。

第三种是强制说。此说认为法律就是拿"物质武力"来强制的。这是人类学家霍贝尔的观点。富勒反对这种观点。富勒认为：法律同武力是有联系的，是靠武力来维持的，但是法律本身不是武力，武力也不能成为法律的特点。正像天文学不能把望远镜叫天文学，计量科学不能把仪器装置叫计量科学一样，不能把武力就叫法律。法律同武力是有联系，这种联系在刑法方面表现得特别明显。但是，法律大部分是不靠武力来施行的，这在民法、商法、经济法方面表现得尤为突出。

第四种是权力等级体系说。从 17 世纪的霍布斯、19 世纪的奥斯丁到 20 世纪的凯尔森，都认为国家权力是金字塔式的等级结构，而法律规范也是分层次的、分等级的，是有最高、次高、最低之分的，它们之间的关系不能矛盾，更不能颠倒，否则，人们无法适从。富勒认为这种看法是有一定道理的，是符合法律的内在道德要求的；认为凯尔森等人的错误在于，把这种等级体系绝对化了，忽视了其他方面的因素。

第五种是国会全权说。这是英国法学家戴西提出的。他在《英宪精义》一书中说"国会掌握最高立法权"，"国会有权制定或不制定任何法律"。富勒认为这种把国会的权力说得大到不受任何限制的程度是十分荒谬的，事实上，国会的权力也不能不受限制，它的权力，既要受法律的限制，也要受道德的限制。国会全权的存在正说明了法律同道德不可分。

富勒在反驳上述五种学说后，对法律提出了自己的"事业说"的定义。他说："法

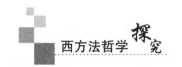
律是使人类行为服从于规则之治的事业。"① （或者说："法律就是使人们的行为服从由规则治理的事业。"）他认为研究法律是着重研究法律现在是什么或做什么，而不是去研究法律打算做什么或者变成什么。富勒始终坚持把法律看成是一种权威。

富勒关于法律的这一定义是建立在道德论基础之上的。他只强调法律同道德的联系，只看到了法律中的道德因素，而抹杀了法律同道德的区别，故而他的法律定义，同样是不够科学的。

尤其是，富勒把法律看成是一种有目的的活动，认为"法律体系是一种有目的的持续努力的产物"②。"我坚持认为法律应当被视为一项有目的的事业，其成功取决于那些从事这些事业的人们的能量、见识、智力和良知，也正是出于这种依赖性，他注定永远无法完全实现其目标。"③ 他还特别强调作为有目的的活动，法律会遇到许多困难，人们必须准确了解法律的目的才能克服这些困难。

（二）法律的内在道德：程序自然法

富勒认为，法律的内在道德就是程序自然法，它是有关法律的制定、解释和适用等程序上的原则或法制原则，是使以规则管理人类行为的事业成为可能的道德，也是法律能够成为法律所绝对必需的前提条件。因此，我们可以认为，富勒提出的法律的内在道德的八大要素，实际就是法治的八大原则。

一是法律是一般的、普遍的。也就是说，法律不是针对特定人的，而是对一般人都适用的。

二是法律要公布，要让人们知道。但这并不是说要求每一个公民都要看一遍法律，只要有人看着就行了。法律的公布，便于人民了解法律、遵守法律、批评法律、监督法律的执行。

三是法律禁止溯及既往的效力。富勒认为：法律一般是适用于将来的，法律只应规定将来的某些行为；不能用明天的法律规则约束今天的行为，也不能因人们先前的某种行为现在看来是违法的而处罚他们。也就是说，如果法律溯及既往不就等于说，命令一个人昨天就要遵循今天才制定的法律。这是极为荒谬的，也是不合逻辑的。

四是法律更要有明确性。富勒说，认为只有司法部门、行政部门才有违反法律的事情发生，而立法部门则没有违反法律的事情发生，这是错误的。事实上，不论是司法、行政部门还是立法部门，都有违反法律的事情发生。例如立法部门所立的法违反宪法，这就是违法。富勒还特别强调，政府是法律规则的维护者，政府必须忠实地适用法律规则。富勒还强调，法律规则不能含混不清、支离破碎，必须明确、具体。保证法律规则明确性的最好办法，就是利用立法大厅外日常生活中使用的常识性判断标准。

---

① 富勒. 法律的道德性. 北京：商务印书馆，2005：124 - 125.
② 富勒. 法律的道德性. 北京：商务印书馆，2005：124.
③ 富勒. 法律的道德性. 北京：商务印书馆，2005：169.

五是消灭法律本身中包含的矛盾。富勒说，如果一个法律条文包含着许多相互矛盾的规则，那么会产生到底这条法律适用于谁、如何适用等不明确的问题，使人无所适从，所以要保证法律的执行就必须消灭法律本身中的矛盾。

六是法律不能要求人们做"不可能实现"的事情。富勒认为，不能像愚蠢和偏见的小学教师给学生布置力所不及的作业那样，立法者也不能给人们制定"不可能实现"的法律。立法应合于实际，使人们能够做到，不然的话，制定出来的法律也无人过问，它也不会得到遵守和执行。这削弱了对立法的尊重，制定这种法律本身就是不正义的行为。

七是法律要有稳定性。立法者不能随心所欲、朝令夕改，使人无法适从，由此社会会动荡不安，所以保持法律的稳定性是十分必要的。

八是官方的行为要与公布的法律规则保持一致性，也就是说官方也要按照法律来办事，否则的话就谈不到法治。富勒指出，对法律的错误解释，法官的受贿、偏见、愚钝和争夺权力等，都可能造成对法治的破坏，应当避免这种情况的发生。

上述这八大原则是构成法治（或法律）的前提和要素，在美国被称为法律的"正当程序"。如果不具备这些条件（哪怕是其中一项），那就谈不到法治。例如，尽管当年希特勒掌权下国家制定了一些法律，但由于他不公布，而且有溯及力，所以希特勒掌权下的国家还是没有法治，而且这是对法治的践踏。

（三）法律的外在道德：实体自然法

富勒说的法律的外在道德实际上就是实体自然法，也就是法律的实质目的或理想、人类交往和合作应当遵循的基本原则、抽象的正义等。

富勒将实体自然法的内容归结为两类：一类是保持人类目的的形成过程的健康性；另一类是保持人类交流渠道的开放性。所以，在富勒看来，法律的外在道德就是由"正确""好坏""公平""正义"等原则和观念组成的道德。法律的外在道德争取的实体目标不是单一的，而是多元的，反对种族歧视、人本身的自由、经济资源的分配、政治和经济制度的设计等，都包括在其中。[①]

（四）法律与道德的关系

在前面谈法律的定义时，已经提到，富勒认为，法律与道德是密切联系的、不可分的。富勒把道德区分为愿望的道德和义务的道德两种。所谓愿望的道德就是古希腊哲学中讲的幸福生活和人的力量的充分实现。这些方面的道德就是指人的精神方面的品质，也就是亚里士多德的"至善"说。所谓义务的道德是指维持社会的某种基本要求，是有秩序的社会不可缺少的基本原则，例如基督教的"十诫"，即不许杀人、不许奸淫、不许偷盗等。人们若违反了这种道德就要受到谴责，因为他违反了社会的基本要求。

---

① 谷春德，史彤彪. 西方法律思想史. 北京：中国人民大学出版社，2014：249.

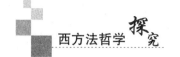

那么义务的道德、愿望的道德同法律的关系又是怎样的呢？

富勒认为，义务的道德同法律的关系是最为直接、最为密切的，两者最类似，像亲兄弟一样。如果一个人是义务的道德的立法者，那么他就可能很快便成为一般的立法者。例如对待赌博，从法律上讲要区分大赌小赌、赌头赌徒，区分不同情况而加以处置。但在道德上讲则不一样了，不论大赌小赌、赌头赌徒，都一样要受到谴责。还有，如果一个人违反了义务的道德，就要对其提出控告。从这个意义上讲，义务的道德实际就等于法律了。

富勒还说，把法律分为内在道德和外在道德。他认为法律的内在道德等于程序自然法，主要是关于法律规则的解释和执行方式问题；法律的外在道德等于实体自然法，主要是关于法律的实体目标。过去强调实体自然法，现在强调程序自然法。

富勒的自然法观点同其他自然法学者的观点不同。除表现在上述关于自然法的区分上以外，还表现在对自然法的地位和作用的认识上。富勒讲的是处理人类特种义务的自然法，这种自然法无论是起源还是适用都和上帝没有任何联系，况且这种自然法同人为法相比，它不是更高的法律，相反，它是最低的法律。在这一点上，他的观点同神学自然法的观点是显然不同的。

富勒还强调程序自然法要为实体自然法服务。法律规定了人们办不到的事情，那么这种规定就是破坏法治的。例如自愿避孕，如果法律规定不准卖避孕药，实际上群众无法遵守这种规定，法律也就成了废纸，也即办不到，就等于破坏了。而实体自然法是建立在人们的相互交往的基础上的，只要有这种交往的存在，实体自然法就必然存在。实体自然法要保持和维护人们的相互交往，使其畅通无阻。

至于法律与愿望的道德的关系，则是间接的。因为从整个法律制度来讲，它代表一整套规范体系，能使人摆脱盲目命运的支配，给人提供一种有目的的创造性活动的机会。法律可以促使人们过上理性生活，但是法律不能强迫人们过上理性生活。当人没有达到这种道德要求时，法律不能允许去控告他，只是表示惋惜。例如，法律可以规定禁止离婚，但是法律无法保证夫妻过幸福生活。幸福生活属于愿望的道德的范畴，法律不能代替它。

对于富勒的新自然法观点应当进行深入研究，认真对待和思考。

六、罗尔斯的新自然法学

约翰·罗尔斯（John Rawls，1921—2002）是美国当代非神学新自然法学的主要代表，也是西方世界最有影响的法哲学家之一。他毕业于普林斯顿大学，1950年获哲学博士学位，先后任教于康奈尔大学、麻省理工学院和哈佛大学。他的代表著作《正义论》（1971年）在西方哲学界、政治学界、经济学界和法学界产生了广泛影响。有的学者认为，罗尔斯复兴了休谟和亚当·斯密代表的，以及由边沁和密尔代表的英国传统，即坚持将政治思考与对道德心理和政治经济的基本研究相联系的传统。

除《正义论》外，罗尔斯还著有《政治自由主义》（1993年）、《万民法》（1999

年）、《道德哲学史讲义》（2000 年）、《作为公平的正义——正义新论》（2001 年）。

（一）社会正义的重要性

罗尔斯在《正义论》中主要探讨了社会正义问题。

罗尔斯认为，正义对社会制度至关重要。正义是社会制度的首要美德。一种理论不论它的设计如何精巧和实惠，只要不是真理，就该被推翻；法律制度也如此，不管它安排得如何巧妙和有用，只要不符合正义，就必须加以改造或废除。[①]

罗尔斯认为，社会是一个由个人为了相互的利益而组成的自足的联合体。这样组成的社会有两个特点：第一是利益的一致性。社会合作使每个人都有可能只靠他独特的力量生活得更好。第二是利益的冲突性。每个人都有各自的志趣和生活目标，而为了实现他们自我设计的生活目标，他们需要一些必需品，如权利、自由、权力、机会、收入、财富、自尊等。这些是"基本社会财物"，是通过社会合作而取得的社会成果。由于每个人对这些成果都非常敏感，希望从中取得较大份额，于是便产生了利益的冲突。正义原则所要解决的是用什么方式分配基本权利、义务，以及社会合作取得的好处和如何进行分配的问题。

罗尔斯提出，一个好的合理的社会应当具备两个条件：第一是社会的目的应当是促进成员的福利，第二是社会依正义原则有效地进行治理。这样共同的正义使人们的自由倾向彼此警惕，使人们可以安全合作。

罗尔斯所谓的正义，不是个人的正义，而是社会的正义，即社会的基本结构问题，也就是社会制度包括政治体系、经济制度，以及用什么方式分配基本权利、义务和社会合作成果等问题。

罗尔斯声明，他写《正义论》的目的是反对功利主义，用正义原则取代功利主义。罗尔斯认为，功利主义有以下缺陷：第一，它只考虑最大限度地满足人们的愿望这一总量，而不考虑这一总量在人们中间如何分配的问题。第二，它只考虑"幸福"的量问题，而不考虑幸福的质问题。它的基本错误是把社会看成个人的扩大，用牺牲一些人的利益来使自己取得更多的利益。正义原则正是为了反对这一错误，坚持不允许用牺牲一些人的自由和利益来满足其他人的幸福，强调社会的整体利益。

（二）社会正义原则的选择

罗尔斯认为，社会正义原则既不是演绎出来的，也不是本身就是真理，而是个人在各种各样的可能性之间作出的选择，以实现他们各自的利益。

罗尔斯提出通过以下方式选择正义原则。

首先，社会正义原则是借助于"原始状态"和"无知之幕"这两个观念和假设来选择的。罗尔斯说："在作为公平正义中，平等的原初状态相应于社会契约论中的自然状态。……这种状态的基本特征是：没有一个人知道他在社会中的地位——无论是阶

① 罗尔斯. 正义论. 北京：中国社会科学出版社，1988：1.

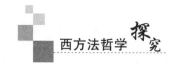

级地位还是社会出身，也没有人知道他在先天的资质、能力、智力、体力等方面的运气。我甚至假定各方并不知道他们的特定的善的观念，或他们特定的心理倾向。正义原则是在一种无知之幕后被选定的，这可以保障任何人在原则的选择中都不会因自然的机遇或社会环境中的偶然因素得益或受害。"① 这就是说，只有在原始的平等中，在对自己一无所知的平等中，人们才有可能通过设立社会契约寻找共同合作的正义原则。

其次，社会正义原则是伦理原则，对于选择伦理原则，必须作一些形式上的限制：一是这些原则必须是一般性的，而不是针对某一具体情况的。二是这些原则适用时必须具有普遍性，即对所有人都适用。三是这些原则必须是公开的，就是说选择原则的各方公开确认。四是这些原则必须能够调整各种冲突的要求和主张。五是这些原则必须具有最高权威性，就是说不能有比这个更高的准则来支持人们的主张和要求。

最后，要想保证结果的公平性，还要采用客观的、公正的程序。就是说要完全用形式正义概念去阻止自然因素和社会环境造成的偶然条件。出身、天赋等影响人们对正义原则的选择。人们是在"无知之幕"下进行选择的。人们不知道自己在社会中的位置、地位、自然天赋、人生计划及特殊心理，不知道社会的政治、经济、文明程度。但是人们必须知道与选择正义原则有关的、关于人类社会的一般事实，包括社会的组织基础，政治、经济的一般理论，人类心理的一般法则；知道每个人都有自己的人生计划、关心的利益、自己的要求，总之，知道自己是处于"正义环境"之中。

（三）正义的二原则

通过程序选择出来的正义原则有两项：第一项是平等的自由原则。该原则要求对社会的基本自由，每个人都能够平等地享有，享有与他人相同的最广泛的基本自由，也就是宪法上规定的政治自由和其他自由权利。第二项是机会公平平等原则和差别原则的结合。该原则要求地位和官职对所有人开放，让他们平等地进行竞争。而在这两项原则中，第一项原则优先于第二项原则，因而自由具有优先地位。自由原则的优先性说明，对于任何与第一项原则所要求的绝对的同等自由不相符之处，不能用对社会和经济有较大的好处为由证明其有理。财富和收入的分配以及权利结构，都必须与平等公民的自由和机会平等相一致。

罗尔斯进而认为，差别原则导致了纠正原则的必要性，因为在现实社会中，有的人由于出身和天赋的优势而处于优越的地位，造成了不平等，这种不平等是不合理的，社会应加以纠正，对于那些地位和天赋较低者予以更多的关注，将社会的精力、财富、物力和人力用于这些社会地位较低的人，使人们更为平等。

罗尔斯的正义原则有以下特点。

首先，它是以自由主义为基础的。第一项原则其实就是自由原则，就是公民有不可侵犯的自由权利。

其次，它是以正义为优先的，而不是以效率和福利为优先的；主张对社会地位低

---

① 罗尔斯. 正义论. 北京：中国社会科学出版社，1988：10.

的人提供机会平等，给予照顾。

最后，它反映了带有平等倾向的自由主义。

（四）正义的种类

罗尔斯在《正义论》中将正义分为实质正义、形式正义和程序正义。

1. 实质正义

实质正义涉及社会和个人怎样对待并处理有关人们的实体权利和义务的制度安排与态度，其中又分为社会正义和个人正义，社会正义又分为政治正义和分配正义。

（1）政治正义或宪法正义。宪法正义是指宪法的制定程序和内容的正义。它包括两个方面：一方面，正义的宪法应是一种满足平等自由要求的正义程序；另一方面，正义的宪法应当安排一种正义的和有效的立法制度。[①] 平等的自由原则集中体现为"参与原则"，罗尔斯说："我将把平等的自由原则看成是（平等的）参与原则。参与原则要求所有的公民都应当有平等的权利参与制定公民将要服从的法律的立宪过程和决定其结果。"[②]

（2）分配正义。罗尔斯说："在作为公平的正义中，分配正义的问题永远是这样的：基本结构的制度作为一种统治的制度体系应该如何加以调整，以使一种公平的、有效的和富有生命力的社会合作体系能够得到维持、世代相继。与其相对照的是另外一个问题，即如果将一批既定的商品在多个人中间进行分配或配给，而我们知道这些人具有不同的需要、欲望和偏爱，并且他们在生产这些商品时也没有进行任何形式的合作。"[③] 罗尔斯赞成制度体系的正义，反对商品分配的正义，主张用"持有正义"概念取代分配正义概念。在罗尔斯看来，衡量"持有正义"的标准是，财富的持有者如果持有的物原来是自然物，他对此物的占有必须是已通过自己的劳动增加了此物的价值；如果此物是非自然物，则他必须是通过合法的交换或继承才能持有。[④]

（3）个人正义。罗尔斯认为，个人正义包括职责、良心拒绝和非暴力反抗等内容。

所谓职责，是指由正义制度对个人提出的正义要求，"由公平原则指定的要求就是职责"。罗尔斯认为，职责不同于一般的道德要求：它是出于自愿；其内容由制定或实践确定；它归之于特定的个人。[⑤]

良心拒绝和非暴力反抗，是一种特殊的个人正义，是一个在特殊的情况下，即社会整个的制度是正义的，但在某些法律制度中出现了不正义时，个人应如何被对待的问题。罗尔斯说："一般来说，如果正如一种现存宪法所规定的立法的合法性并不构成承认它的充足理由一样，一个法律的不正义也不是不服从它的充足理由。当社会基本结构由现状判断是相对正义时，只要不正义的法律不超出某种限度，我们就要承认它

① 罗尔斯. 正义论. 北京：中国社会科学出版社，1988：211.
② 罗尔斯. 正义论. 北京：中国社会科学出版社，1988：211.
③ 罗尔斯. 作为公平的正义——正义新论. 上海：上海三联书店，2002：80.
④ 严存生. 西方法律思想史. 北京：中国法制出版社，2012：415.
⑤ 罗尔斯. 正义论. 北京：中国社会科学出版社，1988：107-108.

具有约束性。如果发生了对正义的严重侵犯，我们就再没有服从它的义务，而且我们有一种责任来改变它。其方式就是良心拒绝和非暴力反抗。而良心拒绝就是或多或少地不服从直接法令或行政命令。"① 这是一种个人公平拒绝的形式。非暴力反抗则是一种"诉讼共同体的正义感的政治形势"②，是"一种发生在公民讲坛上的、表达深刻的和认真的政治观念的正式请愿"③。

2. 形式正义

罗尔斯认为，形式正义就是"作为规则的正义"或法治，它是对实质正义的落实中的正义，是对实质正义所要求人们的规定的严格贯彻执行。它要求严格地贯彻执行已有的法律制度，要求法律和制度的管理平等地适用于所有的人。

罗尔斯认为作为形式正义的法治应包括四个方面的原则。

一是"应当意味着能够"即可行性原则，包括法律所要求或禁止的应该与人们合理的期望相一致，法律规定的是人们能够做得到的，法律应该把执行的不可行看成是一种防卫或者至少作为一种缓行的状况等内容。

二是类似情况类似处理的原则，即一视同仁或一致性原则。

三是法无明文规定不为罪的原则。它要求法律为人民所知晓并被公开地宣传，要求它的内容应得到清楚的规定，对较严重的犯法行为应有严格的解释，量刑时不追诉犯罪者的既往过错。

四是一些规定自然正义的准则。司法中应遵守不证自明的公理。法官必须是独立的、公正的，各种审判必须是公平的、公开的。④

3. 程序正义

程序正义，即活动过程的正义。罗尔斯认为这种正义有三种：第一种是完善的程序正义，其特征是对公平的分配有一个独立的标准，设计保证达到预期结果的程序的可能性。第二种是不完善的程序正义，它虽有衡量结果是否公正的标准，但没有完全保障其实现的程序。第三种是纯粹的程序正义，其明显特征是"决定正当结果的程序必须实际地执行"⑤。

(五) 正义原则的适用

罗尔斯认为，正义原则的适用经历了以下四个阶段。

(1) 原初状态阶段，即各方选择正义原则阶段。

(2) 立宪阶段。一是解决宪法规定公民的自由权利，包括信仰自由和平等的参政权。二是进行公正的、可行的、有效的法律秩序安排。

(3) 立法阶段。对法律和政策进行正义性的评价，最大限度地提高社会地位低的

① 罗尔斯．正义论．北京：中国社会科学出版社，1988：339.
② 罗尔斯．正义论．北京：中国社会科学出版社，1988：360.
③ 罗尔斯．正义论．北京：中国社会科学出版社，1988：355.
④ 罗尔斯．正义论．北京：中国社会科学出版社，1988：226-229.
⑤ 罗尔斯．正义论．北京：中国社会科学出版社，1988：81-82.

人的经济利益。

（4）适用法律阶段。由法官和行政官将法律运用到具体的情况和具体的人。

七、德沃金的新自然法学

罗纳德·德沃金（Ronald Dworkin，1931—2013）是美国当代著名的法律哲学家。他出生于美国马萨诸塞州，先后毕业于哈佛大学（1953 年获文学士，1957 年获法学硕士）和牛津大学（1995 年获文学士）。1957 年至 1958 年，他担任美国联邦最高法院汉德法官的秘书。1957 年至 1961 年，他从事律师实务工作。从 1962 年开始，他先后执教于耶鲁大学、牛津大学、纽约大学、康奈尔大学和哈佛大学等学校，任法学教授和哲学教授。特别是 1969 年到 1998 年，他接替哈特任牛津大学法理学教授。

德沃金的著作较多，主要有：《认真对待权利》（1972 年）、《原则问题》（1985 年）、《法律帝国》（1986 年）、《人生的疆界》（1994 年）、《自由的法：对美国宪法的道德解读》（1996 年）、《至上的美德：平等的理论与实践》（2000 年）、《身披法袍的正义》（2006 年）等。其中《认真对待权利》和《法律帝国》在美国、在世界各地都很有影响，美国有些学者认为，这是德沃金对法律哲学所作的巨大贡献。

（一）法律：规则、原则、政策

虽然德沃金自己承认，他的法学理论是自由主义的法学理论，但他的自由主义法学理论同实证主义法学理论和功利主义法学理论（尽管它们也属于自由主义法学理论）是不同的，而且他是反对实证主义法学理论和功利主义法学理论的。在德沃金看来，法律实证主义是关于法律实际上是什么的理论，而功利主义法学是关于法律应该是什么的理论。他主要探讨使法律命题成其为真的必要条件，他认为法律和法律制度应服务于总的社会福利。

德沃金认为有三种法律概念，即"因袭主义"、"法律实用主义"和"整体性的法律"概念。

"因袭主义"认为，法律是由被习惯地确认有权力制定法律的机关，通过被习惯地确认的方式制定的，如在美国，法律便是由国会和各州的立法机关制定的。法律实践便是尊重和执行这些法律。但是，"当法学家们理解或者争论关于法律上的权利和义务问题的时候，特别是在疑难案件中，当我们与这些概念有关的问题看起来极其尖锐时，他们使用的不是作为规则发挥作用的标准，而是作为原则、政策和其他各种准则而发挥作用的标准"[1]。

德沃金特别指出，"法律原则与法律规则之间的区别是逻辑上的区别"。首先是适用上的不同。关于法律规则（如"遗嘱非经三个证人签署无效"）的适用，只能当案件的事实与法律规则相符合时，才应适用这一法律规则，否则就不能适用。而法律原则

---

[1] 德沃金.认真对待权利.北京：中国大百科全书出版社，1998：40.

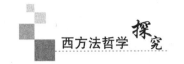

的适用并非如此，如"任何人不应从自己的错误中获利"这一法律原则，人们就不能机械适用，要根据具体情况，进行权衡比较、灵活运用。其次，法律原则具有不同的重要性，可以在不同的原则间进行比较，而法律规则则不具有这一特点。

同时，德沃金对原则和政策的区别也作出了分析。德沃金认为，任何复杂的立法一般都需要从政策和原则两个方面加以考虑，即使是一个政策性为主的案件，也需要以一定的原则来论证它的特定目的。而在司法中则不一样，法院在处理棘手案件时即使是依据政策性的法律而作出判决的，仍应说是依据原则而不是政策作出的。

"法律实用主义"与"因袭主义"不同，它不重视法律规定和以往的判决，它只是把法律看成是实现社会目的的手段，只根据现行方针政策、根据社会的整体利益、根据对将来是否有利进行判决，而不受立法机关和法院以往判决的影响。如美国实用主义法学就是这样主张的。德沃金认为，法律实用主义的错误有两点：一是没有认真对待权利，二是对法官行为的解释并不符合实际。

德沃金自己提出的法律概念叫作"整体性的法律"概念。他认为，法律不仅由规则组成，而且还包括原则、政策等等。他说，"法律是限定权利义务的一些标准，这些权利义务是政府至少在原则上有责任通过法院和警察等为人熟知的制度去确认和实施的"。这是德沃金在《认真对待权利》中说的。在《法律帝国》中，他更加全面地论述了自己的"整体性的法律"概念。他说："法律是一种阐释性的概念。法官们应以阐述其他法官判断什么是法律的实践，确定什么是法律。"[①] 他还说，"法律并不是一批规则，而是一种传统。法律不应被看作一种命令或惯例；也不应被看作预见或纯粹政策的工具，而是一种受理想中的正直的制约的东西"。他强调，法律的基本点不是要重复大家一致的意见，也不是为实现社会目标提供有效的手段，而是根据政治、道德的要求、基本原则，以前后一致的方式对待社会中的所有成员。法律在两个方面与政治、道德有关：一方面是立法原则，它要求立法机关制定出在道德上前后一致、自成一体的法律；另一方面是审判原则，它要求司法机关在解释、适用法律时也要从道德角度看待法律。

（二）自由裁量权和司法责任

德沃金指出，自由裁量权有三种含义：第一种含义是指官员在适用法律准则时不能机械地适用，而必须作出自己的判断；第二种含义是指一个官员对某一决定有最后的权威，该决定不受其他官员的审查或推翻；第三种含义是指在某些问题上，一个人不受权威制定的准则的约束。法律实证主义所说的自由裁量权就是第三种含义。法律实证主义者认为，在有争议的案件中，法官不受特定法律的约束，而行使自由裁量权，是他们把法律看成由规则组成、义务只由规则产生的缘故。

德沃金认为，在研究法律义务时，应注意区分"应该"和"义务或责任"。法律不仅要求人们应该做什么，而且规定他们有义务或没有权利去做什么；法律不仅要求法

---

① 德沃金. 法律帝国. 北京：中国大百科全书出版社，1996：364.

官和某地官员应该作出某种判决，而且规定他们有责任确认和实施某些准则。德沃金指出，法律实证主义主张的所谓义务是以社会规则的存在为先决条件的观点是错误的。因为在日常生活中我们可以看到这样的例子，例如素食主义者认为我们没有权利为了食用而杀生，很明显，这里并不存在这样的社会规则。司法责任也不是因为有规则而存在的，法官相信他们有义务实施由立法机关制定的法律是基于政治原则，他们接受这些政治原则是因为这些原则本身是可取的，而不是因为其他法官或官员也接受这些原则。法律实证主义认为如果关于义务有争议，便不存在义务。这不能适用于司法责任。

（三）权利论

德沃金认为，法官在进行判决时，必须要有充分的理由，他们应把论点建立在尊重和保护个人与集体的权利的基点上，而不应建立在以集体利益为宗旨的政策上，这样，才符合公平原则和民主精神。

德沃金也谈到，在普通法系国家有一个传统说法是，法官理应适用由立法机关制定的法律，而不应该制定新法。这只不过是一个理想，由于种种原因，这个理想并不能实现。法律规则有时不十分明确，因此，在适用时必须加以解释。有时关于案件争论很大，因此法官在适用规则时实际上是在创造新法。德沃金认为，这两种说法容易使人产生误解，因为它没有区分两种不同的论据：一种是基于原则的论据，另一种是基于政策的论据。法官在作出司法判决时，所引用的基于政策的论据是要论证判决之所以合理是因为它提高和保护了社会整体利益，所引用的基于原则的论据是要论证该判决的合理性在于尊重和保护个人或集体的权利，是符合公平、正义原则的。德沃金主张，在民事案件中，特别是在疑难案件中，司法判决应该基于原则而不是基于政策作出。理由是：其一，根据民主原则，一个社会的政策应该通过民主程序来确定，法官既不是通过选举产生的，也不像立法者那样对选民负责，因此它无法准确地确定什么是代表大多数人利益的政策。其二，根据公平原则，法官只应实施已经存在的权利、义务，而不应事后创制新的义务而牺牲无辜者的权利。

德沃金认为个人具有不可侵犯的权利，而他所说的"权利"不是一般人所理解的权利，而是"掌握在个人手中的政治王牌"，是要求受保护的"道德主张"，也是对抗政府的理由。权利可以是法定的，也可以是道德或政治上的，因此，德沃金将权利划分为三种，即政治权利、法律权利和道德权利。政治权利是基于某一社会政治观念而产生的权利，它表现为具体的政治目标；法律权利是被法律化、制度化的政治权利；道德权利是基于更基本、更长远的人性思考而追求的做人的权利，如自由、平等之类。

德沃金特别强调个人的平等权利，他的权利中的"核心概念不是自由而是平等"。他说："政府必须不仅仅关心和尊重人民，而且必须平等地关心和尊重人民。它千万不要根据某些人值得更多的关注而授予其更多的权利，从而不平等地分配利益和机会。它千万不要根据某个公民的某一集体良好生活的概念更高尚或高于另一个公民的同样

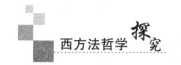

概念而限制自由权。"① 在平等概念所支配的国家里，"在利益、机会和自由等方面"都必须平等。

德沃金在《认真对待权利》中论述了公民具有反抗政府的权利。他说："在一个民主制度之下，或者至少在原则上尊重个人权利的民主制度之下，每一个公民都负有必须遵守全部法律的基本的道德义务，即使他宁愿某些法律得到修改。他的这一义务是对他的同胞们负有的，因为他们为了他的权利而服从他们所不喜欢的法律。但是，这种一般的责任不可能是一种绝对的责任，因为，即使一个社会在原则上是公正的，也还可能产生不公正的法律和政策，而一个人，除了他对国家的责任之外还负有其他的责任。一个人必须履行他对所信仰的上帝的责任和对自己的良心的责任。如果他的这些责任和他对国家的责任相冲突，那么最后，他有权做他自己认为正当的事情。但是，如果他决定他必须违反法律，那么，在承认他对于他的同胞们的责任虽然很大，但是不能泯灭他的宗教和道德上的责任的情况下，他必须接受国家所作的判决和给予的惩罚。"② 他还说，"公民确实在法律所明确地赋予他们的权利之外，还享有反对国家的道德权利"③，"如果由于某些原因，国家以某种错误的方式对待某个人，即使这样做是为了社会的普遍利益，那么这个人就具有反对国家的道德权利。例如，一个黑人儿童享有受到平等教育的道德权利，国家不提供那种平等教育就是错误的，即使提供平等教育会使社会作为一个整体从中受到损害"④。德沃金还特别强调，"反对政府的权利必须是能够作出某些事情的权利，即使在多数人认为这样做是错误的，这样做的结果可能使多数人的境况比以前更糟时也是如此"⑤。他强调，政府要尊重公民的这项权利，"如果政府不给予法律获得尊重的权利，它就不能够重建人们对于法律的尊重。……如果政府不认真地对待权利，那么他也不能够认真地对待法律"⑥。为此，政府必须接受人类尊严的观念和政治平等的观念，在处理复杂的社会问题时，要注意保护个人权利。

从以上的介绍可以看出，德沃金的新自然法学同富勒、罗尔斯的新自然法学既有许多相同之处（如他们都反对法律实证主义和功利主义，都认为政治、法律和道德有不可分割的联系，都把道德哲学作为法理学的基础，都信奉自由主义，等等），又有许多不同之处，如富勒的学说是围绕着法律与道德的关系展开的，而德沃金的学说是围绕着法律解释和适用展开的，虽然二人都在探讨法律的本质问题，而罗尔斯的学说主要探讨社会制度的正义性。另外，富勒主要探讨程序自然法，罗尔斯和德沃金主要探讨实体自然法。这也是他们三个人探讨问题的角度、侧重点不同的重要表现，应当注意掌握。

① 德沃金．认真对待权利．北京：中国大百科全书出版社，1998：357.
② 德沃金．认真对待权利．北京：中国大百科全书出版社，1998：246.
③ 德沃金．认真对待权利．北京：中国大百科全书出版社，1998：386.
④ 德沃金．认真对待权利．北京：中国大百科全书出版社，1998：187.
⑤ 德沃金．认真对待权利．北京：中国大百科全书出版社，1998：256.
⑥ 德沃金．认真对待权利．北京：中国大百科全书出版社，1998：270.

第十章 现代分析法学

一、现代分析法学产生和发展的概况

(一) 现代分析法学的思想渊源

现代分析法学也叫现代概念法学，是在西方国家影响较大的另一个资产阶级法学思潮。它是在 19 世纪占统治地位的分析法学的基础上，经过不断加工、修琢而成的。

19 世纪的分析法学主要包括以下三个部分：第一是 19 世纪初期兴起的注释法学派，它是在注释拿破仑法典的基础上展开的，而拿破仑法典是以个人自由为中心的 18 世纪自然法思想的实定化，所以法国注释法学派是为纯粹的自由资本主义服务的。第二是以奥斯丁为创始人的英美分析法学派。它是以边沁和密尔父子倡导的自由主义、功利主义为理论根据的，是自由资本主义发展全盛时期的产物，从而具有更大、更深的影响。第三是 19 世纪下半期由阿道夫·约瑟夫·梅克尔（1836—1896）、艾伯特·赫尔爱·波斯特（Albet Hermanm Post，1839—1896）、奥托·迈尔（Otto Mayer，1846—1924）等人代表的德国实证主义法学派。这个学派虽然没有产生过像奥斯丁那样著名的人物，但其意义却很重大。它作为后起的概念法学思潮，直接以实证主义哲学为指导，兼收并蓄了以前各学派的观点，在 19 世纪和 20 世纪之间起着承前启后的作用，对帝国主义时期许多法学派别都产生了巨大影响。

有的学者认为现代分析法学派在基本的法学观点和法学方法方面没有比以前的分析法学提供更多的新东西，它的最大的特征在于，能够适应帝国主义时期各阶段的新形势，而从某个角度进行发挥，自成一套体系。

现代分析法学的主要流派、主要代表是第一次世界大战后发展起来的、奥地利人凯尔森创立的纯粹法学，其理论基础是新康德主义哲学和奥斯丁的分析法学，它带有比较浓厚的德国实证主义法学色彩。

在凯尔森的纯粹法学之后，是英国人哈特在第二次世界大战以后创立的新分析法学。它受逻辑实证主义的影响很大，并且还有不少自然法学的成分。

(二) 现代分析法学的主要特征

有些学者认为现代分析法学包括的内容很广，说法很多，具有以下主要特征。

第一，它把法学研究的对象局限于实定法。

第二，它的研究方法被严格限定为对实定法规范的"认识""分析"，尽量避免进

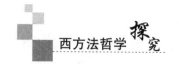

行价值判断。

第三，它对于现存的实定法是否合法问题的判断，只限于逻辑关系的分析，只满足于从法的权限和程序方面来确定合法原理。

第四，它的世界观是法律至上论和法律万能论。

第五，它往往是形式主义地强调法律体系的完整性、完备性，主张大量地立法且越多越好；它强调法律规范同道德规范的联系，但更侧重的是二者的区别。①

（三）现代分析法学的主要理论观点

（1）法学工作者对法律不作价值判断只作逻辑分析。其实，任何法学家和法律家都是一个有阶级立场和阶级意识的人，他们根本无法做到对法律规范不表露出个人的法律意识。

（2）"法官忠诚于法律"。法官要对法律忠诚，不介入任何主观因素。这也是不可能的，因为介入是肯定的。

（3）"法学纯粹化"。法学应当作为纯粹研究法律规范本身的学问而存在。法学是一门独立的科学，它当然应该以法律及法律现象作为自己的固有对象，但是，它不应当，也不可能纯粹化。如果法学舍去法的一切法外要素，不充分把握法的现实功能，法就会变成毫无意义的东西。

（4）法的合法性（妥当性）与合理的（正当性）。复兴自然法学主张只考虑法律规范的权限、手续（秩序）方面的形式上的合法性（妥当性），而不问内容上的合法性即正当性（合理性）。这种观点当时就为学者们所否定。其实，法律现象中的合法性与合理性、妥当性与正当性，本质上应当是一致的。②

二、凯尔森的纯粹法学

汉斯·凯尔森（Hans Kelsen，1881—1973）原籍奥地利，出生于奥匈帝国的布拉格。他是西方纯粹法学的创始人和主要代表。1911 年他在维也纳大学任教时就开始宣传其"纯粹法学"。1914 年至 1918 年他参加第一次世界大战，战后继续在维也纳大学任教，教授国家法和行政法。1920 年，他参加起草奥地利宪法，并担任奥地利最高宪法法院法官达 10 年之久。1930 年以后，凯尔森又先后在奥地利、德国、瑞士、捷克斯洛伐克等国任教。1936 年他被美国哈佛大学授予法学博士学位。1940 年他移居美国，取得美国国籍。1945 年至 1952 年，他担任美国加利福尼亚大学专职教授。1954 年至 1959 年，他担任美国国际法院协会名誉副主席。1973 年，他逝世。

凯尔森一生著述颇多，据统计有 620 多种，主要有《国家理论上的主要问题》（1911 年）、《社会学上和法律上的国家观念》（1922 年）、《国家一般理论》（1925 年）、

---

① 吕世伦，谷春德. 西方政治法律思想史：增订本（下）. 沈阳：辽宁人民出版社，1987：429-430.
② 吕世伦，谷春德. 西方政治法律思想史：增订本（下）. 沈阳：辽宁人民出版社，1987：430-431.

《关于国家一般理论概要》（1926 年）、《纯粹法学》（1934 年）、《法和国家的一般理论》（1945 年）、《什么是正义》（1953 年）、《主权问题与国际法理论对纯粹法学的贡献》（1920 年）、《联合国法》（1950 年）、《国际法原理》（1952 年）、《布尔什维主义的政治理论》（1948 年）、《共产主义法律理论》（1955 年）等。

（一）法学的研究对象

凯尔森的纯粹法学是一个自称把法律规范的一切内容抽掉，专讲法的形式或纯粹法的体系。他在《纯粹法学》一书的序言中说，"所谓纯粹的法律理论（纯粹法学）就是使法律理论从一切政治的意识形态和一切自然科学的成分当中解放出来，依其固有的法则性而恢复其本来的性质"。他还说："纯粹法学之所以名为纯粹，就是因为纯粹法学要保证对法的单一的认识，因为它要正确地排除不属于法所规定的对象的一切事物之认识。换言之，纯粹法学要使法学从一切异质当中解放出来，这是纯粹法学方法论上的根本原则。"[①] 这就是说不仅法学要同政治学、伦理学、神学、社会学相分离，而且在法学中要排除政治的、经济的、道德的因素。

第一，纯粹法学排除任何价值判断、政治判断，排除任何有关公平正义的判断。凯尔森说："纯粹法学……它对法的叙述是平铺直叙的。它不承认法是正当的。它所讨论的是现实的法或可能的法，而不是正当的法。在这个意义上说，纯粹法学，是极端的实证主义的法律理论，它排除对实定法的评价。"[②]

第二，法学要以研究实定法规范本身为自己的任务。而实定法主要由成文法构成，所以纯粹法学主要是研究成文法。但它并不否认习惯法，在成文法有欠缺时，由习惯法补充。凯尔森所说的"研究实定法规范本身"就是指研究法律规范的形式、法律规范的外壳，而不去过问法律规范的内容。这样，它的逻辑结论是法学应该是超阶级的。虽然凯尔森承认纯粹法学要研究法律规范的要素及其相应关系、法律体系及结构，但凯尔森主张对"体系"和"结构"只作形式上的分析，而不作心理上、经济上、道德上和政治上的评价与解释。

第三，法学只应当研究"应当这样行为"而不是研究"实际上是这样的行为"。只问法律规范要求的是什么，或者根据规定应当和必然是怎样的，至于社会的、经济的、政治的各个方面情况则不必过问，因为这些情况在凯尔森看来都属于"实际上是这样的行为"的范畴，同法律规范自身的研究无关。凯尔森认为，法学不应当关心法律规范产生的原因和目的等问题，法学应当是一种标准的科学，纯粹的科学法学家不应当求助于政治或者研究社会学。不能把法律和法学变成政治的奴仆，否则就是不科学的，是社会科学的可耻没落。

第四，凯尔森认为，法律仍是规范体系，而非因果关系。法律行为和它受到制裁的结果之间，只是一种法律的归责关系，即应当如此、应如何做、不应如何做，而不

---

①　克尔生. 纯粹法学. 刘燕谷，译. 重庆：中国文化服务社，1943：1-2.

②　凯尔森. 纯粹法学. 刘燕谷，译. 重庆：中国文化服务社，1943：18.

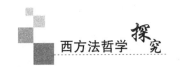

是说一定会为此。法学理论只承认"归责"论，不承认因果律。"自然"或"实有"的科学才采用因果律。这显然是把因果律看成先验范畴。凯尔森提出这一套"归责"论，只是想进一步增强纯粹法学的纯粹性的虚假色彩而已。

第五，凯尔森所理解的规范是和一切内容隔离的"纯粹的""形式的""抽象的"规范，是一种孤立自存的东西。他认为，规范效力的根据永远是规范而不是事实，规范效力的根据只能到规范中去寻找，而不能到事实中去寻找，同样，只能根据规范本身来解释规范、解释法律，也就是只限于从形式上分析规范，揭示规范所包含的那些概念的意义以及一些规范同另一些规范的关系，搞清它们的逻辑关系。所以，纯粹法学的纯粹是一种逻辑方法，这种方法认为现象本身都是自为的和自在的，都是孤立的、自生自灭的。

凯尔森主张从规范本身来研究法，其目的就在于不让人们了解法律中所包含的政治、经济内容，企图以此欺骗和迷惑广大劳动人民，把人们的注意力引到法律规范的纯技术问题上，从而掩盖法的阶级本质。这有利于垄断资产阶级的统治。

（二）法的概念

什么是法？凯尔森从不同的视角回答和阐释了这个问题。他多次指出，法是一种行为规范体系，是"社会组织的一种特定的技术"，是一种强制性的社会秩序。[①]

首先，法是一种行为规范，不是规律和规则，也不是命令或意志。他说：规范所表明的观念只是某种行为应当发生，尤其是某人应当如何做。它并不涉及个人的实际行为。他还认为，行为规范种类很多，有宗教的、道德的、法律的，而法律规范是通过制裁的办法来劝导人们的行为。

其次，法是"社会组织的一种特定的技术"，这一技术的特点是社会或国家对武力的独占或垄断，它禁止私人之间使用武力。这种社会技术正是用特定的方法，去劝导人，使其不强迫干涉他人的利益范围。[②]

最后，法是一种强制性的社会秩序。凯尔森多次强调"法律是强制"，"它以强制办法，作为威胁，去劝导（人们）从事社会所盼望的行为，以强制办法去惩罚社会所不喜欢的行为"[③]。

凯尔森正是基于上述对法的概念的分析，强调要将法律、道德、宗教区分开来，认为法律规定了固定的认可和制裁，而道德、宗教的认可和制裁是通过社会自身反映和表现出来的：法律的认可和制裁来自社会内在的性质，而道德、宗教的认可和制裁可能来自一种经验；法律的制裁，主要是一种惩罚，而道德、宗教的制裁主要是教育和劝导。法律和道德、宗教的目的有一部分是一样的，但使用的技术手段是不一样的。

凯尔森认为，法就是法律规范的总和。法律规范体系构成法律秩序，一个国家的

① 凯尔森．法律与国家．雷崧生，译．台北：中正书局，1970：42.
② 克尔生．纯粹法学．重庆：中国文化服务社，1943：10－11.
③ 严存生．西方法律思想史．北京：中国法制出版社，2012：350－356.

法律秩序是由一系列法律规范组成的，但是这些法律规范不是并肩平列着的，而是有着等级或阶梯之分的。他说：一个法律规范的创造通常就是调整该规范的创造的那个高级规范适用，而高级规范的适用通常就是由高级规范决定的一个低级规范的制度创造。[①] 他还说，一个国家的法律规范是由基础规范、高级规范、一般规范和低级（个别）规范构成的。

凯尔森的法律体系（或叫法律规范的阶梯，或叫有层次的法律体系，即 Hierarchy）包括基础规范、高级规范、一般规范、低级（个别）规范（见图 10 - 1）。对于这个图式，有以下几点说明。

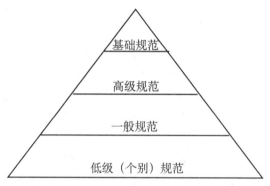

图 10 - 1 有层次的法律体系（Hierarchy）

第一，一个国家的法律规范体系包括基础规范、高级规范、一般规范、低级（个别）规范，这些实定法律规范构成一个统一体系。各种部门法律规范作为部分都离不开这个统一体系。例如民法上的某一规定不是孤立的，同其他法律规范是有关系的，忽视了这一关系，民法规定也就将失去意义。其他法律规定也莫不如此。

第二，这四种规范的关系不是平行的，而是相互依存的、相互服从的。低级规范要服从一般规范，一般规范要服从高级规范，高级规范要服从基础规范，而基础规范之上再没有更高级的规范了，所以基础规范不服从任何其他规范，相反，一切规范都要服从基础规范。基础规范是各种规范的共同渊源。这纯属一种逻辑推理方法。

第三，基础规范是一个虚无的、假定的东西，因为它含义不清。它似指源于宪法，而宪法又源于假定规范。凯尔森对这个问题的解释也是含混不清的。他说：这个问题无须探究，法学无须过问，因为它只是一个最初的假定。假定它是妥当的，所以根据它所制定的任何法律规范也都是妥当的。法学的任务只是研究基础规范与下级规范的关系，对基础规范本身不作任何评价。下级规范之所以妥当，之所以有效，就是因为它源于基础规范，就是因为基础规范是妥当的。

第四，低级（个别）规范的内涵是相当广泛的，包括法院的判决、行政机关的命令或私人间的契约等等。凯尔森说过：法官就是立法者，判决本身就是个别的法律规范，是一般的或抽象的法律规范的个别化或具体化。低级规范的权威和约束力都源于

---

① 凯尔森. 法与国家的一般理论. 北京：中国大百科全书出版社，1996：150.

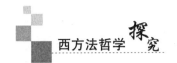

立法机关制定的一般规范。

（三）国家理论

凯尔森在反对二元论的旗号下肆意歪曲国家和法的关系。他说：为建立一种真正的法律科学也必须撇开法律—国家的二元论，必须建立一种真正的法律泛神论。他还将整个法视为一种国家法，而视整个国家为一种法治国家。在《社会学上和法律上的国家观念》中，凯尔森反对二元论，主张一元论。所谓"二元论"是指法律由国家制定，没有国家就没有法律，国家先于法律而存在。国家和法律不是一个东西，而是两个平行的东西。

凯尔森认为，法律与国家实际上是一回事，是一种事物、两个名称，"作为一种社会秩序的国家和法律必须是同一的"，是一元的。

什么是国家？凯尔森对这个问题的回答和解释有很多，但都圈绕着法律二字做文章。他说：国家只是作为一种法律现象、作为一个法人即一个社团来加以考虑的，因而它的性质在原则上取决于我们以前对社团所下的定义。唯一剩下的问题是国家如何不同于其他社团，其区别一定在于构成国家社团的那个规范性秩序。国家是由不同于国际的法律秩序的国内法律秩序创造的共同体，国家作为法人是国内法律秩序的人格化。从法学观点来看，国家问题因而就是国内法律秩序的问题。① 这是为什么呢？凯尔森是这样分析的。

第一，国家是一个权力体系，而权力是法律专有的。国家的权力来自法律的权力，来自实在法的实效。因此国家也就是一个法律体系。国家和法律都是以强制行为为其特征的，所以，国家也是一种法律秩序，它与其他法律秩序只有量的差别，而无质的差别。任何国家都不外是法律秩序，没有法律秩序的国家是根本不存在的。

第二，国家是一个"法律的发号施令机关"。它之所以能够成为这样一个机关，就是由于它是法律秩序的人格化。换句话说，国家是法律秩序的代表者，国家的概念与法律秩序的概念，二者是同一的，没有什么区别，所以，就可以说国家是一种法律秩序。

第三，国家机关实际就是法律的机构，国家的行为实际就体现为法律的个人行为、国家官吏的个人行为。"只有这行为，以特定的方式为规范秩序所决定，它才被归属于国家，而这个秩序即是法律秩序。"②

从以上论述我们不难看出，凯尔森把国家与法律秩序完全等同起来，认为法即国家、国家即法。这意味着他把现存的资产阶级统治，特别是美国垄断集团的统治予以合法化和合理化。在资产阶级破坏法治的情况下，还有什么法律秩序可言呢？在这种情况下，资产阶级国家依然存在，怎么能说资产阶级国家就是法律秩序呢？

总之，凯尔森把国家与法律等同起来，目的是宣扬法律至上和法律万能论，是为

---

① 凯尔森. 法与国家的一般理论. 北京：中国大百科全书出版社，1996：203.
② 严存生. 西方法律思想史. 北京：中国法制出版社，2012：358.

了掩盖资产阶级国家压迫人民、剥削人民的本质。

(四) 国际法理论

凯尔森的国际法理论主要就是按照法律阶梯的图式，论证国际法优先于国内法。国际法与国内法一元论，两者不是两个体系而是一个体系，两者是统一的。该理论的提出，是为了攻击国家主权原则，为帝国主义、世界主义进行理论上的辩解。

凯尔森竭力主张国际法高于国内法，宣扬"世界政府""世界法"的思想。他认为，"决定各种国内法秩序的空间效力范围与属人效力范围者，也决定其时间效力者，就是国际法"①。国际法是凌驾于国内法之上的，各国的法律秩序是无所不包的世界法律秩序的一部分，国内法是受到国际法的委托而产生的。他鼓吹法律的发展是由国际法发展为普遍法（世界法），组成世界政府。国际法和各国的法的体系构成一个统一的整体。国际法规范体系产生各个国家的法的体系，各个国家的法的体系是世界法律秩序的一个部分，是在一定领土范围内起作用的部分法律秩序。国家只不过是"国际法共同体"的机关。凯尔森的这种主张反映了帝国主义列强的企图，即在经济上、政治上支配、控制弱小国家。他的学说的使命在于为帝国主义的侵略政策进行辩护，为殖民主义制造理论根据。

为了达到上述目的，凯尔森拼命反对国家主权学说。他认为，国家主权说是建立在多元论基础上的，有多少国家就有多少主权。这样是非无法判断，承认"自我"、不承认"非我"的平等，导致"唯我论"。凯尔森主张成为非我的平等、和平主义、国际主义。他认为，为了使国际法律秩序推进到中央集权化，就必须扫除国家主权这个障碍物。凯尔森对主权的了解纯粹是形式主义的。他不是把主权看作国家真正的独立，而是看作一种法律规范体系不依赖于另一些规范体系的现象。这种对主权的理解显然与他主张的国际法律秩序是不相容的。因此要达到中央集权的世界秩序组织的统一，就必须在理论上"消灭"主权学说。凯尔森否定国家主权，恰恰适合帝国主义破坏侵犯别国主权、向外扩张侵略的需要。他是在露骨地为美帝国主义在世界各地肆意侵略别国领土、干涉别国内政作辩护。

三、哈特的新分析法学

继奥斯丁、凯尔森之后，现代分析法学的另一个重要代表人物是哈特。赫伯特·哈特是英国牛津大学著名法理学教授，长期从事法理学的教学和研究工作。哈特出生于犹太人家庭，先后在切尔特姆学院、雷布福文法学院、牛津大学就读，毕业后考取律师资格，1932—1940 年在伦敦担任出庭律师，第二次世界大战期间在英军情报机关服役，战后受牛津大学之邀，任哲学研究员和导师，1952 年继任牛津大学法理学讲座教授，直到 1968 年辞去该职。他任牛津大学资深研究员 4 年，1978 年退休。哈特的著作颇多，主

---

① 凯尔森. 法律与国家. 雷崧全，译. 台北，中正书局，1970：428 - 429.

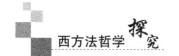

西方法哲学 探究

要有：《权利和义务的归属》（1948—1949 年）、《法理学的定义和思想》（1953 年）、《自然权利是什么?》（1955 年）、《二十世纪中的分析法理学——对博登海默的回答》（1957 年）、《法和道德的实证主义分析》（1958 年）、《法的起源》（1959 年）、《法的概念》（代表作，1961 年）《法、自由和道德》（1963 年）、《社会连带责任和道德义务》（1967—1968 年）、《法哲学上的刑罚和责任》（1968 年）、《功利和权利之间的关系》等。

哈特的新分析法学是在第二次世界大战后、20 世纪 60 年代出现的，在西方国家有一定影响的学派。它是在继承了奥斯丁、凯尔森的分析、规范主义法学思想的基础上发展起来的。哈特以逻辑实证主义哲学为理论基础，运用概念和语言的分析方法来分析法学中的各种问题，明确回答了法是什么、法的特征、法与道德的相互关系、法在调整社会关系中的地位和作用等一系列问题。

（一）法理学的研究对象

奥斯丁曾经把法分为两种：一种是应当是这样的法，另一种是实际上是这样的法。他认为法理学研究的对象应该是"实际上是这样的法"，而不是"应当是这样的法"。哈特非常赞同他的前辈关于法律的这种划分和法理学应当研究的对象的论点。哈特也认为法有"应当"和"实际"之分，法理学研究的对象应当是"实际上是这样的法"。哈特承认"应当是这样的法"同"实际上是这样的法"两者有联系，法和道德两者也有联系，而随着社会生活和社会关系的发展，这种联系越来越紧密、越来越接近。尽管这样，哈特认为还是应当把两者严格区分开来，否则必然会造成不良后果。"应当是这样的法"更多地体现着关于正义的道德要求；"实际上是这样的法"中更多地体现着在实际生活中发生效力的规范本身。虽然道德对法有重大影响和渗透，法本身也反映了和体现着许多道德要求，但是它们毕竟是两种社会现象，它们各自的特征、属性和毅力是不同的，法律的效力不取决于道德规范。法律反映和体现的道德要求也不是必然的、绝对的。同样，道德的效力也不是完全取决于法律，道德规则并不等于法律规则。在任何情况下，都不应当把法和道德这样两种不同的社会现象相混淆。哈特把法区分为"应当是这样的法"和"实际上是这样的法"，断定法理学的研究对象是"实际上是这样的法"，其目的是非常明显的，那就是在理论上以此来反对以宣扬理性正义为核心内容的自然法，把人们的视线从法律规则是否符合正义、是否正确等方面引向实际发生效力的法律规范本身，从而掩盖和抹杀资产阶级法学和法律的实质。

（二）法的概念

分析法学的首创者奥斯丁曾经给法下了如下的定义：法是掌握主权的人（即最高的统治者）对下面的人如何行为发布的命令，如不服从这种命令就加以制裁。这就是说，法包括三个要素：一是主权者（制定法律的人），二是命令（即作为或不作为行为规则），三是制裁（对违法者必须惩罚）。这三个要素是有机整体，是相互联系的。而这三个要素中它们各自的目的和地位不一样：命令是核心，所以又可以把奥斯丁的法的定义叫作"命令"法的定义。制裁是命令的后盾，没有制裁，命令是不可能发挥任何作用的。哈特对奥斯丁的这个命令说的法律定义持否定态度，这不仅是因为这个定义过于简单，不能反映和概括法的全部内容及基本特征，无助于人们对这一社会现象的全面了解，相反，它是对法的特征的歪曲，而且是因为按照这个法的定义必然会导致法的专制主义，导致暴政专横。第二次世界大战时，德国法西斯主义者之所以要利用实证主义法学，实证主义法学之所以被认为一度成为法西斯主义的帮凶，同这个命令说不无关系。

哈特具体指出这个命令说的法的定义有以下四个缺点。

第一，这个命令说的法的定义从形式上看仅适用于刑法，因为刑法是以刑罚作为后盾的。但实际上并非如此。因为刑法仅是法律的一种，而不是法律的全部，况且法律（包括刑法）制定出来以后，不但下面的人，而且制定的人（主权者）即"上面的人"，也要遵守它，要受它约束。如果把法看成一种"命令"，那当然它只能对"下面的人"有约束的作用，对"上面的人"则不起任何作用。这显然是对法的基本特征的曲解。

第二，这个命令说的法的定义实际上只讲了义务、责任，而不含有权利授权等内容。这又是对法的属性的全面歪曲，因为法是一种行为规则，它本身就应当包括作为或不作为、权利和义务、授权和被授权的属性。

第三，这个命令说的法的定义否认了法的渊源的多样性。命令只是法的渊源的一种，而不是法的渊源的全部。法的渊源除命令以外，还有宪法、法律、决议、条例等等，况且只有那种被普遍遵守的命令才是法的形式。特定的、只对某人或某项事物适用的命令不能成为法的形式。

第四，这个命令说的法的定义未能真正指出法是由谁制定的。说法是"主权者"对下面的人的命令，是很不准确的，因为主权者在不同的国家、不同的历史时期含义是很不一样的。这个主权者可能是一个国家的宪法，也可能是一个国家法律范围之外的政治，还可能是这个国家的选民。

总之，在哈特看来，奥斯丁关于法的命令说定义的最大缺点就是未能真正揭示法的基本内容和根本属性。因此，哈特坚决主张抛弃这种命令说的定义，而用另一种较为科学的规则说的定义加以取代。

哈特的法的概念的核心是规则。在他看来，法就是直接地或间接地为了决定什么行为将受到公共权力惩罚或者强制执行而适用的一种特别规则，这种特别的规则可以由特定的顺序和特定的检验标准来加以识别和区分，来辨别有效的法律规则、虚假的法律规则和社会规则。在社会中，这种有效的法律规则指导人类的行为，它同社会规则有区别。法律规则对所有人都是适用的，且不同于其他类型的规则，如道德规则、风俗习惯、礼仪规则、游戏规则等等。法律规则同这些一般规则既有联系又有区别。

首先，法律规则同道德规则有相似的地方：它们都有责任和义务关系，都有约束力，都要起指导人们行为的作用。

其次，法律规则又同道德等规则有区别。法律规则本身有自己的固有属性和特点，它同道德规则不同。前者有普遍效力，后者就不完全具有。前者靠国家制裁，后者靠

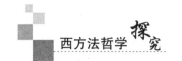

舆论。有效的法律规则是法的无尽宝藏，它把所有的案件都清清楚楚地包括进去了。如果有的案件没有合适的规则，那么这个案件就不能依靠有效的法律规则来裁决，而只能由法官行使自己的自由裁量权来处理，实际上这就意味着由法官制造出一条新的法律规则。

哈特进一步指出，他所谓的规则同奥斯丁的所谓的命令是有原则上的区别的：规则表明法律上的权利和义务，而命令只能表明义务而无权利。

法律规则由第一性规则（基本规则）和第二性规则（辅助规则）组成。法律规则的权威不是依靠法律规则制定者本身的肉体力量，而是依靠法律规则本身具有约束力，依靠第二性规则对第一性规则的制定和保证。法律规则之所以具有约束力，一是因为它被人或团体接受和承认了，二是因为它有效力。根据这样的分析，哈特断言，在原始社会只有第一性规则而没有第二性规则。这种第一性规则在那时有约束力是因为在习惯上被人们接受了，但是这种第一性规则并不是真正意义上的法律，而仅仅是习惯，仅仅是一般的社会规则。它只设定义务，而不授予权利。这种第一性规则的缺点是：（1）不明确、不具体、分散，它既不可能形成完整的系统体系，又不具有法律效力。（2）这种规则的成长和改变是自发的、缓慢的。（3）没有专门机关来确定违反规则并进行惩罚。尽管人们可以把它称为原始社会的法，但它并不具有真正的法的属性。只有当社会发展到已经产生了第二性规则的时候，也就是有了应当怎样认定法律规则的规定的时候，有了专门的立法机构和司法机构的时候，有了宪法的时候，真正意义上的法律观念、法律规则才产生。

哈特强调法的属性是规则，这当然是对的，但是哈特在这里只是一般地抽象地谈规则，至于这个规则是按照哪个阶级的意志、为了哪个阶级的利益而规定的，他却避而不谈，况且规则仅是法的一般属性，而不是法的本质属性。因此，哈特的法规则说同奥斯丁的法的命令说一样，未能真正揭示法的实质。因而，哈特的法的概念同样是不科学的。

（三）第一性规则和第二性规则的结合

哈特宣称：法律就是第一性规则和第二性规则的结合。法理学科学的关键就在于"这两类规则的结合中"①。第一性规则（基本规则）就是指对社会成员规定义务、责任的规则，也就是要求人们从事或不从事某种行为的规则，不管人们愿意与否。例如刑法规则规定禁止抢劫、禁止强奸、禁止杀人等，就是基本规则，即第一性规则。如果做了刑法上禁止做的行为，这就构成了犯罪、不法、非法行为，就要受到法律的惩罚和制裁。所谓第二性规则（辅助性规则）就是授予权力规则，它包含三种类型：第一种是承认规则，经过承认规则的承认（即授权），基本规则才有法律效力。第二种是改变规则，是指那些规定第一性规则可以怎样并且由谁制定、修改或者废除的规定规则，也就是授权集体或个人施行新的基本规则、取消旧的基本规则。改变规则有两种情况：

---

① 哈特. 法律的概念. 北京：中国大百科全书出版社，1996：83.

一种是授予公权，如规定哪个机关可以立法以及立法程序等。另一种是授权私权利，例如根据这种规则，私人有权订立遗嘱、签订契约等。通过后一种改变规则，改变了人们原来按照基本规则所处的地位。第三种是审判规则，也就是授权个人或机关就一定情况下某一基本规则是否已被违犯，以及应处以何种制裁，作出权威性的决定。审判规则决定谁有权力审判及审判程序。以上这三种辅助性规则中，承认规则是最重要的，它是"法律制度的基础"，它提供了用以评价这一制度其他规则的效力的准则。当然，在现代法律制度中，有许多不同的法律渊源，因此，承认规则也是比较复杂的、多种多样的，如宪法、法律、习惯等等。但是，当几个规则构成一个等级体系时，其中之一应是最高的、最终的，而这个最高的、最终的承认规则就是凯尔森所说的"基础规范。"

哈特还进一步断定，在现代国家中，这种规定义务的基本规则和规定权利的辅助性规则都不是一成不变的、永远如此的，恰恰相反，它们是容易被改变的。它们或者因立法机关的修正和废除而改变，或者为立法机关制定的新规则所代替，或者为法院判决和社会习惯所代替。尤其是辅助性规则授予各自的法人或集体（议会、总统、部长等）权力后，它们就可以经过一定的法律程序将自己的活动制定为法律。这也就是说，辅助性规则的变化是由它的法律身份、法律地位、法律关系等因素决定的。一个人可以订立契约承担义务；也可以改变法律禁止偷盗的义务而行使权利，侵犯别人的确实的所有权；还可以结成夫妻或者同居或者进行有限制的交往。所有这些行为都可以存在于有关权利协议的辅助性规则之中。但是它必须依靠个人权利的行使，而个人权利的行使又因立法者和立法机关公共权力的改变而变化。

哈特强调，无论是规定义务的基本规则还是授予权力的辅助性规则，它们都是作为一种特殊的法律制定而存在的，它们都是由立法机关或法官以成文法的形式或判例的形式创制的，它们都具有法律约束力，都是有效的。哈特还特别强调了法院和法官在组织实施这些法律规则中的重要作用：法官必须把规则应用到所有人的身上，不管是不是他的管辖区。只要确实是本国领土面积范围以内的人，都要适用这一法律制度，包括承认规则、审判规则以及作为改变公告和私人的义务、责任根据的改变规则。但是法官在其管辖领域内应用的所有规则，必须是以立法机关正式制定的法律制度形式表示出来的规则。法官的判例规则、社会的惯例规则在不和立法机关制定的正式规则相冲突的情况下，也可以应用。这样，法官应用的规则实际上就包括了：承认规则、判例规则、社会的惯例规则以及其他规则等。一个国家的法律制定就是由这些规则组成的，或者如哈特所说，"基本规则和辅助性规则的结合就是法"。规则之所以有权威，之所以有效力，之所以有约束力，就是因为它是法，人们不管是愿意还是不愿意，都必须遵守它、服从它，违犯了它就必然带来法律后果（如受到惩罚或者民事上的赔偿等）。这种强制性正是法律制度不可缺少的属性。

奥斯丁把规则区分为法律的、道德的、宗教的三个等级，目的在于强调法律规则在这三个等级规则中居首要地位，而这个法律规则就是主权者所发布的一般命令，人们要遵守和执行这一命令。凯尔森则把法律法则（规范）区分为基础规范、高级规范、一般

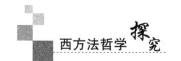

规范、低级（个别）规范，目的是强调各规范的等级隶属关系，强调人们对规范的遵守和执行。哈特步奥斯丁、凯尔森之后尘，把法律规则区分为基本规则和辅助性规则，目的是说明这两种规则的产生、效力和作用不同。但是无论是基本规则还是辅助性规则，都是有约束力的，人们都必须遵守和执行。无论是奥斯丁，还是凯尔森，抑或是哈特，除了在规则的具体提法上和具体区分上有某些不同以外，在强调规则必须遵守和执行上，也就是强调对现行法的服从上，在掩盖资产阶级法的阶级实质上，都是完全相同的。

（四）规则的内在观点和外在观点

哈特一再说，只要规则存在，就有不同的看法，要进行区分：第一，内在观点，即接受规则，并愿与此规则进行合作，以此规则来评价自己的行为和别人的行为。第二，外在观点，即这个人并没有接受此规则，仅是个旁观者：有的是看规则如何施行，看持内在观点的人如何对待这个规则；有的是看怎样符合规则的行为，违反规则的如何处理，不接受的如何处置。而这种内在观点会外在观点的表达方式也不同：前者是我有义务怎样或你有义务如何，而后者不谈规则，只说"我被迫这样做""我只能这样，不这样别人会整你"等，由此而产生两种人之间的对抗关系。这是任何社会都有的情况，必须用两种观点并存的态度来对待法律判决。如说法律就是对法官怎么判决的预测，这只是持外在观点的人对法律的一种态度，这当然不全面，要两种观点都考虑到才对，也就是说，还要考虑到持内在观点的人。

哈特说，作为法律制度的存在，有两个基本条件：一个是根据最高规则存在的法律必须有效力，一般公民都遵守它，不论持内在观点的人还是持外在观点的人，不分等级地遵守。这是法律制度存在的基本条件之一。另一个是授予权力的规则，一般官员能遵守其执行公务的准则。

（五）法律与道德

一般都认为，在法律与道德关系问题上，哈特继承了早期分析法学的观点，认为法律与道德相分离，但他又承认法律与道德有联系、有区别，强调法律与道德是两种不同的事物，它们之间无必然的联系关系。他的这一基本观点，在他与富勒·德富林关于法律与道德关系的争论中都有明显的表现。在与富勒的争论中，哈特坚持认为，法律与道德是两种不同的事物，二者之间没有必然联系。其理由在于：一是有些法律如恶法，虽不具有道德性，但却具有法律效力。二是人们接受和遵守的法律，并不都符合道德，而是有各种原因。三是法律制定过程中虽然制定者会把大量的政治和道德的东西带入，但它们并不是法律中必不可少的内容，因为有的法律从道德上看是恶的，有的与道德没有什么关系，如技术性规则。但是哈特承认，法律在任何时候和任何地方的发展，事实上既受特定社会集团的传统道德、理想的深刻影响，也受到一些个别人所提出的开明道德批评的影响。[1] 在与德富林争论时，哈特除继续重复上述观点外，

---

① 哈特. 法律的概念. 北京：中国大百科全书出版社，1976：181.

着重指出两点：一是道德有着复杂的结构，有"实证道德"和"批评道德"之分，有"基本道德"和"非基本道德"之别，前者为对任何社会存在的限制和禁令，后者并不为一切社会所必需。二是道德不像德富林所说的有那么大的作用，不遵守非基本道德即私德的行为，并不会导致社会崩溃。[①] 然而，哈特采用了最广义和最普遍含义的道德，正面阐释了法律与道德的关系。他着重指出：一是道德规范具有较高的重要性。法律规则与道德规范相比处于较低地位，"就法律规则的地位来说，其重要性并不像道德规则的地位那样突出。"[②] 二是道德规范具有非有意改变性。哈特认为，法律可以通过有意识的法治的动感，改变和废除原有的法律，而道德规则或原则都不能以这样的方式引入、改变和撤销。[③] 三是道德的罪过具有故意性。哈特认为，道德的谴责可以因为行为人主观上的无能为力而得到豁免，但在法律领域，情况就不是这样。在所有法律制度中，对这样免责的采纳在许多不同方面受到限制。[④] 四是道德强制的形式和法律强制的形式是不同的。道德强制不是通过威胁或借助惧怕或利诱来施加的，它可能受到罪恶感、羞耻感或者良知的影响，而法律强制的确可以说是由这些威胁构成的。[⑤]

哈特在阐释法律与道德的关系问题时采用了自然法观念，认为自然法和公认的道德是相一致的。

哈特承认有最低限度内容的自然法。因为人类总是要生存下去，为此就必须有一种人人共同遵守的规则，这种规则就是最低限度内容的自然法。而这个自然法完全是建立在人性的基础上的。之所以要有这种自然法，是因为：第一，人有脆弱性，要求克制，要求保护自己的生命，要求免受别人的攻击。第二，人是平等的。一个人不应该长期地无限制地统治别人，人与人之间是平等关系，要相互妥协。第三，一方面，人不是极端自私的，有互助、团结、同情的特性，有有限的利他主义；另一方面，人也具有自私和侵犯他人的特性。为了发挥人的有限的利他主义、团结互助性，限制排他主义的自私性，就需要自然法。第四，人类社会的资源是有限的，要保障所有人的生存，就需要有最低限度的财产制度，而这个财产制度必须要由自然法来规定和保证。第五，人的理解力和意志力是有限的，社会生活中要求人们相互尊重人身、财产，要求牺牲或缩减自己眼前的利益，要求履行相互的承诺，要求相互合作，而这些要求单靠人的有限的意志力和理解力是达不到的，也是实现不了的，只有靠自然法这样的规则来强制才能实现。总之，最低限度内容的自然法的存在是有根据的、必要的，它同国家现行的法律制度是相辅相成的。

① 严存生.西方法律思想史.北京：中国法制出版社，2012：363-364.
② 哈特.法律的概念.北京：中国大百科全书出版社，1976：171.
③ 哈特.法律的概念.北京：中国大百科全书出版社，1976.172.
④ 拉德布鲁赫.法学导论.北京：法律出版社，2012：175.
⑤ 哈特.法律的概念.北京：中国大百科全书出版社，1976：176.

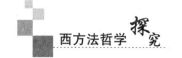

第十一章 社会学法学

一、社会学法学的产生和发展概况

19 世纪，对概念法学攻击的不仅有复兴的自然法学，而且有社会学法学。复兴的自然法学凭借的武器是抽象的正义、道德、理性，社会学法学凭借的武器则是实体的社会、社会价值和社会利益，因而社会学法学比复兴的自然法学在立足点上就高出一筹。这就不难理解，为什么社会学法学的进攻力更强大、更持久，以致最终主导了资产阶级法学阵地。

社会学法学产生于 19 世纪中期，但是作为一股独立的法学思潮，并且真正流行起来，那是 19 世纪末、20 世纪初的事情。这绝不是偶然的，同当时资本主义社会的政治、经济情况有密切关系。当时资本主义社会各种矛盾已经明显暴露出来，政治危机和经济危机趋于严重。这个时期，资本主义国家的法律以及各种法律学说（概念法学、分析法学）仅对现行法律规范进行分析，已经不能满足垄断资产阶级的需要了，它要求法律及其学说更重于社会利益。面对这种现实，资产阶级法学家不能不考虑用一种新的法学理论来补偏救弊，以讲求现实有效的方法，从而维护资产阶级的统治。于是社会学法学便登上了资产阶级法学的论坛。

根据庞德在其所著《庞德法学文述》一书中的论证，社会学法学可以分为四个时期。

一是机械论时期，从物理学角度解释法。这从法国的孔德提出社会学开始。孔德是社会学的创始者。他的社会学哲学基础是实证主义，其根据是物理学，所以他的社会学是实证主义的社会学，又叫社会物理学。他建立社会学的目的在于稳定当时资本主义社会的秩序并求得进步，所以他的社会学又被叫作人类社会的秩序与进步的科学。他把知识作为社会发展的原动力，把知识的发展分为神学的、形而上学的、实证的三个阶段。他的社会学的范围很广，包括国家学、法律学、经济学等部门，可以说是一种社会科学总论。他认为国家是社会的一种形式、法律是社会的一种现象，所以他把国家学和法律科学包括在社会学之中。他主张法律的出发点不是个人而是社会，他坚决反对个人主义和权利本位主义。

机械论社会学法学家还有奥地利的龚普洛维奇（Gumplowicz，1838—1909），他是社会学家，1875 年起在奥地利格拉茨大学任公法教授，著有《国家法哲学》《社会学大纲》《奥地利国家法》《国家理论史》等。他认为：社会发展的动力是种族斗争，国家的起源是较强的民族对较弱的原始民族的暴力征服。法律是社会上统治集团通过国家权力对被统治集团进行统治的工具。法律的原则是"不平等"而不是"平等"。他还认为"社会现象是随人类的自然现象与人类相互关系的自然现象而定的东西"，主张国家是"由社会元素，不是个人或家庭，而是社会阶段的自然法则而发生的社会现象"。至于法律，他认为是基于阶级斗争而发生的，而法律的制定权必然属于统治阶级，不过统治阶级为维护自身的安全，当然要考虑到社会的共同利益，而法律的目的，自然是调和阶级冲突。

还有一个法学家叫亚当斯的，也属于这一学派。他认为法律是最有力的社会阶级的意志的表现，并由经济的动机所决定。他在《集中化与法律》一书中说：法律是因生存竞争而起的各种力的冲突之结果而成的东西，法律是主权者的意志，是由统治阶级来制定的。统治阶级为了维护自身的利益，也必须遵守和执行自己制定的法律。

二是生物学时期，即从生物学角度解释法。19世纪中叶，达尔文的《物种起源》一书问世，在科学界产生很大影响，法学者也多采用进化论的学说，于是就出现了生物学的社会学法学。而这一学说又可以分为三个支派：第一个是以英国人斯宾塞（1820—1903）为代表的有机体说。他认为：社会是一个有机体，社会由军事阶级（支配阶级）、劳动阶级（被支配阶级）和商人阶级所组成。与此相适应社会有军事机关、劳动团体和社会团体。社会的进步不能不受法律调剂，法律的制定是人类的精神作用，是理论在社会秩序上的最初应用。第二个是人种学的法律观。它主张白色人种是世界上最优秀的人种，他们的法律是理性的，他们是天生的统治者；认为有色人种是世界上最劣的人种，他们的法律是其本能的习惯，他们天生是白色人种的奴隶。第三个分支是社会达尔文主义。这一学说对达尔文学说作恶意的曲解，把生存竞争、自然淘汰等进化论的范畴，搬进社会领域进行应用，借以论证资本主义社会存在竞争的必然性，斗争的结果是优胜劣败、弱肉强食。在法律方面，他们主张法律应当保护社会上优胜者阶级的利益，也就是指导自然淘汰及助长优胜者的生存。

三是心理学时期，即从心理学角度解释法。19世纪下半叶，美国的社会学者沃德（1841—1913）把心理学作为社会学的根据，提倡心理学的社会学。为此，他出版了《动态社会学》一书，主张社会的本质是心理力，而社会力应以精神方面为其骨干。心理学派法社会学家的代表是德国的吉尔克，他著有《德国团体法论》一书，主张：团体自有其人格，人格的成立不是法律的规定而是明确的事实。法律不能创造人格，而只能就已有的人格加以承认。另一个法学家冯特，著有《法律哲学概要》，也提倡团体意志，认为法律的发展过程同民族的发展过程完全一致、法律的权威来自人的心理力。

以上三个时期为准备期的社会学法学。

四是统一（联合）时期的社会学法学，形成于19世纪末、20世纪初。这个时期又可分为三个阶段：第一个阶段是20世纪30年代至40年代，制定社会学法学家行动纲领；第二个阶段是20世纪40年代至60年代，注重问卷、统计心理测验法官的行为等技术研究；第三个阶段自20世纪60年代开始，注重法的作用、法的价值、法的理想、

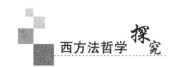

法的社会化等基本理论研究。①

　　按照庞德的计划，社会学法学研究的内容应有以下一些，这也就是社会学法学的"进行计划"和基本纲领。（1）研究法律制定与学说所及于实际社会的效果（例如关于成文法的各种规定及其学说的各种主张，研究如此规定对社会有何利益，反对这一规定与主张对社会又有何损害）。（2）为立法事业的准备而作社会研究（主要是对国内外法律进行分析比较，研究法律的社会作用）。（3）研究使法规发生实效的手段（法律之重要在于施行，所以要着重研究施行的方法）。（4）写一部社会学的法律史（研究前代的法律制度、法律学说产生的社会背景和实际的效果）。（5）对各种诉讼案件作合理而公平的判决（研究法官如何自由裁量）。（6）研究法律实施所取得的实际成就。（7）研究法学研究的方法并提出在使用英语的国家中须设立司法部。②

二、欧洲的自由法学和利益法学③

（一）德国的自由法学和利益法学产生的历史背景

　　德国的自由法学和利益法学可以被称为西方最早的社会学法学思潮。到了魏玛共和国时期，它已经从法学领域渗入司法领域，并占据主导地位。它完全是德国社会内部的阶级力量对比关系变化的产物。也就是说，它的产生绝非偶然，而是同当时德国的社会、政治背景有密切关系。

　　在德国 1848 年革命过程中，资产阶级（中产阶级）曾一度企图夺取政权，但革命失败后，不得不继续依顺封建阶级。在德国的法官队伍中，绝大多数人是出身并倾向于资产阶级的，因此，政治上必然同资产阶级同步。1848 年，他们的自由主义因素表现得很强烈，而革命失败后，他们也向一般国家官员所具有的那种保守主义低头。可是在第一次世界大战中半封建帝国垮台后，德国资产阶级基本上独占政权——那就是1919 年魏玛共和国。这一时期统治司法实践的理论观点，就是自由法学和利益法学。关于这一社会统治背景有以下几点值得注意。

　　（1）魏玛共和国是德国的战争失败而无产阶级利用这一失败，颠覆了君主制之后才出现的，因而是"违法变革"即革命的产物。在这种情况下，刚刚掠取政权的资产阶级，既不能利用君主的法律，也没有自由的法律可以利用，所以它必然要求助于法外的因素来对付无产阶级。

　　（2）魏玛共和国时期，无产阶级拥有巨大的统治力量，对法律的制定常常能够施以巨大的影响。所以即使制定了一些法律，也并不完全符合资产阶级的口味，资产阶级必然要求"活动的法律"。

　　（3）魏玛共和国时期多元政治力量共存，主要是无产阶级和资产阶级相互对峙。

---

①　庞德．庞德法学文选．张文伯，译．北京：中国政法大学出版社，2005：32－39.
②　庞德．庞德法学文选．张文伯，译．北京：中国政法大学出版社，2005：32－41.
③　吕世伦，谷春德．西方政治法律思想史：增订本（下），沈阳：辽宁人民出版社，1987：327－334.

立法往往是多种势力相互妥协又相互对抗的产物，它不仅损害法律的形式上的严密性，也失去内容上的一义性和统一性。这时，法官很容易自命为超党派力量的国家法律统一义务的承担者，他们不仅拥有审判一切案件的权力，而且要求拥有关于法律是否适合宪法的审查权，力图凌驾于议会之上。

（4）更为重要的是，在德国的经济中具有浓厚的封建性和军国主义性质的垄断资产阶级占据优势，它虽然在战斗中遭到沉重的打击，但仍远远优越于中产阶级。中产阶级掌握政权，只是昙花一现，实权很快就又转入垄断资产阶级手中。1933年希特勒上台，同我们所熟知的垄断资本和"法律的统治"的法治是不相容的。

在上述具体情况下，在德国，自魏玛共和国时期以来，自由法学和利益法学轻而易举地在司法中代替了实证主义法学而占统治地位。这是非常明白和自然的事。

德国的自由法学和利益法学是非常接近的：它们都反对理性主义法学（自然法学）、反对分析—规范主义法学（概念法学），而无限夸大法的社会性。两者的区别主要在于：（1）自由法学侧重强调法的政治意义即社会秩序；利益法学侧重强调法律的经济意义即社会利益。（2）自由法学强调法官为维护社会秩序而去自由地发现法，即发现存在于社会之中的所谓活的法；利益法学强调法官为了维护社会利益而去发挥对法的评价作用，即发挥法官的"自由意志"。正是由于它们有联系，所以人们经常把它们叫作德国的自由法学，也就是德国的社会法学。德国的社会法学的主要代表人物有埃利希、康多洛维奇、赫克。

（二）埃利希的自由法学

龙根·埃利希（Eugen Ehrlich，1862—1922），出生于奥地利的布科维纳的切尔诺维茨。在维也纳大学取得学位，后任该校法学院特聘讲师。自1897年起，他担任切尔诺维茨大学罗马法教授，1960年任该校校长。在这所大学里，他建立"活的法律课堂讨论"，发动学生进行实地调查，以论证活的法律的重要性。第一次世界大战爆发后，他迁居伯尔尼，进行著书活动，完成了自由法学的理论体系。其主要著作有《自由法的发现和自由法科学》（1903年）、《法律社会学的基础》（1911年）、《法律逻辑》（1919年）。

（1）强调司法程序中直觉与感情的因素，强调社会和社会秩序的意义和作用。

埃利希首先对法律实证主义那种重法律、机械而死板地固守原有法律、无视社会实际情况变化的倾向和做法，表示了强烈的不满。他说，法律实证主义的方法就是承认法律程序的无缺欠性、法官的工作仅限于逻辑操作而没有政策性的评价性的东西；又加上法官作为国家官员地位的日益增强，他们被置于一种来自社会的不恰当非难或称赞的地位，从而司法的无社会性达到了顶点。埃利希认为，自由资本主义时期的法律不能适应垄断资本主义社会的需要，要摆脱法律实证主义错误倾向就应反其道而行之。他的具体做法是强调社会秩序的意义、贬低法律的意义。在埃利希看来，"人类社会是彼此具有相互关系的人类联合体总和"①，社会是与人类同时出现的，国家是后来

---

① 埃利希.法律社会学基本原理.北京：九州出版社，2007：53.

才出现的；社会是人类最广泛的联合，而国家仅仅是社会联合的一部分，所以，社会先于和多于国家。与此相应，社会秩序必然高于国家制定的法律。社会秩序既是广义的法律，又是国家制定的法律的实质。正是根据这一点，埃利希反复强调任何法律问题的中心都不是国家，而是社会和社会秩序。这是法律社会学的根本观点。他说："在任何地方，重心都在于联合体为其自身所创造的秩序中，国家与社会中的生活依赖于联合体的秩序，而不是依赖于源自国家和社会的秩序。"① 埃利希所说的社会是垄断资本主义的社会，所说的法律只是反映垄断资产阶级意志的法律，所说的社会秩序是垄断资本主义阶级要求的秩序。埃利希忠诚地为垄断资本主义效劳的目的不是很明显吗？埃利希所谓的社会秩序就是广义的法律，由此必然得出结论，即有社会就有法律，从而否定了法律仅仅是阶级社会特有的现象。法律既是社会的基础，又是社会的上层建筑，这是地道的唯心主义的历史观和社会观。

（2）所谓"自由发现法律的运动"。

埃利希鼓吹执法（尤其是司法）机关或人员可以用自己的自由意志来执行、替代和创造法律。在《自由法的发现和自由法科学》一书中，埃利希写道："法律的规则只限定于明文表示的那部分，清除类推及其辅助手段，以便找到自由的发现法律的地盘。尤其是法官在发现活动的法律，包括自由裁量方面，有十分重要的作用"。他说："活法不是法院裁决案件时会认为此部分具有约束力的案件的内容，而仅仅是当事人在生活中实际遵守的部分。"② 活的法源于社会生活本身，是社会联合体的内部秩序："联合体的内部秩序是法律基本形式"。随着社会生活的日新月异，活的法律也要变化，而所有法律的发展都以社会发展为基础。③ 那么，为什么活的法如此重要和必要？为什么必须自由地创造法律呢？一是因为法律永远赶不上社会生活的发展，它一出来便过时了，二是因为法律永远概述不了社会生活的各个方面，它一开始就是片面的。埃利希的这些主张，实际上是在鼓励垄断资产阶级破坏法制、大搞司法专横。

（三）赫克的利益法学

菲力普·赫克（Philipp Heck，1858—1943）出生于俄国的圣彼得堡，1889 年取得柏林大学法学教授资格、主讲民商法和德国法律史，1891 年在格莱福华大学任教，1892 年在哈勒大学任教，1901 年至 1928 年担任杜宾根大学法学教授，最后在杜宾根城去世。赫克在大学法律系执教达约 40 年之久，教学和研究的经验很丰富。他的著作主要有《法律利益的问题》（1912 年）、《法律解释与利益法学》（1914 年）、《概念学和利益法学》（1932 年）、《利益法学》（1934 年）、《法哲学与利益法学》（1937 年）。

赫克主张如下观点。

（1）立法者的目的在于平衡社会上冲突的利益，但是实际上无法就复杂的生活作出周详的规定。因此，任何实定法都是有缺漏的。

---

① 埃利希.法律社会学基本原理.北京：九州出版社，2007：247.
② 埃利希.法律社会学基本原理.北京：九州出版社，2007：877.
③ 埃利希.法律社会学基本原理.北京：九州出版社，2007：1087.

（2）法官司法时排难解纷，不能专靠实定法的逻辑运用，而必须考虑立法者的意志。换言之，利益法学不求为法官提供问题的答案，而仅在将法律所牵涉的各种利益予以表露整理，以便于法官制作正确的判决。

（3）用创造性的解释方法，来补法典之不足。但是法官不可以在实定法之外，自由寻找判决的根据。

从以上论述我们可以看出，其实利益法学和自由法学基本上是一致的。正如罗森堡所说："当我们想到德国法官对近代资本主义经济生活、劳动生活不具有真正的充分的洞察时，利益法学事实上带来了同法官、法律相对立的广泛的自由立场。这是明白无误的事情。在这个范围之内，在其实际作用方面，利益法学和自由法学几乎没有什么两样。"①

三、狄骥的社会连带主义法学

（一）社会连带主义法学的历史渊源

社会连带主义法学是以宣扬社会连带关系说和社会职能说为核心和主要目的的资产阶级学派。它是掩盖阶级矛盾、宣扬阶级合作、愚弄劳动人民、维护资产阶级统治的法学。社会连带主义法学实际上是社会学法学的一个支派。它产生于19世纪末、20世纪初的法国，当时正是自由资本主义向垄断资本主义转变的时期。在这个时期，无产阶级与资产阶级的矛盾空前尖锐，十月社会主义革命的胜利鼓舞了被压迫人民和民族的革命意志，震撼了帝国主义的世界体系，资本主义世界陷于更加深刻的矛盾之中。在这种情况下，帝国主义国家一方面疯狂镇压人民的反抗，加紧向落后地区进行经济、政治侵略；另一方面又加紧炮制种种反动理论，以欺骗人民，缓和阶级矛盾，维护帝国主义的反动统治。社会连带主义法学正是在这种情况下为适应帝国主义的统治需要而产生和形成的。此外，这时候是法国工人运动的高潮。为此，狄骥宣扬阶级合作，反对马克思主义阶级斗争，以阻碍工人运动的发展。

社会连带主义法学是直接渊源于孔德的实证主义哲学和杜尔克姆的劳动分工论，并沿着这条思路发展起来的。

在19世纪末，法国社会学家爱弥尔·杜尔克姆（Emile Durkheim，1858—1917）在其所著《社会劳动分工论》中提出，人类社会有两种连带关系：机械连带和有机连带。机械连带是建立在同质的价值和行为、强烈的社会约束对传统和亲属关系的忠诚之上的。有机连带是建立在专业化和劳动分工高度发展的社会各个成员之间相互依赖的关系之上的。前者只是简单的劳动分工，几乎没有专业化角色和功能的社会存在的条件，后者则是社会文明存在的条件。他还说：在法国的社会结构中，基本要素不是阶级，而是建立在职业分工基础上的集团（团体或组合）。社会的基础不是阶级关系和

---

① 罗森堡. 自然法和实定法//现代法学批判. 东京：日本评论社，1977：77-78.

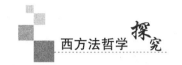

阶级斗争，而是团体的分工与协作。

接着，另一位法国政治家莱翁·布尔茹阿（Leon Victor Auguste Bourgeeis，1851—1925）也说，人的联合的本性和他们只有联合起来才能得到利益的事实，决定了：社会不是由单个的人构成的，而是由人的联合团体构成的；社会自身正是一个最大的团体。从这个前提出发，布尔茹阿说，唯有团体才能有权利，而单个人只有义务，即对整个社会和团体的义务。为此，他号召制定一部《义务宣言》来代替《权利宣言》，以便克服法兰西 18 世纪以来的"个人权利"的传统的片面性。

狄骥的社会连带主义法学理论就是集上述这些观点之大成者。

法国社会连带主义法学与德国的自由法学、利益法学所形成的途径是不同的。如同我们在前面已经讲过的，德国社会学法学是资本主义经济曲折的、畸形的发展的产物。法国社会连带主义法学则是资本主义经济比较充分发展的产物，它突出强调的不是司法权的"自由"即专横，而是资产阶级的改良主义，因此，它带有渐进的性质，带有许多实证主义法学的痕迹。

（二）狄骥的社会连带主义法学的主要内容

莱翁·狄骥（Leon Duguit，1859—1928）是社会连带主义法学的创始人和主要代表人物。他于 1859 年出生于法国夷龙省里蓬县，1882 年在法国波尔多大学狄得法学博士学位并获得大学教师资格，1892 年晋升为波尔多大学法学院宪法学教授，1919 年出任法学院院长直到逝世。狄骥的著作甚多，主要有：《公法研究》（1903 年）、《宪法论》（1911 年）、《从拿破仑以来的私法的变迁》（1912 年）、《公法的变迁》（1913 年）、《法律与国家》（1917—1918 年）。

1. 社会连带关系和社会职能说

狄骥关于社会连带关系的学说，是他的全部法律学说赖以建立的理论基础。他认为：由于人们生活的共同需要（即同求的连带关系）愿望和不同的需要以及社会的分工（即分工的连带关系），不可避免地产生了一种相互依赖和彼此协作的连带关系，这种关系就是所谓社会连带关系，它是人类社会固有的一种关系，社会就是建立在这种关系的基础上的。这种连带关系包含人类的两种属性：社会性和个人性。这两种属性又决定了人类的两种"感觉"——合作的感觉与分工的感觉、社会的感觉与公平的感觉。而这两种感觉决定了两种连带关系见图 11-1。

$$\left\{\begin{array}{l}\text{社会性——合作的感觉、社会感觉、}\\ \quad\text{共同需要（即同求的连带关系）}\\ \text{个人性——分工的感觉、公平的感觉}\\ \quad\text{（即分工的连带关系）}\end{array}\right.$$

图 11-1　连带关系图

狄骥解释说：虽然人人都有倾向于社会连带关系的本性，但不是说人人在这样的社会连带关系中的地位与作用都一样，财富越多的人，对连带关系的感觉越强，从而对社会的贡献越大。这是原理之一。原理之二是，社会越发达进步，连带关系就越紧密。按照这两项"原理"，在全部人类历史中，垄断资本主义社会便是连带关系最紧密的社会形态，而垄断资本所有者就是最富有这种连带关系感觉的人。

那么，这种社会连带关系怎样才能实现呢？狄骥说："人们有共同的需要，这种需要只是通过共同生活获得满足。人们为实现他们的共同需要而作出了一种相互的援助，而这种共同需要的实现是通过共同事业而贡献自己同样的能力来完成的。"① 他还说："他们通过一种交换的服务来保证这些需要的满足。每个人贡献出自己固有的能力来满足他人的需要，并由此从他人手中带来一种服务的报酬。这样便在人类社会中产生一种广泛的分工，这种分工主要构成社会的团结……这就是经常分工的连带关系或有机连带关系，在这里，个人自由是作为社会连带关系的基本因素出现的。因为这种连带关系越加增大，个人的活动也将日益发展起来。不同的需要越得到满足，社会纽带便更加坚固；社会生活愈益紧张，个人的活动将发展得更加积极和更加自由。"② 这就是说，社会连带关系是通过人们的交换服务实现的，而这种服务是完成一种"社会职能"。愈是进步的社会，交换服务就愈广泛，社会职能组织的面就愈大。

狄骥企图用社会连带关系和社会职能的理论来掩盖阶级不公平的事实。在他看来，人们虽然有不同的工作，但都是在完成一种社会职能，并不存在阶级不平等的问题。每个人只有安分守己地完成一定的社会职能，才能促成社会连带关系很好地实现。狄骥就是用这种所谓工作、职业的不同来极力掩盖阶级的分野和矛盾，其目的在于给劳动人民造成一种错觉，似乎资本家和工人都在完成彼此的社会职能，他们只是工作或职业的不同，而不是什么不平等。因此工人必须听凭资本家的剥削，好好工作，不能进行反抗和罢工，否则，将会造成生产的停顿和人类的死亡。显然，狄骥的社会连带关系和社会职能的理论是一种掩盖阶级矛盾、宣扬阶级合作、维护资产阶级统治的理论。

2. 权利和义务说

狄骥从社会连带关系和社会职能的理论出发，对启蒙学者提倡的主体权利和个人权利等概念进行猛烈攻击，坚决主张每一个人，不仅仅是工人，还包括资本家在内，在社会中都没有权利、只有义务，都只是要完成一定的社会职能。他在《社会权利、个人权利和国家的变革》中说："任何人在社会中，除了完成任务之外，没有其他特权，这种任务或是由社会规范所赋予的，或是由他们在社会集团联合起来建立的互相依赖关系的体系中所处地位来决定的。"这就是说，任何人都没有权利，而是只有一定的地位、一定的社会职能。他很同意孔德的如下论断："权利的概念将永远消失了。每个人只有义务，而且对一切事物都只有义务，但是任何人也没有真正意义上的权利。"他宣称：主体权利的概念是形而上学的概念，它在现代社会中没有存在的余地。人没有权利，因而集体也没有权利，但是作为社会存在物的一切个人都必须服从社会规范，他们只有在完成其社会职能并促进社会连带关系发展时，其行为才有价值，才受到法

---

① 狄骥. 宪法论：第1卷. 北京：商务印书馆，1959：63.
② 狄骥. 宪法论：第1卷. 北京：商务印书馆，1959：64.

律的保护。在狄骥看来，资本家占有资本、剥削工人也是为了完成一种社会职能，也是在尽义务，而不是为了享受社会特权，这完全是不值一驳的谬论。他还认为，权利概念是灵魂概念的一种发展，必然导向极权主义。

既然狄骥反对主体权利和个人权利概念，那么他也就必然否定国家主权概念。他大声疾呼："要断然排斥国家的人格和主权的陈腐观念"。因为从理论上看，主权观念过去一直是，而且将来永远是国内一种暴虐行动和独裁行动的根源，也是对外的一种侵略和征服政策的根源。既然主权观念有如此大的罪过，那么就必须断然排斥它。再从实际情况看，狄骥举出国际联盟为例子：由于它履行任务，调处争端，防止冲突，所以说"国际公务"已经成立。在这种情况下，主权观念就必然变得陈旧了，再使用这个名词，便同现实不相适应了，所以不管人们愿不愿意，对主权观念必须加以排斥。那么，用什么来代替主权观念呢？狄骥主张用"公务概念"来取代主权观念。

狄骥之所以这样做，他的政治目的是非常清楚的。那就是通过否定国家是国际关系的主体来为帝国主义对内实行极权主义、对外实行侵略扩张政策服务，同时也为法西斯主义称霸世界创造理论根据。

3. 工团主义国家观

工团主义或团体主义是社会连带主义理论的重要组成部分。狄骥所说的"团体"包括的内容很广，可以说它把社会中的一切都囊括进去了，具体来说包括三种：一是政治团体（从原始游牧部落直到现代大国），二是地方团体（县、村、镇、各居民团体、一切职业团体）；三是为了追求一定的共同的目的而由若干人所"自愿组成的团体"（工会党派）。狄骥把国家看作是"最强大的组合团体"，由此出发，狄骥对国家的起源、本质作用等问题作了一系列的曲解。

第一，对国家的起源的曲解。狄骥一方面说，国家是"自然产生的现象"，"是一种自然分化的产物"，认为"社会人群从一开始就有治者与被治者"之分，另一方面又说社会人群发展到某个时期时才分成治者与被治者，认为国家是强者与弱者分化的产物："国家这种事实只不过是强弱之间的一种分化的事实。强弱之间的社会分化不管具有什么形式，从发生了分化时起就产生了国家。"[①] 国家是强者统治弱者的组织，而这种统治是为弱者的利益着想的。

第二，对国家本质作用的歪曲。对于社会存在治者和被治者的事实，狄骥是无法回避的，于是他只好通过歪曲国家的本质和职能，来解决这个自相矛盾的问题。狄骥认为，治者之所以统治，之所以要求并得到服从，之所以依靠强力把自己的意志加给其他社会成员，是因为统治者有组织公务的义务，是在执行公共职务，是在完成其社会职能，而不是因为他们有主权或其他什么权利。狄骥还认为，在现代国家中，政权正在发生质的变化，罗马式、雅各宾式、拿破仑式的国家已经消亡了，正在创建另一种更和平的、更有伸缩性的、更合乎人情的国家形式。他极力美化现代资产阶级国家，把它说成是在统治者领导和管理下为实现多个成员的物质需要和精神需要而共同工作

---

① 狄骥. 宪法论：第1卷. 北京：商务印书馆，1959：471，477.

的团体，即所谓新的工团国家，也就是超阶级的国家。

第三，对工人在资产阶级国家中所处的地位予以歪曲。狄骥宣称，在资本主义社会中的一切阶级都可以参与且正在参与国家管理。他说通过地方分权和参加"工团"便可以实现这点。在他看来，"工团是联合工人和资本家去行使国家政权的一种特殊组织。工团是在契约的基础上联合起来的，它能够成为反对统治者的万能的保障"（《社会权利个人权利和国家的变革》）。随着工团的发展，统治者的作用将被日益削弱，将缩小到受监视和监督的程度。狄骥进而否认资本主义社会中阶级对立的存在，他声称，在资本主义社会中，有许多人可以既是资本家又是工人，通过有企业主参加的工团来改组政权，并且工团将成为防止暴力革命飞跃的手段。

狄骥的工团主义国家理论的反动性和反人民的实质是非常清楚的。他把资产阶级国家说成工团，说它是为社会服务的工具，以此来掩盖资产阶级国家反人民的本质，从而欺骗人民，麻痹人民的革命斗志，为资产阶级统治效劳。

4. 客观法与实在法

狄骥从社会连带关系理论出发，对法的起源、本质和作用问题肆意进行歪曲，建立起庞大、复杂的社会连带主义（关系说和社会职能说）法学体系，其主要包括以下内容。

第一，关于法的起源。狄骥把法说成是先于国家的一种永恒存在的东西。他认为由于人们固有的社会连带关系，也就是由于人们生活在社会中而且不可能不在社会中生活，因而就自然产生了维护人群必要条件的社会规范。这种社会规范就是先于国家而存在的一种客观法，它不需要统治者接受和批准。[①] 它"无须国家去参加"，而是建立"在群众的个人自觉意识"[②] 的基础上，是人们"社会的感觉和公平感觉"[③] 的产物，是社会心理的产品。他认为，客观法是实在法的真正渊源："客观法是整个人类社会所固有的；只要人类社会存在，客观法就存在，而且同时这种客观法和社会内部所发生的分化完全没有关系。"[④] 这就是说，法律是人类与生俱来的，是自然产生的；有了人类社会就有了法律，法律是人类社会存在的必要条件。人类社会不能没有法律。这种看法当然是错误的，它既不符合法律产生、发展的历史，也是违背马克思主义关于法的起源的观点的。法不是有人类社会就有的：法是在人类社会发展到一定阶段，阶级和阶级斗争产生之后才出现的。法也不是永远同人类社会一起存在下去的：在将来高度发达的共产主义社会，法同国家一样将因失去作用而消失，为公共生活规律所代替。

第二，客观法和实在法。狄骥所说的客观法是指"一切人类社会都势必服从社会的纪律"，这一"纪律"适用于一切自觉的个人社会集团的成员。客观法有三个构成的原则：财产权；契约自由；过错责任。而实在法是对客观法的表述和确认，狄骥说：

---

① 狄骥. 宪法论：第 1 卷. 北京：商务印书馆，1959：82，104，381.
② 狄骥. 宪法论：第 1 卷. 北京：商务印书馆，1959：82.
③ 狄骥. 宪法论：第 1 卷. 北京：商务印书馆，1959：104.
④ 狄骥. 宪法论：第 1 卷. 北京：商务印书馆，1959：381.

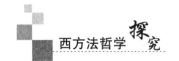

"实在法律只能被了解为表示法律规则的一种方式，立法者并不创造法律，只是确认法律，而实在的法律也只能就被其适合这种规则的范围来强加于人。"① 他又说："当一个集团中统治者与被统治者产生分化时，为使一种社会规则成为法律的规范，不必一定要统治者把这种规则规定为一种实在的法律，只要在群众的思想上承认，对于违反这种规则的制裁必须由统治者所拥有的强力来加以确保就行了。在人们的思想上尚未形成实在法的概念并通过确立一种成文的立法来把它实现出来之前，早就有了法律规则。"② 实在法只有符合客观法的要求，才是有效的，才是必须遵守的。但是狄骥在这里并不是否定现行法律，也不是号召人们不要服从现行法律。他只是说资产阶级国家现行的法律符合社会连带关系理论，是永恒正义的东西。既然如此，人们当然应当遵守它。

第三，关于法律的任务和作用。简单地说，狄骥认为，法律的任务和作用在于维护交换公平和赏罚公平，维护社会连带关系。在这里，狄骥把法律与社会公平等同起来。且不说在人剥削人的资本主义社会根本就不存在这种所谓超阶级的社会公平，因为公平与不公平完全以资产阶级的利益为尺度，就算是社会公平，也不能和法律同义而语，法律同社会公平是完全相反的东西，社会公平只存在于统治阶级的内部，法律当然要维护这种公平，但是资产阶级的法律更主要的任务是维护统治阶级与被统治阶级之间的绝对的不公平，即维护资产阶级对无产阶级和广大劳动人民的剥削和压迫。狄骥认为，法是体现人类的共同愿望的，是替社会服务的。这显然也是谬论。只要有统治阶级和被统治阶级存在，法律就不可能是代表全体社会成员并维护全社会利益的工具，而只能是掌握在统治阶级手中的维护有利于统治阶级的社会关系和社会秩序的手段，包括那些执行社会职能的社会规范在内。

第四，关于法律规范。狄骥所说的社会规范是指个人活动的规则，"它规定人们必须作的或不可作的行为"，社会规范对一切个人强加一种义务，要他竭力并尽量合作来维护社会的秩序。③ "社会规范所支配的是：人本身的活动，人类全体的活动，个人和社会存在。它的范围涉及整个人类。"④ 社会规范由三个部分组成，即经济规范、道德规范、法律规范。这三个部分是依照一种上升的等级累积下来的，它们是相互贯串的，是以时间、空间为转移而不断变化的。法律规范则是社会规范的最高部分。下面分别谈谈这三种规范。

（1）经济规范。狄骥说经济规范规定人们有关财富的生产、流通和消失的一切行为，以便指出一切可以确保满足人类需要的事物。⑤ 违反了这种规范，就会产生一种只涉及财富、财富的生产和它的使用的社会反应。诸如一种产品的缺乏、生产过剩、物价上涨、工业的危机、工资的提高以及其他经济现象都属于经济规范，都要按照这一

① 狄骥.宪法论：第1卷.北京：商务印书馆，1959：126.
② 狄骥.宪法论：第1卷.北京：商务印书馆，1959：82.
③ 狄骥.宪法论：第1卷.北京：商务印书馆，1959：61-62.
④ 狄骥.宪法论：第1卷.北京：商务印书馆，1959：62.
⑤ 狄骥.宪法论：第1卷.北京：商务印书馆，1959：66.

规定来进行。任何社会都有这种经济规范的存在，它是以社会本身为基础的，是建立在经济连带关系的基础上面的。人们违反经济规范上的义务，就要引发经济上受到制裁的反应。

（2）道德规范。狄骥声明，他所说的道德规范不是指的先天制定的或者衡量某件事物本身的好坏，从而命令人去做或禁止人去做的标准（规则），而是指的强迫一切人在生活上必须遵守的全部社会风俗习惯规则，包括宗教风俗习惯规则。狄骥认为前者超出了实证科学之外，没有探讨的必要，后者是属于实证科学范围之内的。人们如果违反道德规范，就要引起一种自发的但却是坚强而确定的社会反应。例如，一个在公共场所穿着不合当地风尚的服装的人，就要当众受人讥笑，有时甚至被人驱逐出境，无法再出现；再如，在某些宗教信仰深入人们意识的国家里，一个人如果不履行宗教仪式，就受到恶意攻击。这些都属于违反道德规范而引起的社会反应。

（3）法律规范。狄骥把法律规范看作是社会规范三部分中的最高规范。狄骥套用或滥用了黑格尔哲学中的正、反、合方法，即：经济规范调整的只是经济关系；道德规范是作为经济规范的否定，只是调整思想关系；而法律规范则是否定之否定，反归到"客观法"，从而使经济规范、道德规范都在更高的形式上统一起来。

狄骥说："无论是经济规范或道德规范，它们本身都不是法律规范，一切的法律规范都是道德规范或者是经济规范，因此必须确定经济规范或道德规范变成法律规范的时机。"[①]　那么，这个时机是什么？就是社会每个成员自觉意识到或感觉到，必须由自己的社会集团或领袖人物对破坏经济规范或道德规范的行为进行制裁的时候。这也就是全体成员从政治上组织起来的时候。但所谓从政治上组织起来并不一定就是指国家，国家只是一种形式。

那么，法律规定的约束力是从哪里来的呢？对于这个问题，狄骥完全是站在实证主义社会学立场上来回答的，同时也是遵循其导师杜尔克姆的教导。为此，他作出以下回答。

第一，反对德国以黑格尔为代表的国家主义观点。狄骥认为国家主义颠倒了国家与法律的关系。其实，法律的约束力不是来自国家，相反，国家由法律所产生，法律强制国家为自己服务。他说："法不是国家的一种产物，它是在国家之外存在的，法的概念完全不隶属于国家的概念，而法律规则强加于国家，正和它强加于个人的情况一样。"[②]　这也就是说，法不仅先于国家，而且还高于国家。法无须国家意志的参加，法不是国家制定或认可的，而是社会连带关系的直接表现。笔者认为，真正颠倒了国家与法律的关系的不是别人，是狄骥自己；同时狄骥也把法的本质属性（国家意志）给否定了。

第二，反对自然法论者的形而上学观点。在狄骥看来，这种观点不是实证的态度，而纯属推理的方法。

---

① 狄骥.宪法论：第1卷.北京：商务印书馆，1959：66.
② 狄骥.宪法论：第1卷.北京：商务印书版，1959：77.

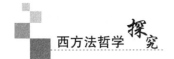

第三，狄骥认为，德国历史法学派强调的法律的约束力不是来自国家而是来自民族精神的观点大有可取之处。狄骥认为法的强制力不是来自国家而是来自社会强制。但是狄骥又认为，历史法学派的这种观点过分看重了"集体感觉"，而忽略了每个人的感觉。

最后还要指出的是，狄骥在国际法方面也有若干论述（参见《宪法论》，139-140页），但是他这方面的观点完全是对社会连带主义法学观点的套用，除了一些"社会国际法""国际法"等名词外，在道理上、理论观点上并没有什么新的独到的地方。

总之，狄骥所谓的社会连带关系法学是不完全科学的。自 20 世纪以来，它一直在发挥着作用，并曾得到广泛的传播。他的学说不但是垄断资产阶级、法西斯分子的重要思想武器，而且也给第二国际修正主义者考茨基之流以很大的帮助：他们从狄骥那里贩运了不少关于"阶级合作""阶级调和"的思想观点，用以反对无产阶级革命和无产阶级专政。第二次世界大战后，它仍然是资本主义国家有影响的法学派别之一，更是右翼社会党人的基本的理论纲领。它的反动作用不因狄骥本人去世而有所削弱。因此，今天深入研究社会连带主义法学仍然是必要的、有意义的。

四、庞德的社会法学

罗斯柯·庞德（Roscoe Pound，1870—1964）是美国社会法学的主要代表。他出生在美国内布拉斯加州林肯城一个法官家庭，早年在内布拉斯加州大学学习植物学并获得博士学位，后进入哈佛大学学习法律。1890 年毕业后，他在内布拉斯加州大学任教，同时当律师，后来任内布拉斯加州高等法院上诉委员会委员。1907 年他任教于西北大学，1910 年任教于哈佛大学，1916 年任哈佛大学法学院院长并任此职长达 20 年。庞德于 1964 年逝世。庞德著作多达 24 部，论文有 287 篇，主要的有：《法学肆言》（1899 年）、《社会学法学的范围和目的》（1911—1912 年）、《普通法律精神》（1921年）、《法哲学导论》（1922 年）、《法律史解释》（1923 年）、《法律与道德》（1924 年）《社会法理学论略》（1926 年）、《我的法哲学》（1941 年）、《通过法律的社会控制法律的任务》（1942—1944 年）、《法理学》（1959 年，5 卷本）。

（一）"社会工程"和"社会利益论"

在这方面，庞德的理论基本上是奉行孔德正统的社会学思想，兼收了德国利益法学和法国社会连带主义法学，加工、修琢而成的。

庞德断言，法律是实现社会工程的强大手段。庞德说："我们可以设想一种制度，它是依照在司法和行政过程中适用的权威性法令来实施的高度专门形式的社会控制。"[①]这就是说，社会控制工程要由作为秩序的法律来进行控制，法律秩序是社会控制的过程和结果，法律为人们提出了一种避免冲突或使冲突产生的风险降到最低限度的指南。

① 庞德. 通过法律的社会控制法律的任务. 北京：商务印书馆，1984：22.

　　那么，社会为什么需要控制？这是由人的本性决定的。庞德认为，人是一种二重的存在物。庞德承认狄骥的说法，认为人有社会性或合作性与个人性。但是他对个人性的解释与狄骥的不同，倒很像霍布斯的观点，即个人性被描绘为对他人的侵略性。正是由于个人性的存在，社会就经常处于"一切人反对一切人的战争"的状态。这造成了矛盾，破坏了人的社会性所要求的"自然秩序"。大家都要争夺地球，可是地球只有一个，所以就要控制这种个人性。依赖什么手段来进行社会控制呢？庞德认为，宗教、道德和法律都是社会控制的有效手段，然而比较起来，法律是社会控制的更为有效的手段。他说："法律的目的就在于维护人们之间一个理想关系"，法律所尝试的，在于如何协调关系与端正行为，使人们在文明社会里，得以高度效率地实现期望的计划，而把冲突与浪费减至极低。① 法律能够对社会控制起到如此有效的作用是由法律本身具有的特点决定的。法律是权威性的价值准则，法律凭借的是社会权力。正因为如此，法律就能够对社会控制起到更有效的作用。

　　总之，在庞德看来，法律是社会工程，它的任务和目的是以最小限度的牺牲来最大限度地满足各种相互冲突的利益。法律是社会控制的工具和手段，它要对人的本性（内心）、人的行为（外在）进行控制。过去主要靠道德、宗教来控制，现在主要靠法律来控制。

　　庞德把利益分为三类，即个人利益、公共利益（国家利益）、社会利益。个人利益是指在个人生活中并以个人的角度提出的主张、要求和愿望，如人格、家庭关系、物质利益等等。公共利益是指在政治生活中和从政治生活的角度提出的主张、要求和愿望，如国家人格、作为社会利益的保卫者的利益等等。社会利益包括：一般人身安全的利益（禁止杀人、伤害），有关社会组织安全方面的利益，有关一般道德的维护的利益，保护自然资源的利益，政治、经济、文化、社会的进步，以及个人生活等方面的利益。法律的作用是承认、确定、实现和保障相互冲突的利益。利益观念是法律保护的一个基本要素，权利是一个受法律保护的利益。法律的作用是维护社会需要和益处，立法和判决都是为了平衡社会利益。法律保护的个人利益包括身体及生命、家庭、财产、民主、自由，归根到底还是为了保护社会利益。个人利益要向社会利益让步，服从社会利益。

　　从整体上看，庞德的社会工程论中，影响最大的是社会监督论。后来资产阶级学者所讲的法律的社会控制功能，很大程度上来源于此。

（二）"无法司法和法官立法论"②

　　庞德的无法司法和法官立法论完全是渊源于埃尔利希的自由法论，同时，它也直接反映了美国实用主义哲学的特点。实用主义认为，实验是检验真理的标准，即凡能给人们带来好处的方便的东西就是真理，有用就是真理。依此类推，在现代，凡能给

---

① 庞德. 法律道德与正义. 北京：商务印书馆，1959：129.
② 吕世伦，谷春德. 西方政治法律思想史：增订本（下）. 沈阳：辽宁人民出版社，1987：340 - 344..

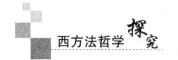

垄断资产阶级带来利益和效果的法律制度就应当被看作是最好的法律制度。

帝国主义要求法外的专横，因而美国社会学法学就在司法或行政方面大做文章，力图论证司法机关和行政机关有代替立法机关的特权。庞德之所以把无法司法和法官立法论作为其全部理论的主体部分，原因就在于此。从形式上看，庞德并没有提出完全否定立法机关制定的法律的结论，他甚至说这种法律是法官或行政官员所应当和必须加以考虑的。但是，庞德又指出：第一，法律只是法的一部分，而且是很少的一部分。第二，法律的原则所提供的是法适用的一种假设前提，严格来说并不是真正的法。

那么，大量的、真正的法是什么呢？庞德认为，其就是相当于埃尔利希的"活动的法律"的东西，即法官和行政官员的"行动中的法"。实际上，这就是法官等用于解决实际案件的主观意志或者经验。

基于上述法的概念，庞德便顺理成章地鼓吹在行动中研究法，鼓吹"有时或多或少采取无法的司法是必要的"，鼓吹法官在发现"生活中的法律"方面的重大作用。一句话，他鼓吹法律虚无主义。

这里还要特别指出的是，庞德十分起劲地鼓吹法官自由裁量、自由立法。他认为最好的法就是自由裁量。自由裁量是根据法官个人的经验、良心作出的。而经验是法官从社会环境中得出的印象，"司法经验主义是一种推理方法，法官在处理案件时应依靠这种方法作出判断"（《法理学》）。他又说："法院的案件不应机械根据法律规范解决，而要符合法官的良心"。庞德就是为美国的司法专横、法官立法制造理论根据。

（三）预防刑法论

庞德认为，资产阶级刑法理论相继经过三个发展阶段。

第一，自由资本主义时期的刑法理论，以古典刑法学为主导。其代表是意大利的贝卡利亚（Cesare Bonesana Beccaria，1738—1794）。其主要著作为《论犯罪与刑罚》（1764年）。贝卡利亚的刑法思想充满了18世纪资产阶级启蒙思想家的进步的人道主义精神，他非常强调预防刑法的重要作用，他说："预防刑法在未来的法律当中将要占据很重要地位。"他的刑法思想主要有：（1）强调注意犯罪主体、少谈犯罪行为，惩罚犯罪是防卫社会的方法。（2）对罪犯的惩罚不应以罪犯的个别犯罪行为的严重性为基础，而应以罪犯的危险性为基础。他说：不论一个人的行为是否具备犯罪构成，如果他对自己已经建立的秩序具有危害性，他就应当被认为有罪，并且应当受到惩罚。（3）刑法的确定应和犯罪对社会安全造成的损害相称，其目的在于防止罪犯或其他人再犯罪。这就是我们常说的罪刑相应原则。（4）刑法是犯罪的结果，刑罚对象是行为而不是人本身。（5）法无明文规定不为罪，不知法者不为罪。（6）诉讼程序要公平，不论贫富一律平等，反对密告，原、被告双方要在法庭对质，公开审判。（7）轻刑主义。他认为刑罚应尽可能温和而不应施加酷刑（包括侮辱刑），因为酷刑是暴政。他反对刑讯逼供，认为这是无罪先受罚（这里包括无罪推定的含义）。他认为死刑是违反社会契约的，是不必要的和不正义的，应当予以废除。他也主张废除没收财产刑罚，因为这是祸及亲属的惩罚办法，也属于暴政。（8）防罪胜于治罪。他强调预防犯罪，办法是加强教育。

贝卡利亚的上述刑法理论是建立在古典自然法理论的基础上的，代表了当时新兴资产阶级反对封建专制的要求，具有一定的历史进步作用，对后来资产阶级刑法理论的发展有较大影响。

第二，19 世纪 70 年代至 19 世纪末向帝国主义过渡时期的刑法理论。这一时期，人类刑法学派（或叫刑事人类学派）出现，其代表是意大利的龙勃罗梭（Cesare Lonbroso，1836—1909）。他长期担任帕维亚大学、都灵大学教授，著有：《犯罪的原因和救治》（1893 年）。该学派反映了资产阶级政治上日趋反动，流行于 19 世纪下半期。龙勃罗梭认为，犯罪主要取决于人的生物学的素质，所以是先天性的。某些人是天生"劣种"和具有某些生理特征（如斜眼、额角两边突出等）的人是犯罪渊源，就是说，有些人生下来就是犯罪者，犯罪是某些人的天赋、本性。从这种理论出发，龙勃罗梭"强调预防犯罪"，主张用医学家委员会来代替法庭定罪，以预先采取的"保安处分"来代替刑罚，甚至认为可以采取各种残酷措施对待有犯罪嫌疑的人。庞德继承了这一理论，认为某种典型的人是犯罪分子，主张对这些人实行保安处分的方法，甚至明目张胆地提出，对没有犯任何罪行的人，只要确认这些人是危险分子，即可采用保安处分方法加以逮捕。这样就为垄断资产阶级实行恐怖政策制造了理论根据。第二次世界大战后美国实行的《史密斯法》《麦卡伦法》《共产党管制法》，就是建立在这种反动理论基础上的。中华民国 1935 年刑法规定保安处分，也是受了这种反动理论的影响。

第三，帝国主义时期的刑法理论，以社会刑法学为主导，采用了人类刑法学。社会刑法学著名代表是德国的李斯特（Franz Von Liszt，1851—1919）。此人曾任德国吉森大学、马堡大学、哈勒大学和柏林大学教授。他同比利时的刑法学家普兰（Adolpheprins，1845—1919），同荷兰的刑法学家哈默尔（Gerard Anton Von Hamel，1842—1917）共同发起组织国际刑法学会。他的社会刑法学是以德国社会学法学为根基的。人类刑法学是一种非常时期的刑法理论，带有过渡的色彩，适用于资产阶级恐怖统治时期（资产阶级在巴黎公社失败后期），难以变成平时的刑罚制度。所以，社会刑法学派就以社会学理论对它加以改造和吸取，将其变成一种垄断资产阶级经常运用的理论和制度。李斯特认为，刑法的使命在于社会防卫，犯罪的要素潜藏在"下等"社会环境中，即失业、贫困、酗酒、娼妓等。刑法的对象就是这些具有潜藏犯罪的要素的人，而不是他们的行为。对这些人要采取预防刑罚或保安处分，即把这些人投入劳动营隔离。鉴于这种情况，李斯特又认为同犯罪斗争的有效的机关不是法院，而是行政机关。这显然是同垄断资产阶级的一般倾向相一致的。

（四）法律史的发展阶段论

庞德把法律的发展归结为六个阶段。

第一个阶段是原始的法律，主要是用来防止血亲复仇，给伤害者以赔偿。盎格鲁-撒克逊法律就属于这一种，十二铜表法也属于这一种。在这个阶段，法律与道德没有分开，以眼还眼、以牙还牙还是一种社会控制手段。笔者认为，庞德这里的观点有矛

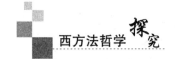

盾：十二铜表法本是奴隶制法律，那时法律同道德已经分开了。

第二个阶段是严格的法律，处理任何法律赔偿问题都要严格遵守诉讼程序，从而使法律统一。早期的罗马法，14、15世纪的英国普通法，都属于这个阶段的法律。

第三个阶段是衡平法、自然法。在审判过程中，坚持道德观念，将法律人格扩大到亲属。16世纪至18世纪的英国的衡平法就是这个阶段的法律。

第四个阶段是成熟的法律。法律中的道德因素受到纠正，法律更稳定，保障机会平等、财产安全、个人权利。19世纪各国的法律就属于这个阶段。

第五个阶段是法律社会化。其着重对社会利益的维护。对财产的使用，对契约的限制，对处分权利的限制，都是从维护社会利益角度考虑的。

以上这五个阶段是庞德从研究法律目的中得出的。

第六个阶段，是庞德在1947年提出的，当时他主张建立"一个世界范围的法律程序"，以维护世界和平，促进人类的普遍幸福。

五、弗兰克的现实主义法学

（一）美国的现实主义法学概述

美国的现实主义法学也叫实在主义法学。它形成的时间比社会法学形成的时间稍晚一些，但发展很快。它在哲学基础方面和以社会为旗号方面，更不必说在政治立场方面，同社会学法学都没有什么原则区别，所以可以称它为社会学法学派的一个支派。其代表人物有：杰罗姆·弗兰克（Jerome Frank，1889—1957）、卢埃林（Llewellyn，1893—1962）和阿诺德（Thurmrn Arnold）。

现实主义法学的所谓现实无非就是实用的意思，即以实用主义精神来从事法学研究。它是以用实用主义哲学和行为主义心理学来解释法律为特征的资产阶级法学派别的。

在现实主义法学派看来，法学领域中最实在的东西是法的适用和解释问题，因此，应当把司法工作作为法学的中心课题。从宣传的内容上看，它大体上是社会学法学的无法司法、法官立法的那一套法律虚无主义和法官专横的货色，但都比社会学法学走得更远。

（二）弗兰克的现实主义法学

弗兰克是美国法学家、法官。1912年在芝加哥大学取得法学学位后，从事长达17年的律师的工作 。罗斯福新政时期，他曾担任过一系列公职。1941年起他担任联邦第二巡回区上诉法院法官。自20世纪30年代开始，他经常在耶鲁大学法学院任教。弗兰克的主要著作有：《法律和现代精神》（1930年）、《初审法院：美国司法神话和现实》（1949年）、《无罪》（1957年）等。

弗兰克的法学思想主要包括以下内容。

（1）法律的定义及特点。在美国，流行的传统观点认为，法律是国家制定的行为规范的总称，非经合法程序不能被任意违犯和改变。弗兰克激烈地反对这种说法，认为不确定性或不稳定性是法律的基本特点。① 弗兰克认为，法律或者是关于某一情况的一个已作出的判决，或者是关于一个未来判决的预测。弗兰克还强调：法律不是判例规范、司法判例、立法机关制定的规范文件、专家意见，道德规范仅是法律渊源（形式）。法律不是经过国家制定认可的强制性规范的总和，法律是审判程序和行政程序的具体体现。如果把法看成是行为规范的总和，那是陈腐的滥调，是庸俗的不现实的神话。法的不稳定性和不确定性是不可避免的，是任何一种健全的法律体系所不可缺少的部分。如果把法律看作是不可改变的，那这种观点就是法律神话，必须予以抛弃。法律必须使自己适应现代精神。弗兰克认为：只有活动的法律才是最健全的法律，而这个活动的法律不是别的，正是法官的判决。立法机关所制定的法律仅仅是法官在审理具体案件过程中的一种材料，而且是可有可无的材料。法院的判决不受规范性文件和司法判例的约束，只有这样，法院的判决才能够更合适社会中最活跃的人们的迫切利益，即垄断资产阶级的利益。他说，判决之前无法律或无确定的法律。实际上这就是法官立法论。他说："法律是一支空的器皿，法官可以把不管什么东西装进去。"他还说，法律并不是什么规则或规范，而是事实，即行政官员，尤其是法官的决定，而这种决定又往往以他们的个性为转移。

（2）案件事实与审判过程。传统观点认为审判是根据理论方法经过逻辑推理作出的。弗兰克认为，这是一种假想的说法，不是真相。弗兰克不仅是法律虚无主义鼓吹者，而且是案件事实的虚无主义者。他以彻底的主观唯心主义来看待事实。按照他的说法，事实不是客观的实在，而是法官认识的外在，它是由法官的头脑所产生和制造的。因此，他强调，判决中的事实不必是客观事实。

（3）所谓法官的"个人特性"。所谓法官的个性是指法官的特征、性情、偏见和习惯等，如对证人、律师的同情或反感，对各种各样的人的正面或反面的反应等。弗兰克把每个法官独特的特点，如性情、偏见、习惯等，统称为法官的个性；并认为，在审判过程中，法官的个性对案件的结果具有重要意义，每个法官的个性不同，他们所认定的案件事实可能不相同，同时，弗兰克认为，作为判决根据的事实，并不是当事人之间实际上发生了的事实，而是法官现在认为发生了的事实。对当事人、律师、证人的各种特点的反应，这些都会影响到法官对事实的认定和判断。②

六、斯堪的纳维亚现实主义法学③

斯堪的纳维亚现实主义法学是由瑞典乌普萨拉大学法哲学教授哈盖尔斯特列姆（Axel Hangerstrom，1868—1939）创始的，因此亦称乌普萨拉法学派。该派其他代表

① 谷春德，史彤彪.西方法律思想史.北京：中国人民大学出版社，2014：289.
② 谷春德，史彤彪.西方法律思想史.北京：中国人民大学出版社，2000：291.
③ 吕世伦，谷春德.西方政治法律思想史：增订本（下）.沈阳：辽宁人民出版社，1987：352-369.

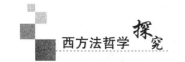

人物有：瑞典法学家伦德斯德特（Anders Vitherm Lundstedt，1882—1955）、奥利维克罗纳（Karl Olivecrona，1897—1980）和丹麦的罗斯（Alf Ross，1898—1979）。该学派的主要著作有：哈盖尔斯特列姆的《法律和道德本质的研究》（1953 年）、伦德斯德特的《法律思想修正》（1956 年）、奥利维克罗纳的《作为事实的法律》（1939 年）、罗斯的《向实在主义法理学前进——法学二元论批判》（1946 年）和《论法律和正义》（1959 年）。

斯堪的纳维亚现实主义法学派自 20 世纪 30 年代产生以后，一直在北欧国家法学界占统治地位。目前，其影响已经扩展到世界其他地方，成为现代西方的主要法学派别之一。

该派的主要法学观点如下。

（一）关于法的本质

在法的本质问题上，斯堪的纳维亚现实主义法学者既反对自然法理论，也反对分析实证主义法学的观点。他们把法看成是事实的组合体，而不是规范或命令的组合体，也不是纯粹理性的组合体。哈盖尔斯特列姆认为：法不过是一系列社会事实，是为了保障社会安全起见而建立的以人为齿轮的庞大机器。这架机器不是靠立法来推动的，而是靠强大的综合情感和习惯的驱动发挥作用。奥里维克罗纳说，法不是立法者的命令，因为在经验世界根本不存在立法意志。"十诫"并不是摩西的命令，也不是上帝的命令，"十诫"是数千年前形成的，是历代人以口头或书面传下来的一堆祈使句。它虽具有语言命令的形式，但它不是任何人的命令。罗斯说，一个规范存在，意味着一个社会事实存在，也就是人们按照某一方式行为的情况。因此，法律科学的任务不是研究法律规范，而是研究社会实际的工作，研究法律制度。

斯堪的纳维亚现实主义法学者都将暴力的使用看成法律概念的构成要素，其中有学者强调暴力的实际使用是主要构成要素，有的则强调暴力的潜在使用构成法律概念的组成部分。奥利维克罗纳说，"我们把法律看成是关于暴力的规则被证明是正确的，因为每件事情都转向暴力的有规律的使用"。罗斯说："法律是权力的一种工具，而且那些决定什么是法律的人们与那些服从法律的人们之间的关系是一种权力关系"；并说："法律是由关于暴力的使用的规则构成的"。

（二）关于法律效力

斯堪的纳维亚现实主义法学者否认法律在任何意义上都是有约束力的，认为只有对全体人民和执法者施加一种心理学上的影响，才能使法律具有约束力。奥利维克罗纳说："法律的约束力量只是作为人的头脑中的一种思想才是一种现实。在外在世界中，没有任何事情是与这一思想相应的。"在他看来，赋予法律以约束力是这样的一种事实，即不愉快的后果容易出现在非法行为所产生的情形中。他还认为法律秩序和暴力统治是没有区别的。罗斯说，"在法律程序和暴力统治之间是不可能进行区分的"。他把法律的效力降低为一种预测性。他的出发点是法律只是为法官的行为提供了规范，而不是为公民的个人行为提供了规范。也就是说，法律只是告诉法官怎样判案，而不是告诉公民如何行为。罗斯的结论是：如果能够预言在将来的案件中，法官仍然运用这个法律规范的话，那么这个法律规范就是有效的。他主张不仅对法官过去的实际行为，而且要对影响他、推动他的一系列规范性思想，都加以考虑。

（三）关于权利、义务

斯堪的纳维亚现实主义法学者主张摧毁权利、义务概念以及认为法律义务有任何客观实在性的观点。哈盖尔斯特列姆认为，权利不能被说成是代表了国家对个人的财产保护要求和人身保护要求的满足，因为只是在这些要求遭到实际侵犯以后，国家才开始行动。此外，除非人们能够成功地提出证据来支持自己的要求，否则权利是毫无意义的。哈盖尔斯特列姆认为，离开补救方法谈权利是没有意义的。同样，他把义务的概念看成是缺乏现实性的形而上学的概念，认为：义务观念没有任何客观的或逻辑的基础，它只不过是情感的表示，不过是法的语言魔力引起的义务人的责任感（即按照一定方式行为）。至于说某人违反了一项义务，不过表明一个事实——他很可能受到惩罚，或他将被判决支付一定的损害赔偿金或违约金。

伦德斯德特不仅否认权利、义务概念，而且进一步扩大否认非法、罪过、责任等概念，认为这些概念只在主观意识中起作用，没有任何客观实在意义。

（四）关于正义和价值

斯堪的纳维亚现实主义法学者都是在价值和正义问题上的相对论者，他们主张把价值判断从法学中排除出去，反对法学中的正义方法。哈盖尔斯特列姆否认客观价值的存在，断言世界上根本不存在"善和恶之类的东西"，认为这些东西（即词语）仅仅表示对某种事实状态的赞成和不赞成的易动感情的态度。奥利维克罗纳说，没有必要驳斥法是以抽象正义为基础的观点，因为这种观点是赤裸裸的迷信。罗斯认为，构成自然法哲学基础的人性假定和在这个基础上形成的道德法理论纯属武断，价值哲学不过是为某些政治的或阶级的利益辩护的思想体系。祈求正义同砰砰敲桌子一样，无非是把个人的要求转变为绝对假定的情感表达。

他们认为，法学不能去研究法律应该是什么，而要研究法律是怎样的；探讨正义原则没有意义，因而是虚约和徒劳的。他们认为，法律不是以正义为基础的，而是因社会集团的压力或不可避免的社会需要产生的；正义的感情不能指导法律，相反，它是由法律指导的。正义概念只在让法官正确运用法律而不专横上才有意义。

他们主张用"社会福利方法"来代替"正义方法"，他们认为"社会福利"不是一种价值判断，而是对一般人正试图获得的东西（食品、衣着、住宅、生命、财产和身体的安全、行动自由、精神保护等）的一种最大可能的安排。因此，他们认为社会福利方法可以避免正义方法所遇到的各种困难。他们强调：为了维护人类社会，法律是必不可少的，法律又需要其他的基础，又需要更高一级的说明和批准。法律的内容应

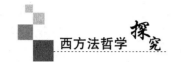

该是由社会福利的要求来决定的。权利、义务只是运用法律时所产生的副产品，而不是法律所保护的东西，它们不能说明或论证法律本身的正义性。法学应该将法律作为有其自己的目的和自身逻辑要求的事物来看待。只有这样，才能发展一种关于法律和社会事实的实在主义观点。

总之，斯堪的纳维亚现实主义法学是社会学法学派中的极端派。尽管它在北欧和其他西方国家有较大影响，但这不表明它的正确。恰恰相反，该派一出现就受到其他学派的批评。到了 20 世纪 50 年代后，这种批评更加猛烈，使它不得不放弃极端派的观点，而向社会学法学的稳定派（庞德）和新分析法学派靠拢，或干脆以新的形式（如行为主义法学）出现。

第十二章　逻辑实证主义法学

一、逻辑实证主义法学的哲学基础

逻辑实证主义法学的基础是逻辑实证主义哲学。逻辑实证主义法学是随着逻辑实证主义哲学的产生和发展而产生和发展的。

逻辑实证主义又叫新实证主义，对其含义可以有狭义和广义两种理解。狭义上的逻辑实证主义就是指维也纳学派，包括罗素和维特根斯坦的逻辑原子主义在内。广义上的逻辑实证主义是指现代的分析哲学。

逻辑实证主义形成于 20 世纪 20 年代前后的西欧和中欧各国。以石里克（Moritz Schlick，1882—1936）和卡尔纳普（Rudolf Carnap，1891—1970）为代表的维也纳学派，在整个逻辑实证主义中影响最大，所以一般都把它的形成当作逻辑实证主义哲学产生的标志。石里克原是一个以解释爱因斯坦相对论而著名的物理学家，1922 年应邀到维也纳大学讲授归纳科学，并主持维也纳小组工作（即维也纳学派的领袖）。1926 年卡尔纳普（早年在耶鲁大学研究物理和数学）也应邀来到维也纳，成了维也纳学派的另一名领袖。20 世纪 30 年代初，逻辑实证主义在美国有所传播，并同美国的实用主义哲学、行为主义心理学结合了起来。在希特勒上台侵占奥、捷等国后，维也纳学派的大部分成员都移居美国。1938 年维也纳学派宣布解散，从此以后，逻辑实证主义便成了美国哲学中的一个主要流派。此外，逻辑实证主义法学的代表人物还有波勃尔、碧海纯一、川岛武宜等。

逻辑实证主义者认为，哲学的主要任务是对科学语言进行逻辑分析。他们反对形而上学，主张把对科学语言的逻辑分析同对科学内容的经验证实结合在一起。他们强调经验，认为一切科学知识均起源于经验，必须由经验来证实。经验的证实原则是逻辑实证主义的根本原则，所以逻辑实证主义也叫"一致经验主义"、"逻辑经验主义"、"科学经验主义"和"逻辑经验主义"。

逻辑实证主义者对传统哲学进行了批判。首先，他们反对形而上学，认为形而上学的断言都是无意义的，因为他们没有方法可以用经验来证实这些断言，例如"绝对是超越时间的"一类断言就是胡说。其次，他们反对认识论，认为有关外在世界的断言也是没有意义的，因为不可能有什么方法能证实外在世界究竟是否独立于我们的经验。最后，他们反对伦理学，否定一切凌驾于经验世界的"道德王国"。总之，他们反对一切传统的哲学，包括形而上学、辩证法、认识论、伦理学。

逻辑实证主义者主张建立一种新的哲学，这种哲学的特征是：第一，对科学语言

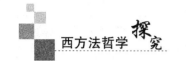

进行逻辑分析，通过这种分析来澄清基本的观念，寻找论断和问题的意义。司法问题解决了，一切哲学问题就都解决了。第二，实证主义。一切问题都是可以实证的。正是从这点出发，他们把科学的对象限定在"经验的内容"，认为科学的任务在于发现经验内容间的关系，觉知、描述和观察实际变化的"规则性"。对于世界是不是客观实在的，是不是运动着的物质，他们是不过问的。第三，经验主义。逻辑实证主义者把自己的哲学叫作"经验科学"，认为它包括了自然科学和社会科学的所有部门。怎样才能实现这些科学的统一呢？逻辑实证主义者认为，只有把各个科学的内容都当作经验来看待，才能做到统一，也就是在经验的基础上的统一。科学只对我们经验上的结构发生兴趣，对其他则不屑一顾。

建立在这一逻辑实证主义哲学基础上的逻辑实证主义法学，被叫作"经验科学的法学"。它是循着逻辑实证主义的一系列原则，把一切法学分支学科，例如法社会学、法史学、法经验学、法心理学、法哲学，都包括在自己这一"经验科学的法学"之中了；把法律规范只当作一种科学的语言进行逻辑分析。至于法律规范的价值如何，至于法律规范与国家的关系如何，至于法律规范发展的规律如何等问题，都可以全然不顾。这是地道的超阶级法律观。把法律也当作一种语言构造，就可以依次进行还原：法律现象可以还原为一般社会现象，进而还原为一般的心理现象和生物现象，最后还原为物理现象的电子学过程和信息处理过程。

二、逻辑实证主义法学的主要内容

（一）社会控制的符号技术论

逻辑实证主义法学家给法律下的定义是："法律是社会控制的符号技术"。他们断言，只有这样来理解法律，才能够清楚地、合理地说明"从无法社会到法律社会的转变，法律（尤其近代法律）的合理化"的过程。他们还认为，凡是一个社会，为了生存，必须维持基本的秩序。这一点就意味着，每个社会集团的成员必须服从一定图式的调整和安排的方向，换句话说，就是只有加强"社会控制"，才能达到"社会统一"。当然，社会控制的手段多种多样，例如道德、宗教、习俗等，都对社会控制起一定的作用，但它们所起的作用同法律手段对社会控制的作用是有重大区别的。法律的社会控制的明显特点是依靠自觉的有意义的制度上和政治权利上的保障，也就是依靠国家政治力上的保障。逻辑实证主义法学的这一理论是有很多问题的：首先是如何认识控制的对象，也就是如何认识社会问题。既然逻辑实证主义者否认客观实在的社会及其发展规律，那么，他们所说的"社会"无非是指人的社会性行为而已。怎样把握人的社会性行为呢？逻辑实证主义者主张通过无规律的环境对人的刺激以及人对这种刺激的反应来把握它，中心问题在于看人对"社会基本价值意向"作何反应。人只有接受并适应"社会基本价值意向"才能够存在。如果人脱离了"社会基本价值意向"，在这种情况发生时，法律就要进行"有效的控制"。这里所说的"社会基本价值意向"，在资本主义社会只能是资产阶级的价值意向，即资产阶级的意识形态，所以法律对"社会的控制"实际就是按照资产阶级的意志控制人的社会性行为。其次是社会控制的阶级作用问题。逻辑实证主义法学者所讲的法律社会控制，是排斥唯物论关于上层建筑对经济基础有反作用的原理的。他们所期望的人的社会性行为是"合乎一定图式"的行为，而且这种行为都是平等地受着"社会控制"的法律调整的行为。这样，似乎法律进行"社会控制"的行为是超阶级的、一视同仁的。这在阶级对立的资本主义社会怎么可能呢？在那里，法律的社会控制作用，实际是调整统治阶级的行为，控制、压迫被统治阶级的行为。最后是逻辑实证主义法学在强调法律的社会控制作用时，实际强调的是法官控制作用，鼓吹的是司法专横、法官立法。这恰好是破坏民主和法治的罪恶行径。

（二）再控制论

逻辑实证主义法学作为第一次控制是指"自上而下的控制"，也就是国家权力（主要是立法权）对民众行为的控制。所谓再控制，是指"自下而上的控制"，也就是"为民众利益而进行的逆控制"。怎样进行这种逆控制呢？逻辑实证主义法学提出，根据法律规范适用中存在的裁量权、法律解释等来进行控制。这一理论实际上是第一次控制的同义反复，没有任何意义，因为再控制中的"司法与行政"，也是国家的权力，同第一次控制的主题并无不同；第一次控制和再控制的实体又都是民众的行为，更无不同。与其说这是为了民众的利益，倒不如说是为了控制民众的利益，并借助国家权力来实现。

日本逻辑实证主义法学者还把再控制叫作"承认决定的社会控制"。"承认"要求作出某种决定，而作出某种决定又要求根据某种标准。这里所说的"承认"是指对事实的认定，"决定"是裁定或判决，"标准"是法律。这样看来，所谓"承认决定"，实际就是执法机关和执法人员在法律活动（包括审判活动）中解释法律的活动，因而"承认决定"的语言交流就构成了法律解释学的中心课题。

（三）法律解释论

逻辑实证主义法学是相当重视法律解释在社会控制中的作用的。他们认为再控制是以法律的解释为媒介来进行的。法律解释同任何解释一样，是以语言形式进行的，而语言既有"恩惠"的一面，也有副作用的一面。不明确的语言是革命煽动力的根源，也是法律解释复杂化的根源，一旦语言明确就可以消除这一根源。语言本身及语言交流当然是没有阶级性的，问题是谁来进行语言交流、为了什么目的进行语言交流、以语言形式出现的法律规范的内容。所有这些都离不开人，离不开人的意识形态，离不开人的阶级立场。也就是说，法律解释是有阶级内容的，它绝不是什么单纯的语言交流。

总之，无论是社会控制论也好，技术符号论也罢，还是法律的逻辑构成法、法律解释法、语言交流说，都是在用绕着"法律"做文章，既然如此，它就无法否认法律本身对法律判断、法律解释、法律适用的阶级性。以宣扬社会控制符号技术为特点的逻辑实证主义法学同样是地道的资产阶级法学，是为垄断资本主义服务的法学。

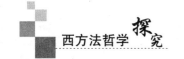

第十三章　经济分析法学

一、经济分析法学的产生和发展

经济法学是 20 世纪 60 年代首先在美国兴起，次后传播到其他西方国家的资产阶级法学思潮。开始时人们用"法"和"经济"来表示这一法学思潮。当 20 世纪 70 年代波斯纳的《法律经济分析》一书出版以后，人们则用"法的经济分析"、"经济分析法学"或"经济法学"等表示这一思潮。

经济分析法学的主要代表人物及其简介如下。

（1）科斯：1960 年在《法和经济杂志》上发表了《社会代价问题》，主张将经济分析方法直接运用于非直接调节经济关系的法律部门，提出著名的科斯定理。

（2）克莱布黑斯：1961 年在《耶鲁法学杂志》上发表了《关于风险的分配和侵权法的思考》一文，播下了法的经济分析方法的种子。

（3）波斯纳：1962 年毕业于哈佛大学。他的著作《法律的经济分析》（1972 年发表）是经济分析法学在法学中最系统、最全面的运用，是经济分析法学的代表作。

（4）波兰斯基：是一位法学和经济学教授，他对经济法学的基本范畴、科斯定理都作了阐明和解释，推动了经济分析法学的发展。

经济分析法学在 20 世纪 60 年代兴起不是偶然的，而是有着极为深刻的社会政治经济原因。

第一，它是由资产阶级国家的经济职能对传统法理论的冲击所引起的。传统法理论不重视法和经济的互动作用，也否认经济学在解释法现象方面的作用。但是进入 20 世纪 30 年代以来，由于生产和科学技术开发的社会化、国际化程度空前提高，资本主义社会固有矛盾加深，资产阶级国家不得不直接、经常介入经济生活，担负起资本主义经济的"总指挥者""总调节器"的职能，直接调节经济关系的法规被大量制定出来。这种情况到了第二次世界大战后更加发展和增多了，于是资产阶级法学家不能不把资产阶级国家和法的经济职能作为现实来对待，并认真思考法在经济生活中的作用，特别是思考法与经济效益的关系，把法与经济法学、与经济联系起来。

第二，它是法学和经济学互相结合、相互补充的产物。资产阶级法学家曾片面地认为法和法学所解决的根本问题是"正义"问题，也就是如何在社会成员中合理分配权利、义务、资产、资源、收入等问题，而经济学所要解决的问题是"效益"问题，也就是如何有效地利用自然资源、增加财富总量。在生产完全是私人的事情的情况下，法不怎么介入经济，以经济效益原理来说明法的性质、法的价值是没有意义的。但是在生产不再仅仅是私人的事情的情况下，在国家和法承担越来越多的经济职能的情况下，在国家和法直接参与社会资源分配和再分配的情况下，在国家和法参与社会生产总体规划和社会收入的总分配的情况下，法学家就不仅要考虑法在分配方面的正义性，还要考虑法在管理和分配方面的效益，经济学家也不得不把法看作是从事经济活动的环境因素之一，看作是制约经济效益的重要因素，考虑法在管理和分配方面的作用。这样，在客观上就为法学和经济学的相互渗透创造了前提，促进了法学和经济学的结合。

第三，它是政策选择的需要。20 世纪 50 年代以来美国社会关于经济效益和社会福利两种政策的争论，直接促进了经济分析法学的形成和发展。20 世纪 50 年代初期，美国统治阶级在决定国内政策方面一直处于选择经济效益政策还是选择福利政策的困境之中。一方面，为了缓和国内的阶级矛盾，弱化富人和穷人之间的冲突，统治阶级必须推行社会福利政策，制造福利国家和公平社会的假象。要推行社会福利政策就需要资金，于是国家就要向资本家征税、向富人要钱，遗产税和累进所得税就是为了实现福利国家的计划而采取的措施。实行社会福利政策可以在一定程度上缓和穷人和富人的矛盾，但是它却使企业用于生产和扩大再生产的资金不足，导致国民经济发展缓慢，甚至停滞，并可能助长挥霍浪费和懒汉风气。另一方面，为了刺激投资，推动经济发展，提高企业的竞争能力，增加社会财富总量，统治阶级必须削减社会福利计划，改革税制、压缩税率，为发展生产创造有利条件，而这样做又必然扩大贫富的差别，加深有产者和无产者的矛盾、大资本家和中小资本家的矛盾。

统治阶级究竟应当选择何种政策？这是一个全社会的并带有根本性的争论。法学家当然也要参加这场争论，为各自的政策主张进行论证。代表大资产阶级利益的法学家主张经济效益优先政策，主张增加社会财富，认为社会福利应退居第二位，应当先把资源和财富分配给能够再生产出较多财富的人，待社会财富增加以后，再去谈社会福利。经济分析法学派就是适应大资本家的这一需要而出现的。

经济分析法学形成初期，它的研究范围限于反托拉斯法、税法、贸易管理、公用企业管理等明显调整经济关系的法规和制度。它的目的是澄清这些经济法规和制度中应用的经济学原理、目标和假设，指出法规使用经济语言时其含义是什么，或者阐明经济学语言在法规中的正确使用方法。因此，这时的经济分析法学是纯分析和注释型的。后来经济学分析方法就被广泛地适用到对整个法律的制度，包括侵权法、合同法、财产法、程序法、刑法、行政法、宪法等不直接调整经济关系的法律部门，以及法的发展变化和法的思想等方面的研究。这时的经济分析法学已经是分析和评价并重了。经济分析法学更加成熟，确立了自己的范畴、定理、分析框架和原理体系，成为理论法学中的一种新学说。

二、经济分析法学的一般观点

（一）法的概念

经济分析法学认为，法无疑是规定权利和义务的主权者的命令，但是，仅仅具有

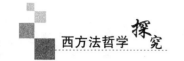

这一点还不够，以国家强制力为后盾的规范要成为法律，还必须同时具备以下四个条件。

第一，必须具备可行性。按照功利和效益原则，从经济和法律的角度看，法律的基本功能就是通过改变人们的动机而改变人们的行为，引导人们选择作出有效益的行为。因此，法就必须是现实可行的。也就是说，法的现实性是基于它的可实现性。如果法律强求人们把树叶变成金条，否则就施以处罚，那么，这样的法律无论言辞多么犀利，也不过是一纸空文。

第二，必须具备公开性。法律作为通过改变人们的动机而指导人们的行为、规定权利义务的规范，它必须为公众所知晓。如果鲜为人知，它就不具备这种指导的意义，也就失去其作为规范的特性。如果法律只是在对某个违反法律的个人实施制裁以后为人所知，那么这种法律对公众是不生效的。这是因为人在本质上是趋利避害的，如果一个人能够在社会管理者为人类规定的条件下，从事法律所要求的行为，不从事可能为法律所禁止的行为，那么他将会获得更大的个人利益和满足。在大多数条件下，他是按照法律的要求去做的，也就是说，法律作为社会管理的一种有效工具，以此为基础，通过改变人们的动机而把人们的行为纳入规范的轨道，促使有效益行为的发生，防止和减少社会所不期待的行为的发生，从而使法律自身成为一种防患于未然的力量。因此，它就必须预先为人所知晓。

第三，法律应确立一种能够刺激人的利益动机的经济机制。法律必须是以保护和促进有效益的行为为目标的，必须确保这种行为的发生所需要的一切条件。在法律活动中，必须使这种行为的发生始终处于中心地位。法律必须通过责任和权利的不同分配，给予个人的更大利益，从而把人们的行为纳入规范之中。

第四，法律必须有一个和自身目的相适应的合理的结构，法律规范的假定、处理和制裁这三个组成部分本身及其相互之间的内在结构都必须以法律这种效益目标为基础和目的。判断它们是否合理，关键在于它们是否有助于效益性结果的产生，是造成了损失还是弥补了损失。违背这一最高原则，法律的信誉就将受到损害。

(二) 普通法 (判例法) 与制定法的比较

通过对普通法 (指判例法) 和制定法的比较和分析，经济分析法学家们认为，在一定意义上可以说，普通法就是根据效益的原理和逻辑而形成的，制定法则不是这样；普通法侧重于经济效益，而制定法侧重于财富的分配。理由如下。

第一，普通法在美国形成于物质财富极为贫乏的 19 世纪，效益是普通法各部门活动的中心。但是，即使在大萧条时期产生的制定法也是涉及财富的分配，如铁路法。

第二，普通法领域中的许多经济问题是从经济效益出发的一种本能的反映，而由制定法调节的那些领域，如反垄断法，有很多非经济考虑。

第三，在普通法领域中，法官独立判案、创造法律，而由立法机关制定的成文法在其制定过程中就已受到了许多政治影响。

总之，普通法在实质上代表了一种经济要求，各个部门法之间的不同只是调节对象、细节、语言、具体问题的不同，它们的目的和方法都是相同的，这就是以促进资源的最佳配置、社会财富的极大增加为目的，并以对处在同一法律关系中的人们分配法律责任、确定权利和义务的方法来实现的。

（三）专利权和版权法的经济分析

经济分析法学家说：有时从"公平""正义"的角度来看，对专利权和版权的法律保护似乎不是那么合理。两家公司同时分头研制一种产品，一家先成功并取得了专利权，另一家则被禁止制造和出售这种产品，尽管他们比对手只晚了几天。以对新产品的垄断作为奖励，有时看起来同专利获得者的实际成就很不适应，因为他的发明比对手不过只是早了几天。但正是这一法律制度刺激了新的发明创造，促进了社会经济的进步和繁荣。[①]

三、科斯定理及应用

科斯定理是经济分析法学的理论基础和基本框架。经济分析法学者的著作中大量地运用了科斯定理。波斯纳在其所著《法的经济分析》一书中反复强调科斯定理是他的经济分析思想的"主旋律"。因此，了解科斯定理是把握经济分析法学的关键。

科斯（R. Cose, 1910—2013）生于英格兰，1932 年毕业于伦敦经济学院，1951 年获得经济学博士学位，同年移居美国，先后在布法罗大学、弗吉尼亚大学和芝加哥大学任教。科斯的主要著作有《社会成本问题》和《企业的性质》。其 1911 年获诺贝尔经济学奖。

科斯定理是把经济学中的效益论——帕累托原理和卡尔多-希克斯原理（简称 K-H 原理）运用于法的分析中而创立的。

科斯在《社会成本问题》一书中，运用边际分析方法具体论述了法律在促进有效益的结果产生的过程中的作用。边际分析是经济学中常见的一种评价经济选择的基本方法，它是指一系列递增或递减的某一中断点上的状况。边际分析法在西方经济学中被广泛应用，以求得经济选择的利益最大化（即功利最大化），从而获得资源最佳配置，实现最优化的行为。假设有牧场主 A 和农场主 B。A 养牛获利，但同时牛毁坏了 B 的玉米，给 B 造成了损失。A 与 B 的利益关系就是：牧场主 A 的边际收益（元）对农场主 B 的边际损害（元）为第一头牛 50/10，第二头牛 40/20，第三头牛 30/29，第四头 20/40，第五头牛 10/48。这里 A 的总收益是 50＋40＋30＋20＋10，共计 150 元，平均收益是 30 元。经济学家认为在边际收益与边际成本相等或几乎相等时，个人从中获得的效益是最高的，所获得的资源配置是最佳的。

从以上论述中可以看出，牧场主 A 给农场主 B 造成了损失，但是，如果国家因为牛践踏玉米而禁止 A 养牛，就会给 A 造成损失。那么这样的损害是相互的，要么允许

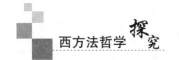

牛毁坏玉米使 B 受害，要么禁止牛毁坏玉米而使 A 受害，中心问题不是哪个行为引起损害，而是哪个损害是可以被允许的。

假定牧场主和农场主是有理性且双方合作的，当他们之间的交易是有代价时，总会出现有效益的结果，即第三头牛，因为第三头牛的边际收益与边际成本之间的比差最小。经济学家认为，个人的最优化行为，就是个人通过调整其生产量或消费量，使从中获得的边际收益与边际成本相等或几乎相等。如果 B 有权禁止养牛，A 就会花钱购买养第三头牛的权利以获得这一元利润。如果 A 有权养牛，B 就会花钱让 A 少养牛，但在第三头牛上，B 不会支付多于 29 元的钱，A 则不会接受少于 30 元的钱。所以无论怎样，都会出现三头牛这样一个有效益的结果。因此：（1）确认当事人一方为外部效果的起因对于获得效益是不必要的；（2）国家没有必要对当事人一方或另一方征税，或实施法律干预，因为有效益的结果产生于个人间的交易；（3）无论我们假定谁拥有相应的权利，资产的最佳配置（三头牛）总是会产生的，因此，权利给予对效益的产生是无用的，不过权利表明最初的交涉地位；（4）权利的给予能影响当事人的相对财富。如果给予 B 禁止养牛的权利，将会有三头牛，但是为了获得养牛的权利，A 就不得不给付 B 一定数额的钱以购买这项权利，从而增加了 B 的财富。如果 A 有权，他也会停在第三头牛上，但 B 就得付钱以换取 A 养牧适宜的牛，A 的财富就增加了。然而，财富的如何分配不是效益原则所考虑的。

根据以上分析，科斯定理可以被简述为：当交易是无代价的且个人合作时，法律权利的任何分配都是有效益的。也就是说，当交易本身的成本非常微小或者不存在时，国家只需要通过强制执行个人间谈定的资源分配方案来确保交易进程的完整性。因为任何一种权利分配都将证明是有效益的，没有必要强求国家必须给予当事人某一方相应的权利，政府和法律可以对此事几乎不加干预。然而，当交易本身的成本不是微小的时，有效益的结果有时就不可能出现。例如，对 A 来说，第三头牛价值 30 元，而禁止它的价值是 29 元（B 的损失）。只有 A 最初被给予养牧牛的权利或交易成本低于 1 元时，才会有第三头牛。如果 B 被授权可以禁止养牛，这时，只要交易成本超过 1 元，A 就不会支付多于 30 元的钱去购买养牧第三头牛的权利，B 就要求禁止第三头牛，他拥有并行使了这项权利。这样就把牛的数目减少到两头，而这个数目是无效益的。这说明当交易成本不是很微小时，权利如何分配就十分重要了，因为在这种条件下，权利的分配能够对资源的有效配置造成不同的结果，因此就需要一个原则来指导权利的分配。换句话说，科斯定理适用的条件在现在生活中难以存在，在这种情形下，就需要借助法律因素（法律的机制作用）以促使有效的结果出现。这也正是法律的目的之所在。

为了获得有效益的结果，法律就必须进行干预。波斯纳认为，当这些条件不能满足时，普遍的原则是，法律应该通过"模拟市场"来促进效益。所谓"模拟市场"，是指有关的法律机构应该把相应的权利分配给那些将会通过市场交易购买这些权利的当事人，即模拟在零交易条件下出现结果。这些人不仅能够赔偿所造成的损失，而且同时还获得一定的净收入。当然，这里所说的赔偿完全可能是卡尔多式的，即受益者必须有能力补偿受损者，但这并不要求实际上的补偿。只要受益者有这个能力并且在虚拟地补偿了受损者之后还有一定的获利，就增加了社会财富总量，也就有了效益，例如，牧场主 A 不顾最初的权利分配，将会通过谈判（市场交易）购买养牧三头牛的权利，"模拟市场"原则就要求法院把权利直截了当地分配给牧场主。

上述科斯定理提供了根据效益原理理解法律制度的一把钥匙，也为朝着实现最大效益的方向改革法律制度提供了理论依据。经济分析法学者把科斯定理运用于法律分析，着重指出效益原理在法律安排中有两个一般作用。

一是效益原理决定着国家是否运用法律手段干预经济生活（交换）。依据科斯定理，当交换代价很小或不存在时，只需要"微政府"，而且政府只需要通过强制个人执行谈定的资源分配办法来保障谈判程序的诚笃，因而这时的谈判是有效益的。当交换代价不是很小时，有效率的谈判不可能存在。由此推定，当交换代价不是很小时，财产权利如何分配就十分重要。因为权利分配关系到资源分配的效益，所以需要一个原则去指导财产权利的分配。

波斯纳把科斯定理和他的法律市场假定结合起来，指出：当科斯定理的条件——零交换代价和合作行为具备时，法律就没有任何必要以任何特殊的方式分配财产权利，市场交换总是能够确保效益。当这些条件不具备时，法律应当通过重现市场或复制市场来促进效益的实现。波斯纳所说的"重现市场"指有关的法律机关应该把财产权利分配给通过"市场"交换可能得到它们的那些人。

二是效益原理确定权利的保护方法。克莱布黑斯和麦勒米德认为法律有三种保护权利的方法：财产规则、责任规则、不可剥夺规则。财产规则以使权利所有者能够禁止他人侵扰的方式来保护权利，除非有权者愿意以相互都可以接受的代价放弃权利。责任规则以另一种方式保护权利，即他人（无权者）可以降低权利的价值，而不管权利所有者愿意与否，但无权者事后必须补偿被降低的价值（被降低的价值即损害，通常是由法院确定的）。责任规则允许无权者以客观上确定的代价，按照损害补偿的原则，去购买他人所拥有的部分或全部的权利。财产规则和责任规则的区别可以用下面的例子来说明。假定甲有一座闲置的房舍，甲的房屋仅仅受到财产规则的保护。在这种情况下，如果乙想要甲的房舍或其一部分，乙必须找到甲，说服甲把房舍权转让给乙，否则，乙对甲的房舍根本没有占有和使用的权利主张和自由。但是，如果甲的房舍权受到责任规则的保护，那么乙不必获得甲的同意便可利用它。乙将占用甲的房舍和对甲的损害承担责任。另外，甲没有根据禁止乙采取侵扰甲的权利的行为。甲乙的关系结构如下：房舍权利是甲的。但甲有权利这个事实并不要求乙必须与甲谈判房舍的使用。乙可以随意行动，只要乙付给甲使用费。同样的权利可以并用财产规则和责任规则来保护。假如甲的房舍仅由财产规则予以保护，如果乙没有经过甲的同意就占用，甲就没有任何补救方法。这就是同时运用财产规则和责任规则来保护一项权利的有效理由。

但是，有时候必须放弃作为保护权利手段的财产规则和责任规则。这常常发生在交换代价很高的时候。如果交换代价很高，财产规则很可能是无效益的。因为向更有

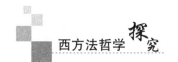

效益的占用转变要求谈判，如果谈判是有代价的，适用财产规则就可能导致由对权利估价较低的人（无效益利用财产的人）享有权利。因此，在交换代价很高的地方，责任规则可以取代财产规则。在责任规则支配下，比最初被授予权利的人更高估价权利的人（能有效益地利用权利的人），往往被诱使无交换而获得权利并给予赔偿。这种情况让对权利估价更高的人获得权利，使市场交换过程的效益加倍。

不可剥夺规则不同于财产规则和责任规则。当一个权利是由不可剥夺规则来保护时，权利的任何转让都是受到禁止的。不可剥夺的权利是不可转让的。免受奴役的自由和选举权就是由不可剥夺规则保护的权利。由不可剥夺规则保护的权利看起来相当于为了促进或保护其他社会利益而放弃效益。某些人可能被诱使去交换他们的权利，这样做可能是有效益的，阻止这种转让可能是无效益的。但是，如果有理由相信用自己的自由权去换取金钱是短见或者是缺乏理性的，用不可剥夺规则来保护权利就可以根据下面的理由证成：在有见识、有理性的人所构成的无代价市场上，这种权利转让是不会出现的。所以，适用不可剥夺规则阻止某些交换，也是可以用效益原则证成的。①

四、波斯纳的经济分析法学

波斯纳（R. Posner, 1939—　）是经济分析法学的重要代表人物。1962 年，他自哈佛大学毕业后任美国联邦最高法院法官布冉能的秘书，1968 年于美国斯坦福大学任副教授，1969 年起任美国芝加哥大学法学院教授，后任美国联邦法院第七巡回法庭法官。他的主要著作是《法律的经济分析》（1972 年）。他应用科斯定理和经济分析的方法对美国的财产法、合同法、侵权法、刑法以及宪法、行政法等作了系统的经济分析和效益评价。此外，其著作还有：《正义司法的经济学》（1981 年）、《法理学问题》（1990 年）、《性与理性》（1992 年）、《超越法律》（1995 年）、《联邦法院》（1996 年）、《法律理论前沿》（2001 年）等。

（一）经济分析法学的本质和特点

波斯纳在其所著《法律的经济分析》一书中对经济分析法学的本质和特点作了系统分析和概括，认为经济分析法学就是经济学理论在法学中的应用，并从多方面多视角论证了这一命题。他说："从最近的经济分析法学研究获得的一个重要的发现是，法本身——包括它的规范、程序和制度，都在于促进效益的实现。"② 他还说，经济分析法学从本质上说就是"将经济理论运用于对法律制度的理解和改善"③。他认为 20 世纪 30 年代法学理论方面最重大的发展就是经济学被不断广泛地运用到法学研究各个领域，

①　谷春德，史彤彪. 西方法律思想史. 北京：中国人民大学出版社，2006：368 - 370.
②　波斯纳. 法律的经济分析. 3 版. 北京：中国大百科全书出版社，1997：517.
③　波斯纳. 法律的经济分析. 3 版. 北京：中国大百科全书出版社，1997：序言.

包括侵权、刑法、家庭法、程序法和宪法。[①] 但是波斯纳强调，经济分析法学不能被理解为经济理论的简单照搬，而是有分析有目的的应用。他指出，经济分析法学"只是在以下意义上运用经济学：将经济学看作一种理性选择理论——诉讼所要达成的理性选择"。他认为经济分析法学所研究的最重要的目的在于："我们可以通过运用不同于法官和其他的法律专业人员所运用的术语——尤其是经济学的术语——考虑问题，从而确定法律的结构、目的和一致性。"[②] 因此，经济学理论中一些基本概念术语，诸如机会成本、价值效用、效益、效率等，必然成为经济分析法学家经常使用的概念。特别是为了获得最有效益的结果，法律应该广泛干预社会生活，即法律应该通过模拟市场来促进效益极大化。[③]

（二）财产法的经济分析

波斯纳认为，财产法有重要的经济功能，对财产法律规则的设定应该紧紧围绕着刺激人们有效益地利用自然资源这一根本目的。为了有效益地利用自然资源，创造财产权利体系是必需的。也就是说，财产法必须为人们规定一系列权利，使财产所有者在他认为合适的时候可以自由行使这些权利，使资源流转成为可能。在波斯纳看来，有效益的财产权利体系应该包括三个标准。

一是它必须是普遍性的。财产法应该规定所有的自然资源都应该由某人占有，对自然资源的普遍占有通过财产法界定后便成为权利，这是有效益地利用自然资源的先决条件。

二是它必须是排他性的。财产法应该明确规定特定的财产只能有唯一的权利主体，其他任何人或集团除非通过交易或者赠与，不能得到该特定财产。

三是它必然是具有可转让性的。波斯纳强调，"财产权利必须是可转让的，（因为）效率就要求将财产权转让给某些更有效使用它的人，而可转让性财产权就是这么一种机制"[④]。这就是说，只有通过财产的自由流转，通过财产权利主体自愿地对其财产所进行的交换，才能使自然资源从低价值、低效益的利用转向高价值、高效益的利用，促使效益极大化目标的实现。[⑤]

（三）合同法的经济分析

在合同法领域，对财产的有效的法律保护应使资源的使用从低效益到高效益的转移成为可能。可是实际上有很多因素阻碍和影响着这些转移。合同法的主要职能便是减少商品交换和资源转移过程中的损失。为了保护合同双方的利益，合同法规定对不履行合同的一方实行经济制裁，并以规范的词句降低商品交换和资源转移过程中的复杂性。

---

① 波斯纳.法律的经济分析.3版.北京：中国大百科全书出版社，1997：序言.
② 波斯纳.法律的经济分析.3版.北京：中国大百科全书出版社，1997：序言.
③ 谷春德，史彤彪.西方法律思想史.北京：中国人民大学出版社，2014：305.
④ 波斯纳.法律的经济分析.3版.北京：中国大百科全书出版社，1997：41.
⑤ 谷春德，史彤彪.西方法律思想史.北京：中国人民大学出版社，2014：306-307.

波斯纳认为，合同是据以进行财产转移和交换的法律形式或程序，而合同法则从制度上设定了这一形式或程序，从而为通过财产流转和交换使财产效益极大化提供了条件和可能。具体说来，合同法具有三大经济功能。

一是契约法的基本功能是阻碍人们对契约的另一当事人采取机会主义行为，以增强经济活动的最佳时机选择性，并使之不必要采取成本昂贵的自我保护措施。[①]

二是合同法通过提供一整套规范的术语和制度，降低交换的复杂性和相应的费用。

三是"契约法除了防止机会主义行为之外，它的另一个重要功能是：通过加入遗漏条款而使当事人的协议变得更为完美"[②]。

（四）刑法的经济分析

经济分析方法被运用于刑法领域，产生了犯罪经济学。犯罪经济学以效益为中心，以某种假定为前提，提出定性预测，并组织材料验证这些预测。它将犯罪与实施犯罪的决意看作职业选择的一个实例。波斯纳认为，一个人之所以选择、实施犯罪活动，是因为犯罪比任何可选择的合法职业能提供更多纯利。波斯纳将犯罪假定为具有稳定偏好、追求功利、极值和有理性的个人，而他所作的选择是以职业（包括犯罪）带来的纯利（包括纯货币和非货币利益的结合）为基础的，因此，实施犯罪就取决于这种选择可获得的财富和所谓的风险以及生活方式等无形因素。刑事侦破水平和刑罚的轻重，无疑是调节获得的财富与所谓风险的基本杠杆。因而，在这种假设基础上，提高刑侦水平、加重刑罚是提高"犯罪成本"，从而预防和减少犯罪的一个重要措施。不过，这种推论和预测主要适用于以获得钱财为动机的犯罪，而它对于因报私仇、嫉妒或淫欲等而进行的犯罪的分析，则表现出它的局限性。

波斯纳认为，现行刑法中所设立的刑罚是基于对过去经验的分析，因而不利于潜在罪犯的预期归正，所以必须根据经济上的预期变化来确定刑罚的严酷程度和较高的适用频率，以降低罪犯的数量。当然，最基本的还应是与经济效益原则相适应，犯罪所得与犯罪风险之间的比例过分失调，也会导致走向另一个极端。

波斯纳不仅提出这些假定和预测，还组织材料来验证这些假定和预测。例如，运用尖端统计技术检验刑罚威慑力的假定，通过统计分析，甚至得出这样的试验性结论：美国在1935—1969年间，每一次死刑判决都威慑718名谋杀犯。这种假定曾引起学术界和社会上的争论。

虽然犯罪经济学有一定道理，它指出了罪犯在实施犯罪时，必然会对自己的行为与法律后果进行利益上的权衡和比较，犯罪与否要看值不值得以及对好处坏处的权衡。这对于分析犯罪产生的原因，对于预防犯罪，显然是有帮助的。但是它过于强调了罪犯对"经济效益"考虑，忽视了犯罪的其他社会的、政治的原因，这样，它就不可能全面揭示犯罪的原因，从而也不可能达到减少和预防犯罪的目的。

---

① 波斯纳．法律的经济分析．3版．北京：中国大百科全书出版社，1997：117.

② 波斯纳．法律的经济分析．3版．北京：中国大百科全书出版社，1997：119.

（五）程序法的经济分析

波斯纳认为，法律程序或程序法同样受着效益极大化原则的制约。他说："许多诉讼判决的终极问题是，什么样的资源配置才能使效率最大化。在正常情况下，这一问题是由市场来决定的；但在市场决定（market determination）成本高于法律决定（legal determination）成本时，这一问题就留给法律制度来解决了。"① 他把程序法看作是分配资源的市场，他说："法律程序（legal process）像市场过程一样。"② 基于这种认识，波斯纳对法律分配和市场分配进行了比较分析，他认为，许多案件判决最终结果都在于资源分配是否能够实现最大限度的效益，而这种效益通常是由市场规则决定的。

具体说，程序法与市场效益的关系如下。

第一，像市场一样，为了使效益极大化，法律利用的机会成本引导着人们利用程序法的取向和程度。是否参加诉讼，如何参加诉讼，都由当事人和他的律师依据效益原则决定。之所以出现利用程序法审判，是因为发生纠纷的各方对审判的预期价值超过了和解的价值。

第二，法律程序也像市场一样是竞争性的。由于诉讼双方处于对抗制之下，法庭事实上处于消费者的地位，它必须在两个决心很强的推销员的类似货品之间作出选择，法律上分配程序的受原、被告双方为争取法庭好感的竞争所支配的。

第三，法律程序与市场类似也体现在它的非人格性上。波斯纳说："法律程序还在其非人格性（impersonality）上类似于市场……市场那看不见的手与法官有异曲同工之处。"③ 法官的超然状态同市场中那只"看不见的手"起着同样的作用。法官中立意味着法官处理案件只受证据规则的约束。

总之，正是因为市场是最有效的机制，程序法同市场又有着异曲同工之效，所以，程序法在分配自然资源、使社会效益极大化过程中发挥着举足轻重的作用。④

① 波斯纳.法律的经济分析.3版.北京：中国大百科全书出版社，1997：677.
② 波斯纳.法律的经济分析.3版.北京：中国大百科全书出版社，1997：678.
③ 波斯纳.法律的经济分析.3版.北京：中国大百科全书出版社，1997：679.
④ 谷春德，史彤彪.西方法律思想史.北京：中国人民大学出版社，2014：308-309.

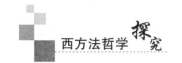

第十四章　西方马克思主义法学[①]

一、西方马克思主义法学的形成和发展

西方马克思主义法学是 20 世纪中期在西方出现的一股法学思潮，它是西方马克思主义发展的产物。它既不是资产阶级传统的法理学，也不属于马克思主义法学，而是西方社会特殊的政治、经济形势和各种思潮融合的反映。

（一）对称呼的界定

目前我国学术界关于对西方国家的马克思主义研究应该怎样称呼有一些争论，出现了不同的称呼，主要有"西方马克思主义""新马克思主义""国外当代的马克思主义"。这个问题值得进一步探讨。

"西方马克思主义"一词最早出现在卢卡奇 1923 年发表的《历史和阶级意识》一书中，后来在法国的现象学——存在主义者梅芳-庞蒂 1955 年发表的《辩证法历险》一书中也有评论。它主要是指与列宁主义相对立的一股思潮。后来安德森在 1976 年专门写了《西方马克思主义探讨》一书，于是西方马克思主义的概念，在西方国家便流行了起来。它泛指那些在哲学上有自己独特的马克思主义体系并和苏联马克思主义相抗衡，在政治上提出了与列宁主义相异的政治组织原则的各种流派的统称。

一般认为"新马克思主义"的概念比"西方马克思主义"的概念更广泛，它没有地域的限制，不仅包含西方马克思主义，也包括东欧等国的共产党人对马克思主义的最新理解。

有的人既不用"西方马克思主义"，也不用"新马克思主义"，而用"国外当代的马克思主义"来表示，显然这就更加笼统了。

依我们看，还是称之为"西方马克思主义"为好，因为它表明的是在西方国家流行的那股思潮。这里所言"西方"，既有地域意思，又有政治意思，但主要是指后者。

我们讲的"西方马克思主义法学"就是指欧美西方国家用马克思主义理论和方法研究法学的各种法学观点、法学理论的统称。

（二）西方马克思主义法学的思想根源和理论基础

1. 它是西方马克思主义的直接产物

西方马克思主义最早是在 20 世纪 20 年代作为共产国际中的"左"的思潮出现的，

[①]　此文与李法宝合写。

以卢卡奇为代表。他主张重新发现马克思原来的理论，强调暴露马克思主义的黑格尔根源。

后来这股思潮在欧洲共产党内外流行起来。有些人主张用弗洛伊德主义解释马克思主义，用存在主义解释马克思主义，用新实证主义、结构主义、分析主义解释马克思主义，于是就出现了黑格尔主义的马克思主义、弗洛伊德主义的马克思主义、存在主义的马克思主义、新实证主义的马克思主义、结构主义的马克思主义、分析主义的马克思主义。这些派别有的反映西方哲学中的人本主义，有的强调西方哲学中的科学主义。

到20世纪60年代，西方马克思主义在法国有了进一步的影响和传播。这同1968年在法国发生的五月风暴有密切关系。风暴中的"左"派学生把西方马克思主义视为自己的思想武器，从而引起人们对西方马克思主义的广泛注意。西方马克思主义研究的领域很广泛，有哲学、政治学、经济学。它们对法学也有许多探讨，由此便产生了西方马克思主义法学。

2. 它受冲突理论的影响

20世纪60年代以后，西方社会学中冲突理论非常流行，这主要是由冷战、黑人运动、学潮造成的。冲突理论吸收了马克思的阶级斗争理论及韦伯、齐美尔的有关社会冲突的观点而发展起来。该理论提出：国家制度是冲突的产物，它并不能协调多方面的利益、冲突，虽然可以疏导和控制，但却无法彻底消除。冲突的存在既能促进群体的结合又能维持群体。冲突理论揭示了社会的矛盾性，对于法学家正确认识资本主义社会的法律制度是很有帮助的。

3. 它受苏联早期法学家的影响

苏联建立初期法学家帕舒甘尼斯的观点，对西方马克思主义法学影响很大。帕氏认为，法律是管理市场经济的典型力量，在市场经济中独立的私人生产者和商品拥有者通过签约交换商品，这些生产者和拥有者的利益经常发生冲突，法律的作用就是调整这种利益冲突。

（三）西方马克思主义法学的历史进程

早在20世纪初，西方马克思主义法学就已经萌芽。当时，奥地利的马克思主义者卡尔·伦纳（1870—1950）在其所著《私法制度及其社会功能》一书中就曾提出过这种法学思想。伦纳把法律与权力相联系，认为：法律的目的是控制和约束人们的行动，法律的强制力与法律的制定有关，法律的强制力是全体人民赋予的。伦纳最关心的就是经济力量和社会变迁对司法制度下法律的影响。他认为：法律在维护和更改现有社会关系方面起着积极作用。法律不仅仅是经济状况的反映，法律是游离于经济之外的，法律有着自己的存在条件，有着自身的来源。伦纳还对资本主义法律制度的发展趋势及社会主义法律的基本特征进行了研究。

伦纳的上述法律观点对西方马克思主义者有相当大的影响。葛兰西的"法律二元

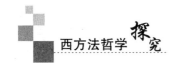

功能论"（法律是阶级统治和教育的工具），法兰克福学派中柯切恩海姆的法律政治性的观点，哈贝马斯对晚期资本主义社会合法化危机的论述，结构主义马克思主义者普兰查斯对法律性质的描述（法律具有镇压的功能，但法律不等于镇压）、对法律与国家关系的说明（法律是国家的工具，国家的活动要依据法律），阿尔都塞的国家和法相对独立等观点，都借鉴和发挥了伦纳的观点，都是西方马克思主义法学研究的内容。

运用西方马克思主义分析犯罪问题，形成了激进犯罪学，主要代表人物有美国的奎林、沃尔德，英国的泰勒。他们对传统的犯罪理论进行了批判，主张运用马克思主义的社会理论和阶级分析方法来研究犯罪问题。有些法学家运用这一方法研究整个法律问题，促进了西方马克思主义法学思潮的发展。

总之，西方马克思主义法学绝不是突然出现的，它从 20 世纪 20 年代萌芽到 60 年代正式形成并在西方国家广泛地传播，共经历了几十年的时间。

二、西方马克思主义法学的主要观点

（一）西方马克思主义法学的主要代表人物

美国：莫顿·霍维茨（Morton Horwitz，著有《美国法律的改造》）、马克·图什内特（Mark Tushnet，著有《美国奴隶制法律》）、皮艾斯·贝尔尼（Piers Beirne，主编《马克思主义和法》）等。

英国：穆林·凯恩（Maureen Cain，著有《马克思恩格斯论法》）、艾尼·亨特（著有《法律上社会学运动》）、科林·萨姆纳（Colin Sumner，著有《对马克思主义法律和意识形态的探讨》）、达维德·萨格曼（David Sugarman，编有《法律、意识形态和国家》）、休·柯林斯（Hugh Collins，著有《马克思主义和法》）等。

德国：奥托·柯切恩海姆（Otto Kirchenheimer，著有《政治正记》）、尤尔根·哈贝马斯（Jürgen Habermas，著有《公共领域的结构转型》《言论化危机》《重建历史唯物主义》《在事实与规范之间——关于法律与民主法治国的商谈理论》）等。

以上这些人，自称运用马克思主义研究法律，研究了法律的各方面问题，如法的本质、法与经济、法与阶级、法与国家、法与意识形态、法与政治、法与功能、资产阶级法、马克思主义与法等；提出了一些不同于传统马克思主义的观点。

（二）西方马克思主义法学的主要观点

1. 关于国家与法

西方马克思主义法学家认为，马克思很少谈到国家与法的关系问题，从不把国家作为特殊的研究领域，更不用说把国家与法联系起来了。他们说，在传统的马克思主义那里，法没有自己单独的历史，法和国家都为传统阶级利益服务，法是国家的工具。他们认为，虽然法与国家有密切联系，但法律制度有独特的地位。萨格曼认为，除了统治阶级和被统治阶级的冲突外，还有统治阶级内部的冲突，这种不同的冲突适用的法律显然是不一样的，至少有民法和犯罪法的区别，因此，不能把法看成一个没有区别的整体。法律的不同部分，法律制度不可能完全与国家合为一体。法律对资本主义制度的维护也是多重的：国家既通过法律来干预经济、限制资本家的利益，又通过法律改善工人的生活条件。所以他主张在分析法与国家的关系时，必须采取多元化的观点。萨格曼说："人们可以认为法律、秩序、组织、镇压、社会控制是属于国家的财产，但是事实上我要强调的是法律、秩序和组织的多元化的重要性。"也就是说，法律不仅为统治阶级服务，而且也保护被统治阶级的一部分利益。格瑞提出，法律既为国家功能服务，又限制国家功能。西方马克思主义法学者在法与国家的关系问题上的这些观点显然是不正确的：它们把法各个部分分开，把民法和犯罪法对立起来，好像民法没有阶级性、不具有阶级统治的职能。这同传统的马克思主义法学观点是不一致的。传统的马克思主义法学认为，法和国家紧密相连，国家的职能是多方面的，法的职能也是多方面的，但是从根本上来说，它们都是为了实现阶级统治，有时可能对被统治阶级的利益保护一下，但从根本上来说还是为了维护统治阶级的统治和利益。

2. 法与政治的关系

在法与政治的关系问题上，有的西方马克思主义法学者认为，法与政治的关系同法与国家的关系一样，同法与阶级的关系一样；有的则认为法与政治没有差别。但是，他们都认为不能简单地按照传统的马克思主义观点来看待这一问题，因为在现代资本主义社会，法与政治的关系变得更加复杂了。

西方马克思主义法学者虽然不怀疑资产阶级法律是一种政治表现形式，尽管这种政治表现形式是用一种中立的、非政治性术语表达出来，以此掩盖资本主义社会关系中固有的不平等，虽然他们也认为资产阶级法律体现着统治阶级的利益，被统治阶级可以通过法律寻求他们的政治目标，但是他们认为，被统治阶级通过法律寻求政治目标是不充分的、无保障的、有限制的，这种限制来自两个方面：一是资产阶级法律形式具有个人性，单个人是权利、义务的承担者和维护者，这种个人性妨碍了被统治阶级组织起来，以阶级关系为自己的行为作辩护。二是资产阶级法律中一些明确的概念（如"自由""平等""民主""正义"等），削弱了批评的反应和相反的意识发展，相反，它有助于资本主义秩序的巩固。格瑞认为，资产阶级法律表面的中立，通过法律的施行得到了加强，反过来又促使法律教育作用于追寻的一种政治目标。他强调，"法律是用来保护政治目的，它不必被看作是中立的，法律也不必被视为斗争的主要目标"。在这里，虽然格瑞否认了资产阶级法律的中立性，指出了资产阶级法律是保护资产阶级的利益的，资产阶级法律的中立性、个人性妨碍了工人阶级组织起来，但是他未能分析造成这种状况的深刻原因，更未能正确回答法与政治的关系究竟是怎样的。其实，资产阶级法律表面的中立性，并不能掩盖其资产阶级法律的实质，不能掩盖资产阶级法律的阶级性、政治性。资产阶级法律即使有些保护工人阶级利益的规定，但归根到底还是为资产阶级的政治目的服务的。

3. 法与阶级

西方马克思主义法学认为，20 世纪以前对马克思主义的解释存在一种经济主义的

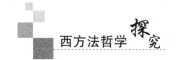

倾向，把马克思的经济基础—上层建筑关系绝对化、片面化，认为法律是经济基础的反映、法律的形式和内容都必须符合占统治地位的生产方式，没有论及上层建筑内部诸要素的联系，也没有对法律的功能予以充分重视；后来认为法的功能是阶级统治的工具，法体现统治阶级的意志，维护统治阶级的利益，镇压被统治阶级。这对经济主义来说是一大进步。但是这种工具论又有缺陷：按照这种观点，法的内容必须永远符合统治阶级的长远利益，要求统治阶级的活动必须和它的最大利益相符合，而这是不可能的。此外，统治阶级内部存在着不同阶层，它们的利益往往是不一致的，这怎么维护统治阶级的利益呢？还有，在现代资本主义社会中，国家和法律是以中立的非政治化的面目出现的，它们不可能完全是镇压的工具，因为它们不但维护统治阶级的利益，也维护被统治阶级的一部分利益，从而，法律成了全社会的调节者。所以说法律是阶级统治的工具未免过于片面，事实上法律的性质也发生了微妙的变化。那么如何对待资产阶级法律呢？西方马克思主义法学者主张要采取"适当态度"，既不能采取改良主义的态度，也不能采取暴力论（根本否定）的态度，而是要采取批判的态度，批判资产阶级法治，揭露资产阶级法律中立性的秘密。显然，这些论述是有一定道理的，但它并不是完全正确的，它把法的本质属性和非本质属性混淆了。资产阶级法律在形式上非本质方面虽然发生了一些变化，但本质属性并没有变化，它仍然是资产阶级意志的反映，仍然维护资产阶级的利益，仍然是资产阶级统治的工具。

4. 法与意识形态

西方马克思主义法学者认为马克思的意识形态理论被人曲解了，需要重新认识。他们说，在《德意志意识形态》中马克思、恩格斯有一个人本主义的意识形态概念，后来马克思又把经济学作为主要理论研究对象，于是又发展了一个非人本主义的意识形态概念。实际上马克思主义意识形态理论是强调知识的获得以及帮助物质世界形成的方式这样一个认识过程的综合。这个模式构成了人们用来解释世界的复杂符号和范畴。他们还认为，马克思主义意识形态理论带有黑格尔辩证法的因素，"只有通过历史的比较和社会结构的分析才能得到意识形态的真正含义"。

西方马克思主义法学者认为，法律不仅是统治阶级意识形态的反映，而且是统治阶级内部各种差异的意识形态以及其他阶级的意识形态的反映。当然，法律并不是同等地反映这些阶级的意识形态，而是有差别地反映，因为各个阶级掌握的权力不一样。他们还说，这和马克思主义认为法是阶级统治工具的观点并不矛盾。但他们事实上说的恰恰否认了法是阶级统治工具的观点。把法说成既反映统治阶级意志又反映被统治阶级意志，认为法既为统治阶级利益服务又为被统治阶级利益服务，这无论如何都不是传统的马克思主义法学观点。

5. 法与经济

西方马克思主义法学者认为，不能曲解马克思主义关于经济基础与上层建筑关系的理论，从马克思主义的理论中不能得出法律仅是一个经济的代表，是经济条件和经济关系的被动反映。事实上，法律在经济的发展中有着特殊的效用和影响。法律是资本主义再生产的"存在条件"之一，法律是从封建社会向资本主义社会过渡的不可缺少的先决条件之一。它的作用表现在两方面：一是摧毁封建生产关系，剥夺农业劳动者，为资本主义生产提供了大批劳动力；二是在劳动力转化为商品时，法律提供了一个契约框架。

有的西方马克思主义法学者不同意这种"存在条件"和"框架"的理论，因为这种理论同经济是第一位的理论相矛盾。他们主张法与经济存在着相互关系，法既不能创造经济，也不是简单地反映经济，它们的作用是相互的，只有把它们作为两个不同领域来研究，才能认清它们的关系及作用。

6. 犯罪与社会控制

西方马克思主义法学思潮的出现，在很大程度上归结于激进犯罪学的兴起。激进犯罪学家主张用马克思主义的观点系统地研究犯罪学问题，提出一套与传统的犯罪学不同的理论。

他们对传统的犯罪学理论进行了批判。他们指出，传统的犯罪学理论只不过是力图发现社会的自然法则，希望建立一种稳定的社会秩序，认为一定的社会秩序的威胁就是对社会自然法则的违反。犯罪就是作为这样一种扰乱社会的因素发生的，把犯罪仅看作是一种必须加以控制和预防的变态现象，而不是把它视为造成起义的一种形式或社会更替的一种力量。这就等于承认法律和国家根据正义命令维护社会安全，在平衡各阶级、组织和个人利益方面是真正公正的。西方马克思主义法学激进犯罪学者认为，这种犯罪学只是为官方服务的犯罪学，以官方认定的犯罪和犯罪人作为研究对象，它不能对较为基本的社会制度和社会形态予以批判。他们还认为，这种犯罪学是一种非反省性质的，对问题未加以研究就简单地予以接受，例如，如果承认了官方的犯罪定义，就意味着被迫承认法律上规定不为罪的行为或不被控告的行为（如剥削、种族歧视、性别歧视、偷税漏税、垄断价格、政府腐败等等），已不在犯罪与分析范围之内了。总之，在激进犯罪学者看来，传统的犯罪学在研究内容上过于狭窄。他们主张研究犯罪问题不能局限于法律上的规定，而应视角更广一些；对犯罪原因的研究也不要局限于生理的、心理的、经济的原因分析，也应更广一些，应从社会领域去考虑，把犯罪与政治、经济制度联系起来。在他们看来，犯罪问题并不是犯罪问题本身，而是源于社会本身的弊病。资本主义社会的犯罪问题实际上是资本主义社会的问题，它不可能在资本主义政治、经济之中得到解释。只要资本主义社会制度存在，它就不可能解决日益严重的犯罪问题，因为资本主义社会的犯罪，要么是对资本主义的一种自发反抗，要么就是为实现自己没有得到满足的希望所作的努力，反对他人的行为可能不是个人变态的表现而是良心和环境的反映（如谋杀、抢劫等）。

激进犯罪学认为，资产阶级国家刑事审判制度的整个指导思想具有内在的矛盾，正是这些矛盾引起了许多关于犯罪的本质和原因方面的问题。随着资本主义社会的发展，对犯罪的控制越来越加强。这种控制不限于事后的惩罚，还包括对犯罪的预防，强调家庭、学校的教育，社会感化、道德能力、舆论的力量，使广大群众普遍关心犯

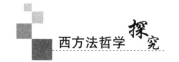
罪问题，让罪犯在人们的心目中成为一个有恶行的人，从而减少犯罪。但是，激进犯罪学者认为，资本主义社会本身不能消灭犯罪，只有消除了资本主义社会自身的矛盾，消灭了阶级压迫、阶级统治，才可能从根本上解决犯罪问题。这些论述不无道理。

三、哈贝马斯的法学思想

尤尔根·哈贝马斯是法兰克福学派第二代最著名的人物，德国著名的社会哲学家。他出生于北莱茵河威斯特法伦州的古马斯巴赫镇。1949年至1954年，他先后在哥廷根、苏黎世、波恩等几所大学学习哲学、历史、心理学、德国文学和经济学。1954年他在波恩大学获得哲学博士学位。1955年他进入霍克海默和阿多诺领导的法兰克福大学社会研究所，担任阿多诺的助手。他把法兰克福元老派的马克思主义理论和社会批判理论与实际政治问题、社会问题结合了起来，从而继承和发展了西方马克思主义理论，成为"杰出的社会问题理论家""伟大的哲学家"。

哈贝马斯的著作颇丰，涉及政治、法律领域的主要有：《公共领域的结构转变》（1962年）、《严重化危机》（1973年）、《重建历史唯物主义》（1976年）、《交往行为理论》（两卷本，1981年）、《在事实与规范之间——关于法律与民主法治国的商谈理论》（1992年）等。

（一）资本主义社会的危机

哈贝马斯关于晚期资本主义社会危机的理论是指在社会实践的三个领域——经济、政治和文化方面都存在着发生危机的可能性。他认为晚期资本主义经济危机不是不可避免的，至少经济危机已经暂时转嫁给政治制度，可能发生两种政治危机：理性化危机和合法性危机。国家为了防止经济危机而采取一定的措施进行干预，这可能导致理性化危机。而晚期资本主义固有的利益冲突和对国家干预的矛盾要求意味着国家援助在分配上的功能失调，这反过来又会导致合法性危机。

哈贝马斯认为，福利国家的干预主义要求更多的合法性，同时又给合法性创造了更多的难题。这些难题，从其本身来说不能导致合法性危机。在民主社会里，人们可以通过发展生产和重新分配来消除这些难题，但是从长远的角度来说，仅靠这种手法并不有效，因为在发展生产达到最大利润的情况下，福利只能按一定的顺序来分配，而这就可能出现动力危机，当动力危机和引发合法性危机的难题结合起来时就会出现合法性危机，因此，"从根本上分析，这种阶级结构是合法化危机的根源"①，而阶级社会从结构上无法满足合法性需要。

哈贝马斯提出可以缓和当代资本主义社会危机的几种方式：（1）国家把经济成就及表现为或假设为普遍利益的最大可能的实现。（2）"社会国家"的大众民主已形成制度化的反对派，正常的政党竞争把反对派的角色制度化。（3）社会保障系统，它应该缓和同脆弱的市场联系在一起的基本危机。（4）社会生活条件的保障系统，这个系统

---

① 哈贝马斯.合法化危机.上海：上海人民出版社，2000：128.

首先应该在大家有同等的接受正规教育权利的基础上发挥作用。①

（二）法律的概念

哈贝马斯认为，法律概念有三个层次的含义：一是法律是调节行为冲突的机制和手段。"法律开始就和道德一样旨在解决人性间的冲突，而且法律和政策不一样，主要不是致力于实现各种集体目标。"② 二是法律是维系社会的一个系统，是整合社会的一个手段。"法律为复杂、离心的、没有法律就会分裂的社会，提供某些维系的手段。在市场与行政或价值规范与直接沟通等其他整合机制失败时，法律就站出来作为替补。"③ 三是法律是主体进行交往行为时的一个重要前提，它本身又应该是主体通过交往行为达成共识的产物。

（三）法律的合理性

哈贝马斯认为，政治制度和法律都需要合理性，否则就会导致各种危机的出现，引起社会动荡。合理性包括三个方面：手段的合理化、手段选择的合理化以及规范和价值上互相一致的合理化。④ 而法律的合理性则表现为四个方面：一是司法的内容最先是由资本主义经济交往的需求决定的，它的核心是通过保证契约的自由，保证经营权和遗产权，来从制度上保证财产私有制。二是法律系统的专业化和职业化。法律系统的建立是法律合法性的本质特征，"现代的法律从特殊意义上讲，是法官们的法规；随着受过法律教育的法官和专职官员的出现，司法和公共行政管理职业化了"⑤。三是道德与法律的分离。哈贝马斯认为，"法律是由根据目的合理地行动着的法律主体战略合理性地制定的"，"人们的行为根据战略目的获得了合理性，其途径是：把法律作为公开通过的，但随时可以合法地改变的传统的服从，他们追求自身的利益而不考虑道德；根据这些利益定向，在现行法律的框架内作出自己的最佳决断"⑥。四是"现代社会中法律的合理性，既不能用日益增长的系统的合理性的观点，也不能用法定的良好的内部的系统的观点，而只能用私法主体交往中贯彻战略合理性的观点，才能得到相互满意的分析"⑦。

（四）法律与合法性

哈贝马斯认为，"合法性的意思是说，同一种政治制度联系在一起的、被承认是正确的和合理的要求对自身要有很好的论证，合法的制度应该得到承认"。政治制度的合

①　严存生．西方法律思想史．北京：中国法制出版社，2012：494－495.

②　哈贝马斯．后民族结构．上海：上海人民出版社，2002：269.

③　郑永流．法哲学与法社会学论丛：第3卷．北京：中国政法大学出版社，2000：12.

④　哈贝马斯．重建历史唯物主义．北京：社会科学文献出版社，2000：251－253.

⑤　哈贝马斯．重建历史唯物主义．北京：社会科学文献出版社，2000：254.

⑥　哈贝马斯．重建历史唯物主义．北京：社会科学文献出版社，2000：255－256.

⑦　哈贝马斯．重建历史唯物主义．北京：社会科学文献出版社，2000：256.

法性主要就是享有来自大众的信任和支持。法律本身具有双重性，它是使政治（国家）制度合法化的力量。这种合法性要满足两个条件："（1）必须要正面建立规范秩序；（2）在法律共同体中，人们必须相信规范秩序的正当性，即必须相信立法形式和执法形式的正确程序。"① 法律的合法性也有两个条件：一是法律应经过合乎法律的立法程序来制定；二是应保障所有人平等享有的自由权利。人们之所以愿意遵循法律，就是因为法律具有合法性。

（五）主观权利

哈贝马斯从分析法律与道德的关系入手，提出并阐释了主观权利理论。在他看来，法不仅仅作为客观法、实证法而存在，同时也是作为主观权利而存在的。主观权利是法的规范性的重要方面，是"公民们若用实证法对其共同生活作合法的调节，就必须彼此承认的这些权利"②。虽然哈贝马斯的这一表述说明主观权利不是先验的权利，它既不需要从人性中得到论证，也不需要从理性道德中得到论证；强调了客观权利仍然是实证法和合法性的支撑，是合法地调节共同生活的必需，但是他没有说清楚主观权利为何不是先验的。后来，哈贝马斯借助一条商谈原则（D 原则）澄清了道德规范与法律规范的关系之后，才明确回答了这一问题。他说，"有效的只是所有可能的相关者作为合理。高深的参与者有可能同意的那些活动规范"③。这条商谈原则，适用于一切行动规范，既包括道德规范，也包括法律规范。

哈贝马斯还强调，主观权利既不是实质性的，也不是具体化的，而只是程序性的，只是"公民们要用实证法对其共同生活作合法的调节，就必须彼此承认的"。哈贝马斯还将主观权利分为以下几个范畴："平等的主观行动自由权利""平等成员身份权利""个人受法律保护的权利""政治自主的立法权利""获得特定法治条件的权利"。其中前三项属于私人自主权，也就是实施民主原则的消极条件；第四项属于公民自主权，也就是实施民主原则的积极条件；第五项原则是行使私人自主权利与公共自主权利基本的物质保障。总之，在哈贝马斯看来，主观权利既不是先验的，也不是实质道德提供的，它只是蕴藏于某种道德之中，具有一种程序意义的普遍性。它使民主原则成为商谈原则的具体化，使其切实承担起实现民主商谈的任务获得了可能性。④

四、对西方马克思主义法学的简评

西方马克思主义法学思潮从其哲学观上说是求助于历史唯心主义的，它基本上是

① 哈贝马斯．合法性危机．上海：上海人民出版社，2000：128.
② 哈贝马斯．在事实与规范之间：关于法律与民主法治国的商谈理论．童世骏，译．北京：生活·读书·新知三联书店，2004：148.
③ 哈贝马斯．在事实与规范之间：关于法律与民主法治国的商谈理论．童世骏，译．北京：生活·读书·新知三联书店，2004：132.
④ 隆宇峰．哈贝马斯的主观权利论——及其法哲学对中国法律研究的启示//西方法律思想史第五届年会论文集．上海：同济大学，2007：260.

属于资产阶级法学思潮，只不过是"左"翼激进的资产阶级法学思潮。它揭露了资产阶级法律的虚伪性，指出了资产阶级法律表面的中立性、非政治化，认为它实际上仍然是资产阶级意志的反映，是维护资产阶级权益、实现资产阶级统治的工具。它摒弃了"绝对的经济主义决定论"，认为法律并不仅仅是经济关系的反映，法律对经济制度、生产关系有着巨大的积极作用；并且提出法的相对自主性。这对于理解法的本质及性质是有一定帮助的。但是，西方马克思主义法学者观点不一，没有统一的理论体系。他们对资产阶级法律本质的揭露并不深刻。他们在揭露资产阶级法律的虚伪性的同时，也表现出对资产阶级法律的某些东西的赞同态度，未能从根本上否定资产阶级法律制度。他们肯定了资产阶级法律是资产阶级意志的反映，但同时又认为也是其他阶级意志的反映，从而模糊了资产阶级法律的阶级界限。他们在论述法律的功能时，只强调了法的教育功能，而很少谈到其镇压职能；只强调法与经济的作用是相互的，而很少谈及经济的决定作用。这显然不符合马克思主义法学原理。

总之，对西方马克思主义法学思潮一定要进行具体分析，既要看到它正确的、进步的方面，又要看到它不足的、片面的方面，既要把它同传统的马克思主义法学区分开来，又要看到它同传统的资产阶级法学思潮的不同。只有这样，我们才能对其作出符合实际的正确的评价，从而推动马克思主义法学的发展，坚持和发展马克思主义法理学、法哲学。

西方法哲学专题探究文述篇

第十五章 现代西方法哲学的产生和发展趋势

所谓现代西方法哲学是有多种含义的，它可以是指 19 世纪末西方自由资本主义进入帝国主义阶段以后的法哲学，也可以是指第一次世界大战和十月革命以后的西方资本主义国家的法哲学，还可以是指第二次世界大战以后当代西方国家法哲学思潮。我们所讲的现代西方法哲学，固然涉及 19 世纪末西方自由资本主义进入帝国主义阶段以后的法哲学，涉及第一次世界大战以后西方国家的法哲学，但重点是讲第二次世界大战以后西方国家的法哲学流派和思潮。

一、现代西方法哲学的形成和演变

现代西方法哲学是在继承古代、中世纪和近代西方法律思想的基础上产生和发展起来的。西方资产阶级法学的发展同它的哲学的发展一样，经历了一个由兴旺到衰落、由流派较少到流派较多的历史过程，而这个过程大体上是与西方资产阶级的地位，西方资本主义经济、政治、文化，西方资产阶级哲学的变化相适应的。于近代西方资产阶级法哲学所处的时期，资产阶级还是革命阶级，资本主义还处于上升阶段，所以它是进步的法哲学，是顺应社会历史发展的法哲学，是反封建主义的法哲学，是促进资本主义发展的法哲学。无论是以荷兰的格老秀斯、斯宾诺莎，英国的霍布斯、洛克，法国的孟德斯鸠、卢梭、伏尔泰，德国的普芬道夫，美国的杰斐逊、潘恩等人为代表的古典自然法学，还是以德国的康德、黑格尔等人为代表的哲学法学，抑或是以英国的边沁、奥斯丁等人为代表的分析法学，都属于这种法学，都曾起过进步的作用。即使是以德国的胡果、萨维尼，英国的梅因等人为代表的历史法学，尽管其在主导方面是反动的、保守的，但恐怕也不能说他们学说中一点可取的东西也没有。

在 19 世纪末 20 世纪初由自由资本主义进入帝国主义以后，资产阶级的革命性已经丧失，资本主义经济、政治呈现腐朽的倾向，资产阶级法哲学体系经过哲学家的拼凑，流派日益增多。与此相适应，法哲学的发展也出现了复杂的情况。现代西方法哲学的发展变化大致可以分为三个阶段。

第一个阶段是 20 世纪初到第一次世界大战前。这个阶段的西方法哲学，主要是：英国的约翰·密尔的新功利主义（自由主义）法学，英国的斯宾塞的社会有机体法学，法国的孔德的实证主义法学和狄骥的社会连带主义法学，德国的斯塔穆勒的新康德主义法学和柯勒的新黑格尔主义法学等。

第二个阶段是第一次世界大战以后至第二次世界大战结束的初期。这个阶段帝国

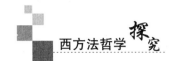

主义所固有的矛盾都进一步尖锐化，经济和社会危机空前严重。原来已经产生的各种法哲学流派，如新黑格尔主义法学、新康德主义法学、实用主义法学等，仍继续流行，但它们往往具有一些新特点，往往以新的目的和名义出现，如法国的惹尼的复兴自然法学和马里旦的新托马斯主义法学，维也纳学派的凯尔森的纯粹法学，美国的庞德的社会法学，德国的埃利希、康多洛维奇、赫克的社会法学（亦称欧洲社会学法学）等。

第三个阶段是 20 世纪 50 年代至现在。二战后 40 年，西方资本主义国家的经济由恢复到更快地发展，民族解放运动和争取社会进步、民主、和平运动蓬勃发展，特别是自然科学飞速发展，许多新的学科不断分化出来，不同学科又日趋接近，边缘科学开始出现。动荡的社会环境，资本主义经济的发展—危机—复苏—发展，科学技术的发展，哲学流派的增多，这些情况不能不对法学思潮和流派直接或间接产生影响，使法哲学思潮和流派出现了更为复杂的情况。原来流行的现代自然法学、现代分析实证主义法学、现代社会法学仍是这个时期的主要法学思潮和流派，只是又以新的代表人物、新的支派名义出现罢了。如麦霍菲尔的存在主义法学，美国的舒伯特和达勒斯基的行为主义法学，英国哈特的新分析法学，美国的博登海默、哈尔和澳大利亚的斯通的综合法学，等等。其中以社会法学影响最广最大，起着举足轻重的主导作用。

二、现代西方法哲学的发展趋势

（一）三大主流学派呈鼎足而立之势

现代西方法哲学发展趋势的首要表现是复兴自然法学、分析规范法学、社会学法学三大主流学派呈鼎足而立之势。也就是说现代西方法哲学的发展存在三种不同的指向，即道德性指向、逻辑实证指向和经验科学指向。这三种学术指向先后以复兴自然法学、分析规范法学、社会学法学为显赫代表。这三大主流学派各执一端是很明显的。西方法学家霍尔说过，三大主流学派只是分别抓住了法的一个方面，它们分别侧重研究法的价值（复兴自然法学）、法的形式（分析规范法学）和法的事实（社会学法学），也就是说，复兴自然法学着重研究法与一定的社会意识形态和道德价值体系相适应的过程，强调法的内在理想目标及其价值正义性。分析规范法学和逻辑实证主义法学着重研究法的相对独立和自我完善过程，强调法的结构稳定与逻辑合理。社会学法学着重研究法和社会价值观念，强调法的社会功能和作用。这三种法哲学虽然主要是从方法论着眼，但是在一定程度上也反映着法律科学特别是法理学发展自身的内在一般规律。这种情况在社会主义国家的法学发展中也有某种体现。例如，苏联的法学研究中已经出现了"规律（理性）说""规范体系说""社会学（功能）说"，并且提出法的一般理论可以区分为法哲学、法实证论和法社会学。我国的法学研究或明或暗地也有这种倾向的某些萌芽。

下面分别介绍一下这三大主流学派的历史发展过程。

1. 复兴自然法学和新自然法学

（1）复兴自然法学。

19世纪末20世纪初，自然法学开始在西方一些国家第一次复兴起来。它之所以会在这时复兴，原因固然很多，也比较复杂，但是归根到底还是由于它适应了垄断资产阶级摆脱资产阶级法治的需要，也就是满足了垄断资产阶级法外统治的需要。这次复兴是以世俗自然法为主的，但是影响不大，理论上不系统，比较零乱。自然法学第二次复兴高潮是第二次世界大战结束初期。导致这次复兴的直接诱因，是对法西斯主义、纳粹主义的批判，对实证主义法学的惩罚。德国纳粹主义分子蔑视正义和人道，制定了一些法西斯的法律。法西斯统治垮台后，自然引起人们对法西斯法律的憎恨，引起人们对理想的法律制度的追求，引起人们对正义、人道、理性的向往，而正义、人道、理性之类，正是自然法学的观念。这是其一。其二，德国实证主义法学被人们看成是在战争期间为法西斯法律制度效劳的工具，二战后它成了建立理想的法律制度的绊脚石。其三，审判纳粹战犯，不可能根据哪国的实定法进行，只能本着正义、人道、理性的精神进行。这一司法实践，推动了自然法观念的发展，为自然法学的复兴提供了极好的条件和机会。

复兴自然法提出了几个新理论。

一是强调自然法和实定法的区别，强调法官同实定法的对立，也就是说，法官可以独立于实定法，只服从于自然法。德国一个叫考夫曼的法学家写了一本名为《现代法哲学诸问题》的书，他公开提出："所谓法官独立，讲的是接受同法无关的影响的自由。"另一个叫希比的法学家强调司法权不是司法律权，也就是说，法官既不受法律约束，也不受立法机关的约束，法官只服从道义，也就是服从自然法。实定法不是真正的法，只有自然法才是真正的法。

二是绝对自然法和相对自然法。从前，西方对自然法没有限定意义。二战后，随着自然法的复兴，它逐渐被分成两种类型的自然法。最早提出这一问题的是法学家梅涅克夫，他把古典的、无限制的、绝对的自然型自然法叫作绝对自然法。第二种类型的自然法是那些内容可变的、适应特定的情况的相对自然法，也叫复兴自然法或现代自然法。这种自然法是由德国法学家斯塔穆勒创立的，是他首先提出"内容可变的自然法"。印吉斯哈在解释什么是相对的自然法时说，相对自然法就是"现在在这里的自然法"。"内容可变的自然法"，即现在在这里的自然法都是为了适应帝国主义统治的需要，因为古典的绝对的自然法已经不能适应帝国主义时期垄断资产阶级的需要了。

复兴自然法运动到了20世纪50年代以后，就逐渐地陷入沉寂状态。原因有三：一是新托马斯主义法学即神学主义的自然法学暴露了它的反动本质，它企图用中世纪的黑暗制度来改造当前社会，强调秩序先于自由。人们容易认清其本质，不可能接受它。二是复兴自然法带来了法官的专横。它把实定法抛在一边，听任法官任意判决，法官可胡作非为。三是垄断资产阶级破坏宪法和法律的要求已经在新制定的法律中得到实现，所以复兴自然法的呼声越来越低。在这种情况下呼唤自然法，会招来新实证主义的危险，那样对垄断资产阶级的法外统治是极为不利的。

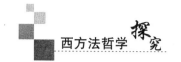

复兴自然法学有一批代表人物，具体如下。

1）惹尼：法国人，大学教授，科学院院士。他是复兴自然法的先驱。关于他的主要理论观点参见本书第九章的相关论述。

2）马里旦：法国人，新托马斯主义法学家。关于他的主要理论观点参见本书第九章相关论述。

（2）新自然法学。

1）富勒的新自然法学。富勒是美国著名的法理学家，新自然法学主要代表之一。关于他的主要理论观点参见本书第九章的相关论述。

2）罗尔斯的新自然法学。罗尔斯是当代美国最有影响的哲学家之一，新自然法学代表之一。关于他的主要理论观点参见本书第九章相关论述。

3）德沃金的新自然法学。罗纳德·德沃金是美国当代著名的法律哲学家，新自然法学代表之一。关于他的主要理论参见本书第九章的相关论述。

2. 现代分析规范法学

现代分析规范法学也就是现代概念法学。概念法学产生于 19 世纪资本主义上升时期，它包括：德国和比利时的注释法学、英美的现代分析法学、德国的实证主义法学、德国的新康德主义法学。

（1）概念法学的一般特征：第一，它所研究的对象只限于实定法；第二，它研究的方法严格限定在对实定法规范的认识，避免任何价值判断；第三，它对现存实定法是否合法这个问题的判断只限于逻辑关联的分析，也就是制定程序是否合法；第四，它的世界观是法律至上和法律万能论；第五，它强调法律体系的完整性和完备性。

（2）德国实证主义法学：德国实证主义法学是继承法国历史法学而兴起的，时间在 19 世纪后半期，主要代表人物有奥托·迈尔、艾伯特·赫尔爱·波斯特、阿道夫·约瑟夫·梅克尔。以斯塔穆勒为首的德国新康德主义法学也可以属于此列。他们的主要理论观点有：第一，关于法的价值判断和逻辑问题。他们主张法学家和法律工作者单纯根据逻辑关系的形式进行法的解释与法的适用，反对对法律进行的任何价值判断。第二，关于法官忠诚于法律问题。他们要求法官要忠诚于法律，不要介入任何主观意志。第三，所谓法官纯粹化的问题。他们要求法学作为纯粹的研究法律自身的学问而存在，那就是说法学要脱离政治、经济、文化以及各种社会条件。第四，他们只强调法律在制定程序上、在形式上的合法性，而不问法律的内容是否正当、是否合法，他们的逻辑结论必然是"恶法也是法"，只要它在制定的机关、制定的程序上合法。

（3）维也纳学派：这一学派是由凯尔森创立的。凯尔森把他的法学叫作纯粹法学。关于他的主要理论观点参见本书第十章的相关论述。

（4）英国的现代分析法学：英国的现代分析法学以牛津大学法理学教授哈特为代表。关于他的主要理论观点参见本书第十章的相关论述。

3. 社会学法学

社会学法学是 19 世纪上半叶产生的，在帝国主义时期发展极为迅速，在当代极为得势。

社会学法学导源于欧洲大陆，后来主要分为"欧洲社会学法学"和"美国社会学法学"两大派。

（1）欧洲社会学法学。

德国是欧洲社会学法学的发源地，在当时代表这股法学思潮的有"自由法学"和"利益法学"，而这两种法学思想又是在耶林的目的法学的基础上发展起来的。

1）耶林的目的法学。耶林（Thering，1818—1892）是德国著名的法学家、大学教授，著有《为法律而斗争》和《法律的目的》。他强调：法学要面向社会，要向社会靠拢，要投入到社会洪流中去。他坚持个人或利己主义是一切法律不可回避的出发点。对某个人的法律权利的侵犯同时就是对他人格的侮辱，个人有回击这种侵犯的道义上的责任。另外，法律是个人对社会所负责任的规范，个人同社会之间在需要这方面可以调和，世界给予个人以他所需要的东西，而又责成他为世界服务。个人与社会关系的三个前提，正是他的法律思想的三个支柱：一是我为我自己而存在。从这一前提出发，可推导出全部有关人的法律。二是世界为我存在。从此前提可以引出财产法、家庭法、义务法、财产、家庭、义务，这些都是人生存的条件。三是我为世界而存在。由此前提可以引导出责任的概念。耶林还提出财产要隶属于社会的需要，财产占有不能全凭个人的自由意志决定。耶林还认为，国家是实行强制手段的机器，法律是国内现行有效的各种强制规范的总和。国家和法律所具有的强制性都是为了社会的目的（社会利益），权利是被保护的利益，这种保护归根结底也是为了社会利益。

2）德国的自由法学和利益法学。这两种法学思想产生于1919年魏玛共和国时期，它适应了软弱的资产阶级的需要。这两种法学思想比较接近：它们都反对理性主义法学（自然法学），反对分析规范主义法学。自由法学的代表是埃利希。他是大学教授，他强调法律的政治意义，强调所谓社会秩序，强调法官为维护社会秩序而去自由地发现法，发现存在于社会本身的法。利益法学的代表是赫克。他是大学教授，他强调法律的经济意义（社会利益），强调法官为维护社会利益而去尽可能地发挥自己的评价作用，发挥法官的自由意志。尽管自由法学和利益法学各自强调的内容不同，但是它们的实际作用是共同的，都是为了维护社会利益。

3）法国的社会学法学。法国的社会学法学是以狄骥为代表的。狄骥是波尔多大学教授，关于他的主要理论观点参见本书第十一章相关论述。

（2）美国实用主义法学。

美国实用主义法学是美国的实用主义哲学和欧洲社会学法学相结合的产物。埃利希的理论对美国的社会学法学的影响很大。

美国实用主义法学创始者是奥利沃·霍姆斯（Oliver Holmes，1841—1935）。他曾任哈佛大学法学院教授，美国联邦最高法院法官。1937年美国联邦最高法院改组后，实用主义法学便成为美国司法系统的官方学说，一直流行到第二次世界大战结束后。美国实用主义法学在其发展的过程中，又形成了社会学法学和实在主义法学两大派。

1）美国的社会学法学。美国的社会学法学的最早的首领是罗斯柯·庞德。关于他

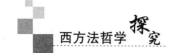

的主要理论观点参见本书第十一章的相关论述。

2）美国的实在主义法学。美国实在主义法学的代表人物是弗兰克和卢埃林。杰罗姆·弗兰克曾任哥伦比亚大学教授，是美国统一法典的主要起草人。这一学派的形成比美国社会学法学晚些，但它的发展却很快。它在哲学基础、政治立场、社会利益的旗号等方面同美国社会学法学没有什么区别。它的最大特点是带有浓厚的心理学法学的色彩，从而把社会学法学的反动性推向极端。

实在主义法学所说的实在主要是指实用，它主张以实用主义哲学为指导进行法学研究，研究法的适用和解释的问题，也就是把司法作为法学研究的中心课题。他们认为，活的法律是最健全的法律，而活的法律就是指法官的判决，立法机关制定的法律仅仅是法官审理案件中的材料，而且是可有可无的，判决之前无法律，只有法官作出判决来才有法律。他们对法律规范完全是采用虚无主义的态度。不仅如此，他们对案件事实也是采取虚无主义态度。在他们看来，案件是什么不是一种客观实在，而是法官认识的一种客观外在，是由法官头脑产生的、创造的。因此，判决中的事实不一定是客观的事实。他们还特别强调心理学要素，认为法官作出判决、法官对法律的解释、法官对事实的认定，完全取决于法官的心理状态，判决正确与否取决于法官对外界的反应正确与否。

（二）三大主流学派的共同倾向

复兴自然法学、分析规范法学、社会学法学这三大主流学派在许多法律问题上持有不同的观点，各具特色，自成一家。但是，它们作为同一阶级在同一个时代的意识形态，必然具有共同倾向，这种共同倾向集中表现在两点上：一点是对法外统治的论证，另一点是对法律社会化的反映。

自由资产阶级要求法的统治，垄断资产阶级的基本要求是法外统治。这三大主流学派对法外统治的论证，多半是通过确定法官立法的原则来实现的，考夫曼把复兴自然法学叫作"以司法为中心的自然法理论"，他的一个基本观点是：法官应独立于法律（实在法），而仅仅服从于真正的法（自然法），而这种自然法只能是用道德的外壳包裹起来的法官的个人意志。马里旦认为，自然法是"一种秩序和安排"，这种"秩序和安排"是"依靠着人的本性或本质以及根源于这种本性或本质的不变必然性"的，是"人的理性所能发现的"，而理性认识又是随着人的道德良知的发展一点点增加的。这些抽象的理论一旦进入具体司法实践，它就变成了法官的任性和专横：他们完全可以凭理性的"道德良知"作出判决，不必顾及立法机关制定的法律。

分析规范法学的凯尔森设定了一个所谓的基本规范，并且假定它是有效力的，所以其他规范才有效力，没有它就无法解释创立规范的行为。这就是明显给法外统治留下了空间。此外，凯尔森把法官的判决也看成了"个别规范"，强调法官也可以起到立法者的作用，这也是法官立法的一个突出表现。

美国社会学法学家庞德强调法律中的司法和行政过程的意义，强调法官和国家行政官员的行动中法的作用，甚至认为为了使司法适应新的道德观念和变化了的社会与统治条件，有时或多或少采取无法的司法是必要的。这更是明目张胆地主张法官立法了。

法律的社会性，是垄断时代的一个重要倾向，它突出表现在，在经济和社会生活领域内，国家对私法领域干预的加强，个人本位、权利本位的法向社会本位的法转化。这三大主流学派对法律社会化的反映集中表现在强调社会利益，主张国家为了社会利益可以干预经济和社会生活，限制个人权利。

复兴自然法学的一些代表人物一再论证个人利益是共同利益的附属部分、个人必须绝对地服从共同体，强调国家应当通过法律手段来调整相互冲突着的经济力量和经济利益，认为代表普遍利益的国家对个人的干预是公正的。马里旦把人权分为绝对不能让与和基本不能让与两类，前者指生存权和追求幸福权，国家对此种权利的行使应加限制，这就是对个人自由权的限制。当然，他们没有取消个人权利，也取消不了。

分析规范法学对法律社会化的反映显然没有社会学法学那样明显，但是这种倾向还是有的。凯尔森把国家看成是法律秩序的人格化，这等于间接承认国家干预的合法性；特别是他把权利看成是"公"的范围，认为公民属于"私"的范围，强调公民对社会只有义务而没有权利。

社会学法学的"法律的社会化"倾向是相当明显的。耶林在比较了社会、国家、法律三者的地位之后，得出结论：社会是至高无上的；国家通过法律所进行的干预不过是为了维护社会的秩序、实现社会目的。他主张财产处分的权利必须服从社会的需要，而不能绝对属于财产所有者。狄骥极力主张个人没有主观权利，只有尽社会连带关系的义务。庞德则提出"以最小限度消费来调整各种相互冲突的利益"，当个人利益、公共利益和社会利益相互发生冲突时，法律必须首先承认和保护社会利益。他认为，现代法律重点已从个人利益转向社会利益，为了维护社会利益，必须对财产使用、对契约自由、对处分权等等实行限制，实行无过失的损害赔偿责任。

以上就是三大主流学派的共同倾向，也是它们合流的重要表现。

（三）三大主流学派相互渗透

三大主流学派相互渗透，是它们合流的又一典型形式。所谓相互渗透是说一派吸收了另一派的若干因素。三大主流学派的渗透是通过两个方面来表现的。

一方面是自然法学的实证主义化。分析规范法学和社会学法学都属于实证主义法学范畴。实证主义强调以研究实证事实为依据，分析规范法学把这种实证事实看作实在法律规范，因此可以称它为法律实证主义法学。社会学法学把这种实证事实看作是法律规范以外的其他社会因素，因此可以称它为社会实证主义法学。复兴自然法学的实证主义倾向则是间接的、变形了的。复兴自然法学的实证主义倾向有时是社会实证主义的，如惹尼就主张必须根据立法者的立法意图，以及当时存在的社会关系和自然需要解释成文法律；有时是法律实证主义倾向的，如布伦纳反对社会法高于实在法的传统观点，他说过，国家的法律具有法律效力和约束力的垄断力。在国家法律没有破

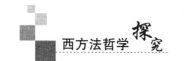

坏的情况之下，自然法就不能要求法律力量。这可以说是复兴自然法学的法律实证主义的表现。此外，达班竭力要把奥斯丁的分析法学和阿奎那的神学自然法学弄到一起，这也是复兴自然法学实证主义化的重要表现。另外，富勒倡导的程序自然法包括八项原则，诸如法的普遍性、法律要公布、法律的明确性、法律的稳定性、法律不溯及既往等，这些都属于法律实证主义研究的领域。

另一方面是分析规范法学和社会学法学对自然法学的让步。哈特的现代分析法学走出了向自然法学退却的重要的一步：他修正了法律实证主义的概念。他说"我们说的法律实证主义的意思，是指这样一个简明的观点：法律反映或符合一定道理的要求，尽管事实上往往如此。"然而这不是一个必然的真理。特别是他提出了最低限度的内容的自然法理论，这种自然法是人类为了生存而提出的，并是自然形成的用以补救人性缺陷的行为规则，它是一个社会的法律和道德的共同因素。比如人有脆弱性，既会偶然攻击他人，又容易遭到他人的攻击，因而自然法要求人们自我克制。再比如人具有侵略性，同时也有有限的利他主义，因而需要自然法抑制前者、发扬后者。

社会学法学本来同自然法学就不是完全对立的，它对自然法学作出让步就不奇怪了。庞德的社会法学总是给自然法学留有余地。他承认探讨法律制度的伦理基础和哲学基础的哲理方法也是法学研究的科学方法，他的法的概念并不排斥法律的理想成分。此外，他还把道德看成社会控制手段之一。所有这些都表明他在向自然法学让步。狄骥提出他的客观法由三种规范构成，即经济规范、道德规范、法律规范。经济规范调整经济关系，道德规范调整思想关系，法律规范作为二者的统一属于最高等级，它实现了向客观法的复归。狄骥声称他对道德规范的理解是实证的而不是先验的。另外，他所说的带有先验性质的社会连带关系和高于实在法的客观法，也都表明他的观点是披着社会学外衣的自然法学。

至于分析规范法学和社会学法学的相互影响并不重要，因为它们本来就比较接近。

（四）三大主流学派的融合

三大主流学派融为一体是现代西方法学发展的又一重要趋势，这种趋势的集中表现就是所谓"综合法学"的出现。

综合法学的总的倾向是调和三大主流学派的偏颇和缺陷。它通过各种不同方式表现出来。

首先，在理论法学领域内，它表现为一种运用各种方法综合法律各种因素。建立统一的法理学体系的愿望。澳大利亚法学家斯通在这方面做了很大努力。他说，20世纪中叶，法学家已不再为支持或反对分析逻辑方法、正义伦理方法和社会学方法这三者中任何一方的学派绝对统治而辩论，法学是法学家根据现代科学知识对法律的规则、概念、技术所进行的考察，这些科学知识包括逻辑学、历史学、心理学、社会学。斯通在自己的著作中分别分析探讨了自然法学、分析规范法学、社学法学各自侧重研究的问题，强调要全面理解基于正义的法律，包括法律的结构和作用、正义的含义，以及如何利用社会中的法律等等。美国法学家博登海默认为，影响法律制定和执行的因素包括社会的、经济的、政治的、心理的、历史的、文化的以及价值判断等许多方面，不能以一种单一的、绝对的因素来解释法律。

其次，在实用法学的领域内，拉斯韦尔和麦克特格尔的法律政策学也表现出了综合法学的倾向。他们认为，他们的法学既不同于自然法学也不同于分析规范法学和社会学法学。作为行为主义者他们以人们的行为为基本研究对象，他们重视实证研究。他们提出了法律和政策一体化的观点，这种一体化是通过权利价值的中介来实现的。他们认为：法律是权利价值的一种形式，政策是一种权利政策。法律不过是政策的总和，立法的过程不过是制定政策的过程。这里既包括了自然法学和社会法学的价值，也包括了分析法学的命令和社会学法学的社会控制，三者达到统一。

最后，在法律概念问题上也呈现一种综合倾向。霍尔提出，法律是形式、价值和事实的特殊结合，而这三个要素恰好是分析规范法学、自然法学和社会学法学分别强调的。斯通提出的法律的七大特征，如法律是一复杂整体、法律是行为规则、法律是一种有秩序的整体、法律是一种强制等等，就更是包括三大主流学派的观点了。

此外，存在主义法学和行为主义法学也有若干综合性倾向，但并不十分明显和典型。

总之，现代西方法学综合性研究趋势在不断增强，在方法论上表现得更为突出。当然，这种统一、综合的趋势只是相对的，只是在研究方法上、法学的某些侧面上统一，只是在一定程度上统一。从根本上说，它们不可能完全统一。西方法学家自己也承认，不能梦想全世界法律的普遍统一。既然法律不可能统一，法学也就必然不能统一，研究方法上更不可能统一。西方法学发展的基本趋势还是分中有合、合中有分，三大主流学派中的哪一派也不可能完全取代另一派，多元论法学的产生和存在就是这一点的最好证明。

（五）多元论法学派的涌现

多元论法学在20世纪30年代就开始产生和存在，但那时仅仅是作为西方法学发展的倾向而存在的，其实际影响和作用并不太大。但是第二次世界大战后，特别是自20世纪70年代以来，它发展很快，作为一种独立的法学思潮在西方法学发展过程中相当活跃。这种情况的出现绝非偶然，有着深刻的阶级原因和社会原因：一是在资本的竞争中，资产阶级分裂为不同阶层和集团，各个阶层和集团需要不同的法律学说来表达自己的利益要求、提出自己的权利主张和法律模式。二是法学家各自有不同的认识论和方法论，必然会出现不同的学说和学派。三是资产阶级为了在意识形态上和政治法律制度上相互平衡和制约，不可能拘泥于一种法律学说，而是需要多种法律学说，需要从每种法律学说中汲取真理。事实上，在资产阶级法律制度中往往包含了各种各样的法律学说，如资产阶级宪法中关于公民自然权利的规定就是基于对自然法学的信仰而产生的，资产阶级国家制定的一系列的社会保障、社会福利法律就是以社会学法学理论为指导进行的，有些法律法规的制定和判例的整理是以法律实证主义作为理论基础的。因此，多元论法学的产生和存在，以及其作用的不断扩大就是理所当然的了。

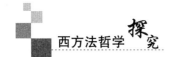

多元论法学最早产生并流行于丹麦。它的代表作是丹麦法学家斯蒂格·乔根森（Stig Jorgensen，1927—　）所著《多元论法学》一书，该说以此而得名。

乔根森的多元论法学是在同斯堪的纳维亚实在主义法学的斗争中产生的，当然前者不免也吸收了后者的许多东西，但是在根本立场上，在法学方法论上，前者与后者的区别很大：前者是多元论，后者是一元论。

乔根森的多元论法学的主要观点如下。

第一，他以多元论的法学方法论取代了传统的一元论的法学方法论。一是因为当今的社会是多元的、复杂的，这决定了法律、法学也应是多元的。二是因为法律的职能是多方面的，这决定了不能仅用一种方法来研究法律。他说，对法律不能仅用一种方法加以定义。他指出，以往的法学如同盲人摸象，仅看到法律的一个方面，把部分当作整体，如纯粹法学把法律仅看成一个规范体系，实在主义法学把法律仅看成一种社会事实。这显然是片面的。多元论法学就是要克服这一片面性，多角度多方面研究法律，以准确反映法律的全貌。为此，乔根森主张法学研究应借助于其他学科，例如法律的政治职能就应借助于政治和经济科学进行研究，法律的社会和心理职能就应借助于社会学和心理学进行研究，法律的文化职能应借助于人种学进行研究。

第二，他重视对法律多种职能的研究。乔根森认为，法律是与人类社会共始终的。法律最初是某些习惯，以后被普遍接受，并用来解决人们之间的冲突。法律最初的职能是解决冲突和纠纷，随着社会发展的多元化，法律的职能也不断增加。当今建立在高度发展和民主政治基础上的法律，其职能更加繁多。乔根森把法律职能归纳为两大类：一类是法律的外在职能，亦叫政治职能，包括维护社会和平与秩序、解决各种冲突、进行道德与伦理影响、促进社会公益、进行社会的批评等五个方面。另一类是法律的内在职能，即对正义的认识和愿望，包括形式上的正义（即人们的身份平等、发表意见平等）、物质正义（即法律既要平等，又要合理、正当）、义务等三个方面。

第三，他强调对以往的各种法学（主要是三大主流学派）不是摧毁或抛弃，而是要进行兼容和综合。他的多元论法学不仅兼容了社会学法学和分析规范法学，而且也兼容了自然法学。他接受内容可变的自然法，认为只有接受自然法才能解释民主政治为什么优于专制政治，才能解释公民为什么具有参政权利。在法律与道德的关系上他也表现出兼容倾向。他认为道德的基本原则势必为法律所尊重和认可，也就是说法律中包含了道德的基本要求。在法律概念上他的兼容倾向就更明显了。他说：法律的概念是一个相对的、多元的概念。法律不仅是一个规范体系，也是对法官和权威机关行为的预告，是对权威和公正的命令，是一种一般的法律意识形态或一种特殊的法官的意识形态。法律事实上包含行为规范、被批评的命令、政府的保护性和抑制性措施、规范化的正义内容、狩猎规则、制度规则或根本规则、法律习俗或习惯、或文化部分模式（参见《多元论法学》46页）。法律是由时代的政治、经济条件决定的，是随着社会文化发展而变化的。

总之，多元论法哲学是一种试着兼容和综合各种法学之长的新法学理论，它是在斯堪的纳维亚实在主义法学基础上发展起来的。它同斯堪的纳维亚实在主义法学既有联系又有区别。它在内容和基本观点上同综合性法学很接近，因此可以把它看作是西方法哲学三大主流学派合流趋势的产物和表现。

此外，当代西方批判法学、权利义务法学、经济分析法学也非常流行，这也是很值得注意的法学发展趋势。

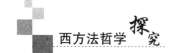
第十六章　略论古希腊罗马自然法思想[*]

纵观西方法律思想的演进和发展，西方自然法思想的形成和发展大体上经历了三个阶段。第一个阶段是古希腊罗马时期的古代自然主义自然法，第二个阶段是欧洲中世纪的神学主义自然法，第三个阶段是近现代的理性主义自然法。本章拟对古希腊罗马时期的古代自然主义自然法思想作一略述，以推动对自然法思想的深入研究。

一、古希腊罗马自然法思想的自然哲学基础

据古希腊史载，古希腊的哲学家多是奉行自然哲学的，一般他们都从江河湖海、山水草木、飞禽走兽等大自然现象出发，观察和解释宇宙。他们虽然有时也提到神，但他们心目中的神是自然神。毕达哥拉斯说"万物者是数"，"数是万物的始因和本质"。一切数都从一开始，所有其余的数都是集许多一而形成的。在形成世界的次序上，也是从一开始，从一产生出二，从一和二产生出各种数，从数产生出点，从点产生出线，从线产生出面，从平面产生立体，从立体产生出水、火、土、气四种元素，从四种元素产生出一切可以感觉的物体，产生出世界万物。[①]赫拉克利特则认为，火是万物的根本实质，万物都是像火焰一样，因别种东西的死亡而诞生的："一切死的就是不死的，一切不死的就是死的，后者死则前者生，前者死则后者生。"世界是统一的，但它是一种由对立面的结合而形成的统一。他相信"火是原质，其他万物都是由火而生成的"，"这个世界对于一切存在物都是同一的，它不是任何神或任何人所创造的；它过去，现在，未来永远是一团永恒的活火，在一定的分寸上燃烧，在一定的分寸上熄灭"。他还断言，"一切事物都换成火，火也换成一切事物"，"火生于气之死，气生于火之死，水生于土之死，土生于水之死"[②]。在此过程中，一切皆流，一切皆变，周而复始，循环不已。正是哲学家的上述哲学思想奠定了自然法思想的理论根基。古希腊罗马的思想家（包括哲学家）一般都认为：国家和法律都是一种自然现象，不是人或神造的，而是自然形成的；法根源于自然，产生于国家之前。在古希腊罗马的思想家看来，自然有其自身运动的法则，自然的秩序和规则本身就是包含着某种超人的智慧和神圣性（自然神）的，从而赋予自然规律以正义的属性。自然与正义结合，从而

---

　* 原载《湘江法律评论》第 14 卷，湘潭大学出版社，2016。
　① 北京大学哲学系外国哲学史教研室编译. 古希腊罗马哲学. 北京：生活·读书·新知三联书店，1957：34.
　② 罗素. 西方哲学史. 何兆武，李约瑟，译. 北京：商务印书馆，1982：69-73.

形成了自然公正的观念，这种自然的公正来自物理学上的假设，不依赖于人类社会，具有普遍性、永恒性，因此，我们可以将其视为自然法。[①] 正如亚里士多德所说："自然的公正对任何人都有效力，不论人承认或不承认……凡是自然的都不可变更和始终有效的，例如火不论在这里还是在波斯都燃烧。"[②] 斯多葛学派从人们天然的自然的联系出发，竭力鼓吹自然法。克里西普在《论主要的善》中说过："我们个人的本性都是普遍本性的一部分，因此，主要的善就是以一种顺从自然的方式生活，这意思就是顺从一个人自己的本性和顺从普遍的本性；不做人类的共同法律惯常禁止的事情，那共同法律与普及万物的正确理性是同一的，而这正确理性也就是宙斯，万物的主宰与主管。"[③] 在这里，克里西普把自然理解为弥漫整个宇宙的支配原则，而这一支配原则实际上具有理性性质，所以，自然法同理性是一回事。他还将自然法与禁欲主义结合在一起，主张顺从人的本性，"不做人类共同法律惯常禁止的事情"，人要"与自然协调一致地生活"。他把自然法看作是人的本性、理性，是"人类共同法律"，认为：所有有理性的人，都要顺从人的普遍性，都要自觉服从自然法。没有理性的人，要以铁的强制使之服从自然法。古希腊哲学家的这些法根源于自然的自然法思想对于古罗马思想家产生了深刻影响。西塞罗就认为，法既不能由人民来决定，也不能由法官或国王来决定，法只能源于自然，自然产生于国家形成和成文法确立之前，它适用于所有时代，而且是不可改变的。

　　以上思想家关于法源于自然的自然法思想的论述表明，古希腊罗马的自然法是自然主义的自然法，但它也包含理性的内容。

二、古希腊罗马自然法的含义、原则和特点

　　古希腊的思想家一般没有给自然法下一个明确肯定的定义，只是对自然法的含义从不同角度、不同侧面作了一些解释。柏拉图只是说自然法是"大自然的法律"，亚里士多德只是说"自然法是反映自然存在秩序的法"，如主仆之间、父子之间、夫妻之间的关系就是自然秩序，应该由自然法调整。自然法性质上是自然的，体现了自然正义的要求；其内容普遍适用，并且永恒不变。斯多葛学派只是说自然法是"人的理性""人类共同法律"，但对于究竟什么是自然法，他们并未作出明确回答。只是后来，古罗马的思想家和法学家对自然法的内涵才解释得更清楚一些。西塞罗对自然法的内涵作过多种解释。他说，自然法"是根据最古老的一切事物的始源自然表述的对正义的和非正义的区分，人类法律受自然指导，惩罚邪恶者，保障和维护高尚者"[④]，他还说，自然法"乃是自然之力量，是明理之士的智慧和理性，是合法和不合法的尺度"[⑤]，自

① 管华. 人权之正成范式批判. 人权，2016 (1).
② 亚里士多德. 尼各马可伦理学. 廖申白，译. 北京：商务印书馆，2003：149.
③ 北京大学哲学系外国哲学史教研室编译. 古希腊罗马哲学. 北京：生活·读书·新知三联书店，1961：375.
④ 西塞罗. 论共和国论法律. 王焕生，译. 北京：中国政法大学出版社，1997：219-220.
⑤ 西塞罗. 论共和国论法律. 王焕生，译. 北京：中国政法大学出版社，1997：190.

然法"乃是中国固有的最高理性，它允许做应该做的事情，禁止相反的行为。当这种理性确立于人的心智并得到实现，便是法律"①。这里西塞罗所说的"法律"首先就是自然法。西塞罗还特别提出："真正的法律乃是与本性相合的正确的理性；它是普遍适用的、不变的和永恒的；它以其指令提出义务，并以其禁令来避免做坏事。此外，它并不无效地将其指令或禁令加于善者，尽管对坏人也不会起任何作用。试图去改变这种法律是一种罪孽；也不许试图去废除它的任何部分并且也不可能完全废除它。"② 西塞罗的这一长段论述比较全面地揭示了自然法的真正内涵和实质，因此我们可以将其看作是古代自然法经典式的定义，应作深入分析研究。此外，对于究竟什么是自然法，罗马法学家也作过多种解释。在罗马法学家看来，"自然""自然的"，"是指在世界存在或发生的，无须主动劳作（即人的表现）的一切形式"，而自然法是指"不是为体现立法者意志而产生的法"。乌尔比安说过："自然法是大自然教给一切动物的法。"保罗给自然法下的定义是，"自然法永远是公正和善良的东西"。盖尤斯则指出，自然法是"根据自然理由在所有人当中制定的法"。到《法学总论》时，自然法的定义就更加全面和系统。该书明确指出："自然法是自然界教给一切动物的法律。因为这种法律不是人类所特有，而是一切动物都具有的，不问是天空地上或海里的动物。由自然法产生了男女的结合，我们把它叫作婚姻，从而有子女的繁殖及其教养。"③ 显然这一关于自然法的定义，是对于上述法学家关于自然法含义的全面概括，揭示了自然法的实质和内涵。

自然法的原则和特点是思想家和法学家关注的另一重要问题。古希腊的哲学家包括柏拉图、亚里士多德等，只是一般地谈到了自然法。斯多葛学派虽然论及自然法的原则和特点，但并不具体。罗马法学家对这一问题论述得具体而明确。

从上述西塞罗和《法学总论》关于自然法内涵的论述中，我们可以清楚地看出自然法具有三大特点：一是自然法源于自然、神意和人的本性，是最高的正确理性和神意的体现，是最高、最根本的法。二是自然法是普遍适用的。自然法为人和神所共有，一切都是自然创造的，所以万物都必须遵循自然和自然法。三是自然法是永恒有效、永远不变的。概而言之，自然法的主要特点就是普遍适用性、永久不变性、不能取消、不能废除。在《法学阶梯》中，古罗马法学家对自然法的规则、原则也有明确论述。盖尤斯在《法学阶梯》中明确指出自然法的原则"在一定程度上是根据神名制定的，总是保持稳定和不变"④。乌尔比安说自然法的准则是"诚实生活、不犯他人、各得其所"。《法学总论》中进一步将它概括为"为人诚实、不损害别人、给予每个人他应得的部分"⑤。由此可见，《法学总论》中所说的自然法的基本原则同乌尔比安所说的自然法的准则是完全一致的，都是自然法的原则和基本要求，只是前者比后者更加明确、

① 西塞罗. 论共和国论法律. 王焕生，译. 北京：中国政法大学出版社，1997：189.
② 西塞罗. 国家篇·法律篇. 沈叔平，苏力，译. 北京：商务印书馆，1999：101.
③ 查士丁尼. 法学总论. 张企泰，译. 北京：商务印书馆，1989：6.
④ 彼得罗·彭梵德. 罗马法教科书. 黄风，译. 北京：中国政法大学出版社，1992：15.
⑤ 查士丁尼. 法学总论. 张企泰，译. 北京：商务印书馆，1989：5.

准确和规范。

三、古希腊罗马自然法的主要内容以及自然法与制定法的关系

虽然古希腊哲学家都主张自然法，但他们对于自然法究竟应该包含哪些内容并未作出明确的阐释和规范，他们只是强调"自然法就是自然规律"，就是"最高理性"，就是"合法和不合法的尺度"。到古罗马时期，法学家对自然法的内容及规范才稍作具体的阐释及规范。

西塞罗将自然法的主要内容和要求概括为，恭敬尊长、尊重神祇、尽忠报国、孝敬父母、知恩报爱，概言之，就是"忠诚"。罗马法学家都认为：自然法是辨别善与恶、公正与不公正、光荣与耻辱的标准。自然法不能使非法变为合法，不能使恶变为善。自然法的内容和要求是永远不可改变的。乌尔比安说的"诚实生活、不犯他人、各得其所"的自然法准则，《法学总论》中所说的"为人诚实、不损害别人、给予每个人应得的部分"的自然法基本原则，在一定意义上都可以被理解为自然法的基本规范和要求。

自然法与制定法的关系是古希腊罗马哲学家、法学家关注的另一个重要问题。古希腊智者希比亚把自然法与世俗法对立起来，认为自然（事物的本性、自然的规律）是真正的自然法，与错误的、人造的世俗法律（人定法）是对立的；主张自然法就是正义，是根据自然规律要求的法律。安提丰发展了自然法观念，认为自然法高于"城邦法"，自然的指示给人们带来自由，违背自然法必须必然造成灾难。[①] 苏格拉底则认为，自然法和人定法都是正义的表现，自然法和人定法不是对立的，在本性上是统一的，然而自然法是神的法律，它高于人定的法律，无论是自然法还是人定法，人们都要坚决服从、严格遵守。古罗马西塞罗对自然法与制定法的关系说得更清楚了。西塞罗认为，既然自然法是最高的法律，那么，制定法必须接受自然法的指导，其合法与否要依自然法判断。"那些各种各样的，适合一定的形式，给人民制定的条规被称为法律，主要不是由于它们实际上确实如此，而是一种代称。"[②] 制定法是自然法的代称，制定法是自然法的阴影和回光，理所当然必须符合并服从自然法。自然法是评价制定法的唯一标准，自然法的三原则：正义、理性和自由，在国家的制定法中处于至上地位，从官吏到人民都要遵守它。盖尤斯认为，自然法在大多情况下等同于万民法，但有时又不等于万民法。总之，这些思想家都一致强调，自然法是最高的法律，自然法源于自然，自然法高于制定法，自然法指导制定法，自然法决定制定法的内容，制定法必须体现自然法的原则和要求，所有的人既要遵守和服从自然法，又要遵守和服从制定法。

---

① 涅尔谢相茨．古希腊政治学说．蔡拓，译．北京：商务印书馆，1991：104-105．
② 西塞罗．论共和国论法律．王焕生，译．北京：中国政法大学出版社，1997：218．

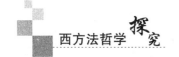

四、古希腊罗马自然法思想对欧洲中世纪自然法思想产生的巨大影响

古希腊罗马自然法思想对古希腊罗马当时的立法产生了直接影响，无论是古希腊的《德拉古法典》的制定，还是古罗马《十二铜表法》的制定，都体现了自然法的原则和要求，都是原始习惯的汇集。

古希腊罗马自然法思想对欧洲中世纪自然法思想产生了巨大的影响。奥古斯丁继承了古希腊罗马自然法思想，缩小了自然法中的自然成分，扩大了自然法中的神明成分。他将自然法纳入他的"神法"体系之中。他说："天主法律一成不变，不随时间空间而更改，但随时代地区的不同而形成各时代各地区的风俗习惯"，"天主权衡时宜，对古人制定那样法令，对今人制定这样法令，古往今来都是应着同一的正义"，"正义本质绝无变易，也不能把全部条例施行于任何一个时代，而是因时制宜为每一个时代制定相应的法令"①。这就是说，天主的法律是永恒的法律，它是上帝的意愿和智慧，却在人的精神之中，普遍同一、永远同一，构成了正义和公道的普遍而神圣的源泉。其实，奥古斯丁这里所说的"天主的法律""永恒的法律"，就是他在《上帝之城》中谈到的整个生物界的自然习惯、自然规律、万物的秩序，就是"一切事物借以处于完美秩序"的法，就是自然法，就是"神法在人的意识中的表现而已"，就是自然法的神学化。这种法的基本要求：爱上帝，爱邻居，爱自己；不得伤害别人；尽力帮助他人；遵守职责和秩序。

阿奎那继奥古斯丁之后亦继承了古希腊罗马自然法思想，大力将自然法神学化，创立了神学主义自然法。他认为，自然法是永恒法对理性动物的关系，也就是同人类的关系，是永恒法在人类社会的体现，是人类社会的法。他说，自然法是"我们赖以辨别善恶的自然理性之光，自然法不外是神的荣光在我们身上留下的痕迹"②。

自然法的主要内容是，一切有利于保全人类生命的东西和一切反对人类生命毁灭的东西，自然教给一切动物的所有本能，如性关系、抚养后代等，在人身上同理性相一致的向善倾向等。自然法的主要特点是：普遍性（即一般性）和不变性（即自然法的性质，原理和它体现的理性是不变的）。阿奎那对自然法思想的最大贡献就是，将自然法与永恒法结合在一起，赋予自然法独立地位，提出了自然法内容的可变性，从而把自然法思想大大向前推进了一步。

综上所述，我们不难看出，在西方，自然法思想产生于古希腊，迄今已有两千五百多年的历史，经过了发展-沉寂-复兴的发展历程，并作为人类思想文化的结晶，长久不衰。在当今法律现代化和法律全球化的进程中，自然法思想，尤其是它的理性、正义、公平、自由等核心要素，仍有不可估量的巨大影响和作用，对于我国推进民主法治建设、依法治国、建设社会主义法治国家，以及学习和践行社会主义核心价值观，无疑也具有重要的理论意义与实践意义。

---

① 奥古斯丁.忏悔录.周士良，译.北京：商务印书馆，1981：44-45.
② 阿奎那政治著作选.马清槐，译.北京：商务印书馆，1997：107.

第十七章　西方政治法律思想史中的和谐社会观

构建社会主义和谐社会，是党的十六届六中全会根据马克思主义的本质要求，充分总结人类社会发展规律与中华民族的历史实践得出的基本结论。全会通过的《中共中央关于构建社会主义和谐社会若干重大问题的决定》，对当前和今后一个时期构建社会主义和谐社会作出了全面部署，明确了构建社会主义和谐社会的指导思想、原则、条件和近期目标，为构建社会主义和谐社会指明了方向。

从哲学意义上讲，和谐一般可以理解为，事物发展处于协调、均衡、有序的状态。就是说，和谐是一种状态，不是一种力量；是一项目标，不是一个过程；是一个结果，不是一个手段；是好友相处的状态，不是对立对抗的状态；是一种理想，不是一个现实。而"社会是由人群组成的一种特殊形态的群体形式，是相当数量的人们按照一定的规范发生相互联系的生活共同体"[①]。和谐社会作为一种社会状态，社会属性有广义和狭义之分："广义上的和谐社会是指社会同一切与自身相关的事物保持着一种协调状态，包括社会与自然环境，社会同经济、政治、文化之间的协调等；狭义上的和谐社会是指社会层面本身各个环节、各个因素以及各种机制之间的协调。"[②] 笔者认为，从实质上说，和谐社会就是在坚持人类文明原则和自然法则的同时，尊重所有人的权利和平等的社会，就是社会各要素处于相互依存、相互协调、相互促进的状态。

和谐社会作为人类的理想和价值追求，是一种信仰，是一种理论，是一种文化，是一种实践。纵观人类发展历史，不同的民族，不同的文明，不同的历史阶段，人们总是追求不同历史类型的和谐社会观与和谐社会。

一、古希腊：奴隶主义的和谐社会观

古希腊是人类文明最早的发祥地。古希腊文明的核心理念和根本精神就是追求和谐。古希腊城邦产生和发展的过程就是古希腊人追求和谐的社会过程。

（一）赫拉克利特：自然的和谐理念

赫拉克利特是古希腊辩证法的奠基人，自然的和谐理念贯穿在其哲学思想之中。他多次讲过："自然也追求对立的东西，它是从对立的东西产生和谐，而不是从相同的东西产生和谐。""自然是由联合对立物造成最初的和谐，而不是由联合同类造成的东

---

① 罗文东．关于社会主义和谐社会的理论研究及前沿问题．思想理论教育导刊，2006（10）.
② 罗文东．关于社会主义和谐社会的理论研究及前沿问题．思想理论教育导刊，2006（10）.

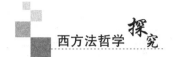

西。""音乐混合不同音调的高音和低音、长音和短音,从而造成一个和谐的曲调。""结合物既是整个的,又不是整个的,既是协调的,又不是协调的,既是和谐的,又不是和谐的,从一切产生一,从一产生一切。"① 这些论述充分体现了赫拉克利特的辩证法思想与和谐的理念。后来毕达哥拉斯也讲过:"整个的天是一个和谐,一个数目。因此,凡是他们在数目与各种和谐之间所能指出的类比,以及他们在数目与天的特性,区分和整个安排之间所能指出的类比,他们都要把它收集起来,拼凑在一起。""和谐起于差异的对立,是杂多的统一,不协调因素的协调。"② 这为奴隶主义的和谐社会观奠定了哲学基础。

(二)柏拉图:正义的和谐社会观

柏拉图的《理想国》是其正义的和谐社会观的集中体现。从哲学上讲,和谐就是客观事物的普遍性和特殊性的有机统一。柏拉图的哲学是用普遍性否定特殊性,在他设计的"理想国"中,国家否定个人的财产、自由和权利,根本不承认个人自由。它的理念实际上是侵犯人的人格权利。正如黑格尔所指出的:"柏拉图的理想国要把特殊性排除出去,但这是徒然的,因为这种办法与解放特殊性的这种理念的无限权利相矛盾。"③ 因为在黑格尔看来,不能用普遍性吞没特殊性。如果普遍利益不同特殊利益相结合,如果用国家意志压制人的自由和权利,国家就等于空中楼阁,国家就会站不住脚。

柏拉图的"理想国"是建立在分工论的基础上的。他认为,一个理想国家应由三种不同身份和不同美德的人组成:第一种是护国者(即统治者),由具有统治技能的人担任,他们具有智慧和能力;第二种是辅助者(即武士或卫国者),由他们承担保卫国家安全、抵抗外敌侵略的任务,他们具有勇敢的美德;第三种人是生意人(即商人、农民或其他生产者),他们专门从事商贸和生产劳动,满足社会和他人的需要,他们具有节制的美德。在柏拉图看来,只要人们各守其德、各司其职,秩序井然,和谐社会就实现了。

柏拉图"理想国"中的"公产、公妻、共子"制度更是体现出柏拉图只重普遍性和国家利益,而否定特殊性和个人利益。这种制度在叙拉古几次试验失败后,被证明行不通。柏拉图总结了这个经验教训,提出了他的"第二等好的国家"主张。这一主张在政体、阶级结构、原则或公理、国家机构、人口和疆域、财产和婚姻等方面较前有所改变,特别是更加重视法治和法律的作用,然而实质并没有改变,也根本不可能改变。

从总体来看,柏拉图的"理想国"(包括"第二等好的国家")确是一个等级森严的、由哲学王统治的、反民主的、统治阶级内部实行"公产、公妻、共子"制度的奴

---

① 北京大学哲学系外国哲学史教研室编译. 古希腊罗马哲学. 北京:生活·读书·新知三联书店,1957:19.
② 北京大学哲学系外国哲学史教研室编译. 古希腊罗马哲学. 北京:生活·读书·新知三联书店,1957:37.
③ 黑格尔. 法哲学原理. 北京:商务印书馆,1982:185.

隶主义的和谐社会。由于它与时代不合拍，且又违反大多数人的利益和愿望，所以它是根本行不通的，是注定要失败的。

（三）亚里士多德：中庸的和谐社会观

亚里士多德继承并发展了柏拉图的"理想国"和正义的和谐社会观，创立了独具特色的中庸的和谐社会观。

"中庸"（即"适度"）是亚里士多德伦理学的核心和灵魂。在亚里士多德看来，在客观事物中都存在较多、较少和相等的三种数的状态，而"相等"就是较多与较少的中间，中间就是"那个既不太多也不太少的适度"①。同理，在感情与实践中存在着过度、不及与适度，例如，我们感受的恐惧、勇敢、欲望、怒气和怜悯。总之，快乐与痛苦，都可能太多或太少，这两种情形都不好。而在适当的时间、适当的场合，对于适当的人，出于适当的原因，以适当的方式感受这些感情，就既是适度的又是最好的。这也就是德行的品质。在实践中同样存在过度、不及和适度。德行是同感情和实践相联系的，在感情和实践中过度与不及都是错误的，适度是成功并受人称赞的。成功和受人称赞是德行的特征。所以德行是一种适度，因为它以选取中间为目的。但是并不是每项实践与感情都有适度的状态，有一些行为与感情其名称就意味着恶，例如幸灾乐祸、无耻、嫉妒，以及在行为方面的通奸、偷窃、谋杀。这些以及类似的事情之所以受人谴责，是因为它们自身被视为恶的，而不是由于它们过度或不及。② 亚里士多德这里所说的"相等""适度""中间"皆是"中庸"之意，它是衡量伦理的唯一标准和尺度，也是亚里士多德的和谐社会观的重要理论基础，所谓和谐不外就是"相等""适度""中间"的状态。

关于财富的中庸，亚里士多德多次说过，人要过最优良的生活，一定要有三项善因——外物诸善、躯体诸善、灵魂诸善，也就是物质财富、身体健康、智慧品德。就第一项来说，好比是一切实用工具，其量要有限制，过多则无益且有害。财富处于中间境地的人们最能顺从理性，过美、过强、过贵、过富或者太丑、太弱、太贱、太穷的人们都是不愿顺从理性引导的。他们要么逞强放肆，致犯重罪，要么懒散无赖，易犯小罪。因此，有足够的生活资料，无物质困乏不虞，也无财富过多之累，实是人们生活得幸福的善因。

亚里士多德驳斥了柏拉图的"公产制"，主张"产业私有而财物公用"。他说过，财产私有具有一种使社会全体成员和衷共济、宽宏博施的魔力，世间种种罪恶之产生和存在，在于"人类的罪恶本性"而非财产私有。因此，人群分为阶段是很自然的，"在一切城邦中，所有公民可分为三个部分（阶级）——极富、极贫和两者之间的中产阶级"③。太富者，不愿受人统治，不知纪律为何物，只想发号施令；太穷者，又太卑

---

① 亚里士多德. 尼各马可伦理学. 北京：商务印书馆，2003：47-48.
② 亚里士多德. 尼各马可伦理学. 北京：商务印书馆，2003：47-48.
③ 亚里士多德. 政治学. 北京：商务印书馆，1983：265.

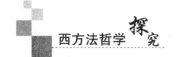
贱而自暴自弃；中等阶级很少有野心，最能顺从理性。

关于整体上的中庸，亚里士多德按照财产的多少把人划分为三个阶级，第一个阶级即极富者，是寡头势力。他们的本性是狂暴，"只愿发号施令，不肯接受任何权威的统治"；他们的偏见是资财，认为资财不平等一切都应不平等，因而不堪为政。第二个阶级即极贫者，是平民势力。他们认知顺从而不堪为政，就全像是一群奴隶；他们的偏见是"自由"，认为一事相等则万事也都应相等，因而也不堪为政。第三个阶级即中等阶级，是民主势力，他们比任何其他阶级都更为稳定，很少有野心，最能顺从理性，因而执政最好。具体原因包括：第一，可使城邦安定。中产者不图谋他人财产，其财产也不会引起他人觊觎；不对别人耍阴谋，也不会自相残杀，足以抗衡贫富两个阶级，保证城邦的安定。第二，可以免除党争。一邦之内之所以产生党派和竞争，是因为居民几乎都是非穷即富，都在结党夺利。因此，"唯有中间形式的政体可以免除党派之争；凡邦内中产阶级强大的，公民之间就少党派而无内讧"①。第三，它代表的人数多，意见、智慧、力量、美德甚至财富的总和就多，所以城邦的基础就稳固。第四，动摇一个人的感情容易，而动摇全体人的感情就难。由于多数人参与政治，就能减少纷争和内乱，所以中间形式的共和政体最稳定。

中间形式的共和政体要由法律来统治，而不是由统治者个人来统治。亚里士多德说，"法治应该包含两重意义：已成立的法律获得普遍的服从，而大家所服从的法律又应该是本身是制定得良好的法律"②；并认为"法治应当优于一人之治"。之所以如此，是因为：第一，法律是根据众人的经验谨慎考虑后制定的，与一个人或少数人的意见相反，法律有更多的正确性。第二，法律本身没有感情，不会偏私，具有公正性。第三，法律不会说话，不受波动着的感情影响行事，不会信口开河，具有稳定性。第四，法律是借助于规范形式，特别是借助于文字形式表达的，具有明确性、规范性，便于人们遵守和执行。第五，一人之治管理国家实属困难，因为一个人的精力和能力毕竟是有限的，"实际上不能独理万机"，更不必说时代要求实行法治而不能实行人治。但是，亚里士多德并不认为法治是万能的，也不认为在任何政体、任何情况下都可以实行法治，而是在某些情况下仍应重视统治者个人的作用。

综上所述，亚里士多德倡导的是中庸的和谐社会观，这与柏拉图倡导的正义的和谐社会观尽管在出发点上、理论基础上有所不同，但在本质和目的上是一致的，都是奴隶主义的和谐社会观。

二、中世纪的欧洲：封建主义的和谐社会观

在漫长的中世纪历史时期，在欧洲，基督教和神权政治始终占据着统治地位。主流思想对社会和谐的认识，就是强制人的理性服从信仰，社会和谐与否由上帝掌握，

---

① 亚里士多德.政治学.北京：商务印书馆，1963：207.

② 亚里士多德.政治学.北京：商务印书馆，1963：199.

只有皈依上帝，人类才能找到内心与社会的和谐。文艺复兴、宗教改革运动，使人们对社会和谐有了新的认识，产生了基督教的和谐社会观、神权的和谐社会观和新教的和谐社会观。

（一）奥古斯丁：基督教的和谐社会观

奥古斯丁是教父学的创立者之一，他的学说的核心和基石就是论证上帝的存在和上帝的神性。他所著的《上帝之城》是"一部有关过去、现在和未来的全部基督教历史纲要"，全面论述了"上帝之城"与"世俗之城"的起源、历史和前途，是其基督教的和谐社会观的集中体现。

奥古斯丁认为，"上帝之城"起源于爱上帝而藐视自己，求上帝荣耀。"上帝之城"的目的在于使人们的精神生活、永恒的幸福，它实际就是"基督教王国"，是以上帝为王，由选民组成的极乐王国，是爱神、爱人、创新、守法的王国，是完美和永恒的王国。而"世俗之城"则起源于爱自己而藐视上帝，求自己的光荣。"世俗之城"的目的在于人们的物质生活，包括健康、安全、友谊及和平，它实际上就是人们经过末日审判而去的那个"地狱"，就是现实世界的封建俗权统治，是由弃民组成的罪恶王国，是受私欲、私利、堕胎、不法支配的王国，是世俗的封建王国。奥古斯丁所说的两种国家（即"神国"与"俗国"）实际就是两种社会（即神的社会与世俗社会）。在此基础上产生的两种和谐社会观，实质都是封建主义的和谐社会观。

奥古斯丁强调，无论是在神国还是在俗国都必须建立"有秩序的统治与顺从或者有秩序的命令与遵守"，这样一来，人们便可以安身在和平之间，可以和全世界有条不紊地和谐一致。奥古斯丁这里所说的"和平"就是一种"秩序"、"协调"和"和谐"。他说："人与人之间的和平是一种相互协调，一个家庭的和平是在各个成员间有一种有秩序的统治与服从，一个城市的和平是在公民之间有一种有秩序的命令和遵守，上帝之城的和平是上帝和上帝创造物之间达到了最高度的有秩序的一致，万物的和平是一种被安排得很好的秩序"。而"秩序"就是使有差异的各个部分得到最恰当的安排，每一部分都被安置在最合适的地方，灾难的原因是失去秩序。[1] 总之，按照奥古斯丁的说法，服从上帝、顺从法律、服从命令、服从统治，就是秩序，就是和平，就是和谐。

（二）阿奎那：神权的和谐社会观

阿奎那继承了亚里士多德的中庸的和谐社会观，并将其神化，创立了适合封建时代要求的神权的和谐社会观。

阿奎那社会思想的基本出发点是建立在自然界和上帝和谐一致的基础之上的。他认为，根据上帝的安排，自然秩序中不平等是普遍现象。社会中也是有不平等的。人有智高者与智低者、有智者与无智者之分，同时，人的年龄、体力和智力也是有差别的，所以，在社会中，统治与服从是自然的。他认为，在社会中有三种统治：一是无

---

[1]　西方思想史编写组．西方法律史资料选编．北京：北京大学出版社，1993：91.

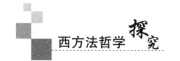

罪状态下的服从；二是为赎罪而服从；三是宗教的服从，这是最高、最终的服从。

阿奎那认为，整个世界就是一个以上帝为最终目的的严格的等级体系，在这个体系中，一切事物都是手段与目的的关系。每一阶段都是这个阶段的"目的"，同时又是较高阶段的"手段"。尘世生活和精神生活、俗人和僧侣、国王和教皇、国家和教会，都是手段同目的的关系，即前者是手段，后者是目的，前者必须服从后者。他还认为，"在上帝所建立的自然秩序中，低级的东西必须始终服从高级的东西，在人类事务中，低级的人也必须按照自然法和神法所建立的秩序，服从地位比他们高的人"。"地位较高的人，必须依靠上帝所规定的权能来向地位较低的人贯彻自己的主张。"① 总之，只有才智杰出者才享有支配权、统治权，才智低下、体力较强的人天生适合当奴仆、服从统治。

关于世俗权力与宗教权力的关系，阿奎那认为，教权高于王权，教会高于国家，国家必须服从教会，国王必须服从教皇。他说："宗教权力和世俗权力都是从神权得来的，因此世俗权力要受宗教权力的支配，如果这是由上帝如此规定的话，即在有关拯救灵魂的事情方面。在这些问题上，人们应先服从宗教权力，然后再服从世俗权力。"② 可是，在有关社会福利的事情方面，应该服从于世俗权力而不是宗教权力。从表面上看，阿奎那是主张王权与教权分开的，其实不然。他认为，如果宗教权力和世俗权力集中在同一人身上，例如集中在教皇身上，他是祭司又是国王，这时，"教皇的权力在世俗问题和宗教问题上都是至高无上的"，基督永远"是万王之王和万主之主，他的权力必然不会丧失，他的统治权将永远不消逝"③。由此可见，阿奎那既强调教权，也维护王权。他强调国家起源于神意正是为了强调教权，坚持国家起源的自然和家庭一面正是为了维护王权。这正是阿奎那神权的和谐社会观的又一突出表现。

阿奎那神权的和谐社会观还体现在崇尚永恒法的地位和作用上。阿奎那说，天地间支配宇宙秩序和社会秩序的法有四种：第一种是永恒法，第二种是自然法，第三种是人法，第四种是神法（圣经）。这四种法中，永恒法是第一位的。永恒法是神的理性体现，是上帝对宇宙秩序的合理安排，是上帝指导一切行动和动作的神的智慧，是上帝指导整个宇宙的规范，是上帝对于创造物的合理领导，因此，它理所当然是第一位的、最高的。至于神法，实指《圣经》，它是神恩的礼物，是禁止各项罪恶的安排，是用来指导精神生活的。自然法是永恒法的一部分，人法来源于永恒法。归根到底，永恒法指导一切。

综上所述，阿奎那神权的和谐社会观的基本内容就是，上帝创造一切、统一一切、支配一切、主宰一切，一切创造物都归结为上帝，都以上帝为其最终目的。然而，阿奎那神权的和谐社会观，既不同于亚里士多德中庸的和谐社会观，又区别于奥古斯丁基督教的和谐社会观。在其和谐社会观中，在个人同社会和国家之间，个人的作用得到了重视，个人人性的价值也有自然法可资保障，个人的目的与社会的目的在终极点

---

① 阿奎那政治著作选.马清槐，译.北京：商务印书馆，1963：146.
② 阿奎那政治著作选.马清槐，译.北京：商务印书馆，1963：152–153.
③ 阿奎那政治著作选.马清槐，译.北京：商务印书馆，1963：153.

上是同一回事。但是，阿奎那还是强调，社会和国家高于个人，为了达到公共幸福，个人必须服从集体，个人必须服从社会、国家和教会，人没有社会、国家和教会是不可想象的。人只有在社会、国家和教会之内并通过社会、国家和教会才能达到完善和幸福的地步，和谐社会的理想才能实现。

（三）路德和加尔文：新教的和谐社会观

路德和加尔文的新教运动，用"以人为本"反对"以神为本"，对基督教教义进行了重大改造，把社会和谐建立在人与神的和谐之上，使基督教教义成为更具普世意义的行为准则和道德规范，即新教伦理，从而形成了新教的和谐社会观。

（1）路德新教的"因信称义"理论。

"因信称义"这个概念出自《新约·保罗答罗马人书》，原意是说："你若口里认耶稣为主，心里信上帝叫他从死里复活，就必得救"，"义人必因信得生"，"人心里相信，就可以称义"。这个"义"就是得救之意；这个"义人"，就是在上帝面前不被定罪；"称义"，就是人性的一种真正改变，是由于分享了上帝的"义"而使人"从罪人变为义人"。

路德完全接受了保罗所言，认为只有信仰和施行上帝的话才能带来拯救，有了上帝的自然法，就什么也不缺了。但是上帝的话不能用"事功"来接受和承取，不能靠实行教会规定的事务、各种宗教仪式、个人经济上的损失、向神甫表示忏悔和赎罪等等办法来取得，而只能用信仰，只能通过自己心里的信仰而承取。"事功"是无理性的东西，它不能释罪；如果"事功"可以释罪，就无须上帝的话和信仰了。这里值得特别指出的是，路德是以"论基督教徒的自由"为题讲"因信称义"的理论的。他强调了基督教徒的自由，说信徒是最自由的主人，不受任何人管辖。但是他又说：上帝给人类的自由是很有限的，而且这个自由一直并不存在于我们的权力和能力之中。人要有自由意志，必须忍受并服从上帝的意志。自由意志只能表现在挤牛奶和盖房子这类事情上，只能在安全又无欠缺的时候表现出来。[1] 当其有所欠缺或一旦有危机，如穷到没有吃的、没有喝的，也没有钱的时候，他哪里还有什么自由呢？一旦危机出现，自由意志便消失了，不复存在了。那时只有依靠对信仰的牢靠与坚定，只有寻求基督。所以信仰绝对不同于自由意志。不仅如此，自由意志根本就等于零。而信仰却是所有的一切。[2] 这就是说，从理论上讲，人有自由意志，但这个自由意志都不能作为社会原则被确定下来，因为实际的自由意志是要有条件的，这种条件就是"在一个世俗的王国中是不可能人人平等的。有些人应当自由，有些人不应当自由。有些人应当统治别人，有些人应当被别人统治"[3]。

（2）路德新教的"政教分离"理论。

路德向教会发出最大的挑战，是为着反对教会干涉世俗政权的事务，要求确认世

① 袁华音.西方社会思想史.天津：南开大学出版社，1988：129.
② 西方伦理学名著选辑.北京：商务印书馆，1964：485-486.
③ 中世纪晚期的西欧.北京：商务印书馆，1962：176.

俗政权在社会政治生活中的主权原则，使教会和国家在职能范围上分立开来。他坚持说："我们必须区别世俗的与神圣的东西，必须区别政治学与神学。因为上帝也容许不信神的人之统治，并嘉奖他们的美德，但只限于这尘世生活之内。"① "世俗政权和教会一样，也是上帝确立的神的组织。世俗权力是受上帝的委任来惩治奸邪、保护善良的。因此，我们应当让世俗政权在整个的基督教世界中执行它的职务，不要加权力来管它。"② 正因为如此，所以教会应该协助国家，国家应该维持教会。国家负责现实需要方面的事情，教会负责信仰或精神领域的事情，教会和国家不是相互对立的，而是相辅相成的。教会使基督教服从刀剑的统治，缴纳税款，尊敬长官，竭尽所能为政府效力，而世俗君主则做神的刽子手。总之，路德既推崇国家，也支持教会；主张国家管政务、教会管精神，共同维护封建统治秩序。③

在教会组织问题上，加尔文认为，一切教会组织的原则和仪式都应当按照《新约》所说"平信徒皆为祭司"的精神，由平信徒管理教会。他力主"颠覆教皇制"和"神品阶级"，使神权统治共和制度化。他主张基督教教堂由信徒选出长老管理，再由长老聘请牧师负责传教工作。教区议会由各教堂长老和牧师各一人组成。教会的最高领导机构是全国宗教会议，它由各教区推举一名牧师、一至二名长老组成，其任务是负责审理信徒违反教规和道德的案件，讨论和决定教会的仪式。在神职人员彼此之间和神职人员同信徒之间，必须保持平等关系；神职人员，包括教皇，必须遵守和服从信徒大会的决定。很显然，在教会和国家关系问题上，加尔文同路德一样，坚持二元论观点。一方面，他认为上帝的意志、命令和权威高于一切，一切人包括君主的愿望、法令和权力都必须服从上帝。另一方面，他又认为一切权力源于上帝，世俗政权是按照上帝的意志建立起来的，它代表上帝的意志，促进宗教信仰是其首要任务。加尔文还从法律角度证明教会与国家的协调性。他认为法律是上帝所启示的他对人类生活和社会秩序的永恒意志，它是人间律法的基础。它与上帝铭刻在一切人的理智和良心上的自然法，在本质上是一致的。因此，国家的法律和教会的律法应该是完全一致的，政府官员和教会的神职人员、信徒和非信徒，都应一律遵守。④ 总之，加尔文新教的和谐社会观在政治上反映了新兴资产阶级反对封建专制、掌握政权的要求，对社会发展产生了深刻影响。正如恩格斯所评价的："加尔文的教会的组织是完全民主的和共和的；而在上帝的王国已经共和化了的地方，人间的王国还能够仍然从属于君王、主教和领主吗？当德国的路德教变成诸侯手中的驯服工具的时候，加尔文教在荷兰创立了共和国，并且在英国，特别是在苏格兰，创立了有力的共和主义政党。"⑤ 加尔文教"为英国发生的资产阶级革命的第二幕提供了意识形态的外衣"⑥。

① 西方伦理学名著选辑. 北京：商务印书馆，1964：483 - 484.
② 世界通史资料选辑：中古部分. 北京：商务印书馆，1974：341.
③ 袁华音. 西方社会思想史. 天津：南开大学出版社，1988：131.
④ 袁华音. 西方社会思想史. 天津：南开大学出版社，1988：137 - 138.
⑤ 马克思恩格斯选集：第3卷. 3版，北京：人民出版社，1972：391.
⑥ 马克思恩格斯选集：第4卷. 3版，北京：人民出版社，2012：252.

三、17、18 世纪的欧洲：资本主义的和谐社会观

继宗教改革和文艺复兴之后，17、18 世纪的欧洲又发生了启蒙运动。一大批启蒙思想家提出和创立了自然状态、自然权利、自然法、社会契约、民主、自由、法治、人民主权、三权分立等理论。这些理论的主要特点是，"代替教条和神权的是人权，代替教会的是国家。以前，经济关系和社会关系是由教会批准的，因此曾被认为是教会和教条所创造的，而现在这些关系则被认为是以权利为根据并由国家创造的"①，法学世界观取代了神学的政治法律观。同时，也形成了理性的资本主义的和谐社会观。

（一）洛克和孟德斯鸠：分权的和谐社会观

在西方，最早提出分权说的是英国的洛克。洛克认为，一个国家有三种权力：立法权、执行权和对外权。"立法权指享有权力来指导如何运用国家的力量以保障这个社会及其成员的权力"②，也就是制定法律的权力。执行权是指"负责执行被制定和继续有效的法律"③。对外权是指"包括战争与和平、联合与联盟以及同国外的一切人士和社会进行一切事务的权力"④。这三种权力要分开，由不同的国家机关行使：立法权应由议会行使，执行权应由国王行使，对外权实际也是执行权，也应由国王行使。但是这三种权力不是平等的：立法权应是在执行权和对外权之上的最高权，执行权和对外权要服从立法权。立法权虽然是最高权，也要受一定的限制：一是对人民的生命和财产不可专断；二是立法机关不能独揽立法权；三是立法机关未经本人同意不能取得任何人的财产的任何部分；四是立法机关不能将立法权转让他人。洛克强调立法权和执行权要分开，强调立法权和执行权之间的平衡与协调，强调资产阶级和新贵族之间的妥协、资产阶级和劳动人民之间的和解，从而实现整个社会的和谐稳定。

孟德斯鸠继承和发展了洛克的分权论，认为每个国家都有三种权：立法权、行政权和司法权。立法权即制定修正或废止法律的权力；行政权主要是有关国际法事项的决定媾和或宣战、派遣或接受使节，维护公共安全，防御侵略的权力；司法权即惩罚犯罪或裁决私人讼争的权力。这三种权力应当分立，由三个不同的国家机关来行使：立法权由议会行使，行政权由国王或政府行使，司法权由法院和陪审团行使。孟德斯鸠认为，当立法权与行政权集于一个人或同一个机关之手时，自由便不复存在了，人们将要害怕国王或议会制定暴虐的法律并暴虐地执行法律。如果司法权不同立法权和行政权分立，既司法又立法、行政，那么自由也就不存在了。如果司法权同立法权合

---

① 马克思恩格斯全集：第 21 卷. 北京：人民出版社，1965：546.
② 洛克. 政府论：下篇. 北京：商务印书馆，1964：89.
③ 洛克. 政府论：下篇. 北京：商务印书馆，1964：90.
④ 洛克. 政府论：下篇. 北京：商务印书馆，1964：90.

二为一，法官便握有压迫者的力量，司法专横将不可避免，这将损害人民以致其丧失自由。如果同一个人或同一个机关行使这三种权力，则一切便都完了。孟德斯鸠不但主张"三权分立"，而且主张三权之间相互制衡：行政机关根据它所了解的情况决定议会的召集时间和期限，行政首脑保留对立法的否决权，行政权制止立法机关的越权行为，不要使立法机关行使特别审判权而变成专制。这些都是行政权对立法权的牵制，但是，立法权不应对等地限制行政权的权力行使。因为行政权在本质上有一定范围，所以用不着对它再加上什么限制，而且行政权总是以需要迅速处理的事情为对象的，不应该受到限制。但立法机关有权审查它所制定的法律实施的情况。但立法机关不应该有权审讯行政者本身，而应审讯他的行为，因为行政者本身就是神圣不可侵犯的。这对防止立法专制来说是必要的。一旦行政者被控告或审讯，自由便完了。孟德斯鸠提出三权分立与相互制衡的目的在于防止滥用权力，以权力约束权力，保护自由。具体来讲，一是通过分权限制君权，防止君权过多；二是通过分权排斥专制国对资产阶级的障碍；三是通过分权确保司法独立，使资产阶级的人身、财产受到保护，使民主自由和社会和谐稳定得到实现。

（二）卢梭：平等的和谐社会观

卢梭认为，在自然状态下，人是自由、独立、平等的，私有财产的出现产生了不平等，经过国家、法律的确定，不平等达到极点。消灭不平等，回复到自然状态下的平等的根本途径是签订社会契约，把单个人组织在一起，每个人把自己的全部权利交给社会，人民主权国家便这样产生了。这时的"社会契约"是作为理想政治准则来看的，政治的原则就是合法而又可靠的治理。合法权力的基础是契约，它只能是人民自愿订约的结果。社会契约既是合法权力的必要条件，也是正常的政治制度的前提。社会契约既不是个人与个人订立的，也不是统治者与被统治者订立的，而是人民同他们组成的共同体订立的，是人民自由协议的产物。个人与国家的关系是契约关系。社会契约有两个属性：一是社会契约要得到履行。对于拒不服从公意的人，全体要迫使他服从公意。二是当执政者不履行契约，损害人们权利时，人民有权取消契约，通过暴力夺回自由。卢梭还认为，以社会契约方式建立的国家，其最高权力属于人民全体，人民行使国家主权称为人民主权。人民主权是一种普遍的强制性力量，是公意的具体体现，是公意的运用，是国家的灵魂、集体的生命。"正如自然赋予了每个人以超乎于他的各部分肢体之上的绝对权利一样，社会契约也就赋予了政治体以超乎其参与成员之上的绝对权力，是不可代表的权力。正是这种权力，在受公意的指导时……就获得了主权这个名称。"[①] 人民主权是绝对的和不可侵犯的权力，是不可转让、不可分割的权力，是不可代表的权力，是永久无误的权力。总之，卢梭的这些论述，充分体现了他的以人为本的理念，其目的就是建立资产阶级理性王国，维护社会的和谐与稳定。

---

① 卢梭. 社会契约论. 北京：商务印书馆，1980：36.

（三）康德：和平的和谐世界观

康德以德国人那套纯粹理性和绝对命令为核心的自律伦理，提出了人为自然立法，以实现人的自由与自然规律的统一和谐的观点。康德在其墓志铭中写道："有两种东西，我们愈是时常反复思索他们就愈是给人心灵灌注了时时翻新、有增无减的赞叹和敬畏，这就是在头上的星空和心中的道德准则。"特别是康德在其《法的形而上学原理》和《永久和平论》中提出的和谐世界理念，将一国内部的和谐引申和扩大为整个世界的和谐，使人们对和谐的认识大大地前进了一步。

康德认为，各民族之间的自然状态，正和各个人之间的自然状态一样，是一种人民有义务去摆脱，以便进入法律的状态。当各个国家联合成一个普遍联合体的时候，才可以建立一种真正的和平状态。国家联合体是一个庞大组织，每个人都可以称作世界公民，永久和平这一最终目的才能实现。康德还认为，一个普遍的、和平的联合体的理性观念，不能等同于博爱的或伦理的原则，而是一种法律的原则。这种联合体成就的条件是人们彼此交往的可能性。每个人与其他所有的人都处于一种最广泛的关系中，都可以要求与别人交往，国外的民族无权因此而把他们当作敌人来看待。康德还说，道德上的实践性从我们内心发出不可改变的禁令：不能再有战争。不但你我之间在自然状态下不应该再有战争，而且我们作为不同国家成员之间，也不应该再有战争，因为任何人都不应该用战争的办法谋求他的权利。康德确信，通过一个不断接近的进程，可以引向最高的政治上的善境，并通向永久和平。康德在《永久和平论》中详细论述了实现永久和平的条件，对于这些条件，康德采取国际条约形式加以论述。这个国际条约分为先决条款、正式条款、保证条款和秘密条款四个层次，这些条款既是康德《永久和平论》的主要内容，也是康德和平的和谐世界观的集中表现，开创了永久和平与和平的和谐世界观的先河。

（四）黑格尔：理性的和谐社会观

黑格尔用辩证法进一步完善了康德的和谐思想，认为"对立的东西产生和谐，而不是相同的东西产生和谐"，和谐的本质就是对立统一。他的这一哲学探索，为资本主义的和谐社会观奠定了理论基础。作为哲学大师，黑格尔完成了对德国古典哲学的改造工作，将德国古典哲学发展到顶点，创立了"自有人类思维以来未曾有过的包罗万象的体系"。作为这个哲学体系重要组成部分的法哲学体系是由抽象法、道德法和伦理三个阶段组成的。在伦理阶段包括家庭、市民社会和国家三个环节。在家庭阶段，个人与社会的关系尚未展开，但父母子女自然亲属之间的爱表现着自我与他人的直接的统一。在市民社会阶段，这种直接统一被否定，个人追求自己的利益，个人与社会的矛盾表现突出，所以似乎丧失了伦理精神。在国家阶段，伦理精神"返回于自身"，个人与社会、普遍性和特殊性得到了统一。很显然，在黑格尔的整个法哲学体系中，自始至终都贯穿着对立统一的精神，强调个人与家庭、社会和国家的和谐，因此可以说，黑格尔的整个法哲学体系就是他的理性的和谐社会观的集中体现。

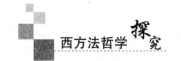

　　综上所述，无论是洛克和孟德斯鸠分权的和谐社会观、卢梭平等的和谐社会观，还是康德和平的和谐世界观、黑格尔理性的和谐社会观，它们统统是资本主义的和谐社会观，它们都以对立统一为哲学基础，都以理性、自由、民主、平等、法治、权力制衡为核心内容，强调人与人、人与社会、人与国家、人与自然的和谐与协调，既保护国家和社会的利益，也保护个人利益，努力增进人类的福祉。作为人类文化的结晶和理想目标，它们对于构建社会主义的和谐社会观与和谐社会无疑是具有启示和借鉴意义的。

第十八章　罗尔斯的公平正义论及其在中国的传播和影响

一、罗尔斯的公平正义论的产生和发展

公平正义是一个古老的概念，是西方法哲学领域的重要主题之一，历代西方法哲学家对此都曾作过大量论述。在古代，古希腊的法哲学家柏拉图、亚里士多德和斯多葛学派都从不同角度对"正义"问题作过不同程度的概述。古罗马的西塞罗及罗马法学家也对"正义"问题进行了一些论述。在近代，随着资本主义商品经济的发展，随着自然法的几次复兴，"正义"同法治、自由、平等、人权等思想得到迅速传播和发展，逐渐系统化、体系化。在当代，随着资本主义经济、社会、文化的发展，经济全球化，科技进步，民主、法治、人权发展，对"正义"的呼声达到了高潮。正是在这个时代背景下，20世纪70年代，在美国出现了正义论思潮。这一思潮的重要代表是约翰·罗尔斯。他继承并发展了历代的正义理论，创造性地提出"作为公平的正义"的新理论，并将其系统化、体系化，并在世界范围的哲学、伦理学、政治学、法学领域产生了广泛的影响。

(一)"作为公平的正义"的概念

罗尔斯认为他的正义理论属于政治哲学，讨论的是有关社会的基本结构和基本制度及其建立的基本原则。他说："对我们来说，正义的主要问题是，社会的基本结构，或更准确地说，是社会主要制度分配基本权利和义务，决定由社会合作产生的利益之划分的方式。""一个社会体系的正义，本质上依赖于如何分配基本权利义务，依赖于在社会的不同阶层中存在着的经济机会和社会条件。"[①] 这就是说，在罗尔斯看来，正义实质上是一种由社会合理地确立各种权利义务的原则，主要体现于社会的基本结构和基本制度中。罗尔斯还进一步强调，正义的基本含义是平等，是正当，因而正义原则在更广泛的意义上说就是平等原则、正当原则。这样一来，罗尔斯就把他的"作为公平的正义"同"一般正义"区分开来，前者是对后者的发展。

(二) 正义的第一原则和第二原则

罗尔斯的社会正义理论中最核心的内容就是他首创的著名的正义的二原则，这也是罗尔斯对正义理论的最大贡献。

---

① 罗尔斯. 正义论. 何怀宏，等译. 北京：中国社会科学出版社，1988：5.

罗尔斯提出的正义的第一个原则是平等的自由原则，这个原则要求每个人都有平等的权利：享有与他人相同的最广泛的基本自由，这些自由包括"政治上的自由（选举和被选举担任公职的权利）及言论和集会自由；良心的自由和思想的自由；个人的自由和保障个人财产的权利；依法不受随意逮捕和剥夺财产的自由"①。他认为这些"自由"对每个人来说都是非常重要、非常必需的，它们有利于人们对社会结构和社会制度作出客观公正的评价，有利于人们善理念的培养和提高。

正义的第二个原则是机会平等和差别原则。机会平等原则要求社会的各种机会对所有人开放，让他们平等地竞争，从而使那些有同等自然禀赋和同样意愿的人有同样的机会和成功前景。罗尔斯认为，虽然正义意味着平等，但也不否认差别的存在，这些差别势必使不同的人有不同的成功前景。当某一差别的存在有利于最不利者的最大利益时，它就是可以容许的。但是差别的存在不仅不应建立在对社会中处于最不利地位的人的损害上，而且应建立在能给他们最大的好处上，这才符合正义原则的基本要求。

罗尔斯认为，正义的第一个原则优于第二个原则，而第二个原则中的机会平等原则又优于差别原则。第一个原则是适用第二个原则的前提和背景，因为第一个原则主要解决宪法的基本内容问题，必须处于首要的地位。

（三）社会正义论的产生和应用

罗尔斯一再强调他的社会正义原则不是先验的，而是人类选择的结果。社会正义原则的产生和应用经历了四个阶段：第一阶段是"原初状态"阶段。在"无知之幕"的后面，自由的、有理性的人们不自觉地选择了正义原则。而"原初状态"和"无知之幕"是罗尔斯虚拟和假设的两个概念。在"原初状态"和"无知之幕"下，假定人们知道有关社会结构的一般事实和人类心理的一般法则，但人们并不知道自己的社会地位、阶级属性及天赋才能。正是这个"无知之幕"促使人们平等、具有同样的福利，每个人都可以提出自己认为合理的方案以供选择。这样，人们就不自觉地接受了正义原则，于是正义原则便产生了。第二阶段是立宪阶段。人们在制度的正义原则的基础上，创制具有最高效力的正义宪法，而平等的自由应是立宪的首要原则。立宪阶段主要解决两个问题：一是设计一个公正程序，保证公民的平等的自由和平等的参政权；二是作出公正有效的法律秩序安排。第三阶段是立法阶段。在这个阶段，要以宪法为依据和按照正义原则的要求制定法律，要对法律和政策的正义性进行客观公正的评价，要通过立法手段使社会、经济不平等安排对每个人都有利，要利用税法的必要调整来维持分配的大致公正平等。第四阶段是适用法律阶段。在这个阶段，正义原则要求法官和行政官员将法律规则应用于具体情况，公民必须遵守法律规则。在接近正义的社会里，只要非正义的法律规则未超出一定限度，人们在形式上便有责任和义务去遵守非正义的法律规则；当非正义的法律规则超出限度的，人们就有不服从的权利。这种

---

① 罗尔斯．正义论．何怀宏，等译．北京：中国社会科学出版社，1988：57.

"不服从"必须是非暴力性的，必须是在正义原则的指导下进行的，必须是具有公正性的。

（四）正义的分类和体系

罗尔斯在继承了历史上法哲学家关于正义分类的论述的基础上，结合当代资本主义政治、经济、社会、文化发展变化的实际情况，对正义进行了重新分类，将正义分为实质正义、形式正义和程序正义，并以此为基础形成了他的完整的正义理论体系。

1. 实质正义

实质正义是指涉及社会和个人怎样对待和处理有关人们的实体权利与义务的制度安排和态度，其中又可分为社会正义和个人正义，在社会正义中罗尔斯着重分析了政治正义和分配正义。

（1）政治正义或宪法正义。

宪法正义就是关于宪法的制定程序和内容的正义，它包括两方面："首先，正义的宪法应是一种满足平等自由要求的正义程序；第二，正义的宪法应该是这样构成的，即在所有可行的正义安排中，它比任何其他安排更可能产生一种正义的和有效的立法制度。"罗尔斯特别强调宪法要充分体现正义的"参与原则"。他说，"宪法必须采取一些措施来提高所有成员参与政治的平等权利的价值。宪法必须确保一种参与、影响政治过程的公平机会"①。

（2）分配正义。

罗尔斯说："在作为公平的正义中，分配正义的问题永远是这样的：基本结构的制度作为一种统一的制度体系应该如何加以调整，以使一种公平的、有效的和富有生命力的社会合作体系能够得以维持，世代相继与其相对照的是另外一个问题，即如果将一批既定的商品在众多个人中间进行分配或配给，而我们知道这些人具有不同的需要、欲望和偏爱，并且他们在生产这些商品时也没有进行任何形式的合作。"② 罗尔斯赞成前一种意义上的分配正义，而反对后一种意义上的分配正义。因此，他主张以"持有正义"概念取代分配正义概念。他认为衡量这一正义的标准是，财富的拥有者如果所持有的物原来是自然物，他对此物的占有必须是已通过自己的劳动增加了此物的价值；如果此物是非自然物，他必须是通过合法的交换或继承才能持有。③

（3）个人正义。

它"要求一个人履行一个制度的规范所确定的他的职责"④。所谓"职责"是指由正义制度对个人提出的正义要求。罗尔斯认为，良心拒绝和非暴力反抗是一种特殊的

① 罗尔斯. 正义论. 何怀宏，等译. 北京：中国社会科学出版社，1988：211.
② 罗尔斯. 作为公平正义的正义论：正义新论. 姚大志，译. 上海：三联书店，2002：81.
③ 严存生. 西方法律思想史. 北京：中国法制出版社，2012：445.
④ 罗尔斯. 正义论. 何怀宏，等译. 北京：中国社会科学出版社，1988：106.

个人正义。所谓"良心拒绝"就是"或多或少地不服从直接法令或行政命令"。所谓"非暴力反抗"是"一种诉诸共同体的正义感的政治形式",是"一种发生在公众讲坛上的、表达深刻的和认真的政治信念的正式请愿"①。他强调,非暴力反抗的使用要掌握分寸,必须得到合理的组织,不能导致对宪法和法律的破坏。

2. 形式正义——法治

罗尔斯认为,形式正义就是"作为规则的正义"或法治,它是对实质正义所要求人们的规定,严格地贯彻执行。简言之,形式正义就是严格执行法律制度,就是严格依法办事。他说:"形式正义的观念和有规则的、公平的行政管理的公共规则被运用到法律制度中时,它们就是法治"。

作为形式正义的法治应包括四个方面原则。

一是法律的可行性原则。法律是规定人们能够做什么和不能做什么的行为规则,法律不应规定人们无法履行的义务,法律制度也应该将"不能履行"作为减刑的理由。

二是类似案件类似处理原则。这一原则大大限制了法官和其他掌权者的自由裁量权,迫使他们在个人之间作出区别处理时必须根据法律规则和原则来说明他们这样做的合理性。也就是说,必须一视同仁、同等对待。

三是法无明文规定不为罪原则。这一原则要求法律必须为人们所知晓,法律必须公布,法律条文意思必须明确,惩罚性的法律不能溯及既往。

四是自然正义观原则。这一原则要求法院必须用适当的方法正确实施法律,努力作出正确的裁决和正确地适用刑罚。法律制度还应在程序上作出关于审理、法庭调查、证据等方面的规定。罗尔斯还强调,法治是自由的保障,只有认真贯彻法治原则,对自由的威胁才会减少;只有人们在法律规定的范围内行动,自由才不会受到侵犯。

3. 程序正义

程序正义,即活动过程的正义。罗尔斯认为这种正义有三种:第一种是完善的程序正义,其特征是对公平的分配有一个独立的标准,设计保证达到预期结果的程序的可能性。第二种是不完善的程序正义,它虽有衡量结果是否公正的标准,但没有完全保障其实现的程序。第三种是纯粹的程序正义,其明显特征是"决定正当结果的程序必须实际地执行"②。

二、对罗尔斯的"作为公平的正义新论"的简评

从以上对罗尔斯的"作为公平的正义新论"基本内容及其理论体系的叙述中,我们可以清楚地看出,他的"作为公平的正义新论"是发展了传统的"正义论"的。他的"作为公平的正义新论"是以西方占主导地位的自由主义为基础的;他的正义原则

① 罗尔斯. 正义论. 何怀宏,等译. 北京:中国社会科学出版社,1988:355.
② 罗尔斯. 正义论. 北京:中国社会科学出版社,1988:81-82.

与功利主义针锋相对，强调正义对效率和福利的优先；他的正义原则反映了带有平等倾向的自由主义；他的正义原则是作为评价资本主义政治制度、社会制度和经济制度的标准而设定的。罗尔斯关于"正义宪法"的论述，关于"平等的自由原则"和"机会平等原则"的论述，关于"平等的参与原则"的论述，关于"实质正义"和"形式正义"的论述，关于正义与法治的关系和法治应包括四个方面原则的论述，等等，都是有一定道理的，蕴含着不少合理因素，对于人们正确认识和理解正义的科学内涵是有启示、有帮助的，这一点应当得到承认和肯定。但是，我们也应明显地看到，罗尔斯的"正义新论"总体上说是非科学的。他提出和论述的"原初状态"和"无知之幕"仅仅是一种虚拟假设，完全是唯心的推测。他把正义看作是一种抽象的理念，认为存在着永恒的超越时代的正义，将正义视为纯粹的主观感受；他离开对社会利益关系的价值判断、离开物质生活条件决定利益关系这个客观基础来谈正义；他无视资本主义社会存在各种矛盾、贫富差距越来越大、言论自由受到越来越多的限制、民主日益衰落等事实，妄图以他的"正义新论"来解决这些矛盾和问题。他提出的各种主张和措施是实现不了的，只能是停留在理论分析上。特别值得着重指出的是：罗尔斯的"正义新论"是在论证资本主义的社会制度、政治制度和经济制度的公平正义性，粉饰和维护日益衰败的资本主义的政治社会和经济制度。对于这些非科学的理论观点应该批评和抛弃，倡导并高扬符合中国国情的科学的马克思主义公平正义观。

三、罗尔斯的公平正义理念在中国的传播和影响

随着我国改革开放国策的确立和实施，随着我国民主法治建设和法学的发展，罗尔斯的公平正义理念被大量引进和传播，对我国改革开放国策的贯彻实施和深化改革，对我国法治建设，对全面贯彻落实依法治国基本方略，建设法治国家、法治政府、法治社会，特别是对我国社会主义法学的繁荣发展，均产生了较大的影响。当然，这种"影响"有时是积极的，有时是消极的；有时是正面的，有时是负面的；有时是直接的，有时是间接的；有时是明显的，有时是隐含的。

(一) 罗尔斯的公平正义理念对我国改革开放基本国策的贯彻实施产生的影响

党的十八大报告中多次强调在全社会实现公平、正义。报告明确指出："公平正义是中国特色社会主义的内在要求。要在全体人民共同奋斗、经济社会发展的基础上，加强建设对保障公平正义具有重大作用的制度，逐步建立以权利公平、机会公平、规则公平为主要内容的社会公平保障体系，努力营造公平的社会环境，保证人民平等参与、平等发展权利。"报告还明确指出，要在全社会"倡导富强、民主、文明、和谐，倡导自由、平等、公正、法治，倡导爱国、敬业、诚信、友善"，所有这些要求都是社会主义核心价值观的主要内容，在一定程度上都体现了公平正义精神。党的十八届三中全会关于全面深化改革的决定，再次强调指出："全面深化改革，必须……以促进社会公平正义、增进人民福祉为出发点和落脚点。"党的十八届四中全会又强调"依法维

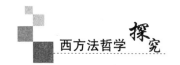

护人民权益，维护社会公平正义"，要把公平、公正原则贯穿立法全过程，"加快完善体现权利公平、机会公平、规则公平的法律制度"。由此可见，公平、正义是实现人民根本利益和公民基本权利的重要手段，也是协调社会利益矛盾、建设和谐社会的基本原则。这一原则理应在社会主义建设事业的各领域、各层次得到充分的落实。这充分说明，罗尔斯的公平正义理念在贯彻实施改革开放基本国策和深化改革中得到了充分体现，产生了较大影响。

（二）罗尔斯的公平正义理念对我国法治建设产生的影响

我国法律界、法学界经过研究和探讨达成的共识是，"公平正义是中国特色社会主义法治的核心价值和生命线"，"法是实现社会公平正义的重要手段"。就是说，一方面，公平正义反映了广大人民群众的愿望，确立了适合生产力发展的利益关系，是社会主义法治的根本使命；另一方面，中国特色社会主义法治是化解社会矛盾、建设和谐社会，进而实现公平正义的保障。[①] 这种保障公平正义、维护公平正义的理念，充分反映和体现于我国立法、执法、司法和守法的整个过程中。依法治国基本方略的全面贯彻落实，依法治国、依法执政、依法行政的共同推进，法治国家、法治政府、法治社会的一体建设，在一定意义上可以说就是为了化解社会矛盾和平衡社会利益，就是为了增进广大人民的福祉，就是为了实现社会公平正义。依法治国、依法执政、依法行政的共同推进，法治国家、法治政府、法治社会的一体建设，前提是必须有法，必须先立法，必须制定"良法"。立法必须以大多数社会成员可以认同的公平正义为标准，合理地平衡、协调社会利益关系。因此必须科学立法、民主立法、依法立法，必须严格按照法的创制规律立法，既不能超前立法，也不能滞后立法。所立的法必须是可行的、可操作的，必须是逻辑周全、体系完整的，重点是加强有利于国计民生的社会立法和经济立法。

执法也要以具体实现法定的公平正义为标准，为民执法，执法为民，文明执法，都是为了实现个别的公平正义，调整落实具体的利益关系，促进社会的和谐和稳定。

司法更要以公平正义为标准，"努力让人民群众在每一个司法案件中都感受到公平正义"[②]，因此，"要把群众合理合法的利益诉求解决好，完善对维护群众切身利益具有重大作用的制度，强化法律在化解矛盾中的权威地位，使群众由衷感到权益受到了公平对待、利益得到了有效维护"[③]。这不仅是中央对司法工作的要求，更是广大人民的深切呼唤。因此，必须深化司法体制改革，必须坚持和完善社会主义司法制度，必须确保审判机关和检察机关依法独立公正行使审判权和检察权，促进公平正义的实现。还应强调的是，在整个司法过程中，既要重视实体正义也要重视程序正义，切实保障当事人的合法诉讼权利。

① 孙国华，周元．公平正义：社会主义法治的核心价值．北京：中国人民大学出版社，2014：4.
② 习近平谈治国理政：第1卷．北京：外文出版社，2014：145.
③ 习近平在中央政法工作会议上的讲话．中新网．（2014-01-09）［2018-10-22］．http：//www.chinanews.com/tp/hd2001/2014/01-09/288370.shtml.

守法的最终目的也是促进社会公平正义和个人公平正义的实现，因此，要深入开展法治宣传教育，弘扬社会主义法治精神，树立社会主义法治理念。"法律必须被信仰，否则它便形同虚设"，"一切法律中最重要的法律，既不是刻在大理石上，也不是刻在铜表上，而是铭刻在公民的内心里"。这虽然是古训，但它仍有现实意义。法治中国走进现实，一个重要的衡量标准就是，法治成为人们的共识，成为人们的信念和准则。因此，广大人民群众要通过接受法治教育，增强学法守法用法意识；领导干部要"凝聚法治""信仰法治，坚定法治""认认真真讲法治，老老实实抓法治"，"要提高运用法治思维和法治方式的能力"，要"以法治凝聚改革共识、规范发展行为、促进矛盾化解、保障社会和谐"，要"在全社会弘扬社会主义法治精神，引导全体人民遵守法律、有问题依靠法律来解决，形成守法光荣的良好家园"①。

（三）罗尔斯的公平正义理念对我国法学发展产生的影响

改革开放以来，随着西方法学的大量引进和传播，中国特色社会主义法学的发展受到西方法学的直接影响：西方法学中的一些基本理论被大量吸收和充实于中国特色社会主义法学之中；西方法学中的公平、正义、公正、自由、平等及道德、价值、原则、规则、权利、人权、法治、"主体论"、"法的运行"等理论，已经被大量吸收进中国特色社会主义法理学之中，成为中国特色社会主义法理学的重点主题和基本内容；"法是社会公平正义的体现"，更是法理学界的共同认识和普遍论断；西方宪法学中的"合宪审查制度"以及法治和人权等理论也被引入我国宪法学之中；西方诉讼法学中的"无罪推定""法无明文规定不为罪""保障人权""实体正义""程序正义""司法自由裁量"等理论被引进我国诉讼法学之中。此外，西方民法学、刑法学、环境法学、知识产权法学中的某些内容和理论也被吸收到我的民法学、刑法学、环境法学、知识产权法学之中。

诚然，西方法学是世界文化的重要组成部分，也是人类文明的优秀成果之一。吸收和引进西方法学中那些"有益的""合理的"理论观点，是促进中国特色社会主义法学发展和繁荣所必需的，因此，必须重视研究和探讨西方法学，努力揭示西方法学产生和发展的规律及本质。对西方法学要进行科学分析，对有益的、好的理论观点要大胆引进、吸收和借鉴；对那些负面的、非科学的、不好的理论观点要加以抵制和批评，取其精华、去其糟粕，而不能采取全盘接受或者全盘抛弃的绝对主义态度。

这里还必须明确，我们讲的公平正义是以工人阶级和广大人民群众、中国各族人民的根本利益，以及社会进步和人类解放的利益为基础的公平正义，是社会主义的公平正义，是以马克思主义公平正义观为指导的公平正义。我们借鉴和吸收的仅是罗尔斯的公平正义理念中某些合理的理论观点，而不是它的全部内涵和内容。

实践表明，中国特色社会主义法学的发展，必须立足于中国的实际，总结自己的

---

① 习近平谈治国理政：第1卷．北京：外文出版社，2014：145.

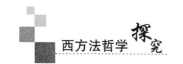

民主法治建设的经验，并使其理论化和现代化；必须牢牢把握中国特色社会主义法学发展的社会主义方向；必须坚持以邓小平理论、"三个代表"重要思想、以人为本科学发展观和习近平新时代中国特色社会主义思想为指导，深入贯彻落实党的十八大报告和十八届三中、四中全会决定以及十九大报告的精神，坚定不移地走中国特色社会主义法学发展道路，形成完善的中国特色社会主义法学理论体系、学科体系、课程体系，推动中国特色社会主义法学事业的繁荣和发展。

第十九章　西方法律思想史学科建设与创新综述 *

西方法律思想史是一门法学基础学科，属于理论法学的范畴，也可以说是西方法理学、法哲学的基本内容。该学科是在实行改革开放政策以后，在发展社会主义民主、健全社会主义法制这一基本方针的指引下创设的。四十多年来，经过学者们的辛勤耕耘，该学科已初具规模，为繁荣法学、发扬民主、健全法制、建设社会主义法治国家，发挥了重要作用。在新世纪开始之际，很有必要对其四十多年的发展作一简单的回顾，并对其 21 世纪的发展提出展望和设想。

一、关于西方法律思想史的研究范围和学科体系

在西方法律思想史的研究范围问题上，学者们一直有不同的看法。西方法律思想史，顾名思义，指的是"西方""法律思想"产生和发展的历史。学者们对该学科研究范围的争议，就是对其中的"西方"和"法律思想"二词的理解不同所致。对于"西方"一词，有的学者认为："'西方'是兼顾地理、历史和政治意义上使用的。因此，西方法学一般是指古希腊罗马奴隶制社会，西欧中世纪封建社会以及近、现代资产阶级的法律学说和思想。"① 按照该学者的观点，"西方历史上不同社会的法律哲学，分别代表了奴隶主、封建主和资产阶级的利益；现代西方法哲学则代表着垄断资产阶级的利益"②。意即西方法律思想也就是西方统治阶级的法律思想。有的学者认为西方法律思想史的研究范围包括自古至今的几个社会经济形态中西方（西欧、北美）各国各个历史时期的法律思想和理论，其中既有剥削阶级的法律理论，又有劳动人民的法律学说，只是占主导地位的是统治阶级的法律思想。③ 因此，该学者把西欧空想社会主义者的法律思想也纳入了研究范围。不过，马克思和恩格斯的法律思想被排除在外。针对上述情况，有的学者提出了不同的看法，认为："西方的政治地理包含着意识形态因素，但它是一定的自然地理与包括意识形态在内的政治因素相结合的产物。当一定的政治制度尚未在一定的自然地理范围内建立，或没有发生根本变革时，谈不上该地理范围的政治意义变化。"因此，"在十九世纪，马克思、恩格斯所处的地理环境和他们所研究的法都属于'西方'范围"，应该"将马克思主义创始人的法哲学纳入西方法哲

* 原载《法学家》，2002 年第 3 期，与邓楚开合写。

① 沈宗灵. 现代西方法律哲学. 北京：法律出版社，1988：1.
② 沈宗灵. 现代西方法律哲学. 北京：法律出版社，1988：1.
③ 王哲. 西方政治法律学说史. 北京：北京大学出版社，1988：3.

学史研究范围"①。对于"法律思想"一词,有的学者认为,"法律理论,从学术角度称为'法理学'"②。按照该学者的观点,西方法律思想史即"西方法理学史"。大部分西方法律思想通史方面的教材和专著虽没有具体说明法律思想的范围,但在正文部分都对部门法思想进行了研究,也即把法理学和部门法学都纳入法律思想的范畴。概而言之,学者们争论的焦点在于:是否应该将劳动人民的法律思想、马克思主义创始人的法律思想以及部门法思想纳入西方法律思想史的研究范围之中。我们认为,西方法律思想史绝不应该仅仅研究各个历史时期埋藏的统治阶级的法律思想,这样不能反映整个西方法律思想史的全貌。劳动人民的法律思想是西方法律思想史不可分割的一部分。劳动人民的法律思想包括西欧早期空想社会主义的法律思想、近代西欧空想社会主义的法律思想、马克思和恩格斯的科学社会主义的法律思想,以及现代西方马克思主义的法律思想。这些思想之间有明显的继承和发展的关系,构成一个不能任意割断的思想链条,抽掉其中的任何一环都将使整个西方法律思想史残缺不全。更何况,马克思、恩格斯所处的19世纪西方社会仍是资本主义社会,他们"所处的地理环境和他们所研究的法都属于'西方'范畴"。另外,西欧早期和西方近现代资本主义社会里的社会主义法律思想同各个时期统治阶级的法律思想既有相互批判、斗争的一面,也有相互影响、继承的一面,二者联系密切。不研究西方社会主义(包括马克思主义)法律思想就无法准确地了解和把握统治阶级的法律思想。因而我们认为,包括马克思、恩格斯在内的西方劳动人民的法律思想是西方法律思想的有机组成部分。把部门法思想排挤出法律思想范畴的看法则不值一驳。法律思想中既有法的一般理论方面的思想,也有具体法律制度方面的思想,前者属于法理学的范畴,后者属于部门法学的范畴。部门法思想不能被排除在西方法律思想史的研究范围之外。

总之,我们认为,西方法律思想史的研究范围应该包括西欧和北美奴隶社会、封建社会及资本主义社会中各个阶级、各个学派、各个思想家的法律思想(其中包括马克思、恩格斯的法律思想),而法律思想包括法理学和部门法思想两部分。与此相适应,西方法律思想史学科又可以分为西方法理学史和西方部门法思想史,其中前者包括法哲学史和法律技术(如立法技术、司法技术等)科学史两部分,后者可再细分为宪法思想史、民法思想史、刑法思想史、诉讼法思想史和国际法思想史等分支学科。

二、关于西方法律思想史学科建设和研究成果

在加强社会主义法制建设的大背景下,经过学者们的辛勤而又富有创造性的研究,西方法律思想史学科在学科建设上有了很大发展,在学术研究上取得了丰硕的成果。

1979年9月中国的法律史学者在长春召开会议,成立了中国法律史学会,下设中国法制史学会和中国法律思想史学会。1987年,又增设了中国西方法律思想史研究会。

---

① 张乃根.西方法哲学史纲.北京:中国政法大学出版社,1993:6.
② 刘全德.西方法律思想史.北京:中国政法大学出版社,1996:1.

与此同时，国务院学位办又将"法律思想史"确定为法学的二级学科。1981年11月北京大学设立第一批法律思想史硕士点，招收中国法律思想史和西方法律思想史硕士研究生。1984年1月在中国人民大学和吉林大学、1986年7月在中国政法大学和西南政法大学分别设立法律思想史硕士点。1986年1月北京大学设立法律思想史博士点，开始招收法律思想史博士生。1998年，国务院学位办将法制史和法律思想史两个法学二级学科合并成法律史二级学科。1999年中山大学开始招收西方法律思想史方向硕士研究生。四十年来，这些硕士点、博士点为国家培养了一批高层次的法学人才。

四十多年来，西方法律思想史研究成果丰硕。据不完全统计，从1980年至21世纪初，本学科领域共出版专著和教材四十多种，译著一百多种，公开发表论文二百多篇，译文一百多篇。公开发表的论文主要是介绍自然法学派、分析法学派、社会学法学派和经济分析法学派的主要代表人物的法律思想，以及对西方法治理论、人权理论、主权理论、分权理论、民主理论和自然法思想、社会契约理论的研究。国内出版的著作情况大体如下。

（1）教材类：谷春德、吕世伦编著《西方政治法律思想史》（1981年），张宏生、谷春德主编《西方法律思想史》（1990年），刘富起、吴湘文著《西方法律思想史》（1985年），严存生主编《新编西方法律思想史》（1989年），刘全德主编《西方法律思想史》（1996年），谷春德主编《西方法律思想史》（2000年）。

（2）专著类：1）西方法律思想通史方面的有：吕世伦、谷春德编著《西方政治法律思想史》（1986年、1987年），王哲著《西方政治法律思想史》（1988年），吕世伦主编《西方法律思潮源流论》（1993年），何勤华著《西方法学史》（1996年）。2）西方法理学史方面的有：张乃根著《西方法哲学史纲》（1993年），刘星著《西方法学初步》（1998年）。3）现代西方法哲学方面的有：沈宗灵著《现代西方法律哲学》（1983年），张文显著《当代西方法哲学》（1987年），张文显著《当代西方法学思潮》（1988年），沈宗灵著《现代西方法理学》（1992年），张乃根著《当代西方法哲学主要流派》（1993年），朱景文著《现代西方法社会学》（1994年），张文显著《二十世纪西方法哲学思潮研究》（1996年），吕世伦主编《当代西方理论法学研究》（1997年）。4）马克思、恩格斯法律思想方面的有：李光灿、吕世伦主编《马克思、恩格斯法律思想史》（1991年），公丕祥著《马克思法哲学思想述论》（1992年），武步云著《马克思主义法哲学引论》（1992年），刘学灵著《社会主义法律学说史论》（1993年）。5）比较法律文化方面的有：张中秋著《中西法律文化比较研究》（1991年），史彤彪著《威严与尊严——中西法律文化宏观比较》（1998年）。6）部门法思想史方面的有：马克昌主编《近代西方刑法学说史略》（1996年），陈兴良著《刑法的启蒙》（1998年）。7）专题、人物及其他方面的有：王人博、程燎原著《法治论》（1989年），严存生著《法律的价值》（1991年），邵诚、刘作翔主编《法与公平论》（1995年），朱景文主编《对西方法律传统的挑战——美国批判法律研究运动》（1996年），严存生著《论法与正义》（1997年），谷春德著《人权的理论与实践》（1991年），夏勇著《人权概念起源》（1992年），郑杭生、谷春德主编《人权史话》（1994年），郑杭生、谷春德主编《马克思主义人权理论与实践》（1997年），杜钢建、史彤彪、胡冶岩著《西方人权思想史》（1998年），

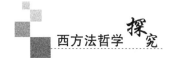
谷春德、郑杭生主编《人权：从世界到中国——当代中国人权的理论与实践》（1999年），刘星著《法律是什么——二十世纪英美法理学批判阅读》（1997年），吕世伦著《黑格尔法律思想研究》（1989年），蒋恩慈、储有德编著《西方法学家生平与学说评介》（1983年），周旺生等编著《西方法学名著评介》（1986年）。

三、关于西方法律思想史研究的特点和热点

从学者们的研究成果中可发现一些明显的趋势和特点：（1）政治思想所占的比重逐渐减少。在20世纪80年代的教材和专著中，政治思想占有较大分量，常常是先介绍政治思想，然后才写法律思想。有的著作直接以《西方政治法律思想史》为书名，政治和法律思想并重。这在学科建立之初是很必要的。20世纪90年代以来，随着研究的深入，学者们在著作中只在为了更好地说明法律思想的情况下才涉及政治思想。这也是西方法律思想史作为一门独立学科发展的必然趋势。（2）外文资料的利用增加。20世纪80年代的研究基本上是以译著、译文等中文资料为基础的，因为那时中西文化交流相对较少。20世纪90年代的著作中利用外文（主要是英文）材料进行研究的比重越来越大，有的甚至全部以英文原文为研究材料。（3）由年代、人物研究法向问题研究法、学派研究法发展。20世纪80年代的著作基本上按年代、人物进行研究。20世纪90年代有了一些变化，有的按学派法进行研究，如《西方法律思潮源流论》（吕世伦主编）、《当代西方法哲学主要流派》（张乃根著）；有的按问题法进行研究，如《当代西方理论法学研究》（吕世伦主编）、《西方法学初步》（刘星著）；有的兼采学派法和问题法，如《二十世纪西方法哲学思潮研究》（张文显著）。（4）对马克思、恩格斯等马克思主义经典作家的法律思想和现代西方法理学的研究取得很大进展，成绩斐然。（5）专题研究逐步展开，并取得一定成果。（6）在部门法思想研究相对不足的情况下，刑法思想史研究一枝独秀。（7）比较法文化研究开始起步。另外，还出现了由综合研究到专门研究，再到综合研究和专门研究并进的趋势。

我国法治和人权建设的实践，使西方法治理论、人权理论、主权理论、分权理论、民主理论以及与之密切相关的自然法思想和社会契约理论成为西方法律思想史领域研究的热点。

1. 西方法治理论

王人博和程燎原在《法治论》一书中介绍了古希腊人、罗马人、西欧人和美国人的法治理论，并对西方资本主义国家法治的发展模式进行了探索，认为古希腊人、罗马人所创造的法文化是欧洲法治发展的思想和制度上的准备，西方资本主义国家的法治发展模式各不相同，包括"从'法'个人走向'法'国家；法国及欧洲大陆国家法治发展模式"①、"传统与革命：英国资产阶级法治发展模式"②、"宪法主治：美国资产

---

① 王人博，程燎原．法治论．济南：山东人民出版社，1998：244.
② 王人博，程燎原．法治论．济南：山东人民出版社，1998：254.

阶级法治发展模式"①。

张文显的《二十世纪西方法哲学思潮研究》一书认为，第二次世界大战后西方法哲学基于对法治的不同理解和追求法治的多重性热情，提出了不同的法治模式和法治理想，主要有四种：1）自然的法治思想，由美国的塞尔兹尼克提出；2）合法性的法治模式，由美国的拉兹等人提出；3）形式正义的法治模式，由美国的罗尔斯等人提出；4）全面正义的法治模式，由1959年的《德里宣言》提出。

王哲在《论西方法治理论的历史发展》② 一文中指出，现代西方法学家强调法治应体现在：1）要维护公民的自由权；2）保护人权是法治的主要原则；3）限制行政裁量权；4）加强对宪法和法律实施的监督；5）法律普遍的有效性平等；6）要实现法律的民主化等。他还指出，作为法律制度运作的原则和方法，法治理论从古希腊、罗马产生以来至今，具有重大的发展和变化，但这一学说的核心内容是法治的基本属性，即法的普遍约束力、法律的权威性。

严存生在《西方法治观念的变迁》③ 一文中认为，西方法治观念的发展大致经历了三个阶段，即19世纪中叶以前的良法法治观念、17世纪中叶至20世纪初的规则法治或硬法法治观念以及当代的软法法治观念。在对这三种法治观念进行比较以后，作者认为软法法治观念更为合理，对我国的法治建设更具借鉴意义。

张彩凤的《论西方法治传统的思想渊源和观念基础》④ 一文提出："自然法是唯一能够历史地解释西方法治传统的一个'应然法'概念或法理念。""在某种程度上说，西方法治传统是以自然法为其形成、确立与发展的思想理论基石的。"

2. 西方人权理论

谷春德著的《人权的理论和实践》和郑杭生、谷春德主编的《人权史话》全面、系统地阐述了从古希腊、罗马到现代西方学者的人权思想。杜钢建、史彤彪、胡治岩合著的《西方人权思想史》系统地论述了从古希腊到近代西方人权思想的发展。郑杭生、谷春德主编的《马克思主义人权理论与实践》系统论述了马克思主义人权观形成和发展的过程及主要内容。

程燎原、王人博著的《赢得神圣——权利及其救济通论》一书指出，古希腊人、罗马人所具有的权利观念和制度是后来西方社会权利发展的思想和制度上的胚胎，近代西方的私人权利是极端的个人主义。这种近代西方社会的权利个人主义有其深刻的政治、文化根源：第一，基督教文化和人道主义哲学构成了权利个人主义的文化背景；第二，自然法的政治理论是权利个人主义的直接来源；第三，古典经济学为权利个人主义提供了经济社会环境；第四，稍后出现的斯宾塞的"社会达尔文主义"把个人主义推向了极端。⑤ 针对理论界普遍一致的"近代西方社会的权利是个人本位的，而现代

① 王人博，程燎原．法治论．济南：山东人民出版社，1998：263.

② 中外法学，1997（2）.

③ 外国法研究，1997（1）.

④ 公安大学学报，1997（6）.

⑤ 程燎原，王人博．赢得神圣．济南：山东人民出版社，1998：89-91.

社会的权利是社会本位"的观点,该书作者提出质疑,认为,现代西方社会的权利不同于近代的权利,在于国家权力的强烈干预是事实,但这种干预改变的是超越于"公共利益"之上的极端利己主义,它改变的是权利的主体,而不是权利的个人主义性质本身。①

夏勇在《人权概念起源》一书中提出,西方古代人权思想萌芽在逻辑上由三方面构成:(1)终极权威观念。实证的正义难以论证人之作为人的权利,早期希腊哲学界开始出现超验的自然正义观,它通常以物理学上的假设为根据。超验的正义观为道德权利、应然权利、自然权利提供了终极根据,但它本身并不能论证人人平等。(2)平等人格观念。斯多葛学派的人人平等和世界大同论与近代人权思想有直接的渊源关系。基督教在上帝创世的意义上主张人人平等,对近代人权思想影响很大。(3)本性自由观念,它由四个方面构成:第一,自利观;第二,尊严观;第三,自主观;第四,斗争观。② 作者还论述了西方近代人权概念产生的社会条件和理论过程,并且指出,在近代人权概念的产生过程中,有两种人权推定:一是经验式的,以英国法为代表,二是先验式的,以法国法为代表。在法制变革的社会实践中,这两种推定方式通常结合使用。从构词、权利理论和权利内容三方面来看,不能将"人权"与"自然权利"等同。③

陈弘毅在《权利兴起:对几种文明的比较研究》④ 一文中认为,古希腊人关于正义的概念为后来的关于权利的思想铺平了道路,罗马法学更明显地含有现代权利的萌芽,中世纪世界中同样存在预兆现代权利的因素。从 17 世纪以来,关于权利的论述在西方的道德和政治思想上占据着主导地位。西方权利的兴起可用这样一些概念加以解释:(1)个人主义的意识形态;(2)道德和宗教的复杂性;(3)"可感知的"文化;(4)市场资本主义。

3. 自然法和社会契约理论

陆沉在《公平正义:人类永恒的难题——对"自然法"观念的意义分析》⑤ 一文中,详尽地分析了西方社会"自然法"观念的起源、发展、演变以及其巨大的影响和作用,认为,"自然法"观念从一开始就是一个语义模糊混淆的观念,但我们却很难简单地将它一笔勾销,因为它所昭示的公平正义、天赋权利、自由平等等一系列原则乃是人类必须永恒面对的难题,"自然法"的意义及永恒的魅力也正在于此。

严存生、郭军明在《自然法·规则法·活的法——西方法观念变迁的三个里程碑》⑥ 一文中认为,自然法观念包含这样一些基本内容:第一,法从本质上说就是客观规律,因此,立法者所制定的法律必须以客观规律为基础,其对人们行为的规定不能

---

① 程燎原,王人博.赢得神圣.济南:山东人民出版社,1998:105.
② 夏勇.人权概念起源.北京:中国政法大学出版社,1992:86.
③ 夏勇.人权概念起源.北京:中国政法大学出版社,1992:146.
④ 外国法译评,1996(4).
⑤ 西南民族学院学报(哲社版),1998(6).
⑥ 法律科学,1997(5).

有悖于客观规律。第二，法根源于人的永恒不变的本性：社会性和理性（自觉性）。第三，法的功能和目的在于实现正义。第四，法律作为一种行为准则能使人们辨是非、知善恶。

周叶中、胡伟在《论古典自然法思想对近现代宪法与宪政的影响》一文中认为，天赋人权、社会契约、人民主权、法治和分权制衡，以及最高法思想等构成了古典自然法的基本理论，其中天赋人权是宪法与宪政的起点和归宿，社会契约是宪政国家的权力基础，人民主权是宪法与宪政的核心，法治是宪法与宪政的基本原则，分权制衡是西方宪政体制的基本模式，最高法是宪法地位的集中体现。

苏力在《从契约理论到社会契约理论——一种国家学说的知识考古学》一文中认为，社会契约论是16世纪以来在西方乃至全世界都极有影响的一种国家学说，它的兴起与西方的契约文化传统，与西方的社会变革，特别是与资本主义上升时期日益发展的契约经济有着密切联系，但这种国家学说并非不证自明的永恒原理，其合理性就在于它是与特定的经济生活方式相联系的，是社会需要的产物。从更广阔的理论层面上看，家国说、社会契约说等国家理论都是某种系统化、理论化的隐喻。

四、关于二十一世纪西方法律思想史学科建设的展望与设想

回顾四十多年来西方法律思想史的研究，其虽取得了喜人的成绩，但也有许多不足之处。该学科还比较年轻，还不够成熟，后继乏人，资料有限，研究欠深入。特别是国务院学位办将其二级学科地位取消，使其同法律史合并以后，产生了一些负面影响，不能适应我国民主法治建设的客观需要。在新世纪开始之时，法律史研究者应当敢于正视这种现状和问题，要进一步解放思想，开拓前进，努力搞好学科的改革，将研究再深入一步，为我国的民主法制建设作出新贡献。

第一，学科的名称要考虑改革。根据上文我们对西方法律思想史研究范围的分析，又虑及"法律思想"一词的内涵过于宽泛，"法律思想"既包括自成体系的法律理论和学说，也包括一般个人的法律思想，而在进行法律思想史研究时对后者几乎是难以企及的，也没有太大的价值，因而可以考虑将此学科的名称改为"西方法学史""西方法律学说史""西方法理学史""西方法哲学史"。

第二，学科的内容要考虑改革。要根据改革后所定学科的名称调整学科内容，要突出法的一般理论、法学派别、法学思潮和部门法思想。要正确处理法律思想与法律制度的关系。法律文化包括法律制度、思想、学说和传统等多方面内容。法律思想史和法律制度史关系密切，一定时期的法律制度往往是当时主流法律思想的制度化，而法律制度又会对法律思想产生直接的影响。在进行法律史研究时将二者截然分开，既不能全面地把握法律思想史本身，也不能从更深的层次上理解法律制度史，更谈不上立体地展现整个法律发展史。在克服这个缺陷方面，中国法律史学者领先了一步，在中国法律思想史的著作中适当地提及一些中国法制史的内容，如张国华著的《中国法律思想史新编》，就是在中国法制史的著作中介绍立法思想及法律原则。在这个基础

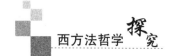

上，有的学者努力将法律思想、法律制度和法律实践融为一体，创建中国传统法律文化或中国法律史学科，如武树臣等著《中国传统法律文化》和张晋藩主编《中国法律史》。从事西方法律思想史和外国法制史研究的学者也应在这个方面作出努力，创建西方法律文化史学科。当然，法律思想史还应以思想史为主，兼顾制度史的内容；反之，亦然。

第三，学科的研究方法要考虑改革。当前大多的研究还停留在叙述的层次上，在以后的研究中，应充分借鉴和引入其他社会科学，如哲学、历史学、社会学、经济学、政治学、文化学、人类学等的研究方法，进行多视角、多层次的研究，以达到解释性研究的层次，既再现对象是怎样的，又解释为什么是这样的，将研究引向深入。在今后的研究中，还应将记叙法学家生平与实践活动的传记、典型的法典以及反映时代背景和时代意识的历史及其他著述纳入研究史料的范围，以全面地、动态地、立体地把握研究对象。

第四，学科的研究领域要考虑改革。目前的研究就国别方面而言，主要集中于英、法、德、美四国，对意大利、西班牙及北欧诸国法律思想的研究非常有限，甚至是空白；就历史分期方面而言，更多地集中于现代，对近代和古代法律思想史的研究非常薄弱；就专题研究而言，只有法治、人权、分权、主权等方面取得一定进展；就人物思想研究而言，只有对卢梭、黑格尔、马克思和恩格斯等人的法律思想的研究有专著；在部门法思想研究方面，除了刑法思想史外，余者尚未真正起步。因此，以后要在上述五个方面拓宽研究领域，使西方法律思想史的研究向纵深发展。

后记

　　收入本书的讲稿和文章是本人自选自编的。中国人民大学出版社的编辑仔细审阅了全部书稿，他们对书稿的内容和体系的编排提出了宝贵意见，调整了书稿的内容和体系，对书稿的文字进行了加工，从而保证了本书的系统性、完整性和质量。本书的出版得到中国人民大学出版社和中国人民大学法学院的大力支持和帮助。在此，我向多年来给予我教学与研究工作热情帮助的同事、专家学者致以衷心的谢意。

　　本书《西方法哲学探究》是一本浅薄之作，从某种意义上说，它是我几十年从事西方法律思想史教学与研究工作的足迹和记录，意在留作纪念。本人深感自己理论水平不高、研究能力有限，对一些理论问题理解不深、分析不透，书中难免存有不妥之处，望请同行专家学者指教。

谷春德

2018 年 10 月于蓝靛厂时雨园

图书在版编目（CIP）数据

西方法哲学探究/谷春德编著.—北京：中国人民大学出版社，2018.12
ISBN 978-7-300-26445-5

Ⅰ.①西… Ⅱ.①谷… Ⅲ.①法哲学-研究-西方国家 Ⅳ.①D90

中国版本图书馆 CIP 数据核字（2018）第 264767 号

西方法哲学探究

谷春德　编著

Xifang Fazhexue Tanjiu

出版发行	中国人民大学出版社			
社　　址	北京中关村大街 31 号		**邮政编码**	100080
电　　话	010 - 62511242（总编室）		010 - 62511770（质管部）	
	010 - 82501766（邮购部）		010 - 62514148（门市部）	
	010 - 62515195（发行公司）		010 - 62515275（盗版举报）	
网　　址	http://www.crup.com.cn			
	http://www.ttrnet.com（人大教研网）			
经　　销	新华书店			
印　　刷	涿州市星河印刷有限公司			
规　　格	185 mm×260 mm　16 开本		**版　　次**	2018 年 12 月第 1 版
印　　张	17.75 插页 3		**印　　次**	2018 年 12 月第 1 次印刷
字　　数	370 000		**定　　价**	88.00 元